U0572990

权威·前沿·原创

皮书系列为
"十二五""十三五""十四五"时期国家重点出版物出版专项规划项目

BLUE BOOK

智 库 成 果 出 版 与 传 播 平 台

贵州蓝皮书
BLUE BOOK OF GUIZHOU

贵州文旅产业发展报告
（2023~2024）

REPORT ON DEVELOPMENT OF GUIZHOU CULTURE AND
TOURISM INDUSTRY (2023-2024)

主　编／张学立　王　林

社会科学文献出版社
SOCIAL SCIENCES ACADEMIC PRESS (CHINA)

图书在版编目（CIP）数据

贵州文旅产业发展报告.2023-2024 / 张学立，王林
主编.--北京：社会科学文献出版社，2024.12.
（贵州蓝皮书）.--ISBN 978-7-5228-4089-5

Ⅰ.G127.73；F592.773

中国国家版本馆 CIP 数据核字第 20240Z0K62 号

贵州蓝皮书

贵州文旅产业发展报告（2023~2024）

主　　编/张学立　王　林
执行主编/李代峰　蒋楠楠　王　俊

出 版 人/冀祥德
责任编辑/陈晴钰
责任印制/王京美

出　　版/社会科学文献出版社·皮书分社（010）59367127
　　　　　地址：北京市北三环中路甲29号院华龙大厦　邮编：100029
　　　　　网址：www.ssap.com.cn
发　　行/社会科学文献出版社（010）59367028
印　　装/天津千鹤文化传播有限公司

规　　格/开　本：787mm×1092mm　1/16
　　　　　印　张：24.5　字　数：402千字
版　　次/2024年12月第1版　2024年12月第1次印刷
书　　号/ISBN 978-7-5228-4089-5
定　　价/158.00元

读者服务电话：4008918866

《贵州文旅产业发展报告（2023~2024）》
编　委　会

主要编撰者简介

张学立　哲学博士、二级教授、博士生导师，贵州省社会科学院原院长。主要从事跨文化逻辑与认知比较、民族文化和高等教育管理研究。兼任国家教育部哲学教学指导委员会副主任委员，贵州省人民政府学位委员会委员，清华大学心理学与认知科学研究中心特约研究员，西南大学逻辑与智能研究中心兼职研究员。国家哲学社会科学领军人才，中宣部全国文化名家暨"四个一批"人才，"百千万人才工程"国家级人选，国家有突出贡献中青年专家，享受国务院政府特殊津贴，贵州省委重点联系专家。主持或参与国家社科基金重大项目、教育部哲学社会科学研究重大课题攻关项目、贵州省哲学社会科学规划重大课题等国家和省部级项目20项，出版著作、教材18部，发表论文100余篇。多项资政成果被地方政府采纳，获国家和省部级荣誉及奖励15项。

王　林　法国波尔多第三大学博士，教授，贵州民族大学党委副书记、校长，贵州民族大学统计学一级学科负责人，兼任贵州省模式识别与智能系统重点实验室常务主任。主要从事计算机图像处理、模式识别与智能控制等方面的研究，主持国家自然科学基金项目2项、省部级科研项目9项，出版专著1部，在国内外重要学术刊物上发表学术论文30余篇。主持省级精品课1门，荣获贵州省优秀教育工作者、贵州省第四届优秀科技工作者称号，获省级教学成果特等奖1项、二等奖1项、三等奖2项及贵阳市自然科学优秀论文一等奖1项，获贵州省第一届"优秀硕士生导师"称号。

摘　要

　　本报告立足于贵州文旅产业发展全貌，全方位分析了贵州文旅产业的发展现状、发展趋势、相关问题以及提升路径，旨在通过对贵州文旅产业各领域发展进程的系统梳理、难点堵点的精准挖掘以及应对政策的合理设计，有效把握贵州文旅产业的整体结构，从而助力贵州在新时代走出一条紧跟市场发展趋势且具有自身比较优势的高质量文旅产业发展之路。

　　本报告研究发现，2023年贵州文旅市场强劲回暖，文旅融合发展提速，文旅市场服务质量取得了一定进步，文旅项目更加注重高质量发展，数字文旅建设持续推进，乡村旅游赋能乡村振兴呈现新模式，红色文化、阳明文化、山地康养等地方特色文旅融合项目蓬勃发展，非遗旅游深度融合。诚然，在面对贵州文旅资源产品综合竞争力不强、旅游产业化水平不高、旅游复合型人才存在缺口、文旅供需的匹配性有待增强等问题时，未来贵州文旅产业将坚持以高质量发展来践行习近平文化思想，进一步推进"四大文化工程"建设，围绕旅游资源、客源和服务三大核心要素，积极奋力打造世界级旅游目的地、深入实施多彩贵州重大文化工程、加强文物和文化遗产保护、深化"旅游+多产业"融合，使"黔系"文旅产业体系焕发新光彩，文旅产业能级在融合发展中实现新跃升，进一步加快建设多彩贵州文化强省与旅游强省的步伐。

关键词： 贵州省　文旅产业　文旅强省

Abstract

This report is based on the overall development of Guizhou's cultural and tourism industry, and analyzes the current situation, development trends, related issues, and improvement paths of Guizhou's cultural and tourism industry from a comprehensive perspective. This book aims to effectively grasp the overall structure of Guizhou's cultural and tourism industry through a systematic review of the development process in various fields, precise exploration of difficulties and bottlenecks, and reasonable design of response policies, thereby helping Guizhou to embark on a high-quality cultural and tourism industry development path that closely follows market trends and has its own comparative advantages in the new era.

This report finds that in 2023, the cultural and tourism market in Guizhou has shown a strong recovery, with the development of cultural and tourism integration accelerating. The service quality of the cultural and tourism market has made certain progress, and cultural and tourism projects have placed more emphasis on high-quality development. Digital cultural and tourism construction continues to advance, and rural tourism empowers rural revitalization with a new model. Local characteristic cultural and tourism integration projects such as red culture, Yangming culture, and mountain and land health preservation are flourishing, and intangible cultural heritage tourism is deeply integrated.

Keywords: Guizhou Province; Cultural Tourism Industry; Strong Cultural and Tourism Province

目 录

Ⅰ 总报告

Ⅱ 文旅研讨篇

Ⅴ　非遗文旅篇

皮书数据库阅读**使用指南**

CONTENTS ⟆

I General Report

II Research of High Quality Cultural Tourism

Ⅲ   The Development of Rural Cultural Tourism

IV The Integration of feature Cultural Tourism

V Integration of Intangible Cultural Heritage and Tourism Industry

总报告

B.1
2023年贵州文旅产业
发展形势及对策建议

张学立　李代峰　肖　越*

摘　要： 2023年，贵州省文旅市场回暖态势强劲，世界级旅游目的地建设在变革重塑中开启新篇章，文化服务体系在提质增效中创造新供给，"黔系"文旅产业体系在跃升蝶变中焕发新光彩，文旅产业能级在融合发展中实现新跃升。面对文旅资源产品综合竞争力不强、旅游产业化水平不高、旅游复合型人才存在缺口、文旅供需的匹配性有待增强等问题，贵州应该从奋力打造世界级旅游目的地、深入实施多彩贵州重大文化工程、加强文物和文化遗产保护、深化"旅游+多产业"融合等方面着手，推动文旅产业实现高质量发展。

关键词： 文旅产业　文旅融合　世界级旅游目的地　四区一高地

---

* 张学立，贵州省社会科学院院长，教授，主要研究方向为跨文化逻辑与认知比较、民族文化和高等教育管理；李代峰，贵州省社会科学院文化研究所副所长，副研究员，主要研究方向为文化产业、文化遗产；肖越，贵州省社会科学院历史研究所助理研究员，主要研究方向为城乡融合、文旅融合。

2023 年，贵州省坚持以高质量发展统揽全局，围绕"四区一高地"主定位，落实"四新"主攻"四化"主战略，紧盯建设多彩贵州文化强省和旅游强省目标，积极推进"四大文化工程"，聚焦旅游资源、客源、服务三大要素，加快打造世界级旅游目的地，2023 年，面对确定性与不确定性并存的国际局势以及创新改革与稳定提升的省情实际，贵州文化旅游业聚焦重点工作，夯实发展支撑，取得了显著成效。

一 2023年贵州文旅产业的举措及发展成效

2023 年，贵州省文旅市场回暖态势强劲，文旅融合提质增速，累计接待游客 6.36 亿人次，实现旅游收入 7404.56 亿元，同比分别增长 29.2%和 41.2%，分别恢复到 2019 年同期可比口径的 113.8%和 119.6%；全省接待入境游客 31.84 万人次，恢复到 2019 年的 67.5%；游客人均花费 1165.00 元，同比增长 9.3%，恢复到 2019 年同期可比口径的 105.1%。估计 2023 年旅游及相关产业增加值占 GDP 的比重恢复到 5%左右，旅游业加快恢复、强劲增长、持续领跑。[①] 2023年，贵州推动"四大文化工程"成为文化传承发展新载体，改善加强文物保护和文博阵地建设，找准艺术创作切入点、实现新突破，发挥公共文化服务优势，推动区域均衡发展，精深开发特意性资源，优化业态布局，软硬件服务实现新提升；加强外引内培，壮大市场主体；存量项目盘活取得新成效。

（一）世界级旅游目的地建设在变革重塑中开启新篇章

2023 年，贵州省将旅游产业化上升为全省发展主战略中的重要内容，作出了"打造世界级旅游目的地"的总动员，围绕旅游资源、客源、服务三大要素，全面推进旅游产业高质量发展。

1. 强力推进世界级旅游目的地建设，加快旅游业态布局提升

一是全省统筹推进特意性资源精深开发。聚焦"9+2+2"特意性资源逐一制定升级方案，以"9+2+2"特意性资源为重点（9 个 5A 级旅游景区、2 个特色景区、2 个国家级度假区），从景区、住宿、餐饮、商品、演艺娱乐、业

---

① 吴涛：《2024 年全省文化和旅游（文物）工作会议上的报告》，贵州省文化和旅游厅，2024。

态创新、文旅融合、新基建、服务质量等方面，全力打造升级版旅游名片，推进旅游景区业态升级，提升旅游目的地旅游服务质量和水平，实现旅游产业的新领跑新跨越。推动"9+2+2"景区（度假区）实现"优势更优，强势更强"，将"9+2+2"景区（度假区）打造成为全省的拳头和样板，全面带动旅游市场复苏，引领带动全省旅游产业化加快发展。贵州省委、省政府提出了"世界级景区""世界级旅游目的地"建设目标，并将黄果树与荔波樟江率先打造成"两个世界级旅游目的地"，两个景区旅游人次分别首次突破600万和500万。万峰林通过国家5A级旅游景区景观质量评审，新增4A级旅游景区9家、省级旅游度假区2家；启动花江峡谷大桥、赤水、贵南高铁沿线等旅游规划，梳理汇总世界级旅游资源38项，为全省打造世界级旅游目的地提供更坚实的支撑。二是旅游保障要素进一步提升。2023年，结合贵州实际，制定下发了"六要素"布局清单。旅游住宿体系多样化。出台《关于促进贵州民宿产业高质量发展的指导意见》、首批政策清单和等级划分标准，实施贵州民宿发展三年行动计划，新增注册民宿市场主体2100多家，全国甲级民宿4家、乙级2家，新评定等级民宿163家。新增五星级饭店3家、四星级饭店9家，新增品牌连锁酒店63家，总数达706家（携程平台统计数据），酒店连锁化率从21.11%提升到21.36%。新建提升露营基地44个。"黔菜"标准和体系逐渐完善。协同省商务厅打造黔菜品牌，评选认定127个黔菜品牌产品，建立黔菜标准体系，打造了一批"生态黔菜"示范店、体验店，推动黔菜推广与旅游产业化发展深度融合。在景区内外推出黔菜美食店90家、黔菜单品标准40个，发布贵州首批特色美食120道（中英文版），发布美食旅游指南和旅游美食地图。创新推出"黔礼"特色旅游商品。省民宗委组织"黔系列"企业参加广交会、中国酒博会、茶博会、绿博会等，建立"黔系列"电商平台，上线运营黔酒、黔茶、黔珍、黔银、黔绣等产品5000余款，促成20多家企业建立线下供货协议。在全省建立35个"黔系列"品牌产品专柜专店，集中展示、销售一批"黔系列"品牌产品，推进"黔系列"品牌进商场、进机场、进车站、进景区等，促进了一批"黔系列"品牌产品企业发展壮大，带动群众增收致富。同时，省民宗委制定印发了《贵州省特色旅游商品购物店（专柜）服务指南》，推动青岩古镇、播州乌江旅游景区、黄果树旅游景区15个景区（酒店）改扩建、新建旅游商品购物店（专柜），拓宽营销渠道，提升服务水平，加快推动"贵州好物""贵景黔味""贵银""遵义好物"等贵州特色旅游商品品牌矩阵发展。完成贵州特色旅游商品购物店（专柜）门店形象提升改造20家，在中国旅游协会主办的2023年中国特色旅游商品大赛上取得4金12银的好成绩。[①]

2. 聚焦客源，推进文化和旅游对外开放交流与合作

一是"山地公园省·多彩贵州风"品牌体系培育加强。全面提升"山地公园省·多彩贵州风"文化和旅游品牌形象，深入挖掘和传承红色文化、民族文化、传统文化、生态文化等特色文化资源，推动全省文化大繁荣、大发展，促进文化对外交流与合作，树立"生态贵州、人文贵州、开放贵州、健康贵州、好客贵州"的新形象。依托独特的资源禀赋，集中力量打造避暑度假、观光休闲、文化体验、温泉康养等特色品牌，积极塑造各市（州）特色旅游形象，形成多个城市旅游目的地品牌齐头并进的格局，重点推广"爽爽贵阳""红色圣地·醉美遵义市""康养胜地·中国凉都""康养福地·瀑乡安顺""洞天福地·花海毕节""梵天净土·桃源铜仁""民族原生态·锦绣黔东南""绿博黔南·康养之州""绝美喀斯特·康养黔西南"等区域性文化和旅游子品牌形象。二是国内外市场精准营销加强。面向重点市场进行旅游推介，举办省旅发大会、国际山地旅游暨户外运动大会，赴北京、上海、广东、重庆、成都、昆明、香港、澳门等重要客源市场开展文旅招商推介活动36场。推出系列入黔旅游优惠政策：推出"一免三减半""四减半""两免两减半""一多两减三免"等优惠活动，面向亚运会、亚残运会举办地发布优惠活动，实施"引客入黔"团队游奖励办法，复航香港、澳门等航线。各大平台制造话题，吸引转化流量：策划贵南高铁开通、驻华大使贵州行、香港特首访贵阳等活动；自7月起组织了2300余名文旅营销员开展线上营销，发布抖音视频，话题流量累计4.92亿次。"村BA""村超"、贵阳路边音乐会持续火爆。新推出旅游打卡点6个，推广全省及荔波2本旅游护照，加强"村BA""村超"文艺展演和非遗植入，组织旅行社推广运营"村BA""村超"旅游线路16条。非遗吸引了国际目光，2023年9月在2024春夏米兰时装周成功举办贵州苗绣精品展，据统计，全网共刊发相关信息9993条，微博相关话题阅读量超

---

① 贵州省文化和旅游厅：《2023年全省文化和旅游工作总结》。

1.4亿次，安莎社、法新社等400余家海外媒体发布信息800余条（次），覆盖海外受众2.4亿人。2023年以"叙非遗·寻找记忆"为主题，重点围绕苗绣等12项非遗代表性项目，录制12集微纪录片，分别在国内动静、抖音、国外Facebook等平台投放，国内传播量突破1.3亿次。持续办好"多彩贵州非遗周末聚"活动，通过摄制"非遗焕新 创意贵州"短视频、举办非遗周末聚节日节庆购物节活动、开展非遗周末聚文创沙龙等方式，提高活动的品牌效应，增强人民群众对非遗的参与感、获得感；组织非遗代表性传承人、非遗企业参加省内外各种展会，提高可见度，增加曝光率，拓展产品销售渠道。三是区域交流合作加强。与文旅大省开展开放合作。分别与山东省文旅厅、重庆市文化和旅游发展委员会、湖北省文旅厅、福建省文旅厅签订战略合作协议。同时，利用举办推介会的机会，各地相关旅游协会与航旅企业、知名景区运营管理公司等签署战略合作协议，建立互通信息、互相支持、互换客源机制，打造航空、高铁联程产品；联动赴山东、广东、重庆、上海、江苏、浙江、云南、四川、湖南、湖北、河南等省市开展"多彩贵州·度假康养胜地"文化旅游推介和招商活动。与共建"一带一路"国家的国际文化和旅游合作加强。积极对接《文化和旅游部"一带一路"文化和旅游发展行动计划（2021-2025年）》，积极参与丝绸之路国际博物馆联盟、美术馆联盟、图书馆联盟、艺术节联盟、剧院联盟等联盟建设，创新文化和旅游国际合作交流渠道，争取利用驻外旅游办、中国文化中心等机构网站，加强海外宣传推广。

3.聚焦服务，软硬件服务实现新提升

一是监督管理进一步加强。加大食品监督检查力度。省市场监管局组织各市（州）市场监管局对全省旅游景区食品经营店等销售环节食品监管工作进行交叉检查及总体评价，强化食品销售安全风险防控。开展旅游市场价格监督检查。省市场监管局对景区景点及周边区域经营户巡查检查，加强部门联动，着力规范餐饮、住宿、购物、观光、娱乐、停车等旅游环节价格秩序。加大对文旅企业的监管力度。省文旅厅开展旅游市场整治"黔锋行动"、未经许可经营旅行社业务和"不合理低价游"专项整治行动、打击整治养老诈骗专项行动；搭建贵州省文化和旅游市场监督执法平台、交通与旅游联合监管平台，衔接电子行程单和旅游包车监管，强化旅行团事前、事中监督管理。二是服务质量进一步提升。持续开展多彩贵州痛客行活动，印发《关于开展多彩贵州痛客行活动的通知》，要求各市（州）文旅部门及企业查找原因，客观分析，制定整改措施并抓好整改落实。项目化助力旅游服务质量提升。省市场监管局先后为"小七孔景区'四个网格化'管理服务质量提升""导游服务质量监测评估体系构建""贵州百里杜鹃全域旅游质量改造提升""非遗民族元素与康养相结合的文创旅游商品研发"等9个旅游服务质量管理及旅游商品质量提升项目提供36万元资金支持。组织开展全省文化和旅游行业安全生产、从业人员服务技能培训：举办贵州省星级饭店安全管理暨高质量发展培训；举办了全省A级旅游景区讲解员培训；举办全省文化和旅游行业山地旅游安全培训、山地应急救援技能综合演练暨贵州山地旅游救援中心授牌仪式；举办全省文化和旅游监管平台操作暨文化市场审批业务培训；举办全省A级旅游景区餐饮和旅游景区从业人员技能大赛、星级酒店技能大赛；等等。进一步提升了旅游服务质量，加快推进贵州省旅游产业化高质量发展。三是文明旅游工作扎实推进。深化"文明在行动·满意在贵州"活动，持续提升旅游服务质量和水平。先后印发《关于做好文明旅游工作的通知》《"文明在行动·满意在贵州"活动考核方案》《关于开展文明旅游示范单位评定工作的通知》，2021年以来全省4家文化和旅游企业先后获评为第一批、第二批国家级文明旅游示范单位，13家文化和旅游企业获评为省级文明旅游示范单位。四是服务管理标准进一步健全。制定文化和旅游地方标准，"十四五"以来，贵州省市场监管局共发布《山地旅游第1部分：标准体系》《山地旅游第30部分：乡村旅游游客服务中心规范》《山地旅游第31部分：紧急救援服务规范》等山地旅游系列地方标准13项；同时，结合贵州省文化和旅游实际情况，及时发布了《体育旅游示范基地评定规范》《体育特色小镇评定规范》《温泉度假地等级划分与评定》《文化旅游商品基地规范与评价》《乡村度假酒店等级划分与评定》涉旅地方标准5项。推动文化和旅游标准化试点建设，省市场监管局已完成《天鹅堡森林康养度假区服务业标准化试点》《贵州龙宫风景区管理服务标准化试点》《康疗养旅游服务业标准化试点》和《晴隆县阿妹戚托小镇景区旅游服务业标准化试点》4个涉旅省级服务业标准化试点建设工作。五是旅游安全得到进一步加强。实施全省旅游大培训大演练大排查专项行动，围绕12个专题开展全省视频培训1500人，其余培训5.1万人次，演练4.7万人次，细化检查点清单11项67个检查点，5轮排查发现安全隐患5069个，已全部完成整改。市场秩序方面，持续开展市场秩序整治三年行动，加强与公安、交通、市场监管等部门联合监管，出动执法人员 17 万人次，立案 82 件，罚没 120 余万元，暂停开放 4 家购物场所，取缔"小黑屋" 2 家。开展"痛客行"活动，收集采纳游客意见建议 981 条。建立与公安、网信部门舆情收集联动处置机制。加强硬件建设。按国家新标准分别完成 I 类、II 类旅游厕所评定 57 座、412 座。3A 级以上景区通三级以上公路较上年提高 10.8 个百分点，覆盖率达到 70.8%，新建 5G 基站 200 余个。在高铁站、机场新增异地租车网点 13 个，提升 9 对高速服务区自驾旅游服务功能。172 对高速服务区和"9+2+2"景区度假区建成充电车位或充电桩，实现全覆盖。实现黄果树、西江千户苗寨景区间互通直通车。全省 636 个高速收费站每日进出站车流数据等信息全部接入省旅游产业运行监测平台；"9+2+2"景区度假区实时客流及承载情况、接待游客画像、接待游客趋势等运营数据接入省旅游产业运行监测平台；全省旅游监控平台接入景区 140 家、监控视频 1900 路。① 六是旅游人才队伍建设得到进一步加强。全国文化和旅游系统人事人才工作会议在贵州省成功召开，开展非遗、导游、旅行社、乡村旅游、民宿等专题培训 2000 余人次，举办《高质量发展下的新文旅》专题授课，培训文旅干部 1500 人。在机场、高铁站、服务区、景区等 400 余个点位设置旅游咨询和志愿服务点，开展志愿服务 9.28 万人次。

（二）文化服务体系在提质增效中创造新供给

1. 贵州文艺创作精品精彩呈现

一是文化艺术精品创作工程持续推进。2023 年 11 个项目获得国家艺术基金 932 万元资助，创历史新高，特别是传播交流推广等项目资助数量位列全国前十。创新举办多彩贵州文化艺术节、多彩贵州美术大赛、多彩贵州歌唱大赛。推出红色题材黔剧《无字丰碑》，现实题材黔剧《腊梅迎香》在国家大剧院连续上演两场。二是地方戏曲得到保护和推广。实施戏曲公益性演出（濒危剧种免费或低票价演出）项目。省直戏曲院举办贵阳全国戏曲票友艺术节、惠民戏曲演出周演出季活动。加大对贵州省 5 个地方剧种传承保护力度，开展戏曲进乡村、学校、景区等活动，弘扬优秀传统文化，通过一系列高水平文艺创作展

---

① 贵州省文化和旅游厅：《2023 年全省文化和旅游工作总结》。

演活动，扶持地方戏曲曲艺，满足人民群众日益增长的精神文化生活需求。

2. 优秀作品传播推广效果明显

一是优秀文艺作品知名度和观众覆盖面得以提高和扩大。持续举办多彩贵州文化艺术节、多彩贵州景区景点驻场文艺演出等活动，筹备举办多彩贵州美术大赛、歌唱大赛等系列文化活动，为各门类艺术人才搭建展示平台，优秀人才和作品推荐推广渠道得到拓展。二是各类艺术作品再创佳绩。贵州京剧院冯冠博荣获梅花奖。京剧《阳明悟道》成功入选第十届中国京剧艺术节，并在上海、广州巡演，花灯戏《红梅赞》、侗戏《侗寨琴声》入选第三届全国戏曲（南方片）会演，木偶剧《长征路上的小红军》入选第九届全国优秀儿童戏剧展演，舞蹈《笙·生不息》、舞蹈精品课《苗族芦笙舞》入选第十三届"桃李杯"全国青少年舞蹈教育教学成果展示活动，舞蹈《嫁》入选第十四届全国舞蹈展演，音乐剧《平箫玉笛》入选第二届全国优秀音乐剧展演。35件书画作品入选全国优秀作品展，入选作品及进京参展作品数首次进入全国前六。三是文艺演出市场繁荣发展。指导支持《多彩贵州风》等演艺产品复演，持续开展多彩贵州景区景点驻场文艺演出活动，支持各文艺团体开展形式多样的景区演艺活动；指导支持剧本娱乐进景区活动，积极协调景区和项目主体开展资源对接，推出符合景区特色的剧本娱乐产品。指导支持基层文艺团体和民间班社在景区开展演出活动，丰富景区文化内涵，推动文艺团体发展；指导帮助各地开展演艺产品创作，为各演出单位提供智力支持；组织美术单位创作、展示美术作品100余件，开展公益性演出1300余场。

3. 文化遗产保护传承利用体系更加完善

一是积极推进"四大文化工程"，文化传承发展形成新载体。实施红色文化重点建设工程，推进长征国家文化公园建设，提升遵义会议会址、四渡赤水战役旧址、黎平会议会址等一批重要红色文物的保护展示水平，建成运营长征数字科技艺术馆，建成《伟大转折》演艺综合体并于2024年1月15日首次试演。举办首届红色讲解员大赛，推出精品红色旅游线路10条。实施阳明文化转化运用工程，开展阳明文化遗产资源调查摸底、收集整理和研究工作，形成《贵州省阳明文化遗产保护利用状况调研报告》。实施阳明洞保护修缮工程等项目4个，完成贵阳市阳明祠、甲秀楼（翠微园）、阳明洞差异化展陈提升方案。举办《问道向黔——"阳明·问道十二境"长图暨书画作品展》，形成

《贵州阳明文化旅游发展规划》初稿。联合浙江、江西发起成立阳明文化旅游联盟。实施民族文化传承弘扬工程，组织苗族村寨、侗族村寨、万山朱砂矿遗址和白酒老作坊申报世界文化遗产预备名单。加强苗绣传承人与时尚企业合作，在米兰国际时装周成功举办展演活动，组织侗族大歌在国际舞台展演，取得了较好的国际反响。实施屯堡文化等历史文化研究推广工程，组织考古力量完成对全省范围的卫、所、屯、堡等相关历史文化遗存的调查和勘探，形成《屯堡考古调查、勘探报告》。在省博物馆对屯堡文化进行专章展览，推进屯堡文化专题展览。大松山墓群考古发掘于2023年3月成功入选"2022年度全国十大考古新发现"。二是加强文物保护和文博阵地建设。建立巡视巡察、督察暗访、日常巡查、包保责任、审计监督五项文物和文化遗产保护机制，推动落地落实。在全国率先将文物和文化遗产保护工作纳入省区市党委巡视巡察内容。组建9个督察组开展督察，督促各地落实领导包保、挂牌公示制度，聘请第三方机构对文物保护项目资金使用情况进行审计抽查。2023年，组织开展了全省包括侗族村寨、万山汞矿遗址等在内的世界遗产名录更新工作。大力开展长江经济带涉文物问题的整改工作，对过去10年来文物保护遗留问题开展深入整改，对有关责任单位和责任人员进行追责。加强与国家文物局的对接汇报，得到了国家文物局的支持和认可。按照"先考古、后出让"规定，指导各地建立考古前置机制，目前，全省9个市州均已制定考古前置政策文件。启动第四次文物普查相关准备工作。按照"贵州历史博物馆"定位，完成贵州省博物馆基本陈列改造提升工作。全省备案博物馆提升至157个，"贵州省博物馆馆藏纸质文物保护修复项目"被评为"2022全国优秀文物藏品修复项目"；贵州省博物馆馆藏"南宋杨粲墓志及墓碑"入选由国家文物局发布的"第一批古代名碑名刻文物名录"，黔西南州博物馆获"第二十届全国博物馆十大陈列展览精品"优胜奖，"万桥飞架——贵州桥文化展"入选2023年度"弘扬中华优秀传统文化、培育社会主义核心价值观"主题展览推荐名单。完成贵州省博物馆精品展览展示平台扩容增量。青岩古镇数字互动体验项目已获专家评审通过。

（三）"黔系"文旅产业体系在跃升蝶变中焕发新光彩

1.特色文化产业集群培育成效显著

一是"黔艺"文化演艺产业繁荣发展。支持各文艺团体开展形式多样的景区演艺活动。支持基层文艺团体和民间班社在景区开展演出活动，丰富景区文化内涵，推动文艺团体发展。指导帮助各地开展演艺产品创作，为各演出单位提供智力支持。积极协调景区和项目主体开展资源对接，推出符合景区特色的剧本娱乐产品。二是数字文化产业发展有序推动。贵州省大数据局以"行政聚合，企业运作"为原则，打造全国首个覆盖全省各级宣传文化系统的跨地域、跨层级、跨部门、跨业务的大数据平台，实现宣传思想文化工作与大数据发展的深度融合。省文旅厅在省内重点网络平台持续开展"福满黔地·艺术迎春"活动，组织优秀舞台艺术作品开展网上展播，点击量达1200余万人次。在多彩贵州文化云设立专区，展播贵州省优秀剧目，拓展作品传播途径。设立线上美术馆，为美术作品展示提供平台，扩大受众范围。

2. 文化产业园区（基地）建设加强

制定《文化旅游商品基地规范与评定》标准，规范贵州省旅游商品生产基地建设，推进贵阳市南明区多彩贵州风景眼文创园旅游商品基地、正安文化产业园、水城古镇旅游商品基地等旅游商品基地培育创建工作。正安文化产业园被正式命名为国家级文化产业示范园区，大幅提升正安吉他的文化影响力和品牌价值，示范带动全省文化产业园区高质量发展。推动安顺布依族48寨、多彩贵州城、贵州文化广场等产业园区转型升级，推进花溪板桥艺术村、乌当纸浆博物馆等特色文化村寨（社区）综合提升，完成贵阳亲和国学文创园建设。

3. 搭建文旅产业发展新平台

一是加大基金投放力度。省文旅厅出台《关于强化省文化和旅游产业投资基金管理促进文旅产业高质量发展的若干措施》，推进文旅基金高效投放，积极推动文化旅游产业投资基金向文旅项目投资。文旅基金投决21.51亿元，撬动社会资金61.86亿元；16个专项债项目通过国家审核，申报中央预算资金的入库项目数（95个）和申请资金（89.74亿元）均排全国第二位。与文旅部共建省文旅企业金融服务中心，助企贷款99.05亿元，实现原有贷款展期或调整还款计划161.65亿元，贷款降息涉及本金25.76亿元、降息1亿元；旅游供应链金融服务平台为企业授信支出0.9亿元。"乡村旅游e贷"累计支持乡村旅游经营户7.84万户，发放贷款96.5亿元。二是金融支持文旅产业高质量发展。联合省地方金融监管局、人行贵阳中心支行等8部门出台《关于加强金融支持文化和旅游产业高质量发展的若干措施》，指导设立贵州文化和旅游金融服务中心，加大金融支持文旅产业力度，搭建企业和银行间沟通桥梁，帮助双方交流推进贷款落地及产品合作；指导文旅金融服务中心对接 17 家在黔金融机构 91 只信贷产品，创新开发文旅专属信贷产品。三是创新推出"旅游供应链"金融服务产品。省文旅厅会同华创证券及其下属云码通数据运营股份有限公司推出"旅游供应链"金融服务产品，指导各市（州）积极引导辖区内 3A 级收费和 4A 级及以上景区、3 星级（含）以上酒店及重点旅游车队企业入驻"旅游供应链金融服务平台"，积极为平台内涉旅企业提供供应链金融授信资金，同步加快旅游企业供应链业务金融服务研究及产品设计。

4. 市场主体培育取得新进展

全省净增涉文旅市场主体 1.9 万户，达 34 万户，新增规上（限上）涉文旅市场主体 152 户，上市后备涉旅企业 10 户，万峰林旅游集团、荔波金鑫、西江运营等重点企业收入实现大幅增长。一是深入开展国有旅游景区和涉旅国有企业改革。推动国有旅游景区所有权、管理权、经营权"三权"分置改革，建立权责分明、运转高效的景区管理体制，加快构建现代化企业管理制度和完善的法人治理结构。二是扶持壮大涉旅企业。编制《贵州省培育壮大市场主体行动方案（2022-2025 年）》，对拟重点培育的贵州风尚国际旅行社有限公司、贵州悦程酒店管理有限公司等 50 家小微涉旅企业进行调度监测，同时制定拟培育"小转规"涉旅企业三年（2023~2025 年）目标分解表，力争全省每年新增规上（限上）涉旅企业 150 家以上。三是培育扶持旅游龙头企业。指导各市州按照申报标准以及相关程序组织符合条件的龙头企业申报省级服务业龙头企业。截至目前，共 18 家涉旅企业被认定为省级服务业龙头企业。四是推动文旅企业上市。指导各地申报 2023 年度贵州省上市挂牌后备企业，筛选出 13 家涉旅企业报送至省地方金融监管局，指导各地大力实施企业上市挂牌培育行动；针对旅游行业企业开展省长质量奖品牌培育活动，西江千户苗寨文化旅游发展有限公司、黄果树旅游集团股份有限公司等企业先后获得贵州省省长质量奖提名奖，推动西江旅游集团注入《美丽西江》演艺、白水河宗地等资产；邀请上海证券交易所债券业务部专家针对文旅企业公募 REITs 进行专项培训，为企业提供融资新思路。五是积极引进国内外优质企业。引进涉旅百强、优强企业 170 家，引入文化和旅游项目 584 个，签约金额 572.08 亿元。

格美集团西南总部、华住荔波王蒙酒店等重点企业项目取得实质性进展。

5. 存量项目盘活取得新成效

以存量项目盘活攻坚行动为基础，推动旅游产业提质增效。一是积极汇报对接争取支持。2023 年 4 月，在贵阳市举办全国盘活存量项目投融资对接活动，贵州省盘活工作多次得到文旅部有关领导的肯定，在文旅部举办的文化和旅游项目建设暨投融资大会、文化和旅游产业项目专题培训班等活动上，作了盘活工作经验分享和案例展示。二是强化调度、督办、约谈、现场督导。盘活销号存量项目 60 个，超额完成省政府工作报告既定目标任务 20 个。三是盘活取得新进展。通过全省上下共同努力，推动乌江寨、青岩·寻坊、王蒙酒店、海龙屯、苗龙广场、荔波古镇等项目盘活取得新进展，部分项目旅游人次、旅游收入实现大幅增长，有效带动项目盘活工作整体推进。

（四）文旅产业能级在融合发展中实现新跃升

1. 文化旅游得到深度融合发展

一是推动古镇名村保护利用。截至目前，贵州省共有 757 个村寨被列入国家"中国传统村落"保护名录，数量居全国前列（黔东南州列入 415 个，为全国市州级第一）。贵州省住建厅印发《贵州省传统村落高质量发展五年行动计划（2021~2025 年）》，聚焦八项行动任务，按照"串点连线、成片发展"思路，打造传统村落集中连片保护利用示范聚集区，黔东南州入选国家级传统村落示范市（州），荔波县、三都水族自治县、石阡县入选国家级传统村落保护利用示范县名单；在全省遴选了荔波、石阡、印江、黄果树、兴义-兴仁、黎平、从江、榕江、台江、雷山等 10 个县区，作为省级传统村落集中连片保护利用示范集聚区进行培育打造。黔西南州贞丰县平街乡花江村、普安县龙吟镇吟路村等 4 个少数民族特色村寨成功申报 3A 级旅游景区。二是实施文化+旅游融合工程取得重大进展。依托苗绣、银饰、蜡染等非遗代表性项目打造了青岩古镇、黔西市化屋村、丹寨万达小镇等一批非遗旅游主题街区、非遗旅游村寨。成功举办"璀璨乌江寨·非遗嘉年华""中国丹寨非遗周"等活动，围绕 A 级旅游景区、非遗街区、非遗工坊等培育了一批集非遗技艺体验、产品展示、互动社交业态于一体的非遗旅游体验空间，并推出《非遗体验潮我看》节目。借助"村 BA""村超"热点话题，将非遗特色节目、非遗文创产品、非遗美食体验等有机融入乡村体育赛事活动，成为非遗与旅游深度融合的生动实践。截至目前，全省共认定非遗工坊 377 家、省级非遗工坊示范点 40 家。全省非遗工坊典型案例中有 5 个入选全国 66 个典型案例名单。开展文化产业和旅游产业融合发展示范区创建，遵义市仁怀市、贵阳花溪区、毕节织金县 3 家申报创建国家文化产业和旅游产业融合发展示范区。推进乡村旅游与传统村落和少数民族特色村寨融合发展，2022 年联合省发展改革委、省民宗委、省住建厅遴选确定 17 个村作为深度融合发展示范点。2023 年，黔东南民族文化生态保护区通过文旅部验收，成为贵州省首个国家级文化生态保护区，初步建成"遗产丰富、氛围浓厚、特色鲜明、群众受益"的非物质文化遗产生态圈。

2. 体旅融合效果显著提升

一是体育赛事品牌影响力增强。台江县台盘村"村 BA"和榕江县"村超"火爆出圈，在"村 BA"赛事期间，台江县接待游客 18.19 万人次，实现旅游综合收入 5516 万元，带动黔东南州旅游预订量同比增长 140%。2023 年 6 月，农业农村部和国家体育总局启动全国和美乡村篮球大赛（"村 BA"），总决赛在台江县举行。二是打造一批体育旅游基地。2023 年，贵州省推动省内体育旅游协会、体育旅游企业探索建立体育旅游行业标准、团体标准、企业标准，形成了"行标、地标、团标、企标"协同推进、互为补充的标准建设体系。在全国首家编制了《贵州体育旅游统计监测指标体系》，开展贵州省体育旅游统计监测工作。进一步优化体旅融合保障机制。2023 年强化体育旅游项目建设，共支持建设了 5 个体育公园，创建完成了 8 个城镇体育旅游示范基地、8 个景区体育旅游示范基地、3 个体育特色小镇，培育了 4 条体育旅游黄金线路、5 个自驾露营营地。获批国家体育旅游示范基地 1 个、国家体育旅游精品项目 7 个。

3. 交旅融合创新效果突出

一是完成全省高速公路文旅标识标牌调研，编制《贵州省高速公路旅游区标识设置指南》《贵州省高速公路旅游标识调研报告》。二是依托区域旅游资源优势，相继建成铜仁梵净山世界自然遗产地风景道、荔波喀斯特自然遗产地风景道、黔西新仁至化屋等一批旅游公路，其中湄潭 27°茶海之心被交通运输部评为"十大最美农村路"。天空之桥、"乡村旅游 1 号公路"入选全国第一批交旅融合典型案例,"地球翡翠·多彩贵州原生态风情之路"入选中国旅游车船协会 2023 年"中国之路"十大自驾游精品线路。三是有序推进铜仁锦江、荔波樟江、清水江民族风情旅游带等航旅融合示范工程。连续八年开展"多彩贵州·最美高速"品牌创建,打造了沪昆国高龙宫服务区、兰海国高乌江服务区等一批新型服务区,对高速服务区丰富提升旅游业态服务,大娄山服务区交旅融合项目投入使用,推出 4 条交旅融合风景道。四是建成贵州省交通旅游运营服务平台。实现 500 家旅行社、300 家旅游客运企业、25 个重点景区、200 个购物店、2300 辆旅游客运车辆等信息共享。贵阳市率先开展"小车小团"旅游服务试点,围绕"9+2+2"特意性资源和"村 BA""村超"等旅游赛事开通景区直通车线路 107 条,有力地支撑全省旅游产业发展。五是创建桥旅融合示范项目。发挥贵州世界级桥梁特色资源优势,建成平罗高速平塘大桥"桥梁+服务区+景区"交旅融合产品——天空之桥服务区;依托沪昆国高坝陵河大桥,打造集极限运动、民宿集群等于一体的桥旅融合示范项目,形成了集"桥旅观光、精品民宿、研学实践"于一体的中国峡谷大桥研学实践教育基地。

4. 康养发展实现重点突破

康养旅游产品业态培育丰富。围绕推动"温泉省"建设,制定印发了《贵州省温泉旅游发展方案》,启动了《贵州省温泉旅游度假地等级划分与评定》编制工作,评定息烽温泉、石阡温泉、剑河温泉 3 家金汤级度假地,思南九天温泉、六枝龙井温泉、百里杜鹃温泉、绥阳汇善谷温泉 4 家银汤级度假地;发布温泉冬季康养产品等六大主题产品,推出温泉+森林康养、温泉+中医康养、温泉+饮食康养、温泉+文化康养、温泉+运动康养等特色康养产品;印发《全省中医药康旅融合发展 2023 年工作要点》,策划发布了"康养贵州中医养生"等 6 条康养旅游精品线路,推进 9 个中医药康养旅游集聚区建设,完善提升 6 个温泉度假地、18 个温泉康养旅游项目、5 个户外康养旅游精品项目、10 个康养旅游类民宿项目。

5. 多产业融合创新提升发展

一是城旅融合助力城市旅游业态发展。"十四五"以来,获评国家级旅游休闲街区 3 条、国家级夜间文化和旅游消费集聚区 8 个、省级旅游休闲街区 35 条、省级夜间文化和旅游消费集聚区 18 个,极大地推动城市旅游业态聚集。

二是工旅融合发展取得显著成效。万山区朱砂古镇获评国家工业旅游示范基地，积极推荐茅台酒镇、黔南州都匀东方记忆景区、贵阳乌当惠城烘焙乐园申报国家工业旅游示范基地备选单位。深挖三线工业遗产，推动景区升级改造。三是酒旅融合展现新气象。通过创建贵州首批10大酒旅融合景区、打造全省酒旅融合精品线路、开发酒旅文创商品以推动酒旅融合品牌发展。四是水旅融合有序发展。出台相关政策，推进水利风景区高质量发展。推进水系连通及水美乡村建设。做好水利基础保障，积极建设一批水旅融合项目，助力旅游产业化。五是旅游+研学融合发展效果显著。研学基地建设取得成效。遵义市创建首批省级十大研学旅行基地2个。2023年公布37家研学旅行社，创建101家市级研学基地、200家县级研学基地。铜仁市成功创建省级研学机构2个、市级研学机构2个，计划发展市级研学机构8个，打造了教育研学基地17个。黔东南州推出丹寨石桥村、肇兴侗品源、高华瑶寨、下司皮划艇激流回旋运动等研学基地。打造一批研学主题线路。推出"遵义市会议会址—遵义市会议陈列馆—陈云故居—红军警备司令部—红军总政治部旧址—邓小平住址—红军烈士陵园—毛主席住居文旅综合体"红色研学线路、亲子研学旅行溯溪项目和十二背后景区夏令营研学活动等3个研学线路。发布首批涵盖红色文化、历史文化、生态文明、非遗传承、科普教育五大主题的30条研学旅行线路。修文县推出县级阳明文化研学路线10条。

二　2024年贵州文旅产业高质量发展面临的形势与挑战

（一）面临的形势

1. 文旅经济从"重塑恢复"向"创新繁荣"转变

2023年贵州省接待游客12.83亿人次、旅游总收入达1.47万亿元，两项指标均位列各省之首，进入"超10亿人次"的全国第一梯队。而且，相比2019年同期，实现了赶超。尤其是2023年榕江"村BA""村超"为贵州带来全新的旅游产业化"赛道"，为"赛事带动文旅体融合、促进乡村振兴发展"的优秀案例。因此，2014年，将是贵州文旅从"重塑恢复"向"创新繁荣"转变的一年。

2. 文旅市场由"供给迎合需求"向"供给创造需求"转变

游客的消费意愿变得更为理性，文旅消费市场不断下沉，大众文化旅游需求趋向多样化和凸显个性化。例如，露营、市集、演出、新型室内沉浸式乐园等各种中低投入的小文旅产品将批量涌现，成为异军突起的文旅增量市场。因反向旅游、平替旅游目的地以及音乐节、烧烤、村晚、村超等现象而出圈的三四线城市，皆呈现中小城市、中心城镇和发达地区重点乡村等下沉市场的消费升级趋势。例如，由于榕江"村超"火爆出圈，2023年榕江全县累计接待游客760.85万人次，实现旅游综合收入83.98亿元。各大互联网平台经济加速了游客-主体"共享共创共生"生态圈发展，使得文旅产业进入了"产消合一"时代，激发了在地核心文化通过共融共生释放出文化旅游强吸引力。此外，全国各省各地在抢夺市场流量方面，招式百出、竞争激烈。因此，实现"老牌与新兴""大众与小众""传统与新潮"并存共生，"网红变长红、流量变留量"，创造更多高品质、个性化供给的文旅市场需求是2024年的趋势与挑战之一。

3. 四大文化工程助推中华文脉赓续创新双向齐飞

2024年文化旅游系统工作仍将深植中华优秀传统文化丰厚沃土，以产业力量激活中华文化"一池春水"，将持续以产业路径开拓中华优秀传统文化的创造性转化和创新性发展。基于此，红色文化将作为重点突破口，聚焦长征数字科技艺术馆、红色文化讲解，使红色资源与展陈水平等实现提质；突出阳明文化的转化运用，推动京剧《阳明悟道》等文艺精品创作；民族文化旨在传承弘扬，深挖节庆民俗，举办系列民族文化活动；屯堡文化重在研究推广，深挖屯堡遗存，建设屯堡文化数据。四大文化工程，将助力贵州文物和文化遗产的保护利用，有利于非遗旅游名片打造、非遗品牌影响力扩大。

4. 乡村休闲游促进城乡交融、文旅融合

乡村旅游为乡村带来了现代文化、人才智慧、新生活方式，促进了乡村产业发展、城乡人口流动，激发了创新创业活力、共同富裕自驱力。贵州的乡村旅游与农业产业园区的结合，促进了茶产业、蔬菜产业、渔业、手工业的优化升级；文旅产业的链条式或矩阵式的发展能够拉动城乡产业互补，促进城乡产业深度融合。乡村旅游热度不断提升，城乡人口流动加速，不仅留住了乡愁、更留住了回乡的村民；人口流动更加速了城乡文化交融，有利于促进城乡共繁

荣与共发展。因此，2024年，贵州乡村旅游将进入全面高质量发展阶段，在规划布局差异化、基础设施生态化、旅游业态人文化、服务保障功能化方面将会实现全面提升。

5. 聚焦特意性资源，旅游目的地全面提升

世界级旅游目的地的打造，为一流城市旅游目的地的打造提供了契机。荔波、黄果树、赤水、梵净山、镇远古城、西江千户苗寨、万峰林等世界级旅游景区在打造过程中，旅游业态、旅游服务和运营水平、基础配套将得到全面提升，景区所在城市也将获得更多政策和流量的支持。随着"9+2+2"景区度假区的升级改造，贵州将会迎来更多5A级旅游景区，旅游影响力也将持续扩大。"六要素"业态布局提升，将会持续深化，给群众带来更多更好的体验，也将会重构旅游空间形态、增强旅游要素吸引力、盘活旅游资产存量，推动全省旅游"淡季不淡""旺季更旺"。

（二）存在的问题

1. 文旅资源品质高，但开发程度较低，产品综合竞争力不强

全省优良级资源单体达到2689处，拥有四个世界自然遗产地、一个世界文化遗产地，资源品质较高。一是从发展规模上看，全省拥有5A级旅游景区9个、国家级旅游度假区2个，相对全国，发展速度中等。二是从产品构成上看，形成"强者更强"的发展路径，全省"9+2+2"景区发展属于第一梯队，但是特意性带动随意性旅游目的地发展联动不强，大部分景区还面临旅游升级转型的挑战。三是从产品竞争力上看，全省大众化产品较多，高端化、精品化、个性化产品较少；观光型产品较多，体验性、沉浸式、参与性、互动性强的产品不足。各地的旅游业仍然是以旅游观光为主，对其他文化旅游资源的挖掘和开发力度不够，长期停滞在观光型旅游上，产品结构较为单一，旅游竞争力不强，景区运营的效益不高，旅游产品无法满足新兴的旅游消费需求，未能得到有效利用打造形成优质多元丰富的旅游精品路线。

2. 文旅市场主体小且弱，旅游产业化水平不高

一是市场主体普遍散小弱，抵御市场风险能力不足。受三年新冠疫情的影响，旅游市场主体出现的阶段性停业歇业还未得到快速恢复，旅游项目招商引资难度大，旅游投资相对较大、投资回收期较长，民间资本及民营企业对投资

旅游业持谨慎态度，投资信心不足。二是融资渠道单一，企业运营发展资金不足。重大项目多为政府投资，长周期、重资产运行，民间投资比重不足，金融行业发挥作用有限，融资渠道较单一。涉旅企业，特别是涉旅国有企业有的运营效率低，难以推动景区产品服务和基础设施升级。三是旅游大提质面临诸多困境，旅游产业化进程放缓。旅游大提质需要大量资金、人才和其他相关要素的支持，社会资本对旅游及相关产业投入的收益预期较低，预计短期内很难有新的增量进入旅游相关产业，现有社会资本还可能继续"逃离"。单靠政府投入解决低效闲置项目盘活、债务清偿、产品和品牌打造等难题难度极大。

3. 旅游复合型人才存在缺口

人才队伍专业化程度不高，从事旅游方面的经营管理人员大部分没有系统学习过相关的经营管理知识，更是缺乏旅游相关行业实践经验，目前更需要有丰富行业经验的专业人才统筹规划旅游发展工作。人才结构不合理，严重缺乏旅游项目高端策划人才、旅游职业经理人、景区高水平运营管理与营销推广人才。

4. 文旅供需的匹配性有待增强

公共文化服务体系仍需完善，品质文化生活圈功能不够丰富，文旅产业竞争力亟需提升，文化传播、旅游推广力度有待加大。

三 2024年贵州文旅产业高质量发展的建议

2024年是贵州文旅产业优势转化提升的关键一年，是巩固和增强经济回升向好态势的关键时期，也是坚持稳中求进工作总基调，完整、准确、全面贯彻新发展理念，服务和融入新发展格局的重要之年。贵州将全面贯彻党的二十大精神，以习近平新时代中国特色社会主义思想为指引，紧扣打造习近平文化思想生动实践地、建设多彩贵州文化强省和建设世界级旅游目的地目标定位，坚持和加强党的全面领导，按照省委经济工作会议、全省宣传思想文化工作会议和全省旅游工作会议具体部署，深入推进"四大文化工程"，围绕资源、客源、服务深入推进"四大行动"，奋力谱写文旅深度融合和高质量发展的新篇章。

（一）奋力打造世界级旅游目的地，构建文化旅游产业高质量发展新格局

1. 提升文旅融合发展质量，打造世界级旅游目的地关键吸引物

一方面，要树立世界眼光，打造独具贵州特色的文旅关键吸引物，推进世界级景区、一流旅游城市打造取得新成效。充分利用世界自然遗产、世界文化遗产、世界级高桥资源、世界级天文资源和中国独有的酱香酒文化资源，加快推进王牌资源向王牌景区转化，创建一批世界级旅游景区和世界级旅游度假区。加速"9+2+2"景区度假区升级。提升龙头景区品牌影响力，持续挖掘知名景区客流量实现旅游价值的最大化提升，做大做强核心吸引物体系，通过文化挖掘、业态升级、服务优化、项目创新、强化营销等全方位提升，进一步强化龙头景区的品牌价值。对标国际一流标准，进一步强化景区管理、完善景区功能、让游客有更好的旅游体验。另一方面，促进特色文旅资源优势转化为文旅产业优势，全力打造文化旅游品牌 IP，树立标杆，探索推进文化旅游融合 IP 工程，用原创 IP 讲好中国故事，打造具有丰富文化内涵的文化旅游融合品牌。要着眼于新兴文化热点，打造贵州独特的文旅业态产品，对现有的"村BA""村超"等特色业态保护并提升，打造成独具贵州文化标识的特色吸引物，实现"流量"变"留量"，促进旅游消费提质升级。

2. 提高文旅融合发展维度，围绕世界级旅游目的地提高服务质量水平

围绕"食之爽心、住之安心，行之顺心、游之舒心、购之称心、娱之开心"多维度提高旅游服务质量水平，建设极具文化丰富度的旅游服务体系。加快丰富文旅住宿产品，更好地满足游客多层次的住宿需求，加大高品质酒店供给，鼓励支持民宿产业加快发展、规范发展，积极引导避暑、山地、康养等贵州文化特色住宿产品发展，让游客沉浸式感受贵州文化特色。完善旅游交通体系，让游客在贵州旅游更方便，健全完善全域旅游交通体系，更好地满足游客出行，有序发展国际航班，方便境外游客入黔，提升重点客源地到贵州的便利度，提升交通场站到景区、景区之间的便捷度。加强支线串飞、干支联动产品的打造。加大政策支持力度，优化支线串飞线路产品，加强机场服务、落地交通、景区服务保障。加快制定推广"黔菜"标准，培育包装地方文化特色菜肴，打响特色美食品牌。落实旅游服务质量主体责任，打造一流"贵州品

质",发挥文旅品牌引领作用,创建优质贵州品牌,大力实施以服务质量为基础的品牌发展战略。提高文化创意设计水平,精心开发优质文创产品,加强特色商品购物店建设。加速文化演艺娱乐发展,提升现有的旅游演艺品质,更好地展示贵州文化旅游形象。

3.深化文旅融合,提高旅游目的地的全球美誉度

首先,要建设世界级文旅知名品牌,推动旅游服务水平与国际通行标准全面接轨,支持一流旅游城市建设,有计划、有目标、有步骤地进行文旅品牌创建、深化与传播,让贵州文旅的国际品牌不断创造出更高价值,主动增强与世界级机构和平台的互动,通过海外主要客源地推介会及建立文旅姐妹城市、友好城市等方式来获得广泛认同和推广。其次,要提升贵州面向全球的品牌影响力,推动与世界旅游组织、联合国教科文组织等国际专门机构的深度合作,联合开展重大节庆会展活动,推动贵州文旅品牌不断走向世界,推进数博会、酒博会、生态文明贵阳国际论坛、中国—东盟教育交流周等国际性会议与贵州文旅发展深度融合,将世界级旅游目的地的打造作为活动的重要内容,让更多的国际人士和国际组织关注和参与世界级旅游目的地打造。再次,主动融入国内国际双循环发展格局,持续打响"山地公园省·多彩贵州风""走遍大地神州·醉美多彩贵州"品牌,多措并举提升入境游客占比。强化境内市场营销,按照贵州旅游产品季节属性差异、客源市场季节性特征,开展四季旅游产品开发促销行动。解决好入境航线问题,开辟主要客源直达航班,加快与重要国际航空口岸城市结成入境游联盟,推动实现旅游航班和班列联动衔接,积极争取144小时过境免签政策落地实施,出台入境游地接奖励政策,激发入境游市场活力,创新思路举措吸引游客、留住游客。

4.提质文旅融合主体,增强打造世界级旅游目的地核心动能

一方面,大力引进一批国内外知名企业集团,大力引进国内外知名文创品牌、山地运动、文化赛事、高端度假、高端养生、主题公园等集团到贵州投资开发旅游项目,借助大企业大集团提升文旅产业的实力。选优培强,着力培育本土领军企业,通过强强联合、兼并重组、投资合作、整合产业链上下游资源、品牌连锁、授信支持、融资上市等方式,加快打造全省旗舰型旅游龙头企业,组建一批多元化大型旅游企业集团。另一方面,强化涉文旅部门资源整

合，推进各种创新旅游形态与旅游产品，发挥白酒、茶叶、蜡染、民族医药、民族民间工艺品等特色产品优势，加快推进地方优质农副产品向旅游商品转变，推动传统商业向旅游消费购物市场转型发展，提升推出一批文化行业品牌和特色产品品牌，做大做强"多彩贵州"品牌。

（二）深入实施多彩贵州重大文化工程，为文旅产业聚力蓄能

1. 全力实施红色文化重点建设工程

完成长征国家文化公园 2024 年重点项目和重点任务，重点推进"1+3+8"标志性项目体系建设，加强遵义会议会址、四渡赤水纪念馆等红色资源管理和展陈提升，为纪念遵义会议 90 周年系列活动夯实基础，加强长征数字科技艺术馆、《伟大转折》演艺综合体的运营推广，编制贵州红色旅游电子地图，推动长征国家文化公园官方网站和数字平台建设。组织红军渡乌江遗址、困牛山战斗遗址等申报全国重点文物保护单位。制订实施红军长征村、长征历史步道分批次建设保护计划，开展"重走长征路"活动。组织开展红色文化讲解员等专业技能培训，继续举办红色讲解员大赛。

2. 全力实施阳明文化转化运用工程

指导提升阳明文化园展陈水平，打造成为阳明文化综合展示窗口，推动阳明文化演艺项目落地贵阳，推动京剧《阳明悟道》等文艺精品创作提升并在北京、成都、杭州等地展演。组建黔浙赣三省阳明文化旅游联盟，加强阳明文化传承培训课程设计和线路推广。完成阳明文化旅游线路打造。

3. 全力实施民族文化传承弘扬工程

提升西江苗寨、肇兴侗寨管理服务水平，提升纳灰村等少数民族村寨旅游配套和服务。支持各地立足自身特色底蕴举办民族文化活动，指导开展好苗族"苗年""姊妹节"、布依族"六月六"、侗族"侗年"、彝族"火把节"、仡佬族"吃新节"、水族"端节"等一批民俗节庆活动。

4. 全力实施屯堡文化等历史文化研究推广工程

完成安顺屯堡遗存调查资料整理，编辑出版《安顺屯堡考古调查、勘探报告》。启动屯堡文化数据库建设工作。推进云峰、天龙、旧州等屯堡项目一体化运营，加快习水等古城古镇运营提升。推出"人文山水·时光峰峦——多彩贵州历史文化展"。

（三）加强文物和文化遗产保护，在文旅产业方面进行时代转化和发展

重视和加强文物保护利用，在研究文物、遗产的历史价值、文化价值的同时，深入研究、阐释和利用文物、遗产的当代价值，更好地在文旅产业上发挥其作用。积极探索，力求精准把握时代需求，深挖贵州非遗，让非遗传承人有传承、有发扬、有收益，让贵州非遗产业在实践中创新，在探索中发展，为非遗的振兴贡献力量。积极建立传统文化研究基地，实施乡村、社区传统文化推进计划，完善非遗保护，建设非物质文化遗产馆，保护传统村落。实施"多彩贵州"品牌战略。推动"多彩贵州"品牌事业、产业、管理体系化发展，把"多彩贵州"打造成贵州的精神标识、亮丽名片、产业高地。

（四）深化"旅游+多产业"融合，推动业态升级

以品牌建设、产品研发、精品路线、热点制造为思路，持续推进"旅游+多产业"融合。体旅融合方面，建设好"村BA""村超"文艺展演和服务配套，打造"跟着赛事去旅行"品牌，研发出低空、山地、水上、洞穴等户外运动产品。桥旅融合方面，系统化推进在建的世界第一高桥——花江峡谷大桥桥梁融合项目，以花江峡谷大桥和云渡服务区为中心景区，打造全国桥旅融合新典范，高标准推进贵州·中国桥梁博物馆建设，加密火车站、机场等接驳点到重点景区旅游客运直达线路，提升中心城市至4A级旅游景区开通率。酒旅融合方面，培育打造一批特色酒庄，丰富提升茅台镇、中国酒文化城酒旅融合景区，鼓励贵阳、遵义、仁怀等地打造"一站式"白酒体验综合体，推出贵州酒旅融合1号公路精品旅游线路。康旅融合方面，推动中医药与旅行社、温泉、民宿等企业合作，推出康旅融合精品线路产品，培育发展中医药康养旅游聚集区、中医药健康旅游示范区（基地、项目）。

文旅研讨篇

B.2
以打造"文化六区"为抓手奋力打造
习近平文化思想生动实践地[*]

高 刚 王云驰**

摘　要： 贵州深入贯彻习近平文化思想和全国宣传思想文化工作会议精神，提出奋力打造习近平文化思想生动实践地的战略目标。本报告认为，推进"文化六区"，即时代精神弘扬区、优秀文化展示区、文化产业追赶区、文旅融合示范区、优质文化服务供给区、文化治理功能彰显区建设，是贵州建设习近平文化思想生动实践地的有效抓手。

关键词： 习近平文化思想　"文化六区"　生动实践地

党的十八大以来，习近平总书记着眼于宣传思想文化领域的新形势新情况新问题，站在全局和战略高度，作出一系列重要论述和指示批示，指引新时代

---

* 本文系贵州省社会科学院 2024 年度第一批省领导指示研究重点课题"贵州建设习近平文化思想生动实践地研究"的阶段性成果。
** 高刚，贵州省社会科学院文化研究所所长，研究员，主要研究方向为文化与社会发展；王云驰，贵州民族大学传媒学院，研管办助理，主要研究方向文化旅游传播。

宣传思想文化工作取得历史性成就，形成了习近平文化思想。贵州深入贯彻习近平文化思想和全国宣传思想文化工作会议精神，提出奋力打造习近平文化思想生动实践地的战略目标，加快建设多彩贵州文化强省，为推动中国式现代化贵州实践提供坚强思想保证、强大精神力量、有利文化条件。推进"文化六区"，即时代精神弘扬区、优秀文化展示区、文化产业追赶区、文旅融合示范区、优质文化服务供给区、文化治理功能彰显区建设，是贵州建设习近平文化思想生动实践地的有效抓手。

一 建设时代精神弘扬区，提振贵州人的精气神

一个时代有一个时代的精神标识，一个时代有一个时代的道德风尚。2013年3月17日，习近平总书记在十二届全国人大一次会议讲话中指出："实现中国梦必须弘扬中国精神。这就是以爱国主义为核心的民族精神，以改革创新为核心的时代精神。这种精神是凝心聚力的兴国之魂、强国之魂。"[1] 贵州作为后发地区，曾提出要"构筑精神高地，冲出经济洼地"。建设时代精神弘扬区，不仅是奋力打造习近平文化思想生动实践地的需要，也是贵州推动高质量发展的精神动力。

（一）进一步发挥社会主义核心价值观的引领作用

习近平总书记指出，社会主义核心价值观是一个民族赖以维系的精神纽带，是一个国家共同的思想道德基础。如果没有共同的核心价值观，一个民族、一个国家就会魂无定所、行无依归。[2] 建设习近平文化思想生动实践地，必须弘扬和践行好社会主义核心价值观。一是要将社会主义核心价值观融入日常生活。在社区法治文化教育、科学普及、竞技运动等日常活动中融入社会主义核心价值观，利用各种新媒体平台，制作短视频、微案例等，用更时尚、更便民、更亲民的方式宣传社会主义核心价值观。二是要将社会主义核心价值观融入贵州文化基因。积极地把反映贵州地域特色、延续历史传统根脉、承载国家主流价值的文化遗产进行创造性转化和创新性发展，使社会主义核心价值观

---

① 《中国精神牵引中国梦》，《瞭望》2015年第1期。
② 《在文艺工作座谈会上的讲话》（二〇一四年十月十五日），载习近平：《论党的宣传思想工作》，中央文献出版社，2020。

与贵州优秀传统文化相结合,并催生出人民群众自觉认同的文化观念,从而对全省社会思潮、社会心态、社会风气产生强有力的引领作用,不断激起全体贵州人崇德向善、奋发向上的精气神。三是要将社会主义核心价值观融入理想信念教育。持续推进理想信念教育制度化常态化,深入实施公民道德建设工程,适时开展各领域先锋模范选树工作,竖起道德风尚新标杆,用先进典型引领社会风尚。

(二)大力弘扬新时代贵州精神

贵州建设习近平文化思想生动实践地,必须振奋起发展的精气神,保持昂扬向上的精神状态。一是要加强弘扬贵州精神的制度建设。形成贵州干部群众"敢想敢干敢拼敢闯"的长效机制,为振奋贵州"精气神"奠定坚实基础。二是要加强弘扬贵州精神的干部队伍建设。用新时代精神培养塑造一支高素质的干部队伍,要将振奋精神与推动发展结合起来,把推动发展作为振奋"精气神"的根本目的。三是要加强弘扬贵州精神的社会氛围建设。深化爱国主义、社会主义和集体主义教育,在全社会倡导无私奉献、艰苦奋斗、勤俭节约等美好精神,弘扬时代新风,培育时代风貌。

(三)持续推进文明创建和铸牢中华民族共同体意识

习近平总书记指出:统筹推动文明培育、文明实践、文明创建,推进城乡精神文明建设融合发展,在全社会弘扬劳动精神、奋斗精神、奉献精神、创造精神、勤俭节约精神,培育时代新风新貌。① 推进各类文明创建,提升全社会的文明水平,是建设习近平文化思想生动实践地应有之义。一是要持续开展各类文明创建活动。推进"文明在行动·满意在贵州"活动,出台政策和标准,深化拓展文明城市、文明村镇、文明单位、文明家庭、文明校园"五大创建"活动,让文明之花遍开黔地。二是要扎实开展陈规陋习整治行动。以实际行动推进移风易俗,营造文明健康、向善向上的民俗乡风。三是要奋力建设铸牢中华民族共同体意识模范省。重点做好以下三个方面工作:第一,以试点探路子,发挥示范试点引领作用,为建设铸牢中华民族共同体意识模范省塑造典型、

---

① 《高举中国特色社会主义伟大旗帜 为全面建设社会主义现代化国家而团结奋斗——在中国共产党第二十次全国代表大会上的报告(2022年10月16日)》,《求是》2022年第21期。

探索经验；第二，以发展聚合力，积极支持民族地区发挥好生态和民族文化两类特色资源，融入国家发展战略，走差异化发展之路，用发展成效凝聚中华民族共同体意识；第三，以"三交"促一体，打造各类空间和平台，促进各民族在空间、文化、经济、社会、心理等方面交往交流交融，实现中华民族的多元一体。

二 建设优秀文化展示区，让贵州文化精髓大放异彩

贵州历史悠久、文化多彩，拥有众多弥足珍贵的文化瑰宝。习近平总书记指出：我们绝不可抛弃中华民族的优秀文化传统，恰恰相反，我们要很好地传承和弘扬，因为这是我们民族的"根"和"魂"，丢了这个"根"和"魂"，就没有根基了。[①]

中华优秀传统文化是中华文明的智慧结晶和精华所在，是中华民族的根和魂，是我们在世界文化激荡中站稳脚跟的根基。贵州建设习近平文化思想生动实践地，就必须把多彩的贵州文化展示出来，把"四大文化工程"抓好抓实，建设优秀文化展示区，让贵州文化精髓在当代大放异彩。

（一）做好红色文化挖掘展示工作，推进红色文化的当代表达与展示

红色是贵州的文化底色。2021年2月，习近平总书记在贵州省考察时强调："当年长征时，红军在贵州活动时间最长、活动范围最广，为我们留下宝贵精神财富。"[②] 贵州建设习近平文化思想生动实践地，必须抓好红色文化的传承弘扬。一是要持续加强国家长征文化公园贵州段建设并强化其准公共产品性质。站在"国家"的高度，整合具有突出意义、重要影响、重大主题的红色文物和红色文化资源，在长征沿线打造几个具有"国家级"水平的主地标；借鉴"红飘带""伟大转折"等成功经验，把"红色资源"变成红色产品，并

---

① 《在广东考察工作时的讲话》（2012年12月7~11日），载中共中央党史和文献研究院、中央学习贯彻习近平新时代中国特色社会主义思想主题教育领导小组办公室编《习近平新时代中国特色社会主义思想专题摘编》，党建读物出版社、中央文献出版社，2023。

② 吕慎：《贵州：弘扬红色文化 全力建好长征国家文化公园》，《光明日报》2021年3月1日。

强化红色文化产品的准公共产品性质,适当降低门票价格,适时组织学生免费观看,提高红色文化精品的传播力和影响力。二是要推进红色文化资源与乡村振兴、城镇化等战略的融合发展。红军在贵州活动时间最长、活动范围最广,要以重要红色文化资源为节点依托,积极发展与长征关联的休闲娱乐、军事培训、影视拍摄等特色产业,推出具有军事和红色文化特色的文旅产品,重点开发长征徒步游、研学游、乡村游、军事游等,活化长征文化,发展红色文化旅游产品,助力乡村振兴和城镇化战略。三是要做好红色文化与现代化建设成果的融合展示工作。以此推动广大干部群众从红色文化中汲取艰苦奋斗、坚定信仰的精神养分,从现代化建设成果中激发道路自信、理论自信、制度自信、文化自信,发挥好红色文化的教化作用。

(二)做好阳明文化重点工程打造工作,建设阳明文化标识性展示区

2014 年,习近平总书记在参加贵州代表团讨论时指出:"弘扬传统文化方面,贵州有优势,王阳明在那里参学悟道,这里面有很多可以挖掘的东西,我同意你们在这方面再做深入探索。"① 阳明文化作为中华优秀传统文化,全国甚至世界多地都在挖掘整理打造。贵州作为王阳明参学悟道之地,应打造几个重点工程,将贵州建设成为阳明文化标识性展示区。一是建设阳明文化修心养生示范区。以修文龙场为核心,整合贵州生态旅游资源,深度挖掘整理阳明心学内涵,结合现代心理学等知识,把修文阳明文化园打造成全国静心修身的康养示范基地和修心目的地。二是建设阳明文化步行街。参照西安大唐不夜城的经验,把贵阳文昌路打造成阳明文化步行街。贵州目前还没有具有全国影响力的商业步行街,应集中力量,以贵阳文昌路为轴,串联甲秀楼、文昌阁、阳明祠、电台街等核心景点,全面融入阳明文化,建设一条具有全国影响力和标识度的步行街。三是建设全国阳明文化研究高地。整合贵州大学、贵州省社会科学院等研究力量,集中全省力量加强对阳明文化的研究,在影视创作、话剧演出、图书出版等方面推出阳明文化研究成果,把贵州建设成为阳明文化研究高地。

---

① 《在参加十二届全国人大二次会议贵州代表团审议时的讲话》(2014 年 3 月 7 日),载唐开文:《修好共产党人的"心学"》,《贵州日报》2023 年 11 月 15 日。

（三）实施民族文化传承弘扬工程，建设多彩贵州民族文化展示区

2021年2月，习近平总书记在贵州毕节化屋村的扶贫车间里看见了一件件精美的手工苗绣服装、特色小饰品等。他指出："苗绣既是传统的也是时尚的，你们一针一线绣出来，何其精彩！"习近平总书记勉励大家，一定要把苗绣发扬光大，这既是产业也是文化，发展好了既能弘扬民族文化、传统文化，同时也能为产业扶贫、乡村振兴作出贡献。① 弘扬传承好民族文化，是贵州建设习近平文化思想生动实践地的应有之义。一是要做好演艺展示。鼓励每一个大中型城市开展具有区域特色的民族歌舞展演，以歌舞表演展现民族文化，吸引游客过夜。适时推出贵州各地特色文化演艺项目及知名活动赛事，培育方言喜剧（黔剧）、庭院剧等各类文化娱乐形态，打造多彩的贵州演艺文化品牌。二是要做好非遗展示。推进非遗文化的现代转化和商品创新，培育贵州旅游商品生产企业，生产和推广贵州旅游商品。提升城市非遗产品展示集聚功能，在城市闹市街区展销贵州各民族银饰、服饰、蜡染、刺绣等工艺品。三是要做好美食展示。以各大城市的休闲街区为据点，梳理餐饮品类，挖掘当地美食，放眼全省引入各地特色美食，形成各具特色的美食街区，实现"地道贵州味"的集聚展示。

（四）实施屯堡文化等历史文化研究推广工程，建设多民族共生繁荣示范区

习近平总书记指出："历史文化遗产是不可再生、不可替代的宝贵资源，要始终把保护放在第一位。"② 贵州建设习近平文化思想生动实践地，必须进一步加强对历史文化的保护发掘、研究宣传、开发利用等。一是要扎牢历史文化遗存保护开发的制度笼子。进一步加大对历史文化遗存的政策化保护力度，全面建成不敢破坏、不能破坏、不想破坏的体制机制。要加强对历史文

---

① 骆飞、唐兴：《"你们一针一线绣出来，何其精彩！"》，"新华社"百家号，2022年7月24日，https://baijiahao.baidu.com/s? id=1739217365825416443&wfr=spider&for=pc。
② 丁怡婷、胡安琪：《在保护中发展、在发展中保护——让更多历史文化遗产活起来》，中国政府网，2022年8月9日，https://www.gov.cn/xinwen/2022-08/09/content_5704664.htm。

化遗存的价值研究和文化内涵阐释,并对其进行分类保护和开发利用。二是要形成历史文化保护开发的整体合力。引导社会力量和研究机构参与到文化遗址挖掘、整理、保护、传承中来,特别要加强对历史文化开发市场主体的培育,构建起政府、专业机构、民间力量、市场主体相互配合、互为补充的保护开发格局。三是要形成历史文化保护开发的独特个性。在开发利用中要结合历史文化遗存的文化内涵、建筑特色、自然地理条件等进行规划、设计、建设、整治和经营,形成不同的功能板块和多业态模式,把历史文化资源转化打造成一批具有贵州文化标识的特色文化客栈、文化艺术展演、艺术创意产业等。四是要做好历史文化保护开发的宣传推广工作。积极举办高端文化活动,重点在历史文化阐释、文化产业策划等领域邀请国内外知名专家到黔交流,为贵州历史文化阐释利用建言献策,使贵州历史文化遗产的价值得到充分体现和广泛传播。

三 建设文化产业追赶区,让文化赋能高质量发展

习近平总书记指出:大力发展文化产业、不断激发全民族文化创新创造活力,是提升国家文化软实力和中华文化影响力的关键支撑,对于全面建设社会主义现代化国家、全面推进中华民族伟大复兴,具有重大而深远的历史意义。[①] 与全国相比,贵州文化产业发展相对滞后。贵州要建设习近平文化思想生动实践地,文化产业自然应该迎头赶上。建设文化产业追赶区,全面促进产业转型升级和满足人民群众日益增长的物质文化需要,让文化赋能高质量发展。

(一)实施市场主体培育行动,以高质量企业推动文化产业高质量发展

一是要在产业链上培育市场主体。以公共文化服务体系建设为牵引,不断丰富文化产品类型、在文化服务体系的基础上衍生文化产业,特别是要以创新、创意为动力,将文化产品的生产开发从工艺品、图书、玩具等初级产品,

---

① 欧阳雪梅:《大力发展文化产业》,《红旗文稿》2024 年第 8 期。

延伸到文化演艺、影视制作、研学修行、版权经营等高附加值、长产业链产品。不断培育新型文化业态和文化消费模式，拓展文化产业发展空间，推动各类文化市场主体发展壮大，培育增强文化整体实力和竞争力。二是要在改革重组中培育市场主体。实施文化产业大企业大集团提升行动，支持优势企业通过壮大主业、并购重组、资本运作等方式，提升产业链垂直整合能力，推进龙头企业引育提质，培育一批主业突出、竞争力强、具有影响力的大企业大集团。三是要把各类文化人培育成文化产业人。鼓励各类工艺美术大师、非物质文化遗产传承人、民间工匠等具有特殊技艺的文化人才进入文化产业领域，着力培育一批"专、精、特、新"小微文化企业。

（二）实施文化创意支持行动，以高质量创新促进文化产业高质量发展

一是要推进数字化与文化创意深度融合。综合利用国家大数据中心的技术优势，加强数字化技术在文化产业实践中的应用，推出数字非遗、数字民俗、数字文旅、数字文创等多种类型的数字文化产品和服务，借助日益发展的数字技术，聚焦文化创作、文化传播、文博展示等重点领域，赋能文化事业和文化产业质量变革、效率变革、动力变革。建立具有区域影响力的数字文化中心，加快发展网络视听、网络电影（微电影）、网络文学、网络音乐等，培育一批国内领先的文化新业态集群，打造世界数字文化中心。二是要推进凉爽气候与民族文化深度融合。围绕生态贵州的气候优势及民族文化集聚优势，建立以气候之"爽"与民族文化"多彩"相结合的文化创业指导目录，让贵州的文化创意围绕两者展开，打造具有贵州特色的文化创意产业集群。三是要推进文化创意与文化产业深度融合。构建创意与成果转换之间的链接机制，让创意的成果能够通过企业运营或创业转化为实实在在的文化产业、文化成果。

（三）实施消费提振行动，以高品质消费助力文化产业高质量发展

一是要以品牌引领消费。立足地方特色，加强统筹规划，走差异化的道路，提升市（州）文化品牌。通过品牌引领，激发群众文化消费欲望，刺激文化产业高质量发展。二是要以政策刺激消费。一方面，通过落实税收优惠、

创新资金扶持等方式支持文化企业的发展,保障文化产品供给;另一方面,通过免费政策或者消费补贴等措施扩大文化参与群体。

四 建设文旅融合示范区,实现以文塑旅、以旅彰文

习近平总书记指出:文化产业和旅游产业密不可分,要坚持以文塑旅、以旅彰文,推动文化和旅游融合发展,让人们在领略自然之美中感悟文化之美、陶冶心灵之美。[①] 贵州认真贯彻落实习近平文化思想,把文化注入旅游产品、景区景点,深入挖掘各地文化资源,建设一批富有文化底蕴的标志性景区;强化对苗绣、苗族蜡染、侗族大歌、布依族八音坐唱等国家级非遗项目的保护传承,实施苗绣保护传承、经营主体提升、产业园区建设等"六大工程",开发设计一批高质量文创产品,加快推动文化与旅游融合发展。下一步,贵州省应继续强化文旅融合,大力发展遗产活化、空间拓展、景城互动、古今相称、不夜悠游等旅游业态,打造文旅融合示范区,实现以文塑旅、以旅彰文。

(一)形成差异化的梯次发展战略

一是要聚焦区域实际找融合模式。鼓励各地根据地区发展实际,合理定位,选择不同的文旅融合产业建设模式。对于经济发展一般、文旅融合水平较低的区域,应加强政府规划统筹和财政引导,形成文旅融合的初始动力;对于经济发展水平较高、文旅融合水平较高的区域,应推进"文旅+"产业模式发展,特别是要注意打造具有全国影响力的文旅融合标杆地,提升贵州文旅融合示范意义。二是要聚焦实际问题找融合路径。对于"文化滞后旅游"的城市,应加大对地方文化的研究与开放力度,提炼形成具有区域特色的文化符号,包装展示区域文化精品,并与旅游资源深度对接;对于"旅游滞后文化"的地区,应以文化资源为切入点,将文化创意转化为旅游产品。

(二)推进多领域多层次的深度融合

一是要推进文旅资源融合。加强对全省文化资源的普查与研究,在深入

---

① 罗俊杰:《以文塑旅 以旅彰文 推进文化和旅游深度融合发展》,求是网,2024年2月6日,http://www.qstheory.cn/qshyjx/2024-02/06/c_1130074160.htm。

研究的基础上拓展文化策划与创意，推进地方文化在新时代背景下的创造性转化和创新性发展，把文化植入旅游产业之中或者直接将文化开发成旅游产品。二是要推进技术融合。利用现代技术手段，将文化创意与文旅产业融为一体，开发出新的旅游产品，不断丰富游客旅游体验。围绕夜景、夜秀、夜游、夜娱、夜食、夜购、夜宿等内容和业态，建设一批主题突出、特色鲜明、主客共享的沉浸式夜间文化旅游娱乐和消费产品。特别是要把握好夏季贵州凉爽契机，把游客如织的各景点景区打造成流光溢彩的打卡之地。三是要推进功能融合。充分挖掘文旅融合项目的经济价值和社会价值，让景区居民深度融入旅游产业开发中，让游客深度融入景区文化体验中，拓展文旅融合项目的社会价值。四是要推进界域融合。在文旅融合的基础上，推进文旅项目与新型城镇化、"美丽乡村"等国家战略的融合发展，使旅游与城镇化建设、乡村建设等融为一体。推动文化产业、旅游产业同现代服务业、先进制造业、现代农业深度融合，打通上下游产业链，进一步提升文化和旅游供给体系质量和水平。

（三）加强文旅融合要素保障

一是要加强对文旅融合工作的督促落实。研究制定全省文旅融合发展评价指标体系，督促各县（市、区）相关部门细化指标任务，抓好文旅融合各项具体工作落实落细。二是要用好文旅融合产业基金和产业奖补政策。可考虑改革贵州文旅融合基金使用方式，不要单纯地将融合基金作为融合项目补助资金，应集中使用文旅融合基金并引导市场力量打造标志性的文旅融合项目。积极争取上级政策支持，解决文旅融合项目建设的土地、资金等不足的问题。三是要引进一批文化和旅游高层次人才和紧缺人才。以文旅融合发展需求为导向，清单式专项招聘一批文旅融合人才，特别是注重引进文旅融合创意策划高端人才及相关技术人才。采取举办文旅融合发展高端论坛、全国性文创技能大赛等系列活动方式，培养发现一批文旅人才、文化经营管理人才和文化科技创新人才。结合贵州文旅融合实际，专项出台贵州文旅融合人才激励政策。充分利用广东对口帮扶贵州契机，建立商业联盟、文创商圈等平台，实现产业融合发展，信息互通有无，在思想、理念上储备一批文旅融合人才。

五　建设优质文化服务供给区，增强群众
文化福利和获得感

党的十八大以来，习近平总书记明确提出提升公共文化服务水平的重要要求，强调加快构建现代公共文化服务体系，促进基本公共文化服务标准化均等化。建设习近平文化思想生动实践地，必须进一步完善现代公共文化服务体系，建设优质文化服务供给区，增强群众文化福利和获得感。

（一）以"三大馆群"建设为抓手，构筑各地文化地标

一是要打造一流水准的文化馆群。在省、市、县不同层级的城市，按照国家标准，建设形成以一批标志性文化设施为龙头，以一批综合性、专题性和特色性文化设施为载体，以一批历史文化遗存为支撑，以一批基层文化设施为节点的文化设施网络系统。二是要用好各类文化馆群设施。推进文化馆群体制机制改革，加强人才队伍建设和经费保障，让文化馆群充分发挥作用。推动学校、机关、企业和社团等公共文化设施资源延长开放时间，或错峰向社会开放。

（二）广泛开展群众性文化活动

一是要聚力打造群众文化品牌。进一步健全完善政府主导、社会参与的公共文化服务体系，加强基层文化阵地管理使用，广泛组织开展路边音乐会、村级体育赛事、送戏下社区等文化惠民活动，聚力打造贵州群众文化品牌。二是要增加公共文化服务供给。丰富全民艺术普及、全民阅读、全民健身等文化活动，持续提升文化惠民活动质效，更好地实现文化熏陶、文化共有、精神富足。

（三）优化公共文化服务的体制机制

一是要完善文化服务设置和需求反馈机制。通过点单式等服务方式实现供需对接。积极策划设计一批以群众需要为导向、接地气、合时宜的公共文化服务产品。二是要鼓励支持社会力量参与公共文化服务。实现公共文化资源配送

由"政府包办"向"择优购买"转变。加强公共文化志愿者队伍建设，让志愿者参与文化设施管理，使群众由管理的"配角"变成"主角"。鼓励群众自办文化，支持成立各类群众文化团队，进一步活跃基层群众文化生活。三是要提升基层文化服务人才能力水平。完善基层文化从业人员的继续教育制度，提高基层文化服务人才的素质。

六　建设文化治理功能彰显区，推进治理体系和治理能力现代化

就社区治理而言，文化所具有的微观权力机制与思想意识规范作用可使之成为有效的治理工具，承担起社区治理的功能。习近平总书记曾经强调："要治理好今天的中国，需要对我国历史和传统文化有深入了解，也需要对我国古代治国理政的探索和智慧进行积极总结。"[1] 建设习近平文化思想生动实践地，还应该发挥好文化在社区治理中的积极作用，建设文化治理功能彰显区，助推贵州治理体系现代化建设、提升现代化治理能力。

（一）发挥文化在社会治理中的调节作用

一是要以人文素养促治理有序。着力提升居民文化素质和道德水平，让老百姓从道德层面实现"自己管好自己"。营造居民间和谐互动、良性互助、协同行动的善治局面，建设人人有责、人人尽责、人人享有的社会治理共同体。二是要以社会精英促社会自治。发挥好德才兼备、有较高声望人士的聚合力和影响力，协助基层组织实现有效自治。三是要以自治组织促居民参与。鼓励支持社区琴棋书画、吹拉弹唱、打拳舞剑等草根性群众特色文化队伍建设，丰富社区文艺表演活动。壮大社区文化建设力量，激发居民参与社区文化建设的积极性与创造性，推动社区文化朝开放性、包容性以及参与性方向发展。

（二）建立礼法相容的矛盾解决机制

一是要夯实群众的道德和文化基础。在遵守国家法律法规的基础上，广泛

---

[1] 唐洲雁、毛强：《在对历史的深入思考中汲取智慧、走向未来》，《光明日报》2021年12月31日。

开展公民道德、家庭伦理、社区意识教育及文艺创作等活动,夯实群众道德文化基础,发挥传统文化、道德习俗等非正式制度在矛盾纠纷解决和社会治理中的作用。二是要积极推进"三治"融合。挖掘传统基层治理中的自治与德治资源,切实有效地推进自治、法治、德治相结合相融合。

(三)推进文化参与社区治理的试点试验

在超大型社区、易地扶贫搬迁社区、老旧小区、农村社区等不同类型社区建立文化介入社区治理试点。试点文化参与社区治理的方法路径,探索具有贵州特色的社区文化建设模式,为全面推开社区文化治理积累经验。

B.3
贵州省文化与旅游产业融合发展研究

鞠蓓　刘远烨　付娇玉　付伟*

摘　要： 本报告对贵州省文化与旅游产业的耦合度进行了深入分析。研究结果显示，2016~2022 年，贵州文化与旅游产业的耦合度指数呈现持续上升态势。尤其是在 2018 年和 2019 年，旅游产业的增长速度稍微超过文化产业，但两者的耦合增长仍然保持稳定。当前的数据进一步表明，贵州文化与旅游产业的耦合度已超过 0.8，这意味着两者的融合发展已进入一个成熟并且相互协调的阶段。预计在未来 3~5 年，随着相关政策的实施，贵州的文化旅游产业耦合度指数有望达到 1，即融合至极高水平。

关键词： 文化产业　旅游产业　文旅融合　贵州省

一　现状与优势

党的十八大以来，习近平总书记高度重视贵州省旅游发展，希望贵州"守好发展和生态两条底线，统筹发展和安全工作，在新时代西部大开发上闯新路，在乡村振兴上开新局，在实施数字经济战略上抢新机，在生态文明建设上出新绩，努力开创百姓富、生态美的多彩贵州新未来。"[①] 2022 年 1 月《国务院关于支持贵州在新时代西部大开发上闯新路的意见》（国发〔2022〕2

---

* 鞠蓓，澳门科技大学人文艺术学院副教授，主要研究方向为跨文化研究；刘远烨，贵州民族大学传媒学院在读研究生，主要研究方向为广播电视产业；付娇玉，贵阳信息科技学院经管学院旅游管理专业本科生，主要研究方向为广播电视产业；付伟，澳门科技大学人文艺术学院传播学硕士，研究方向为整合行销传播。

① 央广网：《坚持以高质量发展统揽全局》，https://baijiahao.baidu.com/s? id = 16908709 89611682447&wfr=spider&for=pc，2024 年 10 月 11 日。

号）颁发，要求贵州省旅游产业在文化和旅游融合发展上探索创新、先行先试，推动文化产业、旅游业成为在迈向共同富裕道路上具有显著时代特征的幸福产业①。旅游产业化将集成旅游业各行业部门的资源优势，让各行业之间协同、耦合发展，最大限度地转化为产业优势，进而从整体上提高旅游产业的发展实力，实现两者的共赢。

《贵州省国民经济和社会发展第十四个五年规划和二〇三五年远景目标纲要》提出，要大力推进旅游产业化，构建高质量发展现代服务业体系，以旅游业为龙头，带动文化产业、服务产业等其他产业共同发展。2023 年以来，贵州的"村超""村 BA"等文化活动火爆全网，文旅融合潜力持续释放，旅游市场一片火热。马蜂窝联合腾讯位置大数据发布的《2023 暑期贵阳旅游大数据报告》显示，在 2023 年"避暑+游玩"热门话题省份排行榜中，贵州省位居第一，美食游和夜游已经成为贵阳旅游市场的新亮点，贵阳"美食"的搜索热度同比增长 169%，位列"夜生活"人气暴涨城市第二名。② 在此背景下，本报告通过研究贵州省文化旅游产业融合状况，分析贵州省过去几年文化旅游产业融合发展效果，有利于进一步推动多彩贵州民族特色文化强省和多彩贵州旅游强省建设③。

二 文献综述

（一）文化与旅游融合研究概况

目前，世界各国学者对文化与旅游产业融合的侧重点有所不同。国外学者更加关注文化与旅游产业融合路径的选择。Addo 强调了文化多样性对

---

① 《国务院关于支持贵州在新时代西部大开发上闯新路的意见》，中国政府网，2022 年 1 月 26 日，https://www.gov.cn/zhengce/zhengceku/2022-01/26/content_5670527.htm。
② 《贵州省国民经济和社会发展第十四个五年规划和二〇三五年远景目标纲要》，贵州省人民政府发展研究中心，2021 年 3 月 15 日，http://drc.guizhou.gov.cn/xxgk/xxgkml/ghjh/zqfzghgy/202103/t20210316_67207699.html。
③ 《马蜂窝联合腾讯位置大数据发布 2023 暑期贵阳旅游大数据报告》，马蜂窝、腾讯位置大数据，2023 年 9 月，https://baijiahao.baidu.com/s?id=1777003722372411545&wfr=spider&for=pc。

于旅游业的重要性和必要性[①]。推动国内旅游经济发展，应通过创新完善旅游设施、丰富产品，实现文化产业与旅游产业的融合。Yu 等国外学者提出通过新颖性、探索性、家庭团聚、恢复平衡、社交化五种动机因素来研究节日游客的动机，并提出节日已成为增长最快的旅游模式之一[②]。Ma 和 Lew 的研究表明，节庆活动不仅通过旅游业，还通过将城市和地区重塑为现代文化中心日益成为经济发展的重要工具[③]。Juzefovič 从哲学、社会学、传播学的角度研究创意旅游，提出创新旅游是新一代旅游[④]。这种新型旅游不再像传统旅游那样操纵和开发文化、个人和自然资源，而是增值和丰富文化、个人和自然资源。

国内学者对文化与旅游产业融合的研究主要集中在文化与旅游产业之间的关系、融合机制、融合障碍等方面。Cao 等人以宜昌为研究对象深入分析文化旅游产业的相互促进和融合[⑤]。Yuandeng 认为旅游与文化相辅相成。旅游的开放性使其能够接受文化的灌输，文化的渗透性使其能够超越行业的边界，与旅游建立融合[⑥]。Bao、Zhang，运用耦合协调度、赫芬达尔指数法等定量方法研究文化与产业之间的整合关系[⑦]。Zhang 认为，外部环境是推动文化和旅游产业融合的主要原因，如外交关系、政府政策、消费者需求等。Yuandeng 认为，文化产业与旅游的内在特征，如旅游产业的开放性、渗透性，是文化与旅游产业融合的主要动力，也是文化与旅游可持续发展的内在动力。此外，

① Addo, E. (2011). European Heritage and Cultural Diversity: the Bricks and Mortar of Ghana's Tourism Industry. *Journal of Contemporary African Studies*, 29 (4).

② Yu, A. H. C., & Yen, I. Y. (2012). Segmenting Art Festival Visitors by Motivations. *Sceintific Annals of the Alexandru Ioan Cuza "University of Iasi*.

③ Ma, L., & Lew, A. A. (2012). Historical and Geographical Context in Festival Tourism Development. *Journal of Heritage Tourism*, 7 (1).

④ Juzefovič, A. (2015). Creative Tourism: the Issues of Philosophy, Sociology and Communication. *Creativity Studies*, 8 (2).

⑤ Cao S, Liu H, Shen Z. On the Interaction and Integration of Tourism Industry and Cultural Industry-A case study of Yichang City, Hubei Province. Spec Zone Econ. (2005).

⑥ Yuandeng, Y. (2022). Research on the Integrated Development Model of Sports Tourism Industry and Cultural and Creative Industry. Tobacco Regulatory Science (TRS).

⑦ Bao, H., & Wang, S. (2010). Coupling Analysis of Cultural Industry and Tourism Industry. Industrial Technology and Economy, 29 (08), 74 – 78; Zhang G, Sun C. Cultural Tourism Industry Integration and Industrial Chain Construction. Econ Res Guide. (2012) 12.

Chen 等学者在研究中提出，人民群众精神文明需求增长是文化旅游产业全面发展的根本动力①。然而，Zeng 等学者在研究江苏文旅产业融合发展过程中发现，文旅产业融合具有很大优势②。一方面，可以丰富文化旅游产品，开拓新市场；另一方面，可以节省两大产业的运营成本，实现产业链的增值，并给组织管理带来创新。

（二）贵州文化与旅游产业化研究概况

文化与旅游产业化是指将文化资源和旅游资源结合起来，通过产业化手段，创造文化旅游产品，并以市场为导向，实现经济效益和社会效益的双赢。它强调了文化与旅游两大领域的有机融合，以满足不断增长的文化消费需求，同时促进地区经济的可持续增长。文化与旅游产业化之间的关系一直是研究的焦点。

孙小龙等人提出文旅融合是推动贵州省旅游产业化高质量发展的关键，全面和准确地评价了贵州省及 9 个市（州）文旅融合效率特征与空间格局，有助于推动贵州省文旅产业深度融合③。文化和旅游之间是不可分割的关系，尤其是在度量和评估两者之间的相互影响方面，文化可以作为旅游发展的驱动力，而旅游也可以为文化的保存和传承提供支持。刘松表示多产业间跨界与旅游产业融合，形成新的旅游业态且发展迅速，贵州能否成为旅游产业强省很大程度上取决于各种类型资源融合形成新的旅游业态发展是否协调可持续，尤其是贵州丰富且独特的文化资源能否实现与旅游产业的高质量融合开发④。在上述学者的研究中不难看出文化旅游在可持续旅游发展中的关键作用，文化旅游可以促进社区的经济增长和文化传承，同时也提供了一种战略管理工具，可用

---

① Chen, P., Nutteera, P., Yan, Y., & Chai, C. T. (2023). Research on Driving Factors and Mechanism of Minority Village Tourism Development in Guizhou Province, China1. *Heliyon*, 9 (10).

② Zeng, M., Shen, S., & Gu, J. (2023). How Does the Integration of Cultural and Tourism Industries Impact the Value Added to Tourism Value Chain: Evidences from Jiangsu Province of China. *Plos One*, 18 (6).

③ 孙小龙、秦彬朦、邰捷、刘红兰、朱林彤、侯晓敏：《贵州省文化与旅游产业融合效率及时空演化研究》，《贵州师范大学学报》（自然科学版）2022 年第 4 期。

④ 刘松：《三都水族自治县文化与旅游产业融合发展研究》，贵州民族大学硕士学位论文，2022。

于规划和促进旅游目的地的可持续发展。刘明文曾提出要利用贵州得天独厚的自然资源和丰富的民族文化资源进行产业化发展，不仅能推动贵州第三产业的迅速崛起，更能取得巨大的经济效益①。

学者们强调文化作为旅游吸引力的重要性，对文化景点、文化表演和传统文化元素等重要因素进行研究。这不仅体现在文化旅游的产品和服务中，还表现在游客的文化体验和文化传播中。文化与旅游产业化的研究涵盖了广泛的主题，涉及多个行业方面的资源融合，这个领域的研究有助于推动文化与旅游的双向融合，促进地区和国家文化遗产的传承和旅游产业的繁荣。

（三）耦合度的基础理论

耦合度，源自拉丁词"Copulatus"，意指链接或结合，是一个研究探讨各学科中系统或组件之间交互的概念②。耦合度描述了两个或多个系统、组件或功能之间的交互强度③。这种响应可以是正面的，如相互依赖；也可以是负面的，如相互否定④。其中相互依赖指一个系统或组件的变化可能会导致另一个系统或组件的变化。例如，汽车的发动机性能可能依赖于燃料的质量。相互否定性表示一个系统或组件对另一个系统或组件的功能或表现施加了某种限制。例如，手机的存储容量可能会限制用户可以安装的应用程序数量。

虽然"耦合"是一个计算的概念，但其精确的测量和计算需要具体的方法。通常，此时会采用各种统计方法、数学模型或模拟技术来定量评估耦合度⑤。在复杂网络理论中，耦合度也可以通过测量网络中节点的连接性来确定。在生态经济学中，它可能涉及资源利用与生态保护之间的平衡。耦合度不仅仅是一个抽象的测量标准，还可能意味着系统的一个部分对另一个部分的影响更大，导

① 刘明文：《西江千户苗寨产业化发展特点探析》，《人文与科技》（第五辑）。
② Vosevich, K. A. (1988). *The Rhetoric of Shakespeare's Women: Figures, Sense, and Structure.* University of Denver.
③ Svedin, U. (2005). *Micro, Meso, Macro: Addressing Complex Systems Couplings.* World Scientific.
④ Cacioppo, J. T., & Berntson, G. G. (1994). Relationship between Attitudes and Evaluative Space: A Critical Review, with Emphasis on the Separability of Positive and Negative Substrates. *Psychological Bulletin*, 115 (3).
⑤ Bellomo, N., & Preziosi, L. (1994). *Modelling Mathematical Methods and Scientific Computation* (Vol. 1). *CRC Press.*

致系统更加脆弱。例如，高度专业化的生态系统可能对环境的变化更加脆弱敏感①。同时，耦合度也可能会影响系统的吸附和演化。低联接度可能使系统恢复弹性，能够更好地应对外部压力或变化。

在本研究中耦合度帮助研究者更好地理解和描述文化产业和旅游产业或文化旅游产业之间的相互关系。通过对耦合度的研究，研究者不仅可以更深入地了解单个系统的运作，还可以预测和控制系统之间的多种相互作用。

（四）贵州省旅游产业化概况

贵州省得天独厚的自然环境、民族风情优势，将极大地助力旅游产业成为贵州经济发展的巨头。根据贵州省文化和旅游厅在 2023 年公布的数据，贵州省 A 级旅游景区共有 554 个，其中 5A 级旅游景区有 9 个、4A 级旅游景区有 143 个、3A 级旅游景区有 360 个、2A 级旅游景区有 35 个、1A 级旅游景区有 7 个。2022 年全年，贵州省全省接待游客 4.92 亿人次，旅游总收入 5245.64 亿元。

冯文岗等人认为，贵州旅游产业化的发展进程可分为四个阶段。一是积蓄阶段（20 世纪 80 年代至 1997 年之前），此阶段，旅游业功能发生转变，逐步开始产业化发展，建立起旅游组织管理机构，管理全省旅游工作，旅游产业的产业地位得到提升与重视；二是初创阶段（1998~2005 年），在亚洲金融危机、国内扩大内需的背景下，旅游经济产业地位得到确立，重点发展旅游业成为共识，贵州编制《贵州省旅游发展总体规划》，旅游产业步入规划引领新阶段，旅游业逐步市场化，旅游业作为贵州省第三产业的龙头作用得到了充分发挥；三是加速成长阶段（2006~2020 年），此阶段，贵州省通过召开首届全省旅游产业发展大会，建立起全省旅游产业发展平台，通过制定实施《贵州生态文化旅游创新区产业发展规划（2012—2020）》等，推动旅游产业飞速发展，通过贵州西部"县县通高速"、贵州龙洞堡国际机场的建设，改善旅游产业发展的交通问题，在旅游产业的发展下，助力全省脱贫攻坚工作；四是高质量发展阶段（"十四五"及以后），在高质量发展阶段，

---

① Costanza, R., Kemp, W. M., & Boynton, W. R. (1993). Predictability, Scale, and Biodiversity in Coastal and Estuarine Ecosystems: Implications for Management. *Ambio*.

要满足人民群众日益增长的高质量旅游休闲精神文化需要成为贵州省旅游产业发展的重点①。

邓珍艳等人认为，贵州省旅游产业发展依旧存在以下几个问题。一是旅游产业化合力尚未形成，要推动旅游产业与其他产业协同发展，促进"四新""四化"融合发展；二是旅游宣传推介不到位，政府要拓宽旅游产业宣传载体、丰富宣传内容，塑造好贵州省旅游产业发展的品牌形象；三是本地民族特色不突出，贵州作为少数民族聚居地区，要把握好各民族的独特风情，将民族特色作为贵州省旅游发展中不可或缺的精华；四是旅游线路设计较为滞后，应根据不同群众旅游需要，增添不同风格的高品质旅游路线，如自驾旅游路线、红色文化学习路线等；五是旅游人文环境亟待优化，要着力提升旅游景区的接待服务，提高游客的旅游质量，推动建设多彩贵州民族特色文化强省和多彩贵州旅游强省②。

基于上述文献，研究者提出以下研究问题：近年来贵州省文化与旅游产业耦合情况如何？

三 数据收集与分析

（一）数据收集

研究者在收集贵州省文化与旅游产业的相关数据过程中最早只收集到了2016年的数据，因此研究者选择2016～2022年贵州省文化与旅游产业为样本，对文化与旅游产业耦合情况进行研究。为获取较为准确的文化和旅游产业数据，研究者分别从2016～2022年《贵州统计年鉴》和2016～2022年《中国统计年鉴》中获取相关数据，并基于文旅部发布的《中华人民共和国文化和旅游部2022年文化和旅游发展统计公报》和国家统计局公布的《2022年全国文化及相关产业发展情况报告》补充了相关数据。因为现有关

---

① 冯文岗、马琨、郝瑞锋、罗用频：《贵州旅游产业化发展路径研究》，《贵州商学院学报》2021年第2期。
② 邓珍艳、龚丹娅、周海燕、卢军：《全域旅游视域下推进贵州旅游产业化的建议》，《贵州社会主义学院学报》2021年第4期。

于文化和旅游产业的融合性研究中关于融合性指标体系未形成统一，本研究主要参照 Li 等人的指数选择，结合贵州省实际情况进行标准化分类，具体如表 1 所示①。

表 1　文化与旅游产业发展衡量指标

类别	一级指标	二级指标
文化产业	经济表现	文化市场营业总收入(万元)
		文化服务业营业收入(万元)
		文化制造业营业收入(万元)
		艺术表演团体演出收入(万元)
	文化组织	博物馆数量(个)
		公共图书馆机构数量(个)
		表演艺术场馆数量(个)
		文化及相关产业法人单位数(个)
	产业规模	文化机构从业人员(万人)
		博物馆参观人数(万人)
		艺术团体演出观众(万人)
旅游产业	经济表现	旅游收入(亿元)
		旅行社营业收入(万元)
		星级酒店营业收入(万元)
		旅游景点营业收入(万元)
	旅游组织	旅行社数量(个)
		星级酒店数量(个)
		旅游景点数量(个)
	产业规模	旅游人数(万人)
		旅游业从业人员(万人)

资料来源：Li, X., Liang, X., Yu, T., Ruan, S., & Fan, R.（2022）. Research on the Integration of Cultural Tourism Industry Driven by Digital Economy in the Context of COVID-19—Based on the Data of 31 Chinese Provinces. *Frontiers in Public Health*, 10.

---

① Li, X., Liang, X., Yu, T., Ruan, S., & Fan, R.（2022）. Research on the Integration of Cultural Tourism Industry Driven by Digital Economy in the Context of COVID-19—Based on the Data of 31 Chinese Provinces. *Frontiers in Public Health*, 10.

（二）耦合协调度模型

已有研究表明部分耦合模型仅能衡量文化产业与旅游产业的联系紧密程度，并不能反映两个产业的融合与协调发展情况。因此，结合 Li 等人的耦合协调度评价模型，本研究采用其尝试的线性赋权法对文化和旅游产业进行综合评价，公式如下[①]：

$$u_i = \sum_{j=1}^{n} w_{ij}u_{ij} , \sum_{j=1}^{n} w_{ij} = 1 \qquad （公式 1）$$

其中，u_i 表示行业综合评价值，u_{ij} 表示指标 j 对该行业 i 在该行业中的贡献度，w_{ij} 为指标 j 在系统 i 中的权重，这里可以近似地看作文化与旅游产业间的关系，即得到如下耦合度模型：

$$C = 2(u_1,u_2)^{1/2}/\prod(u_1+u_2) \qquad （公式 2）$$

其中，C 表示文化产业与旅游产业的耦合协调度，u_1、u_2 分别表示两个产业的综合评价得分。

两大产业体系耦合协调度：

$$P = au_1 + \beta u_2$$
$$D = C \times P \qquad （公式 3）$$

P 表示两个产业综合发展水平的评价指标，D 表示两个产业的耦合协调度。研究根据廖崇宾的理论对 *P* 值进行分类，同时结合了 Zhou 等人关于文化与旅游产业耦合度的分类，即低级、中级、高级和极高级的耦合阶段[②]（见表 2）。

---

① Stanimirovic, I. P., Zlatanovic, M. L., & Petkovic, M. D. (2011). On the linear Weighted Sum Method for Multi-objective Optimization. *Facta Acta Univ*, 26 (4).

② Chuhan, Z., & Chongbin, Z. (1987). Coupling method of finite and infinite elements for strip foundation wave problems. *Earthquake engineering & structural dynamics*, 15 (7); Zhou, Z., Yang, Q., & Kim, D. J. (2020). An empirical study on coupling coordination between the cultural industry and tourism industry in ethnic minority areas. *Journal of Open Innovation: Technology, Market, and Complexity*, 6 (3).

表 2 耦合协调等级划分

耦合度区间	协调水平	耦合度区间	协调水平
0~0.3	低级	0.5~0.8	高水平
0.3~0.5	中等水平	0.8~1	极高水平

资料来源：研究者制。

　　根据上式可对贵州省文化与旅游产业的耦合度进行测算，结果如表 3 所示。文化和旅游产业的测度指标表明两个产业是否协调良好。如果一个行业的指数值较小，则表明该行业的发展相对滞后，不能与其他行业促进。文化与旅游产业的耦合程度和协调程度反映了两个产业的融合程度和发展阶段。依据 Zhou 等人关于文化和旅游产业的论述，其耦合协调度值越大，文化与旅游产业融合水平越高。

表 3 耦合协调层次结构

耦合度区间	协调水平	耦合度区间	协调水平
0~0.23	严重失衡	0.6~0.75	中级协调
0.33~0.42	轻度障碍	0.82~1	协调性好
0.45~0.57	勉强协调		

资料来源：研究者制。

四 研究结果

（一）数据分析结果

表 4 贵州省文化与旅游产业耦合分析结果

年份	2016	2017	2018	2019	2020	2021	2022
文化产业发展指数	0.3178	0.2976	0.4395	0.7835	0.4891	0.7095	0.8971
旅游产业发展指数	0.4293	0.4421	0.6754	0.8756	0.5568	0.7436	0.8690
文化与旅游产业耦合度	0.8679	0.6794	0.7942	0.9673	0.9659	0.9571	0.9874

资料来源：研究者制。

从表 4 可知，贵州省文化与旅游产业发展稳步提升。2019 年及之后的年份，在受到外界客观因素影响的情况下，文化与旅游产业耦合度仍能超过 0.9，可见贵州省文化与旅游产业发展基础坚实。

（二）指数分析

贵州省文化与旅游产业耦合度结果表明，其文化与旅游产业融合发展处于较高水平。耦合度用来衡量文化与旅游产业联系的紧密程度，可以反映文化与旅游产业的融合发展情况。2016~2022 年，贵州省文化与旅游产业耦合度虽然有所波动，但总体趋势始终保持线性增长。其中，2017~2019 年文化与旅游产业的融合发展成效显著。2017~2022 年，文化与旅游产业耦合度呈现上升趋势。

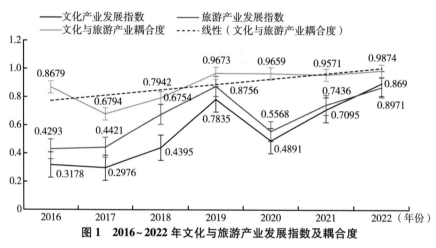

图 1　2016~2022 年文化与旅游产业发展指数及耦合度

资料来源：研究者制。

文化和旅游产业发展总体呈上升趋势。在图 1 中，2016 年和 2017 年，贵州省文化产业和旅游产业均处于滞后状态。这可能是因为交通网络布局尚未完成，文化产业处于打造阶段，旅游产业相对分散，难以形成产业矩阵。2017 年之后，文化产业和旅游产业提速较快，除受到影响外，产业化发展整体向好。但 2021~2022 年文化与旅游产业耦合度上升趋势缓慢。目前贵州省文化与旅游产业耦合度为 0.9874，大于 0.8，表明文化与旅游产业融合发展已进入成熟阶段并实现良性协调。

五　讨论

贵州省作为中国西部的一个重要区域，近年来在文化和旅游产业的发展中显示出了显著的增长潜力。根据本研究，特别是从图 1 中的数据，可以看到几个关键的发展趋势和背后的原因。

首先，贵州省文化与旅游产业的稳步提升表明，文化产业与旅游产业在经过一定的初始阶段后，已经形成了一定的互补和协同效应。这种融合发展不仅仅是两个产业之间的简单叠加，而是通过各种形式的交互和合作，推动了整体产业的快速增长。

其次，尽管 2016 年和 2017 年贵州省文化和旅游产业发展处于滞后状态，但从 2017 年开始，这两个产业的增长速度都加快了。这与贵州省近年来大力发展交通、通信和其他基础设施，以及在文化和旅游产业中投入更多的资源有关。此外，政府也在政策、资金和技术上给予了大量的支持，推动文化和旅游产业的融合发展。尽管 2017~2019 年文化和旅游产业的融合发展成效显著，但 2021~2022 年的上升趋势有所放缓。这可能与当时的客观因素影响有关。值得注意的是，即使在这种情况下，文化和旅游产业的耦合度仍然保持在较高水平，这表明贵州省在文化和旅游产业的发展上具有很强的韧性和潜力。

最后，2022 年的耦合度指数（0.9874）表明，贵州省文化和旅游产业已经进入了一个成熟和协调的发展阶段。这意味着，尽管仍然存在一些挑战和不确定性，但在未来，贵州省有望继续保持这两个产业的稳健增长，并进一步加强两者之间的融合和协同。

总的来说，贵州省文化旅游产业的融合发展在过去的几年中取得了显著的进展。尽管仍然面临一些挑战，但在正确的政策和资源支持下，贵州省有望在文化和旅游产业中实现更大的突破和成功。

六　结论

基于贵州文化产业与旅游产业耦合分析结果的数据，2016~2022 年贵州文化与旅游产业耦合度指数呈上升趋势。经过 2017 年的发展滞后状态后，2018

年、2019 年旅游产业的发展速度略高于文化产业，其耦合度指数较文化产业增长更为平稳，文化产业耦合度指数均呈现良好的增长趋势。2020~2022 年，贵州文化与旅游产业耦合状态处于较高水平。这意味着，自 2016 年以来，两个产业积极保持相互影响以及协调融合的状态，相互依赖，因此文化和旅游产业的融合发展已进入成熟阶段。同时，随着《国务院关于支持贵州在新时代西部大开发上闯新路的意见》（国发〔2022〕2 号）文件的颁发，在相关政策的推进下，预计未来 3~5 年贵州文化旅游产业耦合度指数将趋于 1，即处在极高水平。

从以上分析可看出，贵州省文化与旅游产业已进入成熟阶段，两个产业具有较强的交互性、渗透性。这表明贵州省文化与旅游产业之间紧密相连、相互促进，其独特的民族文化元素通过渗透到地域特色的美食、民宿、观光、娱乐等活动，成为旅游发展的内驱动力，也为旅游产业提供丰富的文化资源，推动旅游业的可持续发展。赋能传统旅游产业不断创新升级，旅游业为文化产业发展提供了传播支撑和消费引导，为文化产业扩大了市场需求、延伸了传播平台，同时激发了文化产业价值链和文化产品的生命周期。开放创新在促进贵州文化旅游融合发展中发挥了关键作用，这之中不仅需要依靠内部资源和能力创新，还依赖外部合作和资源共享，以推动创新和发展。基于"多彩贵州"品牌，少数民族地区独特文化相互交流与渗透、两者相互促进，跨界合作、国际交流、技术创新和数据共享等开放创新策略，为两个产业带来了新的机遇和挑战。在此基础上，研究者结合近几年贵州的变革，也得出以下结论。

①协同效应显著

贵州省文化与旅游产业并不是单独存在的两个领域，而是在互动和融合中释放了巨大的经济潜能。这种协同效应不仅仅局限于经济领域，还扩展到社会、文化和环境等多个层面，为贵州省的综合发展提供了有力的支持。

②基础设施建设成效显著

2016 年和 2017 年的滞后阶段归因于基础设施和资源的初始分散。交通、通信和其他基础设施的建设提速，为文化和旅游产业的快速增长打下了坚实的基础。

③民族文化资源的优势

贵州省作为多民族聚居的区域，具有丰富的文化资源。这为旅游产业提供了独特的内容和体验。与此同时，贵州的文化产业也在这些独特的资源中找到了创新和发展的空间。将这些资源有效地与旅游产业结合，既促进了文化的传播，又丰富了旅游的内容。

④技术应用带来的转变

数字化技术，尤其是互联网、大数据和人工智能的广泛应用，为文化与旅游产业带来了翻天覆地的变化。例如，虚拟现实技术使游客可以在家中体验贵州的美景；大数据技术帮助旅游企业更好地了解游客的需求和习惯，从而提供更为个性化的服务。

⑤环境保护与可持续发展

贵州省在文化与旅游产业的融合发展中，始终坚持生态文明建设的原则。这不仅使得旅游活动更为绿色、环保，同时也保护了贵州的自然和文化资源，确保了产业的长远可持续发展。

⑥产业链的延伸与完善

随着文化与旅游产业的深度融合，相关的上下游产业也得到了快速发展，如餐饮、住宿、交通、娱乐等。这不仅为游客提供了更为完善和高质量的服务，也促进了当地经济的发展。

⑦政策与支持机制的推动

贵州省在政策和资源上给予了大量的支持。这些措施确保了即使在外部环境发生变化时贵州省文化和旅游产业也能维持稳健的增长。

综上所述，贵州省文化与旅游产业的融合发展不仅带来了显著的经济效益，还提高了文化传承与交流、提升了旅游品质与体验，为文化与旅游产业的融合发展奠定了坚实的基础。而这背后，除了得天独厚的自然和文化资源外，还有一系列的政策支持、技术应用、产业链建设和生态保护措施。这为其他地区以及全国的文化与旅游产业融合发展提供了宝贵的经验和启示。

七 未来展望

未来贵州省在文化与旅游产业的融合发展中，更多的是需要强调科技与传统、现代与经典、商业与文化的高度结合，使得文化旅游产业真正成为地区经济的新动力，同时也为当地人民和游客提供更高品质的生活与体验。基于此，研究者认为未来贵州省的文化旅游产业发展可以从以下几点入手。

一是数字技术与文化旅游产业的深度整合。随着技术的快速进步，贵州省的文化旅游产业有巨大的空间继续提升其耦合度。未来的发展将不仅仅局限于传统的旅游模式，而是向数字化转型，尤其是虚拟现实技术（VR）、增强现实技术（AR）和元宇宙等前沿数字技术。这些技术为文化旅游体验带来了前所未有的沉浸感和互动性，可以大大提高游客的参与度，从而带动文化旅游产业的快速升级。

二是加强贵州特色文化创意产业的推广与发展。贵州省拥有丰富的文化资源，但在与旅游产业的高度融合上仍需努力。为此，文化创意产业将是关键。通过设计与创新，可以生产出更多具有贵州特色的文化创意产品。同时，为了确保这些产品能够被更广大的市场接受，相关部门需要充分利用新媒体，推进产品销售渠道的多元化，从而扩大市场覆盖面，推动文化与旅游产业的高效融合。

三是推动可持续性与生态友好的旅游模式。"绿水青山就是金山银山"，这强调了生态与经济发展的紧密关系。在文化旅游产业的发展中，保护自然环境和文化遗产是必不可少的。因此，可持续旅游、绿色旅游以及低碳旅游将是未来的重要方向。特别是乡村旅游和生态旅游，不仅可以保护环境，还可以提供更加纯粹、接近自然的旅游体验，吸引更多的游客来贵州体验与众不同的文化旅游魅力。

四是培育新的文化旅游模式。贵州省应该加强与国内外其他地区的交流与合作，引进先进的旅游经营管理经验和文化传播手段，与当地的传统文化相结合，创新开发出具有贵州特色的新的文化旅游产品和服务。比如，开展数字文化工坊、虚拟手工艺品制作、民族歌舞体验等项目，不仅能吸引游客，还能带动本地非物质文化遗产的传承与发展。

五是重视文化旅游产业链的完整与优化。要确保从文化的创作、生产、传播到旅游的宣传、接待、服务，整个产业链条都顺畅、完整。要加强与其他产业，如农业、工艺品制造、数字技术等产业的联动，实现产业间的共赢发展，推动文化旅游产业的价值链持续扩展。

六是强化文化旅游产业人才培养。文化旅游产业的高质量发展，离不开大量的高素质人才。未来，除了加强对本地人才的培训和引进外地人才外，还应与高等院校和研究机构合作，培养一批既懂文化又懂旅游、既懂管理又懂市场的复合型人才，为文化旅游产业的长远发展提供坚实的人才保障。

贵州省在推动文化与旅游产业的融合发展中，拥有得天独厚的优势。但同时也面临着许多新的挑战和机遇。只有不断创新、与时俱进，结合本地的实际情况，才能确保文化旅游产业健康、持续、高质量地发展，为贵州省打造成为国内外知名的文化旅游目的地奠定坚实的基础。

B.4
贵州旅游产业韧性发展研究

肖 越*

摘 要： 旅游产业化是贵州围绕"四新"主攻"四化"的重要战略部署之一。面对全球新冠疫情冲击，贵州旅游产业韧性提升，对贵州旅游经济的可持续发展有着重要意义。本文梳理了贵州旅游产业现状，总结了贵州提升旅游产业韧性的做法，指出近10年贵州旅游产业韧性从低水平逐步上升到中等水平，总体呈现上升趋势，2021年贵州旅游产业韧性程度为0.576，属于中等水平。本文提出以下四点建议：顺应环境变化，有效发挥旅游业的经济效应；依据城市特征，因地制宜推动旅游产业化发展；优化产业结构，促进新兴产业的持续发展；针对旅游行为主体，有效提升旅游经济韧性。

关键词： 旅游产业韧性 旅游经济 贵州

在全球新冠疫情冲击下，各国面临着更为严峻的国际循环萎缩冲击，经济衰退问题严重。不同产业在扰动因素作用下往往展现出不同的韧性水平，如何实现产业稳定发展，成为更加具有难度的挑战。疫情前贵州大力发展旅游业，已实现井喷式发展。疫情三年给贵州旅游产业带来了巨大的冲击，但在旅游产业化的政策推动下，旅游业已在带动商业、餐饮服务业、住宿业、交通运输业、娱乐业等发展方面显示了巨大的推力，也为社会生态文明建设作出了重要贡献。疫情之后，面对强势增长的旅游需求，贵州旅游产业韧性水平的提高对于贵州旅游经济的高质量发展有着重要意义。

---

* 肖越，贵州省社会科学院历史研究所助理研究员，主要研究方向为文旅融合与农业文化遗产。

一 贵州旅游产业现状

（一）贵州旅游市场规模及发展态势

贵州旅游在新冠疫情前已跻身全国第一方阵，且近年来增长呈上升趋势。贵州省 2019 年旅游接待 11.4 亿人次，全国排名第 1 位；旅游总收入为12318.86 亿元，全国排名第 3 位，但人均消费 1084 元，仅居全国第 20 位。2016~2018 年贵州旅游总人数的增长速度分别为 41.24%、40.02%、30.16%。在疫情防控期间，2021 年，贵州旅游人数也保持了小幅增长，近 10 年贵州省旅游总人数与总收入呈现不断增长态势。

贵州旅游业对经济的拉动作用愈加凸显，2019 年，旅游总收入 GDP 占比达到 73.46%，旅游产业逐渐成为支柱产业。但旅游业在疫情防控期间受到重创，占比下降到 26.01%，这表明旅游产业作为支柱产业的韧性有待提升（见表1）。

表1　贵州省旅游市场规模与旅游产业占比（2013~2022 年）

指标	2022 年	2021 年	2020 年	2019 年	2018 年
旅游总人数(万人次)	49206.88	64436.68	61781.49	113526.6	96858.12
旅游总人数增长率(%)	−23.64	4.30	−45.58	17.21	30.16
国内旅游者(万人次)	49202.01	64431.12	61777.13	113479.42	96712
入境旅游者(人次)	48746	113169	116355	471800	1465539
旅游总收入(亿元)	5245.64	6642.16	5785.09	12318.86	9471.03
旅游总收入增速(%)	−21.03	14.82	−53.04	30.07	33.08
旅游总收入 GDP 占比(%)	26.01	33.91	32.45	73.46	61.69
指标	2017 年	2016 年	2015 年	2014 年	2013 年
旅游总人数(万人次)	74417.43	53148.42	37630.52	32134.94	26761.28
旅游总人数增长率(%)	40.02	41.24	17.10	20.08	25.05
国内旅游者(万人次)	74290.64	53038.22	37535.92	32049.44	26683.58
入境旅游者(人次)	1267877	1101925	941012	855047	776992
旅游总收入(亿元)	7116.81	5027.54	3512.31	2895.98	2370.65
旅游总收入增速(%)	41.56	43.14	21.28	22.16	27.44
旅游总收入 GDP 占比(%)	52.31	42.63	33.32	31.14	29.21

资料来源：《贵州统计年鉴》（2011~2021 年）、《贵州省国民经济和社会发展统计公报》（2011~2022 年）、《中国旅游统计年鉴》（2010~2018 年）、《中国文化和旅游统计年鉴》（2019~2022 年）。

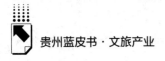

（二）贵州旅游资源开发现状

截至 2021 年，贵州共有 A 级旅游景区 570 家，其中 5A 级旅游景区 8 个、4A 级旅游景区 134 个、3A 级旅游景区 374 个、2A 级旅游景区 47 个、1A 级旅游景区 7 个。贵州省共有世界自然遗产 4 处、国家自然遗产地 3 个；国家自然与文化双遗产地 1 个；国家级风景名胜区 18 个；省级风景名胜区 53 个；国家自然保护区 11 个；省级自然保护区 7 个；世界地质公园 1 个；国家级地质（矿山）公园 9 个；国家和省级森林公园、湿地公园若干个。景区经营企业以国有为主，有 313 个，龙头企业有贵州荔波旅游发展有限公司、贵州省西江千户苗寨文化旅游发展有限公司、贵州旅游投资控股（集团）有限责任公司、贵州天下山水文化旅游开发有限公司、贵州旅游投资集团有限公司、黄果树智慧旅游股份有限公司等，开发后多围绕景区进行旅游服务经营管理。

贵州省非遗文化资源的开发主要是依托政府出台的相关政策支持，以非遗工坊（原非遗扶贫就业工坊）的建设为载体，主要采取"非遗手艺人+农户+企业"的合作模式，其资源开发主要聚集在传统村落与村寨中。贵州农业文化资源的开发以企业为主，以农业休闲观光园的模式呈现，主要是茶叶、辣椒、刺梨、薏仁、蓝莓等特色优质农产品种植，中期企业以小微企业为主。贵州工业文化遗产资源开发以酒业、矿业为主，以大型国企为主。目前贵州省茅台镇、兴义贵州醇景区、铜仁万山朱砂古镇等单位已成功创建为全国工业旅游示范点。代表性企业有贵州茅台酒厂（集团）文化旅游有限责任公司、贵州省利多旅游开发有限公司等。贵州康养资源开发以本地企业为主，包括贵州苗仁堂生物医药科技有限责任公司、贵州精诚苗侗瑶健康管理有限责任公司等，但尚未形成与旅游产业相融合的态势。

（三）贵州旅游接待能力现状

表 2　贵州旅游接待能力（2010~2021 年）

年份	2021	2020	2019	2018	2017	2016
A 级旅游景区数量(个)	570	460	420	359	359	255
星级酒店总数(家)	232	231	239	203	289	308

年份	2021	2020	2019	2018	2017	2016
限额以上住宿企业客房数（万间）	11.66	12.94	18.63	14.76	9.56	8.43
限额以上住宿企业床位数（万间）	19.46	20.31	29.41	23.81	14.9	13.9
旅行社数量（家）	693	703	606	311	387	364
限额以上餐饮企业（个）	721	645	607	611	603	511
铁路营业里程（公里）	3873	3873	3753	3560	3285	3270
等级公路里程（公里）	188797	183245	170883	156559	148839	132264
高速公路里程（公里）	8010	7607	7005	6453	5835	5434
内河航道里程（公里）	3954	3958	3755	3745	3664	3664
年份	2015	2014	2013	2012	2011	2010
A级旅游景区数量（个）	177	135	101	93	68	80
星级酒店总数（家）	343	333	326	310	286	324
限额以上住宿企业客房数（万间）	5.46	6.02	4.39	3.76	—	—
限额以上住宿企业床位数（万间）	8.95	9.51	7.31	6.32	—	—
旅行社数量（家）	353	318	301	273	237	261
限额以上餐饮企业（个）	385	385	304	183	153	—
铁路营业里程（公里）	2810	2373	2093	2058	2070	2002
等级公路里程（公里）	120613	107573	95419	86577	79643	72557
高速公路里程（公里）	5128	4007	3284	2630	2022	1507
内河航道里程（公里）	3661	3661	3563	3563	3563	3563

资料来源：《贵州统计年鉴》（2011～2021年）、《贵州省国民经济和社会发展统计公报》（2011～2022年）、《中国旅游统计年鉴》（2010～2018年）、《中国文化和旅游统计年鉴》（2019～2022年）。

截至2021年，贵州共有星级酒店232家；2021年底，全省标准级以上客栈1791家。总体来讲，高档酒店数量少，中高端住宿占比少，且以外来品牌为主；民宿起步晚，管理较粗放，精品民宿数量及品质仍有提升空间。2021年底，铁路营业里程为3873公里，其中高铁总里程为1586公里，居全国第 15 位；铁路旅客周转量 255.39 亿人公里。随着高铁的发展，贵广高铁、渝贵高铁、沪昆高铁等途经贵州的路线成为贵州旅游出行的新宠。2021 年底，等级公路里程达到 188797 公里，其中贵州省全高速公路总里程达 8010 公里，旅游客运企业全省共 217 家，且公路旅客周转量达到 153.89 亿人公里。截至 2021 年底，共有旅行社 693 家，其中有 6 家 5A 级企业。

（四）贵州旅游产品与旅游服务现状

截至 2022 年，贵州省共有重点旅游商品 1361 个，基本涵盖旅游商品的重点种类，其中排名前 3 位的分别是：旅游食品类、旅游工艺品类、旅游茶品类，占比分别为 37.69%、21.60% 和 9.77%。另外旅游纺织品和皮毛类商品达 125 个，占比为 9.18%。① 全省共有重点贵州特色旅游系列商品 122 个，其中贵烟贵茶形成广泛的知名度，苗族蜡染、玉屏箫笛、大方漆器、民族刺绣等名扬四方。重点培育的旅游商品基地有 24 个、重点培育的旅游商品购物示范街区有 71 条。贵州旅游商品的区域分布相对集中，贵阳市、黔南州以及遵义市分别以 398 个、200 个、180 个位居前三。具有明显贵州地域特色的旅游商品合计有 375 个（种），包括银饰 88 种、刺绣 150 个、蜡染 125 个、漆器 12 种。②

贵州共有旅游商品企业 1700 余家，含生产类企业 500 余家、销售类企业 1200 余家，以民营企业为主体。重点旅游商品设计和生产加工及销售企业 139 家、旅游购物品的销售主体一般为零售，以实体店销售为主，重点联系的 100 家旅游商品企业 2020 年共计产值 100 多亿元。现阶段贵州旅游商品企业以经营旅游食品、旅游工艺品、旅游茶品等为主，企业数量分别为 479 家、221 家和 150 家，占比分别为 31.36%、14.47% 和 9.82%，合计达到 55.65%，比较著名的有贵州省土特产供销有限公司、贵州苗姑娘控股集团等。截至 2021 年，贵州省共有艺术表演场馆 31 家，1000 座以上的大型标准剧场 6 家。贵州省内目前有艺术团体 57 个，从业人员 2823 人。

① 王诗培：《贵州旅游商品发展正提速》，《中国旅游报》2023 年 8 月 7 日。
② 徐莲：《贵州旅游商品现状及发展思路分析》，《当代旅游》2021 年第 6 期。

二 贵州旅游产业韧性提升的现有做法

（一）优化建立旅游产业化新机制

对于现有的旅游统计制度，贵州优化了采样点数量和类别，采样点由 495 个增加至 600 个，样本问卷从 12 万份增加至 24 万份，采样时间兼顾节假日和月度、周末和平时，每个市州形成较为全面的采样点分布机制。同时，形成了旅游经济运行监测机制，每月中旬分析预判，下月初总结研判，提出针对性措施。对于旅游安全机制，先后制定并发布了《山地旅游　第 40 部分：旅游城市建设与评价》（DB52/T 1401.40-2022），《山地旅游　第 41 部分：特色旅游小镇建设要求》（DB52/T 1401.41-2022），《贵州省文化旅游商品基地规范与评价》《利用油菜、水稻制作田地艺术景观技术规程》等标准；出台并执行了多项旅游安全专项行动。对于金融支持机制，实施供应链金融计划，出台了《关于加强金融支持文化和旅游产业高质量发展的若干措施》《关于强化省文化旅游产业投资基金管理促进文旅产业高质量发展的若干措施》《贵州省推进基础设施领域不动产投资信托基金（REITs）试点方案》等，印发了《贵州省促进绿色消费实施方案》《2022 年"多彩贵州·助商惠民"促消费专项行动方案》等。对于低效闲置项目，制定了盘活攻坚方案、导则、标准，主要内容包括"七个一批"盘活路径、十项原则和十条方法，建立了包保工作机制，明晰了"五增一降"工作指标，实施了日常调度、约谈、督办、现场督导等工作机制。

（二）旅游资源地集群化发展规划

首先，贵州正在推进五大旅游带协调联动。依托全省交通网络，建设联通重点旅游景区、旅游城市、特色民族村寨的旅游风景廊道，分段打造主题鲜明的旅游产业集聚区、整体配套完善的公共服务设施，建立协调联动的旅游管理体系，打造擎动全省五大旅游带。① 以仁怀、习水、赤水等酱香酒生产基地为

---

① 《深度整合区域资源　推动全域旅游"一业兴百业"》，《贵州政协报》2023 年 1 月 15 日。

核心，建设世界名酒文化旅游带；以平塘天眼、天坑、天桥为核心，建设国际
天文科普旅游带；以乌江水道和乌江文化为纽带建设千里乌江休闲度假旅游
带。以长征国家文化公园"1+3+8"标志性工程和重大遗址重要节点为依托，
打造红色文化旅游带；依托 17 个世居少数民族村寨核心景区，少数民族博物
馆，民族自治州（县）保存完好及特色鲜明的少数民族村寨、中国传统村落
和历史文化名城名镇名村等，建设特色民族文化旅游带。其次，贵州重点培育
多极旅游目的地体系，以贵阳及各市（州）政府所在地为基础，以众多旅游
特色小镇（民族村寨）、A 级旅游景区（旅游度假区）为支撑，提升 4A 级旅
游景区，引导各类旅游目的地彰显特色、错位发展，建设多极旅游目的地体
系。包括黔中城市群，"长征红色文化+名酒文化"旅游区，六盘水"避暑康
养+冰雪运动"旅游区，安顺黄果树－龙宫"生态观光+度假康养"旅游区，
黔西南"户外运动+度假康养"旅游区，毕节"山地旅游+度假康养"旅游
区，铜仁"山地旅游+温泉康养"旅游区，黔东南"山地旅游+民族文化"旅
游区，黔南"山地旅游+天文科普"旅游区。①

（三）培育壮大旅游市场主体

近两年，贵州省出台了《贵州省培育壮大市场主体行动方案（2022—2025
年）》《贵州省服务业创新发展十大工程省级龙头企业认定管理办法》等，分类
做好重点企业的上市培育、规上涉旅企业的培育方案制定、国有旅游资产优化重
组、国有企业景区"三权"分置试点改革等工作。与此同时，加大招商引资力
度，推出了"'四化'+生态环保"基金助力招商引资新模式，出台了《关于建
立粤黔两省更加紧密的结对帮扶关系的实施意见》，举办了 2022 年亚洲山地旅游
推广大会、2022 年贵州广东文化旅游企业结对会等招商活动。

（四）丰富旅游产品，提升旅游服务质量

在旅游业态方面，从建立创新平台、推出创新业态、提升购物业态三个方
面来为业态升级注入创新力量，组建了文旅融合创新共建共享平台，开展创新
产品研发、中试、应用和产业化，促进省内外优秀企业研发推广创新产品，倡

---

① 曾广超：《牢记总书记殷殷嘱托　让旅游创造美好生活》，《中国旅游报》2017 年 11 月 2 日。

导特色及重点旅游目的地推出 VR 产品、夜游演艺、探险滑索、露营等业态，各大旅游景点举办旅游商品大赛、升级商品购物店。在文化遗产活化利用、交旅融合、酒旅融合、体旅康旅融合、大数据与旅游融合等方面，推动文旅融合产生新业态。

在旅游服务质量方面，先后印发了《贵州省"十四五"公共服务规划》《贵州省政府定价景区门票及景区内交通运输服务价格清单》《关于劳务品牌建设的实施意见》《贵州省乡村旅游质量等级评定管理办法（试行）》《贵州省非遗旅游体验空间认定与管理办法（试行）》《贵州省文化和旅游系统行政裁量权基准（试行）》等政策文件。在"硬件"设施方面，推进高速路服务区充电桩建设，新建改扩建旅游服务中心，促进 5G 信号在 5A 级旅游景区全覆盖。在"软件"服务方面，开设智慧景区开发与管理等 9 个高职专业，开展旅游服务人员技能培训和比赛，制定温泉度假地标准和黔菜、民宿等标准。

三 贵州旅游产业韧性提升面临的机遇与挑战

（一）贵州旅游产业韧性水平

借鉴已有的相关研究，本文将贵州省旅游产业韧性分为经济韧性、社会韧性、生态韧性和基础设施韧性四个维度，并基于这四个维度共选取 23 个指标，构建贵州旅游产业韧性综合评价指标体系。[①] 贵州旅游产业韧性水平评估方法主要采取熵权 TOPSIS 法。

近 10 年贵州旅游产业韧性程度从低水平逐步上升到中等水平，总体呈现上升趋势，2021 年贵州旅游产业韧性程度为 0.576，属于中等水平。贵州旅游产业韧性水平可分为两个阶段，第一阶段（2010~2015 年），为旅游产业韧性低水平发展阶段，总体韧性指数从 0.353 徘徊上升到 0.338，在 2011 年出现了近 10 年最低值；第二阶段（2016~2021 年），为旅游产业韧性中等水平发展阶段。总体韧性指数从 0.401 上升到 0.667，又跌回到 0.576。2019 年出现了近

---

① 所有数据来源于《贵州统计年鉴》（2011~2021 年）、《贵州省国民经济和社会发展统计公报》（2011~2022 年）、《中国旅游统计年鉴》（2010~2018 年）、《中国文化和旅游统计年鉴》（2019~2022 年），个别缺失数据依据相邻年份增长率推算得出。

10 年最高值，为 0.667，也实现了从中等水平到高水平的突破，但受新冠疫情冲击又有回落（见图 1、表 3）。

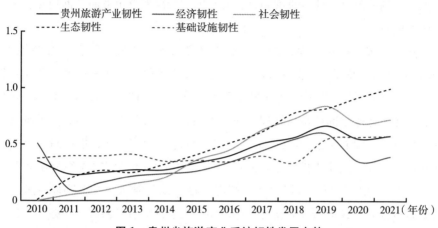

图 1　贵州省旅游产业系统韧性发展态势

资料来源：作者自绘。

表 3　贵州旅游产业韧性水平

年份	贵州旅游产业韧性	经济韧性	社会韧性	生态韧性	基础设施韧性
2021	0.576	0.393	0.721	0.996	0.574
2020	0.551	0.351	0.689	0.918	0.566
2019	0.667	0.596	0.842	0.821	0.548
2018	0.564	0.548	0.729	0.781	0.339
2017	0.511	0.447	0.630	0.613	0.400
2016	0.401	0.344	0.453	0.514	0.348
2015	0.338	0.265	0.364	0.412	0.361
2014	0.275	0.241	0.207	0.325	0.351
2013	0.274	0.218	0.149	0.251	0.412
2012	0.249	0.160	0.086	0.268	0.396
2011	0.200	0.101	0.051	0.194	0.398
2010	0.353	0.511	0.008	0.009	0.376

资料来源：作者自绘。

从各子系统的产业韧性看出，生态韧性自 2017 年之后一直处于高水平攀升状态，从 0.613 上升到 0.996。2021 年生态韧性高达 0.996，经济韧性在

2019 年达到顶峰值 0.596，2021 年回落到 0.393。可见经济在应对疫情等突发情况方面显得韧性不足。社会韧性自 2017 年开始一直在高水平上起伏波动，2019 年社会韧性水平出现最大值 0.842，2021 年社会韧性达到 0.721。基础设施韧性近 10 年在中等水平上不断提升，从 0.376 提升到 0.574。

（二）面临的机遇与挑战

1. 政策环境宽松，扶持力度大

2021 年以来，国家发改委、文旅部等单位先后发布了数十条针对旅游行业的支持政策，逐步细化落地，切实解决了行业公司发展困难，保障旅游行业的有序恢复和良好发展，贵州也陆续出台了诸多政策以确保疫情之后旅游企业的发展，如《2023 年贵州省"引客入黔"团队旅游及营销奖励办法》《贵州省 2023 年度优化营商环境重点任务清单》《关于进一步加强非物质文化遗产保护工作的实施意见》《关于在城乡建设中加强历史文化保护传承的实施意见》《关于促进贵州特色自然保护地高质量发展的实施意见》《贵州省城镇生活污水治理三年攻坚行动方案（2022—2024 年）》《贵州省生活垃圾治理攻坚行动方案》。可见，整体政策环境相对宽松，政策支持力度较大，有利于旅游经济的稳步恢复。

2. 旅游需求受抑制，市场潜力爆发快

2023 年初我国新冠疫情得到控制，可以预计国内旅客人次于 2024 年将达到疫情前水平，未来将迎来旅游业的高速发展。2023 年春节假期，全省 60 家重点监测旅游景区共接待游客 299.21 万人次，实现综合收入 13.05 亿元，同比分别增长 102.4%、95.4%。全省 29 家重点监测温泉接待游客 17.4 万人次，同比增长 19.4%；综合收入 0.75 亿元，同比增长 19.2%。全省 50 家重点监测酒店接待游客 5.23 万人次，同比增长 44.4%，平均床位出租率为 37.9%。[①]因此，旅游市场潜力巨大，如何应对是一个挑战。

3. 技术支撑变革，产业效率大大提升

2020 年，国家颁布《关于深化"互联网+旅游"推动旅游业高质量发展的意见》，强调技术赋能旅游业发展，在 5G 技术支持下，深入推进旅游领域

---

① 曹雯、彭芳蓉、梁诗吉：《贵州文旅发展关键词》，《当代贵州》2023 年第 15 期。

数字化、网络化、智能化转型升级，开展产业融合，通过"互联网+旅游"的产业融合，实现了在线旅游消费、景区智慧运营、智能导游导览、VR 沉浸式旅游等，完成旅游产品品质、消费者体验和旅游管理效率的同步提升，推动了旅游产业变革。[①] 贵州省旅游业充分与大数据、互联网相结合，提升旅游服务和管理效能。全面加快全域旅游大数据顶层设计规划，初步形成"一中心五平台三个端的总体架构"。"一中心"：全域旅游大数据中心；"五平台"：旅游产业运行监测与应急指挥平台、旅游产业监管服务平台、旅游服务平台、企业云服务平台和游客服务平台；"三个端"：支撑用户端（TOC 端）、企业端（TOB 端）、政府端（TOG 端）。"一码贵州"是贵州省重点打造的消费扶贫平台，平台定位为多彩出游消费扶贫窗口、智慧商务平台、黔货出山卖场、市场拓展先锋。[②] 截至 2021 年 5 月，"一码游贵州"全域智慧旅游平台总访问量达到 1.58 亿人次，累计用户超 1620 万人，交易订单超 17.5 万笔。由此看来，技术升级带来产业变革是机遇，但如何整合云计算、物联网、大数据等来提高贵州旅游产业的整体生产效率是一大挑战。

四　贵州旅游产业韧性提升的建议

（一）顺应环境变化，有效发挥旅游业的经济效应

在受到疫情强烈冲击后，第一、第二产业及相关生活必需品产业应当得到迅速的调整和恢复，从而为旅游业的快速恢复提供雄厚的产品及物资供应，提供更加广阔的市场空间。与此同时，为促进贵州旅游产业从资源依赖型向创新驱动型升级，可实施世界旅游目的地、产业地标化、产业扩张三大战略。世界旅游目的地战略主要从要素、金融、专项、服务四方面着手，具体为推进全省旅游要素资源整合、培育贵州地方特色的生产运营品牌、引进国内外龙头企业、拓展新型融资模式，构建融合政府专项资金、金融资本、民间资本、风险投资、私募基金和外商投资等多元投融资体系；结合贵州资

① 王兆峰、张先甜：《基于 PSR 模型的旅游产业韧性评估及驱动因子非平稳性研究——以黄河流域为例》，《人文地理》2023 年第 5 期。
② 彭耀永：《贵州智慧旅游带来全新服务体验》，《贵州日报》2022 年 5 月 13 日。

源和要素特征，重点培育康养、运动、科普、红色等专项产品，重点培育市场渠道能力；面向国内外游客，全面提升旅游终端信息、医疗、保险、安全等方面在地服务。产业地标化战略方面，围绕贵州文化、中草药、酱酒、茶叶等资源，研发打造具有品牌影响力的系列旅游 IP，全面提升资源的品牌知名度、美誉度和附加值，将区域资源优势转化为旅游吸引力和产业竞争力；积极引入国内外顶级设计企业、品牌创意、视觉艺术等公司，或与其开展全面合作，全面树立"贵州形象"和塑造"贵州流派"，重点推进在建筑设计、广告设计、品牌设计、艺术创意等方面的应用，推动创意设计等产业对外输出，讲好贵州故事。产业扩张战略主要从数字、人才、物资三个方面进行，具体为发挥数字算力作用，提升数字技术与电子商务应用的能力，对内完善"一码游贵州"平台，对外输出大数据旅游场景化应用；加快旅游专业化运营团队和高端人才引进，整合省内高等院校和科研院所力量为全省旅游产业化提供智力支撑，大力开展旅游职业培训；引进具有山地特色的旅游设施设备制造企业，打造旅游物资产销一体化平台，辐射整个西南片区。通过三大旅游产业化战略，促进旅游业的创新转型和繁荣稳定发展，最大限度地发挥旅游业的竞争优势，通过旅游业促进市场要素流动、产业链条融通、经济增长及缩小贫困差距、提升科技创新能力等，从而分散区域经济风险，有效增强区域经济韧性。

（二）依据城市特征，因地制宜推动旅游产业化发展

贵州九个市（州）发展阶段不同，其旅游经济、旅游市场化、对外开放程度均不同，因此受疫情的冲击程度也不同。由于不同城市旅游业的发展基础、影响因素和应对冲击的能力不同，因此应根据不同的城市特征推动不同类型的产业化聚集化发展策略。重点推进遵义"长征红色文化+名酒文化"、六盘水"避暑康养+冰雪运动"、黔西南"户外运动+度假康养"、安顺黄果树-龙宫"生态观光+度假康养"转型升级。全力推进毕节"山地旅游+度假康养"、铜仁"山地旅游+温泉康养"旅游功能区拓展。加速推进黔东南"山地旅游+民族文化"、黔南"山地旅游+天文科普"的开发建设，加快发展以民族和山地为特色的文化旅游业，推动春夏秋冬四季旅游均衡发展，形成特色鲜明、多极拉动的全域旅游目的地体系。

（三）优化产业结构，促进新兴产业的持续发展

产业是城市的发展基础，产业结构特征对城市经济平稳运行和抵御经济冲击具有决定性影响。产业合理化和高级化在旅游业影响区域经济韧性的过程中发挥了重要作用。首先，基于山地资源优势，申办岩赛、滑雪、山地车、野外定向等国际规格赛事，打造国际性、国家级品牌赛事体系，创建贵州地标性的山地运动永久性赛事，提升国际国内影响力，将山地旅游从国内赛事集训地提升为国际赛事举办地，从山地运动专业竞技转化为大众体验旅游。其次，对于民族文化旅游从小切口出发，招引一批国内外顶级的公关团队对大型活动进行商业运作，在各大平台进行裂变式的传播，使其达到较为广泛的传播与品牌效应，从而推动大型活动与演艺精品"走出去"，建立"贵银"公共品牌，推进与国内外一线时尚品牌合作。再次，酒文化旅游应从高端群体切入，推进一站式酒主题庄园建设，形成一批符合高端白酒消费人群旅游需要的一站式酒旅度假产品，通过与文博圈的跨界联名，将酒注入传统文化守护者的基因与标签，提高酒旅产品全民接受度。对于康养度假产业，其核心是构建资源综合性开发和高端康疗服务体系，深入挖掘中草药、苗医药、温泉等特色资源，探索研制治未病、抗衰老、康复疗养等领域医养产品，打造"医、养、护"一体构建康养产业版图，以贵州特色康养产品为产业吸引力，招引全国乃至全球康养度假群体。对于科普研学旅游专项产业，形成多样化、主题化的旅游产品以适应不同年龄群体的需求，同时经过权威科学机构的认证，形成在天文科技、历史文化、自然地理、建设工程等方面具有领军优势的研学旅游品牌，协助贵州科普研学旅游实现弯道超车。对于红色旅游产业，加强内容增值，面向全国打造红色研学与企业培训基地，全面提升红色旅游中的互动体验业态，通过网络破圈营销打造品牌。最终形成高文化附加值和高技术含量的产品。对于乡村旅游，围绕特色农业产业向价值链高端延伸，建立科技与产业有机融合、多种体验高效循环的示范农业片区，培育一批"民宿+"融合型经济新业态，提高非住宿收入在民宿收入中的占比，为精品民宿注入新的活力，提高民宿经济效益。

（四）针对旅游行为主体，有效促进旅游经济韧性

一是加强政府保障。当地区受到外部冲击后，旅游业的复苏、区域经济韧

性的提升尤其需要市场与政府"两只手"的协调与配合。事实上，各地政府已经出台了一系列政策以减轻疫情对旅游业的影响，包括景区门票优惠、发放旅游消费券等提振旅游消费的举措以及税费减免、金融支持等用以扶持旅游企业复工复产的政策，未来还可以在此基础上建立旅游政府引导基金等，为旅游企业纾困，营造开放、包容与多元化的社会经济发展环境，实现旅游业的高质量发展。二是提升企业韧性。增强旅游企业灵活性，提高其应对风险的能力。一方面，积极探索多元化的地区、行业跨界合作模式，促进外贸市场的多元化，实现优势互补，形成风险共担、利益共享的旅游企业命运共同体。另一方面，调整企业内部结构，提高组织柔性。与员工、股东、合作伙伴等利益相关者紧密合作、提高企业内部凝聚力和外部抗风险能力。此外，还应积极履行旅游企业的社会责任，以"科技+文化"等方式进行知识创新，展现有情怀、有温度的旅游企业形象。三是注重旅游者与旅游目的地居民之间的关系协调与价值共创。一方面，加强旅游伦理建设，提升旅游者的整体素质，增强游客"形象感"与"责任感"。另一方面，加强目的地居民的旅游意识和环境观念，鼓励社区参与和管理，实现旅游者与目的地居民的良性互动，为提升目的地经济韧性贡献力量。

在新时代背景下，面对贵州省经济高质量转型发展、新冠疫情暴发等对旅游业发展产生的叠加影响，提升旅游产业韧性，能够推动旅游产业生态化建设、加快推进旅游业可持续发展。①

---

① 《贵州向世界级旅游目的地铿锵迈步》，《中国旅游报》2023 年 4 月 4 日。

B.5
贵州省文化旅游商品基地发展报告[*]

郭 旭　徐志昆[**]

摘　要：　文化旅游商品基地的集聚效应，能够为文化旅游商品开发和旅游产业高质量发展提供助力。贵州拥有丰富的文化旅游资源，旅游产业的快速发展刺激了文化旅游商品需求，贵州文化旅游商品基地建设取得一定的进展，涌现出了一批极具特色的文化旅游商品基地。就目前的发展情况而言，贵州文化旅游商品基地还存在整体数量较少、空间分布不平衡，创建单位积极性主动性不够，内涵建设存在短板，贵州文化旅游商品基地整体品牌影响力不够等问题。因此，进一步增加文化旅游商品基地数量、优化区域布局，多途径提升文化旅游商品基地创建单位积极性主动性，继续加强文化旅游商品基地内涵建设，持续提升贵州文化旅游商品基地整体品牌影响力，是推进贵州文化旅游商品基地建设和推动旅游商品提质、促进旅游产业高质量发展的有效路径。

关键词：　文化旅游商品基地　文化旅游　旅游商品　贵州省

　　旅游产业与文化产业融合发展，是当前旅游产业界和旅游研究界重点关注的议题。文化是现代旅游的灵魂，旅游文化主导着现代旅游的发展方向。从某种程度上可以说，文化旅游商品开发已然成为旅游商品开发的核心。[①] 根据相关标准的定义，文化旅游商品是指旅游者购买的富有当地特色文化内涵且具

---

　　*　本文系贵州省教育厅青年科技人才成长项目"贵州省乡村旅游发展评价指标体系及统计模型构建"（黔教合 KY〔2022〕323 号）阶段性成果之一。

　　**　郭旭，贵州商学院教授，主要研究方向为产业经济学和区域特色产业发展；徐志昆，贵州商学院讲师，主要研究方向为旅游产业发展和区域经济学。

　　①　陈文君：《节庆旅游与文化旅游商品开发》，《广州大学学报》（社会科学版）2002 年第 4 期。

有吸引力的特色物产、特色工艺、特色文化服务等。相对应地，文化旅游商品基地是指集聚一定数量文化旅游商品设计、制造等功能类别或某一文化特色的文化旅游商品企业注册并实际入驻，设有基地（园区）常设管理机构，兼有文化旅游商品观光游览、休闲体验、科普教育、展示展销、销售营销等功能的基地（园区）。① 贵州省文化旅游商品开发和文化旅游商品基地建设开展得较早，2021 年开始，贵州省下达专项财政资金推进文化旅游商品基地培育工作。2022 年底，贵州省文化和旅游厅公布第一批文化旅游商品基地名单。2023 年底，组织专家对第二批文化旅游商品基地开展了现场验收工作，提出了验收通过的初步名单。在全面分析贵州文化旅游商品基地培育和建设状况的基础上，剖析其存在的短板并提出相应的对策建议，以期为贵州省文化旅游商品基地的高水平建设提供参考，推动贵州文旅产业深度融合和高质量发展。

一 贵州省文化旅游商品基地建设现状

近年来，贵州围绕"四新"主攻"四化"主战略，深入推进旅游产业化，全面促进文旅深度融合，多举措推动世界级旅游目的地打造和多彩贵州文化强省、旅游强省建设，取得了丰硕的成果。在此背景下，贵州省文化旅游商品基地建设被提上日程，成为推进旅游产业化实现旅游大提质的重要力量。

（一）贵州文化旅游商品开发资源丰富

贵州拥有丰富的旅游资源，具有不可替代的独特优势。一是地文景观类旅游资源丰富。贵州地处云贵高原东部，经由地质构造形成的山丘草甸、峰峦沟壑、奇岩怪石、岩溶洞穴与地面景观类型丰富，旅游价值极高。典型的如铜仁梵净山、兴义万峰林、织金洞、安顺龙宫、赤水丹霞地貌等，受到游客的欢迎。二是水域景观类旅游资源丰富。贵州河流处在长江和珠江两大水系上游交错地带，是长江、珠江上游地区的重要生态屏障。全省水系顺地势由西部、中

---

① 贵州省市场监督管理局：《文化旅游商品基地规范与评定》（DB52/T 1693-2022），2022 年11 月 17 日发布，2022 年 12 月 1 日实施。

部向北、东、南三面分流。苗岭以北属长江流域，主要河流有乌江、赤水河、清水江等；苗岭以南属珠江流域，主要河流有南盘江、北盘江、红水河、都柳江等。黄果树大瀑布、赤水瀑布，南江大峡谷、桃源河、杉木河漂流，息烽、石阡等地的天然温泉，以及散布于山间坝子的湿地，构成贵州丰富的水域景观旅游资源。三是生物景观类旅游资源丰富。赤水桫椤国家级自然保护区、威宁草海，位于贵阳市区的黔灵山和沿河土家族自治县麻阳河流域的黔金丝猴栖息地，遍布全省各地的油菜花、樱花等，无不具有极高的旅游价值。四是天象和气候景观类旅游资源较为丰富。最为典型的是位于平塘县的 500 米口径球面射电望远镜（FAST），该项目经多年筹划、建设，于 2016 年正式启用，是全球最大且最灵敏的射电望远镜，成为天文爱好者观测天象、普通游客观光体验和天文研学的重要目的地。① 五是建筑与设施类旅游资源丰富。如遵义会议会址、三线建设工业工程等人文景观综合体，因贵州交通条件极大改善而涌现出的桥梁等实用建筑与核心设施等，各地因地制宜打造的索道、廊道、景观通道等景观与建筑，不同程度地吸引了游客观赏。六是历史遗迹类旅游资源丰富。除海龙屯土司遗址、黎平肇兴侗寨、遵义黔北民居等物质文化遗存外，各民族还有侗族大歌、布依族八音坐唱、彝族撮泰吉、安顺地戏、水族赛马、苗族上刀山等丰富的非物质文化遗产，加上近年来新涌现出的村 BA、村超等文化旅游新形式，都是相应的文化旅游资源。七是旅游购品类资源丰富。修文猕猴桃、沿河空心李、麻江蓝莓、织金竹荪、桐梓方竹笋、威宁荞麦、德江天麻等具有区域特色的农特产品，黔北麻羊、贵州黄牛、淡水生态鱼等特色畜产、水产品，各地极具特色的饮食文化和小吃，以及苗绣、马尾绣、根雕、朱砂制品等不同类型的手工艺制品，极大地丰富贵州文化旅游商品种类。八是人文活动类旅游资源丰富。从汉代的尹珍到明代的奢香夫人，再到近代郑珍、莫友芝、黎庶昌三大儒等历史人物，王若飞、周逸群等革命家，各种类型的历史人物在贵州的活动构成了重要的文化旅游资源。同时，各民族在日常生活中所形成的农时节日、现代节庆、庙会活动等也极为丰富，如水族端节、苗族牯脏节等。随着贵州酿酒产业的发展，形成了"茅粉节""酱香酒

---

① 冯崇玉、周忠发、刘智慧、徐亚：《基于 PBL 模式的研学课程设计——以平塘 FAST 天文研学为例》，《中学地理教学参考》2022 年第 4 期。

节""祭水节"等新民俗。① 各种类型旅游资源丰富多彩,为贵州文化旅游商品的开发奠定了基础。

(二)贵州旅游产业快速发展为文化旅游商品开发带来机遇

"旅游产业化"是贵州围绕"四新"主攻"四化"主战略之一,贵州旅游产业的快速发展,为贵州文化旅游商品开发带来了新的需求。一是贵州旅游产业化加快推进,新业态不断涌现。2023 年,贵州持续丰富旅游产品业态,荔波、黄果树建设世界级旅游景区加快推进,文旅、体旅、桥旅、酒旅融合快速发展,创建正安吉他国家级文化产业示范园区、国家级旅游休闲街区 2 家、国家级夜间文化和旅游消费集聚区 3 家,新增五星级饭店 3 家、品牌连锁酒店63 家、全国甲级民宿 4 家、等级民宿 150 家。3A 级以上景区通三级以上公路占比达 72%。创新发展"小车小团""支支串飞"等新模式、"红飘带""伟大转折"等红色旅游新业态。新增规上(限上)涉旅企业 152 户。② 二是文旅"大礼包"有效提升贵州文化旅游吸引力。在 2023 年中秋、"十一"期间,贵州省文化和旅游厅联合相关企业推出文旅"大礼包"。推出不同主题、适合不同游客群体、不同旅行日期的自驾游、高铁游等数十条旅游精品路线;设立茅台驿站的贵阳市青岩古镇景区等 12 个景区,推出酒类展示展销、品评抽奖等系列酒旅联动专项活动;围绕村 BA、村超等赛事与重点景区度假区之间的联动,推出新型体育赛事文旅项目;全省国有 A 级旅游景区在亚运会期间推行门票减免优惠、全省国有 3A 级以上景区实行"一票多日使用制"和部分城市居民享受国有 A 级旅游景区门票免费优惠,将贵州旅游发展红利分享给更多游客。③ 在系列优惠活动加持下,2023 年贵州省接待旅游人次、旅游总收入、游客人均花费分别恢复到 2019 年的 113%、119% 和 105%,旅游产业化不断为推进中国式现代化贵州实践提供重要支撑。2023 年下半年以来,贵州文旅

---

① 郭旭、周山荣、黄永光:《"茅台祭水节"的观察与思考》,《酿酒科技》2017 年第 3 期。

② 《2024 年〈政府工作报告〉》,贵州省人民政府官网,2024 年 3 月 18 日,https://www.
guizhou. gov. cn/zwgk/zfgzbg/gzsgzbg/202402/t20240218_83813566.html。

③ 《中秋、"十一"贵州文旅"大礼包"》,贵州省文化和旅游厅官网,2023 年 9 月 16 日,
https://whhly. guizhou. gov. cn/zwgk/xxgkml/jcxxgk/xwfbh/202310/t20231013_82746831.html。

订单量、订单人次同比增速分别达 149.5% 和 143.3%。① 三是贵州旅游业快速复苏有效刺激了文化旅游商品需求。随着贵州旅游产业的全面复苏，游客年轻化、来源多样化和旅游需求多元化成为显著的特征，为文化旅游商品开发带来了新的需求。如荔波小七孔景区，截至 2023 年 11 月 7 日，接待游客600.45 万人次，同比增长 349%，较 2019 年增长 64%，有望成为游客接待量达千万级的单个景区。② 大量游客进入贵州旅游，为文化旅游商品开发带来了极大的机遇。

（三）贵州文化旅游商品基地建设取得初步进展

贵州省不断完善旅游商品产业链条和市场体系，开展文化旅游商品基地评定工作，评选出一批在创新创意、研发设计、生产销售等方面突出的文化旅游商品基地，积极支持贵州文化旅游商品研发、设计、生产企业（基地）发展。2021 年，贵州省文化和旅游厅下发 700 万元省级财政专项资金培育文化旅游商品基地。2022 年下发 268 万元省级财政专项资金，对创建的 6 家旅游商品基地进行补助，并在年底公布了第一批文化旅游商品基地名录，包括贵阳市南明区多彩贵州风景眼文创园旅游商品基地、遵义市正安国际吉他产业园、毕节市大方奢香古镇旅游商品基地等 10 个。2023 年，共有 33 家旅游商品基地纳入省级调度范围（见表 1）。已公布的第一批文化旅游商品基地和纳入调度的文化旅游商品基地，在全省六市（贵阳、遵义、六盘水、安顺、毕节、铜仁）和三自治州（黔东南、黔南、黔西南）均有分布。

表 1　贵州省文化旅游商品基地分布概况

序号	所在市州	基地名称	备注
1	贵阳市	贵阳市南明区多彩贵州风景眼文创园旅游商品基地	第一批
2		多彩贵州城黔艺宝文化旅游商品基地	拟创第二批
3		贵州省息烽县叶老大阳郎辣子鸡食品有限公司	拟创第二批

① 杨春宇、姜涛：《加快建设世界级旅游目的地》，《贵州日报》2024 年 3 月 6 日。
② 蒙莎莎：《荔波小七孔景区游客量突破 600 万人》，《贵州日报》2023 年 11 月 16 日。

续表

序号	所在市州	基地名称	备注
4	遵义市	遵义市正安国际吉他产业园	第一批
5		遵义市新蒲新区贵州特色旅游产品基地	第一批
6		湄潭绿色食品工业园区旅游商品基地	第一批验收未合格
7		国酒城商业综合体	拟创第二批
8		桐梓县绿色食品工业园	拟创第二批
9	六盘水市	贵州六盘水市夜郎风文化艺术(农民画)生产加工基地	第一批
10		六盘水市水城古镇旅游商品基地	第一批
11		人民小酒基地	拟创第二批
12		六枝特区落别恋恋布依文化创意旅游商品基地培育创建项目	第一批验收未合格
13	安顺市	安顺经开区幺铺镇十里荷廊产业示范带建设项目鲜花饼生产配套旅游设施	第一批验收未合格
14		银城趣事民族文化旅游商品基地	拟创第二批
15		关岭自治县产业园区大健康民族食药园旅游商品基地	第一批验收未合格
16		普定县金荷猕猴桃基地	第一批验收未合格
17	毕节市	毕节市大方奢香古镇旅游商品基地	第一批
18		织金·平远古镇	拟创第二批
19		锦绣西洛·梦幻田园景区	拟创第二批
20	铜仁市	铜仁市万山朱砂工艺产业园旅游商品基地	第一批
21		思南县三道水佳里佳旅游商品生产基地	拟创第二批
22		玉屏箫笛文化产业示范基地	拟创第二批
23		贵州苗药旅游商品基地	拟创第二批
24	黔东南苗族侗族自治州	贵州省黔东南州苗绣银饰非遗传承产业基地	第一批
25		施秉县工业园区旅游商品基地	拟创第二批
26		黔东南民族文化创意产业园	拟创第二批
27	黔南布依族苗族自治州	黔南州影视文旅产业乡村振兴孵化基地	第一批
28		平塘县牙舟陶文化产业园	拟创第二批
29		贵州匀酒景区	拟创第二批
30		熊八妹系列文化旅游商品基地	拟创第二批
31		都匀茶文化博览园旅游商品基地	第一批验收未合格
32	黔西南布依族苗族自治州	黔西南州天下普安·古茶城旅游商品基地	第一批
33		乡愁集市	拟创第二批

资料来源：根据贵州省文化和旅游厅相关数据整理。

（四）贵州文化旅游商品基地特色逐步凝练

贵州文化旅游商品基地创建，是近年来在旅游产业化和旅游业提质升级过程中出现的。文化旅游商品基地兼具设计、制造、展示、营销等多种功能，其所提供的是具有地方特色的物产、工艺或服务。在贵州省文化和旅游厅公布的第一批和纳入调度拟创建第二批的文化旅游商品基地名单中，可以看到各基地在充分发挥原有优势的基础上，逐步形成了自己的特色。一是地方特色鲜明，文化旅游商品类型丰富。如位于仁怀市的国酒城商业综合体基地，聚焦酱香型白酒产业，通过深挖酒文化故事并将之发扬光大，在项目区内整体构建具有仁怀历史记忆、酒文化历史传承的项目集群。基地消费业态集聚度高，消费市场活跃，依托各大酒企在项目内的酒道体验馆、酒文化传承馆，活化表现酱香型白酒酿造非遗技术，结合传统酒礼酒俗，依托特色传统美食以及酒吧等娱乐业态，"夜购""夜食""夜娱""夜秀""夜读""夜宿"等多个维度的文化旅游资源不断创新呈现，涵盖酒类及衍生文化旅游商品300余种。二是各文化旅游商品基地设计研发、生产制作、销售展示、参观体验等功能相对完备，在积极履行社会责任、传承传统文化、助推乡村振兴等方面不断发挥示范带动效应。如铜仁市思南县三道水佳里佳旅游商品生产基地，以打造生态精品农业和特色品牌农产品为目标，以助力乡村振兴带动农民增收为导向，持续推进农旅融合发展，是我国西南地区规模最大的红薯产品加工基地，以红薯产业串联淀粉加工、大米加工、薯类白酒酿造、肉牛养殖等全产业链，年产值达3.5亿元。

二　贵州省文化旅游商品基地发展存在的问题

（一）贵州文化旅游商品基地分布需进一步优化

一是贵州省文化旅游商品基地数量较少。2022年第一批文化旅游商品基地仅10家，全省纳入调度名单的也仅30余家，整体上数量较少，难以覆盖全省重要文化旅游资源类型。二是纳入省级调度的文化旅游商品基地，各市（州）的空间分布不均衡。遵义和黔南州各有5家，居于首位。六盘水、安顺、铜仁各 4 家，贵阳、毕节、黔东南州各 3 家，黔西南州仅 2 家。各市（州）间的数量分布存在一定的差异。且在第一批文化旅游商品基地名单中，即便考虑大致平衡，但安顺市仍无一家入选。三是各地文化旅游商品基地与文化旅游资源状况、旅游发展程度不完全匹配。遵义拥有丰富的红色旅游文化资源和酒文化旅游资源，文化旅游商品基地以吉他、特色食品和白酒为主，与区域旅游文化资源较为匹配。黔南州民族文化旅游资源丰富，主要为影视、陶文化、白酒、茶等特色文化旅游商品。贵阳作为贵州省旅游重要中转站，本身具有丰富的文化旅游资源，但纳入调度名单的仅 3 家。黔东南州、黔西南州民族文化旅游资源丰富，旅游发展速度较快，但纳入调度名单的仅 2~3 家。

（二）贵州文化旅游商品基地创建单位积极性不够

贵州在《文化旅游商品基地规范与评价》中，对文化旅游商品基地创建设立了系统指标，并根据权重不同进行赋分。其中，基本条件 30 分，根据注册文化旅游商品企业数量和正式经营时长分别赋分；功能区域 45 分，评估对象为选址条件、占地面积、布局与功能、标识标牌体系；道路交通 15 分，根据可进入性、内部交通设施完善畅通情况和是否满足大型车辆通行要求赋分；基础设施及配套设施 49 分，根据停车场、仓库、信息化设施、网络外宣平台、电子商务、概况统计、基础物流、商品寄递、餐饮住宿、观光游览和公共卫生等赋分；环境保护 12 分，根据生产制造过程符合国家相关规定、有突发环境事件的应急处理预案和环境卫生整洁程度赋分；管理制度 10 分，针对作业指导、操作规程等管理制度体系建设进行评分；人员要求 35 分，根据拥有从业资格证书、专业设计或技术人员、解说员及人员培训情况分别赋分；质量管理 70 分，根据文化旅游商品基本情况、文化旅游商品自主研发、生产加工品种和获奖数量等分别赋分；组织管理 10 分，安全管理 24 分。并设置了加分项 30 分，根据创建 A 级旅游景区情况、自主知识产权或行业标准、非遗传承人、公益培训研学和文化旅游商品发展方面的贡献进行赋分。[1] 在总分为 330 分的评估体系中，只需获得 180 分便算合格。但从实际验收情况来看，各地创建文

---

[1] 贵州省市场监督管理局：《文化旅游商品基地规范与评定》（DB52/T 1693–2022），2022 年 11 月 17 日发布，2022 年 12 月 1 日实施。

化旅游商品基地的积极性和主动性略显不足。2023年12月，贵州省文化和旅游厅组织专家组对23家基地开展验收工作。织金·平远古镇、贵州苗药旅游商品基地、普定县金荷猕猴桃基地、桐梓县绿色食品工业园4家不符合验收条件；多彩贵州城黔艺宝文化旅游商品基地、贵州省息烽县叶老大阳郎辣子鸡食品有限公司、锦绣西洛·梦幻田园景区、黔东南民族文化创意产业园4家未提供有效印证材料，相关验收指标无法量化。

（三）贵州文化旅游商品基地内涵建设仍存短板

文化旅游商品一个重要的属性，便是具有当地特色文化内涵。文化旅游商品基地要求兼具观光游览、休闲体验、科普教育、展示展销、销售营销等功能。贵州文化旅游商品基地的文化特色需进一步凝练、基地功能需进一步发挥。一是部分文化旅游商品基地基础设施建设存在短板。如安顺经开区幺铺镇十里荷廊产业示范带建设项目鲜花饼生产配套旅游设施基地，存在旅游淡季河水、池塘环境污染严重问题。部分基地还存在旅游属性相对薄弱，游览、体验配套设施不完善等问题。二是文化旅游商品基地功能尚未得到完全发挥。文化旅游商品基地要求囊括从设计、生产到展销、体验的每一个环节。但部分基地实际上功能发挥有限，或着眼于生产端，设计和展销、体验环节缺失，如玉屏箫笛文化产业示范基地；或仅看重销售环节，对文化旅游商品设计和生产环节缺乏应有的重视，如织金平远古镇；或因主要产品性质所限，其展示、体验环节较为欠缺，如关岭自治县产业园区大健康民族食药园旅游商品基地。三是文化旅游商品基地文化特色需进一步彰显。从整体上看，因文化旅游商品基地数量较少，其对贵州特色文化旅游资源的开发和匹配程度不够。如位于盘州市的人民小酒基地和黔南的贵州匀酒景区，其所依托的主要是两家白酒企业。如果单纯从主要商品来看，人民小酒和匀酒很难完全被称为文化旅游商品。研学旅游路线设计、农特产品研制展销、旅游商品开发设计等方面，都还存在一定的短板。如佳里佳旅游商品生产基地，其所在地思南县三道水乡周寨村入选全国"一村一品"示范村镇、全国乡村特色产业超亿元村，基地拳头产品"陈薯"酸辣粉荣获中国特色旅游商品大赛银奖，年销量上亿桶。但该基地的"农文旅"一体化，尤其是农业研学旅游等业态、链条仍较为薄弱。

（四）贵州文化旅游商品基地品牌影响力不够

贵州文化旅游商品基地，尚未能形成一个具有突出标识的品牌并产生聚合效应。一是基地名称不规范，基地名称长短不一且差距甚大。最短的仅 4 个字（"乡愁集市"），最长的有 32 个字（"安顺经开区幺铺镇十里荷廊产业示范带建设项目鲜花饼生产配套旅游设施"），字数最多者是最少者的 8 倍。显然，长短不一的名称并不利于传播和识别。二是基地命名的随意性削弱了传播效果。有以古镇、景区、园区、综合体为名者，有以公司为名者，也有以项目、设施为名者，不一而足。部分基地名称，既未指明所处市州方位，又很难看出其文化旅游商品方面的特色，甚或从名称上根本不知道究竟是做什么的。名称的不规范和无具体意义指向，削弱了作为文化旅游商品基地所应有的属性。三是作为品牌的"贵州文化旅游商品基地"尚未得到受众认可。品牌能够为产品提供相应承诺，为产品提供信誉保证，从而促进消费者购买决策。[1] 贵州省虽在省级层面开展了文化旅游商品基地的培育和建设工作，但仍未形成一个响亮的品牌。在文化旅游商品基地标志标识使用、文化旅游商品集中展示推广等方面尚未形成合力。

三　贵州省文化旅游商品基地发展对策

为了更好地推进贵州省文化旅游商品基地建设，进而实现旅游产业高质量发展，还需在进一步增加文化旅游商品基地数量和优化区域布局、加强引导提升文化旅游商品基地创建单位积极性主动性、加强文化旅游商品基地内涵建设、持续提升贵州文化旅游商品基地整体品牌影响力等方面着手。

（一）进一步增加文化旅游商品基地数量、优化区域布局

一是继续增加贵州省文化旅游商品基地数量。截至目前，贵州省第一批文化旅游商品基地有 10 家，第二批文化旅游商品基地拟通过验收 15 家，两批次

---

[1]　孙瑾、陈静、毛晗舒：《品牌暗示性、商品功能与消费者决策》，《经济管理》2019 年第 1 期。

合计 25 家。根据《贵州省"十四五"文化和旅游发展规划》：2025 年全省培育 100 家旅游商品生产基地和购物示范街区，新增 50 家规上旅游商品企业。[①] 在规划范围内，还可再新增 75 家文化旅游商品基地和购物示范街区。二是根据各市（州）文化旅游资源分布状况和文化旅游商品基地建设实际，优化全省文化旅游商品基地区域布局。根据贵州省文化和旅游厅的规定，各市（州）结合《文化旅游商品基地规范与评价》地方标准相关要求，可将符合条件的基地纳入创建培育对象，原则上各市（州）每年可推荐报备 5 个基地创建培育对象。[②] 各市（州）可根据文化旅游商品基地建设状况，结合当地所拥有的文化旅游资源，开展推荐报备工作。在省级层面充分考虑各市（州）文化旅游资源分布状况，注意在全省范围内的区域分布平衡。

（二）提升文化旅游商品基地创建单位积极性主动性

一是加大资金支持力度。及时下发补助资金，对文化旅游商品基地建设提供实际支持。利用省文化旅游专项资金、文化产业发展专项资金、文化旅游产业投资基金等各种资金，加快建立以政府投入为引导、社会资金为主体的投资模式。二是加强引导。积极引导有一定基础的产业园区、工业园区等申创文化旅游商品基地，对纳入创建培育对象名单的基地加强宏观引导和业务指导。建立文化旅游商品基地服务专家组，为基地企业研发、生产、展销、体验等环节提供咨询服务。三是积极引导民营企业参与文化旅游商品基地创建。在全省高度重视民营企业高质量发展、民营企业功能充分发挥的背景下，积极鼓励和引导以民营企业为主体创建文化旅游商品基地。四是推进特色文化旅游商品名录库建设，以地方特色文化旅游商品名录为中心，构建涵盖产、供、销各环节的信息体系，弥合特色文化旅游商品生产与销售之间的信息差。

（三）继续加强文化旅游商品基地内涵建设

一是持续完善文化旅游商品基地基础设施建设。加强旅游商品基地内部道路交通、水电供应、废水排放、废弃物处理、仓储物流、信息通信、餐饮住

① 贵州省文化和旅游厅：《贵州省"十四五"文化和旅游发展规划》，2021。
② 贵州省文化和旅游厅：《关于推进文化旅游商品基地、特色旅游商品购物店（专柜）相关工作的通知》，2023 年 12 月。

宿、游览娱乐等方面的设施建设，持续夯实文化旅游商品基地基础设施建设。二是进一步完善文化旅游商品基地功能。聚焦文化旅游商品基地在设计制造、观光游览、休闲体育、科普教育、展示销售等方面的不同功能，在基地内涵建设上下功夫，有针对性地引进相关企业入驻，完善文化旅游商品基地功能布局。三是持续加强旅游文化商品基地特色打造。聚焦基地及所在区域的优势文化旅游资源，聚合相关企业共同打造基地特色。强化特色文化旅游商品研发、生产和销售，增强文化旅游商品创意设计研发能力，推进旅游商品标准化、特色化工作。四是多渠道努力形成联动效应。以文化旅游商品基地为核心，坚持产业化发展思维和市场化运营导向，联动特色旅游商品购物店（专柜），开展特色旅游商品示范街区培育打造，形成文化旅游商品提质升级和多维联动发展。

（四）持续提升贵州文化旅游商品基地整体品牌影响力

一是规范文化旅游商品基地命名原则。在文化旅游商品基地培育创建过程中，采取"地域名+特色领域+文化旅游商品基地"的方式进行命名，既能彰显地理区位，又涵盖该基地特色领域，能够有效避免在传播过程中的名称混淆，让人一看便知其所指示的相关信息，扩大传播影响力。二是在基地区域范围内，统一使用"贵州省文化旅游商品基地"标准标识和规范字样，打造贵州省文化旅游商品基地整体品牌。三是在基地文化旅游商品上授权使用"贵州省文化旅游商品基地"标识，为基地产出的文化旅游商品背书，持续营造和扩大贵州文化旅游商品整体品牌影响。四是开展贵州省文化旅游商品基地商品展销、设计大赛等活动，多渠道、多形式向外界传递贵州文化旅游商品基地形象。五是鼓励文旅部门和文化旅游商品基地采用抖音、小红书、微信视频号等新兴媒体形式，广泛宣传贵州省文化旅游商品基地及其产出产品。

B.6
贵州文旅融合的产业化
发展内涵与路径研究

孙小龙　郐捷*

摘　要：　以产业化思维重构文化产业与旅游产业融合发展路径是贵州文旅融合高质量发展的关键。本文以贵州文化产业和旅游产业融合为研究对象，对文旅融合的产业化内涵进行解析和重构，提出贵州文旅融合的产业化链条图谱。同时，运用耦合协调度模型对贵州九个市州文旅融合成效进行实证评价，并从文旅融合的产品供给侧改革、市场主体培育、产业链条重构和人才供给等视角提出贵州文旅融合产业化发展路径与对策。

关键词：　文旅融合　产业化　贵州省

贵州省以旅游业供给侧改革为切入点，通过打造多彩贵州文化品牌、建设国家全域旅游示范省、世界一流山地旅游目的地等抓手，全省旅游业实现跨越式发展，旅游产业步入新台阶。"十三五"期间，全省大力推动文化产业与旅游产业融合发展，打造和开发一系列新型文旅业态、产品与服务，实现旅游大省的建设目标，稳居中国旅游第一方阵。作为多民族集聚和文化千岛的山地省份，以文旅融合为核心的产业形态已经成为贵州省旅游产业经济中占比高、带动强、贡献大的支柱性业态。

需要指出的是，贵州文旅融合产业化发展仍然存在区域发展不平衡、产业链不完整、创新融合不充分等现实情况。《中共贵州省委十二届九次全会决定》提出，"要把大力推进旅游产业化作为贵州省高质量发展和扩大内需的重

---

* 孙小龙，博士，贵州师范大学国际旅游文化学院副教授，主要研究方向为文旅融合；郐捷，贵州师范学院旅游文化学院副教授，主要研究方向为旅游经济与政策法规。

要支撑"，要求"充分发挥风景名胜多姿多彩、红色文化资源丰富、民族风情浓郁和空气清新、气候宜人等得天独厚的优势，丰富旅游生态和人文内涵，推进'旅游+'+旅游'融合发展，加快建设'双一流'目的地，加快建设多彩贵州旅游强省，实现旅游业高质量发展"。以产业化为抓手的旅游产业发展路径，已经成为贵州旅游业高质量发展的引擎和发动机。与此同时，《关于加快推进旅游产业化的实施意见》指出，"以文旅融合为根本，着力推动融合发展，推进以红色资源、传统村落、民族建筑、历史文化遗迹等特色主题文化为核心的产业深度融合发展，催生新业态、延伸产业链"。由此可见，如何从产业化发展思维重构文旅融合的高质量发展路径，全面构建以文旅融合产品供给侧改革、市场主体培育和产业链建设为核心的贵州文旅融合产业化发展路径将是决定贵州文旅融合高质量发展的关键。

因此，本研究结合国际、国内形势的新变化和贵州旅游业发展所处的新阶段特点，对贵州文旅融合的产业化发展内涵进行解析和重构，提出贵州文旅融合的产业化发展路径是亟待解决的关键问题，具有重要的现实指导意义。

一 贵州文旅融合的产业化内涵解析与链条图谱

（一）产业化概念解析

1. 产业及产业化

产业化概念源自经济学，基于产业概念而发展形成。产业是指国民经济中的同类企业和事业的总和[1]。与此同时，根据两大部类、物质与非物质生产、农轻重及三次产业分类法等原则，产业又被进一步细分为多种产业类别。其中，以费希尔和卡拉克的"三次产业"划分为标志，以服务产业为核心的第三产业随之兴起。因此，作为具有集聚特征的本体属性，产业也是具有某种同类属性的企业经济活动的集合，其介于宏观经济与微观经济之间[2]。由此可见，产业是一个经济学的概念，带有鲜明的市场属性。

---

① 李悦主编《产业经济学》，中国人民大学出版社，2004。
② 苏东水主编《产业经济学》（第四版），高等教育出版社，2010。

关于产业化的概念释义仍然存在争议。作为与产业化概念相近的解释，工业化是指国民收入或者地区收入中制造业和第二产业所占比重提高，以及在制造业和第二产业就业的劳动人口比例随之增加，结果导致国家和地区人均收入提高的过程。在这一过程中，生产方法、新产品的样式不断变化，进而带来城镇人口、资本形成、新技术应用、消费预算和消费结构的变化。基于工业化的概念解析，工业"化"的内涵在于过程性的认识。作为"转化过程"，工业化的结果标的是产业比重及劳动人口和收入的增加，关键在于产业经营和组织形式的变革。与此同时，作为一种产业"进化过程"，产业化也可以理解为产业的生产、成长和进化过程，即产业的结构变化过程。可以进一步理解为，产业化是以一种链条形态所存在的结构形式，并体现在效益、经营和组织等层面上。此外，有定义指出，产业化是指某种产业在市场经济条件下，以行业需求为导向，以实现效益为目标，依靠专业服务和质量管理，形成的系列化和品牌化的经营方式和组织形式。为进一步探析产业化的科学内涵，本研究试图从产业链视角对产业化概念进行定义。

2. 产业链概念

产业链概念最早可以追溯至劳动分工思路。基于劳动分工理念，西方经济学家认为，产业链作为一种内部活动，是企业将外部采购的原材料通过生产转化为产品并经过销售活动传递给用户的"行为过程"，产业链存在于企业与企业之间、产业与产业之间[①]。与此同时，在国内外已有研究中，学者们从不同视角对产业链概念进行解释。史蒂文斯认为产业链是一个由供应、生产、销售和消费等多个主体构成的纵向系统结构，并包含物流和信息流。哈里森认为产业链的核心在于"行为过程"后的产品价值的保值与增值。国内研究方面，龚勤林指出产业链是各个产业部门之间基于一定的技术经济关联并依据特定的逻辑关系和时空布局关系客观形成的链条式关联关系形态[②]。刘刚认为产业链是由不同产业的企业所构成的空间组织形式[③]。此外，刘贵富、赵英才认为产业链是指在一定地域空间范围内，同一产业部门或不同产业部门中具有竞争力的企业及其相关企业，以产品为纽带按照一定的逻辑关系和时空关系，联结成

---

① 戴孝悌：《产业链视域中的中国农业产业发展研究》，南京林业大学博士学位论文，2015。
② 龚勤林：《产业链空间分布及其理论阐释》，《生产力研究》2007 年第 16 期。
③ 刘刚：《基于产业链的知识转移与创新结构研究》，《商业经济与管理》2005 年第 11 期。

的具有产品价值保值、增值功能的链网式企业战略联盟①。

综上所述，产业链作为一种组织形态或战略联盟，其核心是以链条式的关系对所涉及供需经营主体的逻辑与空间关系管理过程，而这一过程的"焦点"则在于产品与消费的价值增值。进一步，从产业链的构成维度来看，已有研究认为产业链是包括价值链、企业链、供需链和空间链等四个维度的复合概念。其中，价值链的核心在于以价值创造为导向，基于企业间或内部合作向消费者提供的产品或服务。企业链是企业的集合，企业是产业链的载体。供需链则是基于专业化分工的企业垂直协作关系整合。空间链是区域内企业集聚效应的表现。

3. 产业化内涵与特征

基于以上分析，本研究认为产业化是以产业链为核心，以市场需求和经济效益为导向，通过价值创造、链网式联盟和空间布局所形成的系列化经营方式和组织形式。可以认为，产业化的核心在于以价值、逻辑关系和时空布局为指引的链式关键建构。结合产业链的四个维度属性，本研究认为，理解产业化概念的关键同样在于价值链、企业链、供需链和空间链四个层面。价值链是产业化发展过程中，以顾客和企业价值增值为导向，产品或服务的创新发展。企业链是产业化发展过程中，各类不同企业间的集合，核心在于市场主体培育。供需链是产业化发展过程中，为价值创造而形成的专业化分工企业间的垂直协作关系。空间链是产业化发展过程中，以发挥规模效应和集聚效应为核心的区域内企业集聚表现。

（二）文旅融合的产业化内涵与外延识别

1. 文旅融合的产业化内涵

文化与旅游具有天然的产业融合优势，"以文促旅，以旅彰文"精准地刻画了文化与旅游的互动关系。基于前文产业化的概念特征剖析，本研究试图从产业化视角对文旅融合的产业化内涵和外延作出解释。本研究认为文旅融合的产业化内涵仍然是以产业链搭建为核心，以旅游者和文旅企业为对象，以文化

---

① 刘贵富、赵英才：《产业链：内涵、特性及其表现形式》，《财经理论与实践》2006 年第 3 期。

旅游市场需求和旅游经济效益为导向，基于文化旅游产品与服务的价值创造、文旅企业的链网式联盟和空间布局所形成的经营组织形式。

2. 文旅融合的产业化链条图谱

基于以上分析，本研究提出贵州文化融合的产业化链条图谱。在贵州文旅融合的产业化链条图谱中，从产业要素和管理服务要素两个层面出发，推动贵州文旅融合产业化高质量发展。其中，在产业核心要素中，以文旅融合的产业链为核心，基于文旅融合的价值链、企业链、供需链和空间链搭建，通过文旅融合产品体系创新、文旅业态创新、营销提质以及文旅企业市场主体培育等抓手，推动贵州文旅产业化发展。具体表现为：在文旅融合价值链方面，以面向旅游者价值创造为核心，通过重构文旅融合产品体系及文旅业态创新发展，从旅游者角度全面提升贵州文旅融合产业化的价值属性。在文旅融合企业链方面，以面向文旅企业融合效率为核心，通过构建高效的文旅投入与产出结构体系，全面提升贵州文旅融合企业链条式合作属性。在文旅融合供需链方面，以文旅融合产品供给侧改革为核心，从供给侧层面提升贵州文旅产品的体系与结构维度。在文旅融合空间链方面，以文旅融合的空间布局为核心，从区域发展层面优化贵州文旅融合的产业化空间结构。在管理服务要素中，以文旅运营为中心，通过景区管理提升、旅游服务提质、旅游人才素质提升等三个抓手，推动贵州文旅融合管理发展。

二 研究设计

（一）研究方法

1. 综合发展水平评价模型

利用线性加权法测算旅游产业及文化产业各自综合发展水平指数。

$$u_z = \sum_{i=1}^{n} W_{ij} x'_{ij}, (i = 1, 2, \cdots, n; j = 1, 2, \cdots, m) \qquad （公式1）$$

其中，u_z 为综合发展水平指数，W_{ij} 为第 j 项指标的权重，x'_{ij} 为第 j 项指标在第 i 年的最终标准化值。

2. 耦合度模型

为反映旅游产业系统、文化产业系统发展的相互关系，借鉴物理学中的容量耦合概念及容量耦合系数模型，推广得到多个系统相互作用的耦合度模型：

$$D = 2\sqrt{\frac{u_1 u_2}{(u_1 + u_2)^2}}$$ （公式2）

其中，D 为旅游产业与文化产业的耦合度，u_1 代表旅游产业发展水平，u_2 代表文化产业发展水平。

3. 耦合协调度模型

耦合模型主要体现出两个产业互动耦合程度，但其协同发展状态难以呈现，为更客观地研究两个系统的耦合关系，在此基础上引入耦合协调度模型。

$$R = \sqrt{DT}, T = au_1 + bu_2$$ （公式3）

其中，R 为耦合协调度，T 为系统间综合协调指数，a、b 为待定系数，且 $a+b=1$，本研究认为旅游产业系统与文化产业系统对贵州省经济社会的贡献量相等，故 a、b 均取值 0.5。参考已有研究[①]对旅游产业与文化产业耦合协调度 R 进行等级划分。

（二）指标体系与数据收集

1. 指标体系构建

旅游产业与文化产业的发展受诸多因素共同影响，本研究根据柯布-道格拉斯生产函数，在充分考虑可行性、科学性、代表性的前提下，构建了包括旅游产业和文化产业两个系统发展水平的指标体系。其中旅游产业系统包括资源及资本要素、劳动力要素、产出效益 3 个一级指标和 13 个二级指标，文化产业系统包括资源及资本要素、劳动力要素、产出效益 3 个一级指标和 10 个二级指标（见表 1）。

---

① 范红艳、薛宝琪：《河南省旅游产业与文化产业耦合协调度研究》，《地域研究与开发》2016 年第 4 期。

表1 旅游产业和文化产业发展水平指标体系

系统	一级指标	二级指标
旅游产业	资源及资本要素	旅行社数量(个)
		住宿业法人企业个数(个)
		餐饮业法人企业个数(个)
		星级饭店数量(个)
		5A级景区数量(个)
	劳动力要素	旅行社从业人员(人)
		住宿业从业人员年末人数(人)
		餐饮业从业人员年末人数(人)
	产出效益	国内接待人次(万人)
		旅游接待总人次(万人)
		旅游总收入(亿元)
		住宿业营业额(万元)
		餐饮业营业额(万元)
文化产业	资源及资本要素	博物馆、纪念馆数量(个)
		国家级非遗数量(个)
		省级非遗数量(个)
		图书馆数量(个)
		馆藏图书数量(万册)
		文化馆数量(个)
		文化事业机构数(个)
		文化体育与传媒公共预算支出(亿元)
	劳动力要素	文化机构从业人员(人)
	产出效益	文化、体育用品及器材销售额(万元)

2. 数据收集

本研究以贵州省九个市州为研究区域,包括贵阳市、遵义市、黔南州、黔东南州、安顺市、铜仁市、黔西南州、六盘水市、毕节市。数据来源主要为《国家级非物质文化遗产代表性项目名录》《贵州省非物质文化遗产代表性项目名录》、贵州省九个市州2015~2019年统计年鉴和统计公报,并以宏观经济数据库的数据为补充。

三 贵州文旅融合现状与格局评价

（一）旅游产业综合发展水平评价

使用综合发展水平评价模型，测算出 2015～2019 年贵州省九个市州旅游产业综合发展水平指数 u_1，并根据该指数绘制出旅游产业发展趋势图（见图 1）。结果显示，贵州省九个市州 2015～2019 年旅游产业综合发展水平指数均值分别为 0.181、0.180、0.185、0.189、0.183，贵州省旅游产业综合发展水平经历了快速上升到急剧下降的过程，而 2018～2019 年全省旅游产业综合发展水平降低的主要原因为星级饭店数量、餐饮业法人企业个数、旅行社从业人员数量、住宿业从业人员年末人数、餐饮业从业人员年末人数及餐饮业营业额的减少。

从市州层面分析，2015～2019 年，贵阳市旅游产业综合发展水平最高，指数均值为 0.529，黔西南州、六盘水市旅游产业综合发展水平较低，指数均值分别为 0.044、0.035。说明贵阳市旅游业发展水平在全省处于领先地位，而黔西南州和六盘水市旅游业发展落后。全省各市州旅游资源禀赋、区位条件及经济基础的差异性，导致各市州旅游产业发展水平存在较为明显的差异。

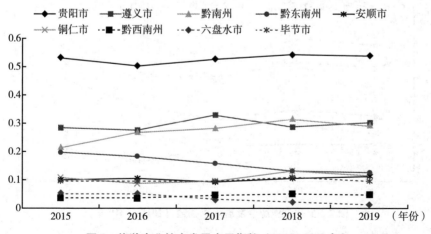

图 1 旅游产业综合发展水平指数（2015～2019 年）

资料来源：作者自绘。

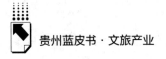

（二）文化产业综合发展水平评价

运用综合发展水平评价模型，测算出 2015~2019 年贵州省九个市州文化产业综合发展水平指数 u_2，并根据该指数绘制出文化产业发展趋势图（见图2）。结果显示，贵州省九个市州 2015~2019 年文化产业综合发展水平指数均值分别为 0.158、0.167、0.136、0.159、0.141，整体呈现上升-下降-上升的主要趋势。因为 2017 年全省文化事业机构数量、文化机构从业人员、馆藏图书数量、文化体育与传媒公共预算支出均出现不同程度的减少，所以 2017年成为转折点。

纵观 2015~2019 年全省各市州文化资源综合发展情况，黔东南州表现最为突出，指数均值为 0.313，紧随其后的是遵义市，文化产业综合发展水平指数均值为 0.240，而安顺市与六盘水市表现最差，指数均值分别为0.077、0.054。这是因为黔东南州国家、省级非物质文化遗产丰富，得到了较好的开发与利用；而遵义市作为国家历史文化名城，更注重文化传承，因此两地文化产业综合发展情况遥遥领先于其他市州。安顺市、六盘水市文化产业综合发展水平指数偏低，说明其历史文化资源没有得到有效开发，还存在很大的发展空间。

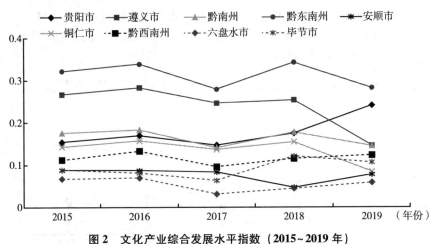

图 2　文化产业综合发展水平指数（2015~2019 年）

资料来源：作者自绘。

（三）旅游产业与文化产业耦合度分析

利用耦合度模型，测算贵州省九个市州旅游产业与文化产业耦合度，并绘制旅游产业与文化产业耦合度趋势图（见图3）。结果显示，贵州九个市州旅游产业与文化产业的耦合度集中于 [0.77, 1.00]，说明各地市旅游产业系统与文化产业系统均存在较强的相互作用力。其中，毕节市与遵义市耦合度均值分别为0.994、0.985，接近于1，说明两市旅游产业与文化产业相互作用强度较大；而2015~2019年六盘水市耦合度从0.99降低至0.77，说明两者之间的相互作用越来越小。

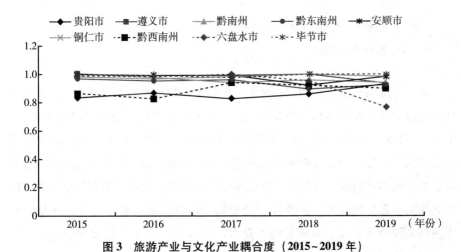

图3 旅游产业与文化产业耦合度（2015~2019年）

资料来源：作者自绘。

（四）旅游产业与文化产业耦合协调度分析

使用耦合协调度模型，测算出2015~2019年贵州省九个市州旅游产业与文化产业耦合协调度（见图4）。2015~2019年，九个市州两个产业耦合协调度呈现缓慢上升而后下降的态势，其平均耦合协调度指数分别为0.386、0.390、0.369、0.385、0.370，协调等级均为轻度失调，表明贵州省九个市州旅游产业与文化产业耦合协调发展呈现较差的发展状态，旅游产业与文化产业之间的协同发展效应亟须增强。

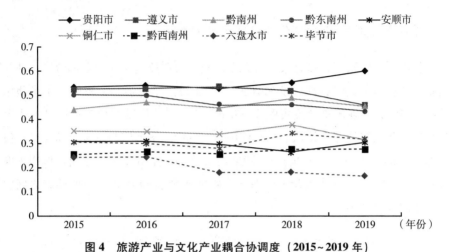

图 4　旅游产业与文化产业耦合协调度（2015～2019 年）

资料来源：作者自绘。

从市州层面分析，2015～2019 年，贵阳市旅游产业与文化产业耦合协调度从勉强协调阶段发展为初级协调阶段，安顺市、毕节市都经历了轻度失调-中度失调-轻度失调的发展阶段，黔南州、铜仁市、黔西南州 5 年内的耦合协调状态均保持不变，分别为濒临失调阶段、轻度失调阶段、中度失调阶段，遵义市、黔东南州从勉强协调阶段下降到濒临失调阶段，六盘水市则从中度失调阶段下降到严重失调阶段。2019 年，全省耦合协调度最高的贵阳市为 0.60，刚刚达到初级协调阶段，而最低的六盘水市为 0.17，处于严重失调阶段，其余市州耦合协调发展存在一定的差异（见表 2）。

表 2　贵州省旅游产业和文化产业耦合协调度

城市	2015		2016		2017		2018		2019	
贵阳市	0.53	勉强协调	0.54	勉强协调	0.53	勉强协调	0.56	勉强协调	0.60	初级协调
遵义市	0.53	勉强协调	0.53	勉强协调	0.53	勉强协调	0.52	勉强协调	0.46	濒临失调
黔南州	0.44	濒临失调	0.47	濒临失调	0.45	濒临失调	0.49	濒临失调	0.45	濒临失调
黔东南州	0.50	勉强协调	0.50	勉强协调	0.46	濒临失调	0.46	濒临失调	0.43	濒临失调
安顺市	0.31	轻度失调	0.31	轻度失调	0.30	轻度失调	0.27	中度失调	0.30	轻度失调
铜仁市	0.35	轻度失调	0.35	轻度失调	0.34	轻度失调	0.38	轻度失调	0.32	轻度失调
黔西南州	0.25	中度失调	0.27	中度失调	0.26	中度失调	0.28	中度失调	0.28	中度失调

城市	2015		2016		2017		2018		2019	
六盘水市	0.24	中度失调	0.24	中度失调	0.18	严重失调	0.18	严重失调	0.17	严重失调
毕节市	0.31	轻度失调	0.30	轻度失调	0.28	中度失调	0.34	轻度失调	0.32	轻度失调

资料来源：本文分析结果。

四　贵州文旅融合的产业化发展路径

结合贵州文旅融合产业化发展的内外部环境，依托贵州文化融合产业体系与要素、市场主体与产业链条等战略要求，从文旅融合的产品供给侧改革、市场主体培育、产业链条重构等视角提出贵州文旅融合产业化发展对策建议。

（一）加强文旅融合产品体系建构

1. 构建文旅融合产业集群

以文旅融合所涉及上下游产业及其组成要素为主线，以文旅融合产业化价值创造和价值增值为原则，打造贵州文旅融合产业集群。重点在文旅融合景区、文旅融合商品、文旅融合市场主体等三个方面构建产业集群。在文旅融合景区集群方面，以全域化、休闲化、价值化为导向，重点打造青岩古镇文化旅游休闲区、赤水丹霞生态文化旅游区、茅台酒文化旅游区、梵净山生态文化旅游区、黄果树龙宫生态旅游区、FAST 科研文化旅游区等文旅景区产业集群。在文旅融合商品集群方面，紧紧把握贵州特色文化内核，重点打造以贵银、刺绣、蜡染等为核心的文旅商品。针对各类文旅商品，规划建设企业库、项目库、资金池和人才池，支持贵州文旅融合商品集群高质量发展。在文旅融合市场主体集群方面，以产业融合规模经济为导向，推动文旅企业跨地区、跨行业、跨所有制、跨媒体兼并重组，打造跨界融合的产业集团和产业联盟，建设跨界跨域经营产业链，充分发挥产业融合的集群效应和规模效应。

2. 大力发展文旅演艺与数字文旅产业

以贵州红色文化、民俗文化、喀斯特山地生态文化为创作内容，新塑一批高品质大型演艺品牌，提升现有文化旅游演艺品质。与此同时，提升贵州文化旅游演艺产品的观赏性与体验感，以"沉浸式体验"为引导，依托声光电等数字科技成果，借助虚拟现实、增强现实、无人机等技术，将虚拟场景和现实舞台融为一体，创新一批实景类、剧场类和巡演类的文化旅游演艺产品。培育数字文化旅游产业新型业态。培育和塑造一批具有贵州文化特色的 IP，并加强其成果开发与转化，以动漫游戏、网络文学、网络音乐、网络表演、网络视频、数字艺术、创意设计等为载体，创新发展一批新型数字文化业态。与此同时，加强 5G 技术、大数据、云计算、人工智能、物联网、区块链等在文化旅游融合产业领域的集成应用和创新，建设贵州文化旅游产业数字化应用场景。

3. 创新发展红色文化体验旅游产品

以长征国家文化公园贵州段建设为抓手，深入挖掘贵州红色精神内涵、发扬红色传统、传承红色基因，通过文化旅游体验、研学教育、数字文化展示和文化演艺产品等多种形式，充分展示和发挥红色旅游在爱国主义教育、革命传统教育和国情教育上的特殊作用。重点打造以遵义会议纪念馆、息烽集中营革命历史纪念馆等为代表的红色研学旅游基地，通过设计一系列红色文化体验项目，将红色旅游与思想教育结合起来，寓教于游。与此同时，大力实施红色文化体验旅游环境培育工程，注重红色文化的保护传承、研究发掘、环境配套、数字再现和人才提升，为红色文化体验旅游产品融合发展提供支撑。

4. 引导发展科普研学文旅产品

以 FAST 射电天文望远镜、喀斯特自然景观、乡村旅游重点村寨为资源基底，开发一系列集聚生态、历史、红色、科考、传统文化研修等主题的研学旅游产品。充分发挥数字科技的支撑作用，利用虚拟现实增强现实、5G+4K/8K超高清等技术，打造一系列科普教育中心、云智能大数据中心、VR/AR 主题公园、科学夏令营等。与此同时，通过推荐申报一批国家研学旅游目的地和研学旅游示范基地，构建以贵阳为中心的"1核多极"空间布局，全面推动贵州科普研学文旅产品高质量开发。

（二）着力培育文旅融合市场主体

1. 引进文旅市场主体，培育文旅龙头企业

大力培育和引进文旅龙头企业，充分发挥旅游投资公司和旅游基金和债券功能。紧扣"千企引进"工程，积极引进国际化知名旅游企业主体。如依托贵州省山地资源，引进国际山地知名企业，与国际知名运动协会合作举办国际相关运动赛事，引进高端度假企业和主体乐园集团等。重点培育旅游景区、旅游酒店、旅行社、旅游车队、乡村旅游经营单位等市场主体。加大对民营及中小旅游企业的培育力度，逐渐向精细化、规模化、专业化发展，提升本土民营企业的规模和效能，并鼓励和支持有条件的本土旅游企业"走出去"，实现跨地区、跨国连锁经营，提升旅游企业的地区竞争力。与此同时，在旅游企业本土化培育中，积极引导返乡农民工、大学生、专业艺术人才、青年创业团队等各类"创客"投入乡村旅游建设中，构建"能人+企业+合作社+乡村"的新型乡村旅游企业发展模式。

2. 提升文旅企业"服务能力"，扩大文旅企业经济规模

根据服务利润链模型理论，服务型企业的利润受顾客忠诚度的影响，而影响顾客忠诚度的最内层因素是服务企业员工的满意程度，所以提升旅游企业服务能力的最根本是要培养一批忠诚度高、满意度高的优秀旅游从业人员。在政府层面，从旅游教育和人才培养角度，积极推出有利于从业人员发展的政策，实行更加积极、开放和有效的旅游人才政策，鼓励更多社会主体投身旅游创新创业，提供有利的旅游企业和从业人员发展环境，鼓励各地积极建设健全旅游人才信息库和人才服务机构。在旅游企业层面，除注重从业人员的专项培训以外，应加强对员工的人文关怀和企业文化建设，增强企业凝聚力和向心力，建立健全激励机制和奖惩制度。在旅游从业者个体层面，通过积极参与各种专项培训，不断提升自我的综合素养，合理规划自身的发展计划。

3. 推进文旅企业创新，提升文旅企业科技化和现代化水平

积极和深入推动旅游企业改革创新。旅行社企业可以通过兼并、联合控股等形式整合目前部分零散企业，控制总量和提升现代化水平。同时，抓住数字经济发展机遇，依托人工智能、虚拟技术，大力发展数字博物馆、数字景区等，加快数字和信息技术在旅游服务企业的应用。进一步深化"一码游贵州"全域智慧旅游平台的应用，加强数字基础设施建设，实现旅游景区高清晰、高体验、高互动的数字化游览。推进旅游汽车信息化管理服务平台建设，实现网上选车、调度、结算、评价、安全保障及24小时实时监控等多功能为一体，支持旅游车队业务拓展。

（三）重构文旅融合产业链条

1.重构以价值链为核心的文旅融合产业链

传统产业链是以"吃住行游购娱"为核心的要素生产链供给，忽视了需求侧顾客价值创造的作用。价值创造是文旅融合产业链重构与延链补链强链的关键。因此，在贵州文旅融合产业链重构中，必须从旅游消费视角重新审视其对贵州文旅融合产品的需求与服务，进而指导贵州文旅融合产品与业态的创新发展。基于此，应从产业六要素视角，强化各要素发展中的顾客价值与价值增值，形成以价值为导向的"六产联动"，促进贵州文旅融合产业链重构。

2.强化文旅融合产业价值链与创意、数字经济协同发展

在价值链建构中，必须重视文旅产业价值与创意经济、数字经济之间的协同关系。在文旅产业与创意经济协同发展方面，以现代创意为核心，从供给侧角度对文旅融合产品及其形态进行创新，强化文旅融合的供需链建设。在文旅产业与数字经济协同发展方面，注重数字科技与文旅产业的重新组合与创新，科技赋能贵州文旅融合产品的创新。

3.优化文旅融合产业链资源配置

以市场化运行机制为导向，优化贵州文旅融合产业链资源配置。与以往简单资源配置不同，文旅融合产业链资源配置更加关注价值链、企业链、供需链和空间链层面上的资源配置及其优化。首先，立足全时空体验，优化文旅全产业链时空布局。以贵州文旅融合耦合协调度分析为基底，依托"1+N"的贵州文旅融合产业空间布局，围绕重点突出全面布局的思路，优化各市州文旅融合产业链布局。发挥以贵阳为文旅融合中心的制度环境引领作用，提升以遵义红色文旅融合、六盘水避暑康养文旅融合等特色的协调发展，并基于此全面提升各地文旅融合产业链时空体验。其次，立足全要素消费，优化文旅全产业链环节布局。以产业六要素为切入点，通过链条延伸、集群共生效应，促进文旅产业融合供需链发展，优化贵州文旅全产业链环节布局。重点集中在旅游住宿、餐饮、文旅特色商品等方面。其中，在文旅特色商品方面，做大做强以苗绣、贵银和蜡染为核心的产业链，提升资源配置效率。通过建设生产基地、制定商品标准、扶

持重点企业、打通销售渠道等方式，提升贵州文旅特色商品的市场认知与品牌经济效应。

（四）强化文旅融合人才供给

1. 提升文旅融合企业人才经营管理水平

针对文旅融合企业专业运营人才匮乏和管理经营水平不高的情况，加强贵州文旅融合运营管理人才队伍建设。首先，依托贵州省"黔英文旅"企业家人才培养工程，通过专项或柔性人才引进方式，选聘优秀文化旅游复合人才进入省国有、市州旅游平台公司，以市场化经营思维加强对文化旅游景区的运营管理。其次，以旅游产业供需链建设为指引，重点培育酒店、景区、旅行社、导游、旅游装备制造、旅游教培等产业要素的经营管理人才，通过专项培训或挂职锻炼等方式，提升产业链上各要素行业的经营管理效能。最后，构建以项目或平台为带动的人才培养机制，通过组建全省行业文旅融合专家库、领军人才工作室等平台，给予资金和政策支持，全面提升贵州文旅融合运营管理人才队伍能力。

2. 推进文旅融合专业技术人才培养与开发

以文化旅游融合为基点，加强文旅融合专业人才的培养和开发。结合贵州文旅融合发展重点方向，重点培育研学旅游、非遗传承、旅游装备制造、旅游金融服务、旅游标准化建设、文化旅游商品设计、智慧旅游、文旅数字科技、文旅会展策划等方面的专业技术人才。与此同时，完善文旅专业技术人才评价机制，创新文旅人才评价体系，提升文旅产业技术创新能力。此外，依托省内外旅游院校，加强在职从业人员的学历提升。通过建设产学研一体化平台，建设文旅+重点实验室平台等，全面推进贵州文旅融合专业技术人才培养与开发。

3. 提升文旅融合从业人员服务能力与质量

以提升文旅服务质量为切入点，通过对文旅从业人员的培训，提升贵州文旅融合的服务能力。首先，大力推进旅游从业人员职业技能培训，提升旅游服务人员整体水平。针对旅游从业人员需要，开发分级、分类的贵州旅游从业人员课程培训体系。其次，针对贵州文旅融合关键行业，加强对乡村旅游、非遗文化展演、导游讲解员、民族歌舞表演、民族乐器表演等领域的培训，促进技能人才的创新能力提升，进一步提升贵州文旅融合从业人员的服务能力与服务质量。

B.7
以文旅融合示范创建助推
贵州文旅业高质量发展研究*

王红霞**

摘　要： 在高质量发展理念引领下，文旅融合创新示范创建是推进文旅业高质量发展的重要抓手。本文基于多源数据和实地调研，从客观必然性、现实需求、改革创新路径、多重功能四个方面系统阐述理论逻辑，了解贵州文旅融合创新示范创建的发展模式。为更好地有力有序推进文旅融合示范创建，本文提出文化内涵挖掘、整体规划设计、延伸产业链、创新投资方式、品牌打造、健全运行机制等对策建议，从而推动贵州文化旅游业高质量发展。

关键词： 文旅融合　示范创建　高质量发展

　　文旅融合是文化与经济的价值共创，而文旅融合示范创建是贵州省深入贯彻习近平总书记重要讲话精神和党的二十大报告重要决策部署的具体实践，也是贵州省在新时代西部大开发上闯新路的重要内容和竞争优势所在。2022年1月，国务院出台《关于支持贵州在新时代西部大开发上闯新路的意见》（以下简称《意见》），其中明确"支持培育创建国家级文化产业示范园区（基地）、国家文化产业和旅游产业融合发展示范区"。为深入贯彻落实习近平总书记对贵州工作特别是对贵州文化旅游工作的系列重要讲话精神，贯彻落实党的二十大报告作出的重要决策部署，抢抓国务院出台《意见》的重大发展契

---

　*　本文系贵州哲社科规划课题"贵州现代农业发展与数字乡村建设协同推进对策研究"（课题编号：21GZYB13）阶段性成果。

　**　王红霞，贵州省社会科学院农村发展研究所助理研究员，主要研究方向为乡村建设、乡村产业发展。

机，按照省委、省政府围绕"四新"主攻"四化"主战略要求，贵州省每年在全省范围内组织开展省级文旅融合创新示范项目评选认定并强化跟踪管理，遴选出一批在文化旅游融合发展上具有一定代表性和较大影响力的重大文旅产业示范项目和企业，为打造世界级旅游目的地、建设多彩贵州民族特色文化强省和旅游强省、争创国家级文旅融合示范园区（基地）不断夯实基础。

一　文旅融合示范创建的理论逻辑

（一）文旅融合示范创建具有客观必然性

从国家层面来看，文旅融合示范创建是我国新时代彰显国家文化软实力、提升文旅产业国际竞争力的战略布局，是经济新常态下文化旅游产业化发展的必然要求和必由之路。从战略层面来看，党的二十大报告对"坚持以文塑旅、以旅彰文，推进文化和旅游深度融合发展"作出了安排部署，而文旅融合示范创建则是深化文旅融合供给侧结构性改革、推进文旅产业高质量发展的重要产业布局。从文旅产业转型角度来看，伴随着游客对文化旅游品质、品位的需求越来越高，以数字技术驱动为前提的文旅融合示范创建是实现文化旅游创造性转化和创新性发展的必然选择。

（二）文旅融合示范创建是现实需求

习近平总书记指出："满足人民过上美好生活的新期待，必须提供丰富的精神食粮。"① 丰富健康的文化生活是衡量人们生活质量的重要标志；文化旅游是人们生活水平提高的一个重要指标，文化旅游业是提高人民生活水平的重要产业。推动文化产业与旅游产业融合向纵深发展，正是满足广大人民群众对美好生活需要的直接抓手和有效措施。当前，西部地区广大人民群众对精神文化生活的需求日益强烈，参与文化旅游活动已成为当前的时代潮流。西部地区文旅资源特别丰富，众多人文旅游景点已成为国内外游客出行的重要目的地。推动文旅融合示范创建是满足人民美好生活的现实需要。

---

① 郭明兰：《深刻把握"丰富人民精神世界"的科学内涵》，《新华日报》，2023 年 9 月 26 日，https：//theory.jschina.com.cn/sxzk/XL/zxtj/202309/t20230927_ 8101829.shtml。

（三）文旅融合示范创建是改革创新的重要路径

一是从科技赋能文旅融合维度看，科技对文旅融合的支撑是推进改革创新的重要路径。智慧旅游让出行更畅通，享受到更便捷的服务和新颖的体验。互联网助推文旅成为智慧化的全新移动生活，成为文旅融合的主渠道与通路结构，互联网、物联网的盛行，为旅游产业链上各种业态的整合发展创造了一些好方法、好模式。文旅融合示范创建承载着将这些好的方式方法继续运用到文旅高质量发展中。二是从推进文化旅游产业高质量发展维度看，文旅融合示范创建作为经验与推广的平台，承担着先行先试的任务，示范点通过改革创新、基地示范，不断积累在文旅融合方面的经验、推广做法，逐步转变旅游业发展方式和增长模式，走内涵式、集约化和可持续发展道路。

（四）文旅融合示范创建呈现多重功能

一是通过示范发挥导向、服务、辐射功能，形成文旅产业高质量发展新动能。示范创建的内容一般推选的是具有比较优势的景区、园区或基地，体现地方特色，从而带动一定区域文化旅游发展。二是通过示范创建找到难点堵点的解决办法和路径。通过文旅融合示范创建探索出在旅游产业化过程中遇到的各类，如业态单一、文化内涵不够、文旅融合挖掘不够等，要通过示范创建探索两者之间的各种逻辑问题，从而使文旅融合助推文化旅游产业高质量发展。

二　贵州文旅融合示范创建主要做法

（一）凝聚示范创建意识，围绕目标统筹推进

组织开展贵州省文旅融合创新示范项目评选认定，是贵州省因势而谋、创新作为、持续实施的一项重要工作。省委宣传部会同有关方面，紧密结合贵州实际，研究出台《贵州省文旅融合创新示范项目评选管理暂行办法》（以下简称《办法》），细化申报评定要求和指标，为组织开展好这项工作提供依据和指南。自2022年正式启动以来，该项工作已先后组织开展两年。其中，2022

年组织评定并命名示范项目 15 个、提名示范项目 10 个；在 2022 年的基础上，2023 年组织评定并命名示范项目 20 个、提名示范项目 10 个。

（二）省市县企四级联动，优中选优把好质量关

组织开展贵州省文旅融合创新示范项目评选认定工作，具体由省委宣传部牵头，省文化和旅游厅等省有关部门、各市（州）、县（市、区）共同参与完成。按照申报认定程序，每年年初由省委宣传部印发通知启动申报，由相关文旅企业对照申报要求和指标自愿申报，对填报内容、递交材料等的真实性负责，签订承诺书。各市（州）、县（市、区）党委宣传部门和省有关部门分别负责本地、本行业示范项目的申报推荐、评估初审、筛选推荐和业务指导。各地各部门坚持以"体现社会主义核心价值观、彰显地域特色、聚焦产业融合、凸显创新创意、突出示范引领"为原则，坚持公平、公正、公开，对申报的项目和企业层层把关、择优遴选。对各地各部门推荐报送的项目和企业，省委宣传部及时组织业内专家进行评审，提出示范项目入围名单建议，并委托第三方机构开展实地专业核查后向社会予以公示。对公示无异议的项目和企业，最后经省委宣传部部务会审议通过后正式认定命名。在整个审核把关过程中，省市县三级牢牢把握"宁缺毋滥、示范引领、实现高质量发展"要求，确保评定命名的项目和企业质量效益优先、行业影响明显、社会广泛认可。

（三）健全完善管理机制，优胜劣汰推动可持续

在对获评示范（含提名）项目的日常管理上，实施动态管理和进退机制，每年组织评选一次，包括对上年度已获评定命名的示范（含提名）项目均需重新评选认定。对照评定要求和指标，按照优胜劣汰原则，上年度已获评项目如相关指标下降，则将面临当年不得获评示范（含提名）项目的可能，当年新申报项目则有可能获评示范，以此营造创先争优、增比进位的发展氛围，倒逼各项目和企业增强紧迫感危机感，不断完善提升内部管理运营水平，激励改革创新。同时，通过这种"滚雪球"方式，推动示范（含提名）项目不断做强做优做大，更好地促进规模化、集约化、专业化发展。对照《办法》明确的相关要求，如出现禁止性条款事项的，则对获评项目和企业撤销命名、收回

证书和牌匾，退回相应资助经费，并自撤销命名之日起两年内不得申报。奖惩并行、赏罚分明，保障评定出来的项目和企业更好地实现可持续发展。

（四）兑现落实支持政策，多措并举激发新动能

每年省级文化产业发展专项资金都安排一定工作经费用于支持申报主体开展创新示范创建工作，滚动支持，对符合条件的项目在省文化旅游产业投资基金上予以重点支持。优先支持示范（含提名）项目运营管理单位人才培养，在国家级或省级人才计划申报、参加相关培训活动、开展产学研合作等方面开设绿色通道，并在参与省内外、境内外重点文化产业和旅游展会以及项目合作、金融对接、品牌推广等活动上提供积极支持。同时，示范项目所在的地区和部门也要进一步加强指导和帮助，协调落实并研究制定土地使用、资金支持、招商引资、宣传推广、人才培养和引进等支持措施，为示范项目健康发展营造良好环境。真金白银、多措并举，充分释放文旅企业的创新活力，有效调动积极性、激发新动能。

三　文旅融合示范创建存在的问题与不足

文旅融合示范创建是一项创新探索，对评定的具体要求、指标设置等是否科学合理，还需通过工作实践来验证，是一个不断完善优化提升的过程。主观上重在深化文旅融合、鼓励改革创新、发挥示范引领等方面进行鼓励引导。但客观上，各地各部门对示范创建的理解和重视程度存在差异性，所以在实践中也反映出一些问题和不足，需要持之以恒推进实施，循序渐进、完善提升。

（一）文化内涵有待进一步挖掘提炼

总体来看，部分项目的文化内涵挖掘不够深入，导致项目文化特色不鲜明，没有充分彰显地域特色，文创开发方面创意不足。在文旅融合发展纵深推进的趋势下，景区建设对文化内涵赋能需求更高，业态创新需要与在地文化挖掘相匹配，而部分项目缺少对当地资源禀赋和文化特色的深入提炼，在引入多元业态后，导致文化重点不突出，文化主题缺失，削弱了景区的文化吸引力。

（二）规划设计有待进一步系统完善

随着大众市场对文旅消费需求的增加，传统观光型景区亟须通过转型升级、培育新兴业态、深化产业融合等措施，强化景区发展动能。部分景区缺少系统性规划，项目布局过于松散，导致景区业态较为单一、动线设计不合理、品牌形象不突出、资源利用率不足。尤其在文旅融合发展方面，景区整体思路和主导产业不够清晰，需在延续前期规划的基础上，结合景区实际发展需求做出相应调整。

（三）运营思维有待进一步强化提升

除部分项目在运营管理和市场营销方面有初步探索和创新实践之外，多数项目的市场运营思维尚处于较浅层次，文化旅游业态缺少创意策划，景区的发展定位和业态开发未能展现资源价值和地域特色。整体运营思维较为单一，且未明确景区主导功能定位，导致景区业态出现同质化问题，文化旅游产品整合度低，无法与其他景区景点形成区别。缺乏线上线下整合营销能力，虽然大部分运营主体主动对接了线上营销平台，但线上营销思维还处于单向渠道的传播阶段，市场细分效果不佳，游客行为分析也有待加强。

（四）投资方式有待进一步转变优化

部分景区存在资源闲散情况，存量用地使用低效。部分项目因前期未深入研究资源属性及开发时序，造成后期管理成本增加，项目出现闲置和浪费现象。文旅行业从重资产、重建设模式转向轻资产、重项目模式，许多景区对于轻资产运作思路和定位不够清晰，且部分景区体量较大，内部资源整合统筹有难度，运营管理较为复杂。此外，部分景区项目包装的独特性不够凸显，多数景区现有旅游服务或配套设施对外招商乏力，缺少专业管理团队，景区托管运营模式有待完善。

四 贵州文旅融合示范创建的经验启示

贵州省通过文旅融合示范创建探索，推进文化旅游深度融合，鼓励创新创意，引导文旅企业更好地强化市场意识，广泛运用现代科技、金融资本、智慧旅游、新媒体传播等手段，不断丰富文旅业态内容，推动文旅产品迭代升级，涌现出许多特色亮点，也积累了不少有益的经验做法。

（一）在思维创新中重塑文旅运营路径

获评示范的部分项目主体积极创新管理运营思维，通过内部提升+外部拓展，综合开发文化旅游资源，打造文化旅游氛围浓厚的景区综合体，成为旅游打卡新地标，助力景区转型升级，提高景区吸引接待力。在创新运营管理方面，部分景区借助多维场景整合营销方式，提升景区文化旅游产品的吸引力和号召力，多角度、多形式呈现文化旅游融合发展体系。比如，江华国际旅游中心转变传统景区和商业运营模式，承载天籁贵州景区、国际会议中心、贵阳市旅游集散中心等功能，不断加强运营实体和平台互补，打造一站式城市文旅综合体，发挥展示贵州旅游资源、提升城市文化形象的作用。

景城一体化发展成为新趋势，文化旅游发展在城市建设中的作用更为凸显；比如，安顺阿歪寨结合实际情况及拥有的丰富资源，采用共同缔造的模式，紧扣乡村振兴发展要点，大力发展乡村旅游。通过建立线上线下立体化品牌推广平台，运用特色农产品推广、文化招商、节庆营销、活动营销等形式，推动区域发展路径创新，较好地实现景区多业态发展。

（二）在跨界融合中激活文旅消费潜力

不少获评示范项目在运营实践中呈现出多产业融合发展的新趋势，通过运用"文旅+"模式，推动文化和旅游产业与一二三产业在更广范围、更深层次的融合，形成"文旅+"农业、工业、交通、体育、康养等融合创新发展，培育文旅产业发展新业态。产业跨界融合为文旅发展提供新动能，文旅产业边界不断延展，形成多点支撑、多业共生的新格局。比如，正安文化产业园区实施"吉他工业+吉他文化+吉他旅游"三位一体的发展战略，通过精心谋划文旅产业布局，延伸吉他展演、吉他研学、制作体验、主题住宿等业态，将常规观光游向观光与休闲度假、研学体验、演艺展演等相结合的方向转型；又如，贵州·坝陵河桥旅融合项目依托坝陵河大桥、贵州省坝陵河桥梁博物馆"馆桥合一"的核心优势，形成"文化+旅游+体育+交通"发展模式，在品牌塑造、地标打造、运动休闲、研学开发等方面取得较好的成效。

与此同时，贵州省近年来致力打造"流光溢彩夜贵州"品牌，在该品牌的塑造和引领下，夜间旅游业态也逐步成为文旅产业发展新的突破点，部分景区开始注重夜游、夜演、夜市、夜购、夜宿等夜间经济消费业态的培育，致力于打造沉浸体验式的夜间文旅消费集聚区。在文化旅游融合创新推动下，传统夜间经济消费向新业态、新产品、新场景转换，夜间旅游经济为文旅融合发展提供创新路径。比如，镇远古城充分发挥夜间文化和旅游消费集聚区带动作用，打造了古城夜景、节庆灯光秀、夜游船、夜间文艺演出等夜间消费产品；贵州乌江寨国际旅游度假区结合泛光灯光和无人机飞行技术，推出了夜游场景、夜间演艺活动和无人机飞行表演；青云·市集在文创、餐饮、娱乐业态的基础上，不断丰富夜间消费场景，持续强化夜间经济示范街区作用，成为贵阳城市形象新名片。

（三）在科技应用中丰富体验内容方式

随着大数据、互联网、云计算、元宇宙、人工智能等现代科学技术的蓬勃兴起和广泛使用，许多景区景点纷纷抢抓机遇，大力推进文化旅游产业数字化转型升级，提供便捷化服务，呈现多元化发展。着力建设"大数据+旅游"智慧服务，部分景区建立了自有旅游数据平台和统计监测系统，根据监测数据做好限流引导和业态提升，为游客提供更加便捷智能的文化旅游服务。比如，碧江中南门历史文化旅游景区搭建了"三个应用平台、两个管理中心、一个网络体系"的智慧信息系统，加强信息化对景区运营管理的升级带动，提升景区行业管理和公共服务信息水平。

借助虚拟现实、现代数字艺术、人体感知互动等技术，创新开发地域文化沉浸式体验空间，增加游客参与度和体验感。比如，黄果树风景名胜区引进360极限飞球项目，该项目属于文化、科技、旅游、研学相结合的高科技游乐产品，将分身伴游、全息投影等多种前沿、体验感好的科技产品与景区游览相结合，配合延伸场馆搭建，丰富景区业态，完善景区功能业态布局；通过智慧景区建设，赋能文化旅游与生态康养的有机结合，利用数字科技搭建数字化康养旅游平台。比如，桃源河景区依托景区酒店场地，配套建设了大健康体检中心，通过引进智慧体检系统，为游客提供健康筛查、疾病干预、自然疗愈的链条式康养服务。

（四）在品牌建设中提升产业竞争实力

依托当地文化旅游资源，整合挖掘红色文化、民族文化、历史文化、非遗文化、地域文化、生态文化等多元文化的内涵要素，探索打造文化旅游品牌，展现品牌价值、讲述文化故事、彰显文化特质。部分景区将文化内容和文化内涵融入品牌开发建设，积极推进景区品牌形象的塑造展示和推广传播，通过品牌拓展新的产业模式和创新业态，突出了文化旅游 IP 的核心商业价值，构建文化旅游 IP 产业链，有力提升了影响力、传播力和竞争力。比如，青岩古镇着力于文化古镇和国家 5A 级旅游景区的发展定位，围绕古镇历史、大明志 IP 等文化属性，开展了系列主题文化活动，打造青岩古镇旅游品牌，研发了"大明志"IP 主题夜间演艺活动及周边文创产品；都匀茶文化影视小镇以茶文化和影视文化赋能品牌建设，将茶文化、影视拍摄、教育培训、旅游休闲等板块融合发展，通过发挥影视热点效应，将影视 IP 文化与体验活动、研学活动相结合。

品牌建设不断注重文化内涵和人文价值的传递，品牌传播效能持续提升。又如，个别景区深入挖掘文化旅游品牌内涵，提炼文化元素，大力开发红色文化、非遗文化、民族文化等 IP 产品。七星关区鸡鸣三省景区围绕红色文化和生态文化两大核心要素，开发了具有纪念性、艺术性和实用性的旅游文创商品；平塘中国天眼景区整合天文、地理、科技、人文等资源，借助"中国天眼"IP 形象，开发了科普研学、文创销售、互动体验多业态发展模式。品牌 IP 孵化变现效能增强，品牌产业链不断延伸，IP 产品更加多样化。

五 以示范创建助推贵州文旅产业高质量发展的对策建议

（一）深挖文化内涵，强化文旅融合示范创建"核心力"

"文化是灵魂，旅游是载体"，要把文化的内容和价值更好地融入旅游景区景点和线路，让人们在旅游过程中更好地感受文化、陶冶情操、触及灵魂。贵州深厚多彩的文化、通达便捷的交通、清凉舒爽的气候、重峦叠嶂的山川、雄奇壮美的瀑布、健身润心的康养等，成为贵州大力发展文化旅游业得天独厚的优势资源和优越条件。要聚焦贵州特色鲜明的地域文化，深入挖掘红色文化、历史文化、传统文化、民族文化、生态文化等特色文化的时代价值和深厚内涵，尤其是深度参与融入多彩贵州四大文化工程建设，全面提升文化旅游要素品质，推动文化展示场所成为旅游目的地和新地标。以优秀人文资源为主干，将文化元素和文化内涵融入景区景点和项目包装，在旅游发展之中充分彰显历史文化与现代文明的融合。丰富旅游的思想文化内涵，打造体现本土文化内涵和人文精神的旅游精品。

（二）突出整体规划运营，强化文旅融合示范创建"承载力"

谋定后动，规划先行。规划是龙头是前提，要突出整体性、系统性、创新性，有了好的规划，再进一步细化分解为若干个执行计划和方案，久久为功抓落实，"一张蓝图绘到底"，规划的美好愿景就一定能变为现实。要以科学合理的顶层设计为基础，明确景区发展定位、主题定位、形象定位，做好景区功能分区的规划布局，优化升级传统型景区的运营管理方式，创新文化旅游产品体系，不断改善文化旅游消费体验；利用大数据资源和景区智慧管理平台，做好管理、营销、服务层面的深度研究，为景区规划和运营提供基础数据支撑。

（三）延伸产业链条，强化文旅融合示范创建"吸引力"

要进一步强化产业链思维，打通文旅产品设计研发、生产制造、销售推广、终端消费等各个环节和要素，延链、补链、强链、建链，不断延长产业链。坚持文化和旅游"宜融则融，能融尽融"原则，发挥贵州文化和旅游的融合、拉动、催化和集成功能，深度谋划多业态布局。与此同时，要紧紧围绕"四新"主攻"四化"，致力于丰富旅游生态和人文内涵，从"四新""四化"中去探索业态融合、市场融合、产品融合、功能融合等方面链接，结合区域特色资源和发展需求，明确"文旅＋"与其他产业的融合路径，找准产业结合点，进一步培育文化和旅游市场的多样化需求。

（四）创新投资方式，强化文旅融合示范创建"永续力"

一定意义上，文旅产业具有投资大、周期长、回报慢的特点，在当前形势

下不能过度依赖政府财政投资，而是要强化市场意识，充分运用好产业基金、金融贷款、社会融资等手段，不断创新投资方式，为项目乃至整个产业可持续发展提供有力的资金保障。要通过"轻资产、重项目、重运营"运作，以景区运营商、业态开发商为重点加大招商引资，加快产业项目落地投产。坚持项目化推进，积极引入具有相当规模实力的优质头部企业，加快建设一批重点文旅项目，扶持具有地域特色的文旅项目。鼓励通过资源整合、技术创新、品牌输出、跨界经营、兼并重组等方式做大做强，不断持续增强文化旅游高质量发展动能。

（五）重塑文旅品牌，强化文旅融合示范创建"影响力"

品牌是一个商品区别于另一个商品的重要标志，品牌外在展示的是良好形象，内部体现的是核心竞争力。只有打造形成品牌，这个产业才能在激烈竞争中绽放夺目光彩。在推动文旅融合、鼓励创新发展过程中，要积极发掘旅游地的多元文化，明确主旨文化内涵，结合区域独特的文化旅游资源，着力打造文化旅游品牌IP，发挥品牌引领带动作用。利用原创文旅IP讲好在地文化故事，从品牌定位、形象设计、产品开发、传播营销等方面提升项目品牌价值，提升品牌IP认知度和辨识度，将文化内容、文化符号、文化故事创造性转化为IP衍生产品。

（六）健全运行机制，强化文旅融合示范创建"保障力"

鉴于组织开展贵州省文旅融合创新示范项目评定管理工作属于创新探索性工作，无论是宏观上的制度和机制，还是微观上的流程和指标，都需要在实践中不断完善提升，因此，健全完善省市县企四级联动、密切沟通"横到边、纵到底"的工作运行机制尤为重要。各市（州）和行业主管部门要加强业务指导、提供优质服务，各申报主体要通过申报争创示范来不断规范管理运营、思变求变创新发展，上下联通、左右贯通。不断规范完善管理运营，努力增强创新创意能力，提升规模化、集约化、专业化水平，储备一批优质文旅项目和企业，为争创国家级文旅示范园区（基地）探路子、打基础，并更好推动省内重大文旅项目和企业不断做大做强，实现集聚化、高质量发展。

参考文献

冯学钢、梁茹：《文旅融合市场主体建设：概念体系与逻辑分析框架》，《华东师范大学学报》（哲学社会科学版）2022 年第 2 期。

侯天琛、杨兰桥：《新发展格局下文旅融合的内在逻辑、现实困境与推进策略》，《中州学刊》2021 年第 12 期。

王庆生、贺子轩：《我国文化和旅游融合发展研究新进展述评》，《河南工业大学学报》（社会科学版）2019 年第 6 期。

高清明、陈明：《西部地区文旅融合的典型模式和优化路径》，《经济体制改革》2022 年第 4 期。

秦宗财、从菡芝：《我国文化带文旅融合升级研究——基于大运河文化带江苏段的测度》，《山东大学学报》（哲学社会科学版）2022 年第 6 期。

耿松涛、刘玥：《系统论视角下的文旅融合动态演进逻辑与发展路径探索》，《学习与探索》2023 年第 3 期。

黄震方、张子昂、李涛等：《数字赋能文旅深度融合的理论逻辑与研究框架》，《旅游科学》2024 年第 1 期。

B.8
构建贵州"特意游"带动"随意游"旅游发展新格局对策研究*

邓小海**

摘　要： 构建"特意游"带动"随意游"旅游发展新格局既是贵州旅游高质量发展的必然要求，也是贵州在新时代西部大开发上闯新路的必然选择。贵州旅游发展实现了规模上从小到大、空间上从点到面、内容上从少到多、形象上从单点到多彩的转变，为构建"特意游"带动"随意游"旅游发展新格局奠定了坚实基础。然而，贵州旅游发展依然面临着"特意游"不明显、带动力偏弱、"随意游"不丰富、互补性偏低、"特意游"带动"随意游"时空不优、"特意游"带动"随意游"支撑不足等方面的问题。因此，要以高质量为核心，构建省域核心吸引力源；以差异化为方略，构建优势互补产品体系；以共赢性为目标，构建多方参与动力机制；以市场化为导向，构建要素配置机制体制。

关键词： 贵州　"特意游"　"随意游"　旅游发展新格局

　　习近平总书记特别强调，贵州要把旅游业做大做强，使旅游业成为重要支柱产业。当前，构建"特意游"带动"随意游"旅游发展新格局既是推动旅游产业化、奋力实现旅游大提质的重要内容，也是贯彻落实新国发2号文件"促进文化和旅游产业繁荣发展"的重要举措，更是深入贯彻习近平总书记关于"推动旅游业高质量发展"重要指示精神的战略部署，对守好发展和生态

---

　　* 本文系贵州省"研究阐释党的二十大精神"哲学社会科学规划重大专项课题"贵州打造'双一流'"旅游目的地路径与策略研究"（项目号：23GZZB04）的阶段性成果。
　　** 邓小海，博士，贵州省社会科学院农村发展研究所副所长，研究员，主要研究方向为旅游经济管理、乡村旅游与乡村振兴。

两条底线、实现巩固拓展脱贫攻坚成果同乡村振兴有效衔接、加快打造"双一流"旅游目的地、建设多彩贵州旅游强省具有重大意义。鉴于此,本报告基于对贵州旅游发展的现状特征调查分析,系统梳理贵州"特意游"带动"随意游"旅游发展存在的矛盾问题,探讨构建贵州"特意游"带动"随意游"旅游发展新格局的对策举措,以期为推动贵州旅游高质量发展提供参考借鉴。

一 构建贵州"特意游"带动"随意游"旅游发展新格局的时代意蕴

(一)旅游高质量发展的必然要求

作为进入新时代的基本特征,高质量发展已成为当今经济发展的时代主题。相对应地,旅游业具有市场化启动较早、开发程度较高、社会经济关联较大的特点,被定位为战略性支柱产业、幸福产业,因此,推动旅游业高质量发展成为经济高质量发展的应有之义和重要支撑。当前,旅游业正处于快速变革时期,主要表现为:一是旅游的方式由景点观光向休闲度假、深度体验转变。很多人已经不再满足简单地游山玩水,看一看就走。即便是知名度很高、大家特别推崇的自然风景特别美的地方(如黄果树景区等),现在如果仅仅是看一看拍个照就走,已经很难满足更多人的需求。旅游者不仅仅把风景作为背景,更是把风景当生活,越来越追求个性化、深度化、特效化的旅游体验,更加注重旅游产品的内涵创意文化底蕴,更加注重精神文化的享受。二是旅游空间正由景区景点向旅游目的地转变,游客不只是看景点。景点不只是在围墙围栏内,而是从封闭的景区走向开放的社区,当地的历史文化风俗、大街小巷、社区空间乃至居民生活都已经成为旅游的元素。三是旅游业态正由产业自身循环向全面融合发展,旅游+的模式加速催生,价值不断提升,"1+1>2"的放大效益愈加凸显。为此,国家相继出台了推动旅游业高质量发展的系列政策,如《关于深化"互联网+旅游"推动旅游业高质量发展的意见》《关于释放旅游消费潜力推动旅游业高质量发展的若干措施》等,从引导旅游数字化转型、加大高质量产品供给、提升行业综合能力、加强入境旅游等多方面着力,推动旅游业高质量发展。各地顺应旅游高质量发展大势，加快推进旅游管理体制机制改革，推动旅游产业发展动力转换，加快实现旅游量与质的协同提升，产业结构与产品形态同步升级。

（二）新时代西部大开发上闯新路的必然要求

旅游产业化是贵州"四化"中比较优势最明显的。国家赋予贵州"四区一高地"战略定位①，并明确支持"旅游产业繁荣发展"。贵州努力在新时代西部大开发上闯新路，就必然要在旅游领域实现突破。一是旅游发展要在推进"西部大开发综合改革示范区"建设方面作表率，充分依托旅游业综合性、关联性强的特性，发挥其在体制机制改革创新中的辐射带动效应。二是旅游发展要在"巩固拓展脱贫攻坚成果样板区"建设中担大任，巩固拓展旅游脱贫攻坚成果，发挥其在推进乡村产业振兴、实现共同富裕中的积极作用。三是旅游发展要在"数字经济发展创新区"建设中树新姿，立足旅游数字化方向，发挥其数字化转型试验田作用。四是旅游发展要在"生态文明建设先行区"建设上展新颜，充分彰显旅游业"朝阳产业""绿色产业"特性，成为生态文明建设的重要领域和展示美丽中国的重要平台。五是旅游发展要在"内陆开放型经济新高地"建设中有新作为，进一步凸显旅游产业化作为"四化"中比较优势最明显一化的功能，发挥其在推动区域经济发展中的作用。

二　贵州"特意游"带动"随意游"
旅游发展的现状特征

（一）发展规模上从小到大

近年来，贵州旅游业快速发展，旅游总收入、旅游接待人次从全国中游跨入第一方阵，旅游产业地位发生了根本改变。一是壮大了旅游承载主体。截至2023年4月23日，贵州共有旅游景区554家，其中5A级旅游景区9家、4A

---

① "四区"即西部大开发综合改革示范区、巩固拓展脱贫攻坚成果样板区、数字经济发展创新区、生态文明建设先行区；"一高地"，即内陆开放型经济新高地。

级景区 143 家；省级以上旅游度假区 40 家，其中国家级 2 家。[①] 二是培育了一批旅游大企业。目前，贵州拥有注册资本超 10 亿元的文旅企业达到 70 家左右，其中贵州荔波旅游产业控股集团有限公司、贵州宏财投资集团有限责任公司、贵州好花红国有资本运营有限公司等企业注册资本超百亿元。三是拓宽了旅游大市场。在过去巅峰时刻的 2019 年，贵州全年实现旅游总收入超过 1.2 万亿元，旅游接待总人数超过 11 亿人次，旅游接待总人数和旅游总收入分别位居全国第一和第三[②]，旅游业实现从新兴产业到"支柱产业"和"富民产业"的转变。

（二）发展空间上从点到面

近年来，贵州以全景式打造、全季节体验、全产业发展、全方位服务、全社会参与、全区域管理引领旅游发展，全域不分景区点的旅游发展格局正加快形成，推动实现旅游空间从点到面的转变。一是整合了旅游大资源。通过在国内率先开展全省旅游资源大普查，新发现一大批极具观赏价值和开发前景的优良级旅游资源，为优化旅游经济发展布局、打造中高端旅游产品、推动全域旅游可持续发展提供了丰富的资源储备。二是基本实现了快旅慢游。破解了交通瓶颈，高铁、高速、航空、水运等立体化快速交通体系加速形成。"快旅慢游"服务体系加快构建，建成了"贵州第一、国内一流、世界知名"的赤水河谷旅游公路，贵州所有 5A 级旅游景区和 95% 以上的 4A 级旅游景区实现 30 分钟进入高速公路系统。三是推动了全域旅游大发展。2017 年 8 月，贵州成为全国 7 个之一、西南地区唯一"国家全域旅游示范省"创建省份，全域旅游成为贵州旅游发展的战略新定位。贵阳市花溪区、遵义市赤水市、六盘水市盘州市、贵阳市乌当区、毕节市百里杜鹃管理区、黔南布依族苗族自治州荔波县、黔东南苗族侗族自治州雷山县等 7 家创建单位先后荣获"国家全域旅游示范区"称号。

---

① 《贵州省 A 级旅游景区名录》，https：//whhly.guizhou.gov.cn/ggfw/whlyml/lyjqml/202304/t20230424_79255296.html；《贵州省旅游度假区基本信息表》，贵州省文化和旅游厅网站，2022 年 3 月 18 日，https：//whhly.guizhou.gov.cn/ggfw/whlyml/lyjqml/202203/t20220318_73043832.html。

② 《贵州旅游总收入连续四年年均增长 30% 以上 2019 年跃居全国第 3 位》，"央广网"百家号，2020 年 12 月 10 日，https：//baijiahao.baidu.com/s？id=1685677890728335590&wfr=spider&for=pc。

（三）发展内容上从少到多

适应国内外旅游消费市场的新变化，以高端市场为引领、大众市场为基础、特种市场为补充，贵州旅游内容实现从少到多的转变。一是拓展了"旅游+"多业态。以实施旅游业态升级行动为抓手，通过资源、技术、功能、产品以及市场的融合，主动与新型城镇化、新型工业化、农业现代化同频共振，将旅游产业链不断延伸和拓展，推动了贵州旅游产业内涵的不断丰富，"旅游+农业""旅游+林业""旅游+体育""旅游+工业""旅游+教育""旅游+城镇化""旅游+交通"等融合的角度、广度、深度加速推进，农业旅游、森林旅游、工业旅游、研学旅游、养生（养老）旅游、运动休闲旅游、都市休闲旅游等业态层出不穷。二是丰富了旅游产品供给。大力发展康体水疗、野外拓展、户外露营、山地运动等一批高山康体休闲度假旅游产品，培育一批规范化、标准化的星级酒店、精品客栈，谋划引进打造一批高端、精品的度假休闲酒店，推出贵银、苗绣、贵茶、贵酒、贵水、贵饮、贵礼和黔染、黔织、漆器、雕刻、编织等一批特色纪念品。

（四）发展形象上从单点到多彩

贵州积极主动打造"双一流"旅游目的地，不断丰富旅游生态和人文内涵，让"绿水青山"颜值更高，让"金山银山"成色更足，让"山地公园省·多彩贵州风"品牌越来越响亮。一是从"穷山恶水"到"绿水青山"。贵州坚持把发展旅游业作为守好发展和生态两条底线的优势产业，逐渐撕掉了"穷山恶水"的标签，"绿水青山"越来越被世人所知晓所向往，成为拥有世界自然遗产数量最多的省份。二是从"单点靓丽"到"多彩贵州"。经过近些年的转型发展，贵州旅游成功跳出"一瓶酒、一棵树、一座楼"的归纳概括，形成了爽爽贵阳、黄果树、苗乡侗寨、荔波、赤水河、梵净山、百里杜鹃、万峰林、平塘天眼、遵义会议会址、贵州茅台等一批独一无二的龙头产品。爽爽贵阳、醉美遵义、中国凉都、秀美安顺、花海毕节、桃源铜仁、美丽黔东南、生态黔南、康养胜地·人文兴义、山水贵安等城市品牌竞相绽放。三是从"默默无闻"到"世界瞩目"。贵州先后被《纽约时报》评为全球最值得到访的旅行地，被 CNN（美国有线电视新闻网）评为中国最有前途的旅游目的地，被联合国世文会评为全球十大首选旅行地。全球最大的私人旅行指南出版商Lonely Planet（《孤独星球》）发布的"2020世界最佳旅行目的地榜单",贵州入选十大最佳旅行地区榜单,是中国唯一入选地区,且在全球范围40个值得前往的目的地中,排名第六。美国《国家地理》将贵州列入"2020年最佳旅行清单"。

三 贵州"特意游"带动"随意游"旅游发展的矛盾问题

（一）"特意游"不明显、带动力偏弱

贵州的"特意游"总体数量偏少,特意性不够突出,对旅游产业的带动能力偏弱。突出表现为:一是"特意游"资源总体数量偏少。近年来,贵州加快推进5A级旅游景区和国家级旅游度假区等创建,形成了"9+2+2"（9家5A级旅游景区+西江千户苗寨、万峰林景区+2家国家级旅游度假区）等一批具有高吸引、高引流的"特意游"资源,但由于起点低、基础薄,贵州"特意游"总体数量依然偏少。截至2023年5月底,贵州5A级旅游景区、国家级旅游度假区、国家级旅游休闲街区共有14个,比全国最多的江苏少22个,比周边的四川少10个、重庆少4个、云南少3个、湖南少3个,并且上述差距呈现扩大趋势。二是"特意游"特色不够明显。贵州主要依托"自然山水""民族文化"两张名片进行"特意游"打造,"特意游"结构不优,产品差异化特色化不明,休闲度假类"特意游"占比过低,中高端旅游要素配置严重不足。三是"特意游"带动力偏弱。淡旺季明显、消费昼夜差距大,冬季游景区吸引力不强,夜游类景区严重不足。对国际游客吸引力弱,世界影响力不足,入境过夜外国游客占比过低。产业集聚度低、产业链短、产业幅窄,产品业态主要集中于旅游基本层次,旅游购物消费和娱乐消费长期处于低位。

（二）"随意游"不丰富、互补性偏低

贵州"随意游"不够丰富,结构不够合理,互补性较弱。突出表现为:一是"随意游"内涵挖掘不够。在高速发展的背后,贵州旅游业不乏粗放式增长的问题。一些景区（点）内部的基础设施比较落后,仍处于比较初级的

开发状态，未形成系统的产品体系，旅游产品精细化程度有待提升；内涵挖掘不够、精细管理不够，旅游收入增长为外延式增长，即依靠人数增长与票价提升；旅游服务脱离人性化、个性化，旅游服务原始、简单、粗放。二是"随意游"产品同质化。从省域上看，贵州旅游资源具有较强的同质性，如果缺乏差异化的开发方式，极易出现产品同质化的问题。如屯堡文化、民族村寨等的开发多采取改造提升的发展模式，其实相似村寨本身文化接近、风貌相似，发展观光旅游必然是同质化的产品；又如旅游农业园区开发多以观光、采摘、体验等为主题，也都存在较大的同质化问题；再如在温泉资源开发中，各地遍地开花，缺乏相应的分类、市场细分等标准，没有明确内部差异。三是"随意游"结构单一化。观光旅游是目前贵州旅游产业的主要类型，存在经营业务单一问题。"随意游"结构单一化的表现是休闲、度假、娱乐等旅游产品少，未能反映旅游者的差异化愿望，缺乏增加式捆绑和变化式组合，旅游产品的多元化体验不足。"随意游"基本停留在传统的浏览层面，休闲、度假、娱乐旅游产品不丰富，难以满足不同层次游客的多种需求，造成旅游供给和需求结构性矛盾。

（三）"特意游"带动"随意游"时空不优

贵州"特意游"带动"随意游"时空不优问题依然突出。一是旅游供给时间上不均衡，昼夜差距大，淡旺季明显。从昼夜上看，夜游类旅游产品严重不足。贵州各地普遍缺乏既能体现当地地域文化，又能融合城市、重点景区景观的夜游产品，导致贵州景区游览主要集中在白天，影响过夜游客数量。从季节上看，冬季游产品吸引力不够。贵州客流大量集中于4~10月所谓的"旅游旺季"，而11月至次年3月常常"门可罗雀"，形成了"旅游淡季"。二是旅游供给空间分布不均，没有形成串点成线成面大格局。从区域分布来看，贵州游客接待主要集中在贵阳、遵义、安顺、黔东南等市州，而六盘水、黔西南等市州所占比重较低。A级旅游景区度假区最多的遵义市（121家）是铜仁市（33家）的3.67倍。① 从旅游线路来看，贵州旅游多集中在"黄小西梵"等少数经典线路，跨区精品线路打造不足，跨区特色化、差异化不明显，大景区带动小景区

---

① 笔者根据贵州省文化和旅游厅官网数据整理。

效果不突出，没有形成串点成线大格局。从游客结构来看，贵州入境游客比重严重偏低。虽然，贵州以建设国际一流山地旅游目的地为目标，但 2019 年贵州入境游客也只有 161.3 万人次，仅占全省旅游总接待总量的 1.42%，[①] 远低于周边省市。

（四）"特意游"带动"随意游"支撑不足

贵州旅游市场主体实力较弱、要素保障不足、区域合作理念缺乏，严重制约"特意游"带动"随意游"旅游发展新格局的形成。一是市场主体品牌化较弱，集团化程度低。贵州旅游龙头企业、优强企业不多，在众多的旅游市场主体中，规上（限上）占比较低，没有形成产业化的组织经营方式。二是要素保障不足，发展后劲乏力。"特意游"带动"随意游"旅游发展所需人才、资金及土地要素支撑不足，后续发展乏力。包括：人才总量不足、分布不均、层次不优，以国有投入为主的旅游投融资难以为继，建设用地已成为制约贵州旅游高质量发展的最大难题。三是区域合作理念缺乏，难以形成资源整合发展合力。贵州旅游发展依然存在条块分割问题，行政壁垒让区域联动难以形成，各地过分强调竞争的一面，忽略了区域统筹和协同发展，导致出现各自为政的混乱局面。并且，景区内外、景区与景区之间缺乏有效衔接。调查中有游客反映一些景区内外差别很大，周围的服务不好、氛围不够，表示对"特意游"后去哪里旅游感到困惑，既不知道其他景区的情况也不了解交通等外部条件。

四 构建贵州"特意游"带动"随意游"旅游 发展新格局的对策建议

（一）以高质量为核心，构建省域核心吸引力源

构建"特意游"带动"随意游"旅游发展新格局的核心在于培育相当数量的具有强大吸引力和带动力的"特意游"承载主体。因此，要以高质量为核心，对标世界级旅游目的地，加快打造核心吸引力源是构建贵州"特意游"

---

① 根据《贵州统计年鉴 2020》数据计算得出。

带动"随意游"旅游发展新格局的前提和基础。一是奋力提升现有"特意游"资源核心吸引力源。以游客需求为导向,对标世界级旅游景区和度假区指标要求,精准系统分析贵州"特意游"资源在游客吸引、要素配套、业态供给、服务质量等方面的短板弱项,围绕"吃、住、行、游、购、娱"等要素进行强链补链延链,做实旅游住宿、旅游餐饮、旅游商品、文化体验等业态布局,奋力提升"特意游"资源核心吸引力、品牌影响力、消费带动力,极力破解"世界级资源、乡村级消费""进景区游、出景区走"等困境。二是着力培育新的"特意游"资源核心吸引力源。首先,立足贵州资源特色与分布,瞄准"双一流"目的地打造,围绕"温泉省""索道省""桥梁省""山地户外运动省""避暑胜地"等主题,精心遴选和谋划一批重大项目,加快培育一批新的景区景点,打造具有独特性、代表性和国际影响力的"特意游"新场域。其次,适应市场新需求,转变旅游发展方式,深入挖掘贵黔人文素材,创新打造诸如"淄博烧烤"等旅游爆点。

(二)以差异化为方略,构建优势互补产品体系

构建"特意游"带动"随意游"旅游发展新格局的关键在于构建优势互补的产品体系。当前,旅游消费需求正快速升级,多元化、个性化、品质化趋势明显。作为典型的市场导向产业,旅游发展必然要紧跟需求变化,打造更多新产品、新业态、新体验,避免同质化,走向特色化,提供更多优质旅游服务供给。一要增加优质旅游产品供给。立足健全现代旅游业体系,加快旅游业供给侧结构性改革,推动"旅游+"和"+旅游"跨界融合,深化"旅游+"线上线下融合,形成多产业融合发展新局面。坚持标准化与个性化相统一,优化旅游产品结构、创新旅游产品体系,针对不同群体需求,推出更多定制化旅游产品、旅游线路,开发体验性、互动性强的旅游项目。二要补齐旅游产品供给短板。立足全天候、全季节体验,加快推进夜游产品和冬游产品开发。打造提升一批具有文化内涵的原生态演艺产品、景观型夜游产品以及购物、美食、娱乐、康体等游客参与性的夜间体验型项目。丰富和提升以六盘水为重点的冬季冰雪旅游产品,推出以非遗、红色教育等为重点的研学旅游产品,培育一批"温泉+"产业聚集区,打造以山地运动、民族医药体验、夏季避暑、冬季避寒等为重点的康养旅游产品。三要优化旅游产品供给空间。围绕"特意游"

资源布局和特性，立足游客需求特征与规律，科学布局"随意游"旅游产品供给，推动贵州旅游业从"点线式"向"组团式"，从"景区"向"境区"，从"观光型"向"复合型"转变。

（三）以共赢性为目标，构建多方参与动力机制

构建贵州"特意游"带动"随意游"旅游发展新格局既涉及省、市（州）、县（市、区）三级政府，文旅、发改、自然资源等多个部门，又涉及旅游企业等市场主体，还涉及社会团体等多方参与。因此，要以共赢为目标，构建多方参与动力机制，形成旅游发展有为政府、有机社会和有效市场的强大合力，构建共商共建共享全域旅游发展新局面。一要持续强化各级各部门责任。完善顶层设计，推动旅游团发展、跨区联动，实行"三级多方"负责制，极力破除各自为政、跨部门要素流动障碍和壁垒，加快打造区域旅游联盟，构建分布式、链状式旅游发展格局。以"特意游"资源为核心，围绕特色旅游带打造，优化全域景区供给空间，加快形成景区全省共享、跨区整合发展局面。二要着力引培壮大旅游市场主体。强化大企业大集团在构建旅游发展新格局中的引领作用。大力引进国内外知名山地运动赛事、高端度假、高端养生、主题公园等集团到贵州投资开发和运营旅游项目。通过强强联合、兼并重组、投资合作、整合产业链上下游资源、品牌连锁、授信支持、融资上市等方式，加快打造旗舰型旅游龙头企业，组建一批多元化大型旅游企业集团和"旅游+""+旅游"的龙头企业。三要充分发挥社会各界作用。充分发挥基金、金融机构、社会团体等的作用，调动民间投资参与积极性，推动专业机构与不同类型投资主体参与旅游发展，发挥高校、科研院所、智库机构等在构建旅游发展新格局中智力支持、化解矛盾等作用。

（四）以市场化为导向，构建要素配置机制体制

旅游发展是旅游目的地资源、基础设施、公共服务和产品业态等共同发挥作用的过程，构建贵州"特意游"带动"随意游"旅游发展新格局离不开资金、土地、人力、数据等要素的投入。一要拓宽旅游发展资金投入来源。大力招商引资，积极争取银行、信托、保险、融资租赁等的支持，用好用活政府引导基金，要充分利用国家产业发展政策，加快推动 REITS 在旅游领域的应用，

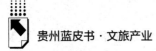
积极探索资产证券化方式开发建设旅游项目。加快推进旅游混合所有制改革，发挥专业运营商、战略投资者的比较优势，推动专业化、金融化、市场化运作。二要加大旅游发展用地保障。极力破解旅游项目，特别是"特意游"资源开发项目建设用地制约，可采取重点项目建设用地全省统筹方式。三要夯实旅游发展人才基础。加快景区专业运营团队和高端人才引进，整合省内高等院校和科研院所力量为旅游发展提供智力支撑。大力开展旅游职业培训，在贵州大学、贵州财经大学、贵州师范大学、贵州文化旅游职业技术学院等采取委托或选送的方式培养一批服务地方的旅游专业人才。四要强化旅游发展科技支撑。推动智慧旅游升级建设，持续优化提升"一码游贵州"便游功能，满足游客畅游多彩贵州之需。

B.9
文旅+：贵州文旅融合发展路径探析

——基于西江千户苗寨的分析

霍晓丽*

摘　要： 文旅融合经过四十余年的发展，已经成为文旅产业的主流趋势，在取得一定成绩的同时，也面临着文旅融合路径需要创新的挑战。贵州作为西南地区少数民族较多的省份之一，文化悠久且深厚，文化资源具有区域性、地方性、民俗性和民族性等特性，为"文旅+"文旅融合发展路径奠定了基础，能够从农业、体育、节庆、研学等方面拓宽"文旅+"文旅融合发展路径。西江千户苗寨文旅融合发展在贵州极具代表性，其文旅融合发展路径创新应以优秀传统文化为根基、旅游为手段，两者双向赋能；"+"作为新业态的表现方式，可以涵盖农、体、节、研，仍有创造性转化和创新性发展的空间。

关键词： 全域旅游　西江千户苗寨　文旅融合

一　问题的提出

早在 20 世纪八九十年代，文化与旅游的融合受到全社会的认可，"文化是旅游的灵魂，旅游是文化的重要载体"已成共识。21 世纪伊始，国家将文旅融合上升到顶层决策部署，按照"以文促旅，以旅彰文"的思路促进文旅在理念、职能、产业、市场、服务、交流等层面全方位的融合。学术界从理论和实践两方面为文旅融合发展提供智力支持，前者探究文旅融合的理论内涵，从两者的关系、结构维度、演进逻辑、动力机制、发展模式、不足和趋势等角度展开；后者在省域、少数民族地区、特色小镇、乡村等范围内，总结成果经

---

* 霍晓丽，贵州财经大学公共管理学院副教授，主要研究方向为文化产业与旅游发展。

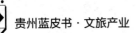

验，梳理融合问题，并提出建议和对策。近年来，面对重大突发性公共卫生安全事件带来的社会影响和经济冲击，文旅产业遭遇前所未有的发展瓶颈。

贵州文旅融合发展水平偏低，综合发展水平排名位于西南民族地区末端[①]，与国内其他省份相比存在较大差距；文旅融合总体效率水平不高，融合效率的高热值区分布在黔中和黔西南，黔东南地区融合效率最低[②]。但是，贵州文旅融合全要素生产率处于上升趋势，文旅产业融合效率仍未达到最佳状态，表明两者深度融合的空间巨大，如何创新文旅融合发展路径成为急需解决的问题。

西江千户苗寨作为贵州具有代表性的文化旅游地之一，经过四十余年的发展，文旅融合形成了民族文化在旅游业中合理利用与成功开发的高效组织方式，学者概括为"西江模式"，即西江苗寨自 2008 年以来，以苗族特色文化资源为载体，以旅游开发为导向，在经济、社会、文化、经营、脱贫等方面产生规模化效应，所形成的一系列成功经验和可以操作的运行体系[③]。

毋庸置疑的是，西江千户苗寨存在文旅产业过度商业化的问题，极大地影响了游客的旅游体验和景区的长远发展。基于西江千户苗寨类型多样、内涵深厚的苗族文化资源，"文旅+"成为文旅融合发展切实可行的新路径。

二 "文旅+农"：突出文旅融合的区域性

农旅融合早已成为旅游产业发展的重要方式，从田园观光到体验农事，更加注重挖掘农耕文化的当代价值。贵州山地居多，素有"八山一水一分田"的说法，农业类型属于在西南地区较为普遍的山地农业。农旅融合促进农业高效发展，是贵州结合省情和农业资源禀赋，提出的适合贵州农业发展的现代山

---

① 陈彩雁、陈红玲、董法尧：《基于熵权 TOPSIS 法的西南民族地区文旅融合发展水平及障碍因子分析》，《湖北农业科学》2022 年第 17 期。

② 孙小龙、秦彬朦、郜捷等：《贵州省文化与旅游产业融合效率及时空演化研究》，《贵州师范大学学报》（自然科学版）2022 年第 4 期。

③ 李天翼、麻勇斌：《"西江模式"：西江千户苗寨景区十年发展的成效、经验与价值》，载李天翼主编《西江模式：西江千户苗寨景区十年发展报告（2008~2018）》，社会科学文献出版社，2018。

地高效特色农业发展之路①。"文旅+农"集合了一二三产业，将之融为一体，成为文旅融合发展的优选路径。这一路径不仅解决了贵州农业高投入、低收益的难题，还将加速推动一二三产业的增长，势必成为文旅融合发展的趋势。

（一）西江"文旅+农"的区域性文化资源

西江千户苗寨农业旅游文化资源具有鲜明的区域特色，基于旅游资源发展文旅产业和特色农业，助力文旅产业与特色农业高质量发展，能够促进文旅深度融合。西江千户苗寨旅游开发之前，寨民一直以种植稻谷为生；男耕女织，自给自足，日出而作日落而息，传统的耕作方式积累出深厚的农耕文化，至今仍保留着完整的农耕文化体系。

西江千户苗寨农耕文化体系具体表现在生产工具、活路头、农耕仪式和生产禁忌等四方面。一是稻谷生产、加工的农具。主要有犁、耙、锄、刀、木槌、擂钵、簸箕、晒席、坑箩、水碾、石错、石磨、谷仓、斗升等，用于水稻的培育、耕种、收割、储存等，满足寨民的基本需求。二是主持农事活动的生产领袖——活路头。他们必须熟悉农耕生产所需的天文、气象、时节等生产知识，通过言传身教，在家族中以代际传承的方式延续至今。在文化水平较低的传统社会，负责指导寨民农耕生产，主持与农业相关的祭祀仪式。三是农耕相关的仪式。包括起活路、开秧门、关秧门、吃新节、苗年等。由活路头严格按照传统组织，选定吉日吉时，准备酒、肉、香、纸等祭品，带领全寨民众一起，按照严格的程式，祭祀天地山川，祈佑风调雨顺、五谷丰登。四是生产相关的禁忌。不仅是长期生产经验的积累与总结，更是寨民恪守的道德标准和行为准则。例如过苗年的龙场天，相当于春节大年初一，上午不准扫地，不能泼水，否则"财喜外流"；当天吃早饭，饭再干也不准泡汤，菜再烫也不能吹气，否则"山风吹倒庄稼，山洪冲毁田坎"。

（二）开发参与式体验项目

文旅融合旨在满足旅游者的文化动机和文化体验，获得精神上的享受和心

---

① 程康：《贵州省农旅融合发展模式研究——以贵州省长顺县凤凰坝农旅融合发展生态体验园为例》，《经济研究导刊》2019年第21期。

情上的愉悦。"文旅+农"路径强调旅游者的参与式体验,在田园观光的基础上,开发旅游者体验式项目。西江千户苗寨已经推出田园观光区,面积达400多亩,海拔在850米至900米之间,土地肥沃,水量充足,为体验式项目提供了天然场域。

当地可以依据农时在春耕、夏种、秋收、冬藏等不同农耕阶段设计对应的体验环节。苗年结束,活路头主持起活路仪式,开启新一年的农事活动。春耕阶段,寨民在清明过后犁田、耕地、播种、选种、育苗。待活路头进行开秧门后,各家各户前往田地插秧,全寨插完秧便洗脚洗手,寓意关秧门,庆贺满栽满插。夏种阶段,施肥养鱼、除草驱虫、灌溉排水;稻谷孕穗过吃新节,谷穗渐熟过末卯节。秋收阶段,收割、脱粒、晾晒稻谷,捆扎秸秆。冬藏阶段,干燥清杂、入库储存、整理田埂、修路修沟。用自家的稻谷酿造米酒或打制糍粑。其中,寨民开春犁田灌水后,便放养鱼种,在稻田中养鱼,同时为稻田提供养分。

旅游者在不同季节参与农耕,春季育苗插秧,夏季灌溉除草,秋季收割打谷,冬季整修田地,或捕鱼烹饪,或酿酒品尝。使用传统农具,学习精耕细作、水源管理、稻田养鱼等传统技艺,了解不同农耕仪式的流程与寓意,体会寨民勤劳坚韧、珍惜节俭的精神风貌,置身于人与自然和谐共生的环境,实现沉浸式文化旅游。

三 "文旅+体":聚焦文旅融合的地方性

体旅融合是近年来新兴的旅游产业发展方式,贵州借助国务院批准的中国唯一的以山地旅游为主题的国际性高端峰会——国际山地旅游暨户外运动大会,打造体旅融合高端平台。同时,"村BA"和"村超"的爆火,也带动了台江和榕江乃至全省的经济发展,提升了地方在国内外旅游市场的知名度,诠释了《关于推进"十四五"农民体育高质量发展的指导意见》中提出的"发展农民体育是全面推进乡村振兴、建设体育强国和健康中国的重要任务",表明了"文旅+体"文旅融合发展路径的巨大潜力。

(一)"文旅+体"的地方性文化资源

"村BA",全称为贵州省第一届"美丽乡村"篮球联赛,在贵州黔东南州台江县台盘村举办，开始于 2021 年，2022 年夏天火爆全网，2023 年 3 月总决赛持续火热，随后农业农村部、国家体育总局决定全国和美乡村篮球大赛揭幕式和总决赛都在台盘村举行。"村超"，全称为贵州省黔东南州榕江（三宝侗寨）和美乡村足球超级联赛，在贵州黔东南州榕江县三宝侗寨举办，2023 年夏季强势出圈，之后每周六进行贵州村超全国美食足球友谊赛（简称为超级星期六足球之夜）持续点燃全民足球热情。"村 BA"和"村超"不仅吸引了百万球迷关注，成为全国民众讨论的热点，还有 NBA 球星到场，与"英超"签署战略合作协议，将村赛传播至全球。村赛的成功绝非偶然，由诸多因素综合促成。

第一，民族文化是村寨村味的底色，独特的民族文化折射出亲民的乡土气息。台盘和三宝都是少数民族村寨，苗族和侗族传统文化元素渗透赛事全程。球员、裁判员大多是本地非专业出身的民众，具备民族朴实无华、拼搏奋进的精神气质；经费都为民众自发筹集，体现出对运动由衷的热爱；奖品是当地土特产，如猪、羊、牛、香米、鲟鱼、麻鸭等；解说员用"贵州方言+苗/侗语"播报、讲解；啦啦队中场表演都是颇具苗山侗水特色的苗歌侗舞，如多耶舞、侗族大歌、苗族芦笙舞、反排木鼓舞等；赛场是民众日常运动的场地，观众在看台上自带塑料凳或梯子。这些民族文化增添了具有鲜明地方特色的"爆点"，极易借势互联网传播，引燃关注。

第二，体育氛围积淀了村赛的底蕴，长期积累的体育经验厚积薄发。台江和榕江球类运动历史悠久，篮球、足球早已融入民众日常生活，打球、踢球成为民众最喜爱的运动方式。20 世纪 70 年代，黔东南州的"苗寨女篮"已名震省内外，台江有"逢节必比赛、比赛先篮球"的风俗，每年都举办"六月六"吃新节篮球赛，与篮球相关的条款早已写入台盘村村规民约。20 世纪 40 年代，贵州师范学校、广西大学和桂林汉民中学都迁入榕江办学，将足球运动带入当地并普及开来。榕江县约 13%的居民会踢足球，共有 14 座免费开放的标准足球场，能轻松组建 20 支球队，于 2016 年被评为省级校园足球试点县，2021 年被评为首批全国县域足球典型县。浓郁的体育氛围为举办村赛积累了大量经验，全民参赛，不仅有球技精湛的球员，更能够有条不紊地安排赛事，确保赛事顺利、人员安全。

第三，社交媒体传递村赛激情，散发出全民健身的活力。通信运营商保障了现场网络运行，5G 技术提升了网络覆盖能力和网络容量，现代社交媒体以一部手机就能将村赛完美呈现。村赛除了获《光明日报》《中国青年报》《中国日报》《贵州日报》等主流媒体纪实性报道，新华网、动静贵州等网络媒体开通现场直播之外，众多公众号广泛传播、视频号竞相播放、短视频反复推送、朋友圈相互转发，网络大 V、大小网红和普通民众纷纷聚焦赛事，助力"村 BA"和"村超"连续登上网络热搜榜。在移动互联网技术加持下，多样的传播方式，为民众提供了新鲜的视听体验，感受到现场竞技的活力，激发出全民体育热情。

此外，贵州已完成行政村和乡镇体育设施的全覆盖，村容村貌、交通条件和通信设备的改善，以及基础设施的完善都为举办村赛提供了硬件支撑，基层社会治理体系与治理能力的现代化保障了村赛安全有序地进行。

（二）推动全域旅游集群式发展

全域旅游是文旅产业发展的重要方式，旨在追求旅游质量的提升和旅游价值的实现，要求区域内部各行业、各部门有效协调，充分利用各种文化要素，为游客提供全方位的旅游产品，满足游客的体验需求。[①] 贵州文化资源在空间分布上具有集群性的特点，能够产生聚集效应，集群式发展成为全域旅游的有效方式。

贵州作为首批国家体育旅游示范区创建省，"村 BA"和"村超"的成功出圈既是文旅融合的结果，也为文旅融合发展提供了全新的思路——"文旅+体"。借鉴瑞士以滑雪为中心积累的体旅产业成熟的经验，以及英国温布尔登围绕网球赛事和美国波士顿围绕马拉松赛事，在食、住、行、娱等配套方面形成的产业群，贵州可以促进全域旅游集群式发展。

西江千户苗寨与台江县台盘村、榕江县三宝侗寨都位于贵州省黔东南州，州境内民族文化资源独树一帜，以州这一行政区划为全域旅游目的地的空间尺度最为适宜。作为全域旅游的州，黔东南先要完善旅游相关要素，配套基础设施、整合文化资源、创新旅游产品，呈现综合性、开放式、全景化、全覆盖的

[①] 霍晓丽：《非物质文化遗产在旅游产业中的实践研究——以黔东民族地区铜仁市为例》，《铜仁学院学报》2018 年第 11 期。

旅游目的地，这样才能推动域内文旅融合发展。借助"村BA"和"村超"的人气和热度，及时规划能够串联台江、榕江、雷山的精品旅游线路，推出苗侗风情N日游，延长文旅产业链，留住旅游者。统筹开发域内文化资源，转化为富有文化底蕴且形式各异的文旅产品，一点一特色、点点有惊喜，避免不同景区同质性不良竞争导致旅游者审美疲劳。重视不同景区纯粹性人文风貌，尊重当地首创精神，展示民族文化自信。借鉴"村BA"和"村超"去商业化的做法，"以赛促健、以赛促文、以赛促旅、以赛促产、以赛促消、以赛促兴"。通过"文旅+体"释放运动激情、制造生活精彩、传播健身快乐，满足旅游者身体运动和精神生活的追求。

四 "文旅+节"：彰显文旅融合的民俗性

节旅融合历来是旅游产业常用的方式，一直以节庆期间户外观赏为主，民俗性文化空间仍有待营建。贵州有17个世居少数民族，中国少数民族特色村寨312个，中国传统村落724个，民俗性文化资源丰富，但民俗文化空间营建处于起步阶段，较为薄弱。"文旅+节"文旅融合发展路径重视民俗文化空间，强调节庆的文化氛围，能够增强旅游者对当地文化的感知，发展潜力较大。

（一）西江"文旅+节"的民俗性文化资源

西江千户苗寨素有"百节之乡"之称，"大节三六九，小节天天有"。除了上文围绕农耕的民族节日和国家法定节假日之外，二月初二的祭桥节、二月上中旬卯日的燕子节、申年二月的招龙节、三月二十五至二十七的游坡节，以及清明节后第一个鼠、马日的爬坡节、九月初九的重阳节等，无不承载着当地浓郁的民俗文化。尤其是十三年一度的鼓藏节和一年一度的苗年都是民俗盛宴。在起鼓、立鼓、送鼓、小年、中年、大年这些重要的时间节点，寨民集中展示出苗族歌曲舞蹈、服装银饰、饮食酒俗、礼俗人情等风俗，不仅有吹芦笙、踩铜鼓、讨花带等民俗活动，也有苗年、鼓藏节、苗族民歌等非物质文化遗产。简而叙之，西江围绕节庆的民俗主要有以下几类。

一是歌舞类。苗歌方面，有古歌、福歌、情歌、儿歌、飞歌、酒礼歌、祭祀歌几种，其中，咏唱开天辟地、人类起源、神话传说、苗族历史的古歌，和老人过世、祭祖时唱的祭祀歌演唱要求较为严格；飞歌作为民歌中"最嘹亮"的歌曲，能很好地展示演唱者的亮丽歌喉及思想感情，在苗族艺术文化中占有重要地位。苗舞方面，主要有芦笙舞、铜鼓舞，都来源于生活和自然，前者是对社会生产与生活经验的提炼，不同的节日舞姿各异，表达喜怒哀乐，寄托民族情感；后者模仿动物和生产生活各种动作，用来庆祝丰收或祭祀祖先，每种舞姿均有相应的鼓点舞曲，是宝贵的文化艺术遗产。乐器方面，有管弦乐和打击乐，具体为大、中、小芦笙，高排芦笙、铜鼓、木鼓、芒筒、夜箫、木叶等。

二是服饰类。服装方面，以苗绣、织锦、蜡染技艺为代表。苗绣是苗族"穿在身上的史书"，种类十余种，内容与图腾崇拜和生产生活有关，构图新颖，造型夸张。织锦直接在织布机上用彩色丝线织成精美图案，做工精细，图案灵活多变、美观大方、立体感强，纹样为几何纹样或飞禽走兽、花鸟虫鱼和人物形象等。蜡染是苗族民间纺织印染工艺，先用蜡刀蘸熔蜡在土布上绘画花草龙凤等图案，再用蓝靛浸染，去掉蜡后土布呈现蓝底白花或白底蓝花的纹样，色调素雅，朴实大方，可以制作服饰和生活用品。银饰方面，苗族银饰包括头饰、颈饰、胸饰、手饰、腰坠饰、脚饰等，品种多样、造型奇美、工艺精巧，以大、多、重为美。其中，银饰锻制技艺从熔银至成品，历经十道工序，造型以鱼、鸟、雀、蝴蝶、牛角、龙凤居多，华丽考究，雍容华贵。

三是礼俗类。酒俗方面，西江苗族有"无酒不成敬意"之说。十二道拦门酒是苗族迎宾待客的最高礼仪，表达了对远方来客的美好祝愿。包括恭喜酒、善良酒、勤劳酒、勇敢酒、聪明酒、美丽酒、明理酒、诚实酒、宽宏酒、长寿酒、富裕酒、美满酒。牛角酒用水牛角盛酒，是苗族人最高的敬酒礼仪，表达出对客人至尊的款待。酿酒方面，米酒是苗家过年、过节、待客、祭祀等必不可少的饮品，有糯米酒、红薯酒、苞谷酒等。苗族家家户户经过制作酒曲、发酵米饭、烤制米酒等步骤自酿米酒，度数较低，清香可口。

四是饮食类。西江苗族以大米为主食，一日三餐，菜肴有"无酸辣不成菜"之说，代表性的菜肴有酸菜、糟辣、疱汤、冻鱼、酸汤菜、酸汤鱼、苗王鱼、鼓藏肉、鸡稀饭、甄脚菜等。长桌宴是苗族宴席的最高形式与隆重礼仪，主客分坐两边，体现出宾客平等、男女平等、和睦相处、友好往来的民俗。

（二）营建节庆文化空间

文化空间是非物质文化遗产的重要形态，是被确定为一个集中了民间和传统文化活动的地点，以及某一周期或是以一时间为特点的一段时间①。这一地点和这段时间的存在取决于按传统方式进行的文化活动本身的存在，集空间、时间、文化于一体②，包括原生文化空间和再生文化空间两类。文旅融合发展在文化空间中进行，离不开文化空间，"文旅＋节"文旅融合发展路径是节庆文化空间营建的过程。

西江千户苗寨的原生文化空间是传统岁时节庆，强调原生节俗景观。它们与天时、物候的周期性转换相适应，是民众在社会生活中约定俗成的、具有某种风俗活动内容的特定时日③。民众在原生文化空间中从艰辛劳作到休息放松，文娱、饮食、礼俗都显示出民俗文化，不仅满足了日常生活实践精神文化的需求、增强了民族的凝聚力和向心力，也有利于地区文旅融合发展。例如，每逢苗年，家家户户杀年猪，还用酸汤鱼、新米酒、糯米粑宴请亲朋好友，一般都要延续五天到九天，甚至一个月。旅游者完全可以参与筹备宴席、烹饪美食、安排座次、招待亲朋的过程，或者身着苗族盛装，拦门、迎宾、酬客，深度体验苗族的食俗、酒俗、礼俗。

西江千户苗寨的再生文化空间为现代旅游节庆，侧重原生节俗景观的再生产。它们依托文旅产业，以民俗文化为中心，拉动餐饮、住宿、交通、观光、商业、娱乐等诸多关联产业发展。例如，2008 年在西江千户苗寨举办的第三届贵州省旅游产业发展大会，为西江化蛹成蝶创造了千载难逢的机遇。雷山县多方筹集资金，在保护原有传统吊脚楼建筑群的基础上，完善基础设施，改造村寨巷道，开通旅游公路，组建环卫队伍，新增灯光夜景，修建停车场，扩建表演场，村容村貌焕然一新，实现了宜居宜业宜游，为文旅融合发展奠定了坚实的基础。可见，再生文化空间营建在再生产原生节俗景观的同时，更能够借助现代旅游节庆提升文旅融合水平，加强文旅融合深度。新冠疫情后，因时制

---

① 冯骥才主编《中国民间文化遗产抢救工程普查手册》，高等教育出版社，2003。
② 霍晓丽：《全域旅游视阈下历史文化资源的保护开发——以晋北广武地区为例》，《山西大同大学学报》（社会科学版）2020 年第 5 期。
③ 钟敬文主编《民俗学概论》，上海文艺出版社，1998。

宜、因地制宜、因势制宜地构建节俗景观空间谱系，营建再生文化空间，能够促进文旅融合深度发展。

五 "文旅+研"：拓展文旅融合的民族性

研旅融合逐渐成为文旅产业的新趋势，研学结合在一起，既有利于人类学、民族学、艺术学、历史学、社会学、旅游学、民俗学、经济学等不同学科研究者展开科学研究，提升当地的学术影响力和社会知名度；又有益于当地和外地年轻一代学习优秀传统文化，唤醒民众的文化自觉，增强民众的文化自信，促进优秀传统文化的传承和弘扬。"文旅+研"这一新兴文旅融合发展路径，有着广阔的发展前景。

（一）西江"文旅+研"的民族性文化资源

西江千户苗寨研旅主要从研究和学习两个层面展开。一方面，研究者专注于民族传统文化的深耕。国内外苗族研究学者很早就已关注西江苗族，路易莎的《少数的法则：中国文化政治中苗族和女性》、张晓的《化茧成蝶：西江苗族妇女文化记忆》、李天翼的《西江模式：西江千户苗寨景区十年发展报告（2008~2018）》等高水平著作先后出版，学术论文更是数量颇丰。此外，研究机构也为民族文化研究提供了平台支持。例如，成立于2016年的西江千户苗寨文化研究院，是坐落于寨内的新型文化创智机构，致力于民族文化挖掘、整理与研究，民族文化传承、传播与保护，民族文化产学研一体化开发与研究，民族文化与旅游研究和民族文化培训。它也为中央民族大学、西南民族大学、贵州大学、贵州财经大学、贵州民族大学、贵州师范学院、贵州省社会科学院、贵州省文联等院校及科研机构提供了研学平台和教学实践基地，成为"苗族古经采集整理研究""民族文化旅游发展的'西江模式'研究""苗医理论的语言文字基础及术语规范化研究"等多项国家级、省级重大科研项目的田野调查地。多次在西江千户苗寨及周边苗寨开展文化传承活动，如国家通用语言文字+民族文化培训班；先后与北京大学、清华大学、中山大学、中央民族大学等国内知名高校举行各种学术及文化交流活动。秉承"学术本位、文化传承、旅游创意"的学术目标，研究院将促进苗族文化产学研一体化发展。

另一方面，年轻一代重视民族传统文化的传承。西江千户苗寨境内的西江民族小学和西江中学不仅承担着当地九年制义务教育的职责，更肩负着苗族优秀传统文化保护和传承的重任。学校注重民族民间文化进课堂，如进行双语教学传承民族语言，线上开展《苗族民俗风情》课程教学活动，利用课余时间体验乡土文化和民间艺术品制作；民族文化课程开发，如在地理基因视角下设计中学生民族文化自信培育研学课程①；民族特色的学校组织文化创建，完善民族地区农村教师支持服务体系（导师制)②。

（二）提升数字化研学能力

数字化是推动文旅产业融合发展的重要抓手，也是实现文旅产业高质量发展的重要支撑，数字技术赋能公共服务与行业监管部门、推动文旅产业发展模式和业态变革、带来大众行为与体验认知的改变，开启了文旅产业发展新时代③。贵州省数字文旅产业依托旅游禀赋，围绕文化资源，创造文化价值，传播文化内容，销售文化创意，实现文化旅游全领域的数字化重构④。"文旅+研"文旅融合发展路径，凭借现代数字化技术，数字研学能力提升势在必行。

首先，发展智慧旅游。智慧旅游是旅游业的一种新兴产品，它依托人工智能、数字化等技术，将现代科技与文化创意元素融合，打造出虚实结合、沉浸式游览的新型体验。⑤完善"一码游贵州"智慧旅游品牌，文旅主体全部进入该5G智慧平台，运用平台优势促进"文旅+研"发展。研学者在平台上查看景区地图和路线导览，浏览智慧停车信息、景点介绍和游玩线路，获得全过程服务，突出个性化、品质化、交互化、沉浸化服务。

运用云计算、人工智能、大数据等新兴数字技术，推动省内旅游景区的智

---

① 李璐阳、周忠发、刘智慧等：《地理基因视角下的中学生民族文化自信培育研学课程设计——以西江千户苗寨为例》，《地理教育》2023年第5期。

② 杨玉帅：《民族小学民族文化课程创生研究——以雷山县西江民族小学为个案》，西南大学硕士学位论文，2011。

③ 夏杰长、贺少军、徐金海：《数字化：文旅产业融合发展的新方向》，《黑龙江社会科学》2020年第2期。

④ 刘洋、肖远平：《数字文旅产业的逻辑与转型——来自贵州的经验与启示》，《理论月刊》2020年第4期。

⑤ 王雅婧：《科技赋能打造沉浸式旅游体验"身临其境"领略传统文化魅力 智慧化激发文旅新活力》，《中国纪检监察报》2023年8月14日。

慧化改造，打造现代化智慧旅游景区。采用大数据手段跟踪和分析旅游市场主体发展状况和存在的问题，及时解决、扎实整改，为"文旅+研"文旅融合路径营造智慧环境。利用线上虚拟数字商业模式，扩展景区经营空间，提供信息体验、销售、交互、预订和支付等服务，提高旅游便利性和体验度，拉动景区数字经济产业的发展。发展云旅游、云直播等新旅游业态，推进数字经济与旅游经济的深度融合，延长"文旅+研"产业链，提升产业链价值。

其次，建设虚拟仿真项目。《"十四五"旅游业发展规划》提出，培育一批智慧旅游创新企业和重点项目，开发数字化体验产品，发展沉浸式互动体验、虚拟展示、智慧导览等新型旅游服务，推进以"互联网+"为代表的旅游场景化建设。以西江苗族博物馆为例，它仍以实物展示为主，但可以运用裸眼3D、5G和VR等现代科技手段还原苗族生活生产场景，复活馆内陈列物品及其背后的文化，在声、光、电、影中带来多维度、全方位、立体化、交互式的体验，让游客更好地了解当地的苗族风情。此外，将无接触旅游、虚拟旅游、线上旅游等音视频嵌入旅游攻略等小程序以及"一码游贵州"等旅游平台上，展示西江苗族优秀传统文化的精彩瞬间，激发研学者的好奇感和猎奇心。

再次，创新"剧本杀"。"剧本杀"是非常适合年轻群体的"文旅+研"方式，它作为一种沉浸式的戏剧活动，具有集体的场景互动、多元主体式叙事、不同文本语境，以及互为张力的情感氛围等优势[①]。将"剧本杀"运用到研学过程中，能够激发研学者的主动参与，创新沉浸式体验的旅游感受，有利于文旅融合创新性发展。

对于研学者，剧本杀中角色选择、剧本研读、搜查线索、推理判断、揭示结局等元素需要斟酌与设置，进而提高沉浸式的研学体验，增强参与活动的积极性，提升学习兴趣和学习效率。研学者先通过角色扮演，深入文化场景沉浸式体验；再研读剧本，明晰文本情节发展；搜查线索，推理判断，研与学交互融合；最后展示分享，汇报成果并反思总结。目前，西江千户苗寨与企业利用"5G+XR"（扩展现实）技术推出"西江幻地"苗文化元宇宙文创项目，为游客提供全新的数字化旅游服务体验。"西江幻地"属于MR（混合现实）"剧

---

① 韦文华、张晓清、邓祥英：《文旅融合背景下"剧本杀+研学"发展模式探究》，《太原城市职业技术学院学报》2023年第8期。

本杀"项目，它将现代数字技术与苗族古老传说相结合，虚拟出奇观、宝物、空间。在苗族传统文化故事中，仅需一副 MR 眼镜，研学者就能步入景区街道，开启解密与寻宝之旅。今后，进一步将"5G+XR"（扩展现实）技术运用到高校或者当地中小学教学过程中，将"剧本杀"更加数字化、年轻化，为"文旅+研"开创全新思路。

六　小结

党的二十大报告提出，"坚持以文塑旅、以旅彰文，推进文化和旅游深度融合发展"。文旅融合发展中，文化因具有区域性、地方性、民俗性、民族性，奠定了文旅融合的基础，是其长远发展的根基，对应的文化产业需要与时俱进、转型升级；旅游一直是文旅融合发展的手段，对应的旅游产业更应创新形式，增添新功能；文化与旅游双向赋能的过程中，离不开方式的推陈出新。"文旅+"蕴含着更多新业态、新形态的可能性，农业、体育、节庆、研学现在较为成熟或者新兴的内容，都是文旅深度融合发展路径的探索。"文旅+"文旅融合路径能够促使文旅产业体系激发自身发展的内在动力，唤醒民众文化自觉、增强民众文化自信，传承和弘扬民族优秀传统文化，满足人民日益增长的对美好生活的需求，推动地方高质量发展。

乡村文旅篇

B.10
贵州省民宿产业发展研究

周雪帆*

摘 要： 随着贵州省旅游业的蓬勃发展与居民消费模式的升级，民宿产业作为贵州省旅游业的关键组成部分，近年来展现出迅猛的增长势头。本文通过对贵州省民宿产业现状的全面剖析，从民宿资源优化配置、特色产品创新、品牌形象构建、服务质量提升、专业人才培养以及国际市场拓展等多维度出发，提出了一系列旨在促进贵州省民宿产业可持续发展与竞争力增强的战略性建议。

关键词： 民宿产业 旅游发展 贵州省

一 民宿的概念

民宿兴起于欧美，以英国的 B&B 为代表，欧美学者认为民宿是能体验旅游环境的住宿产品。民宿是建立在乡村环境中的为游客提供住宿与餐饮服务的旅舍，游客通过入住民宿，可了解当地居民的日常生活与当地文化①。我国的

---

* 周雪帆，博士，贵州商学院旅游管理学院副教授，主要研究方向为民族文化旅游。
① 张广海、孟禹：《国内外民宿旅游研究进展》，《资源开发与市场》2017 年第 4 期。

民宿较早出现在中国台湾地区，其《民宿管理办法》对民宿定义为利用自用住宅的空闲房间，结合当地人文、自然景观、生态、环境资源和家庭副业方式，提供游客乡野生活的住宿场所①。

国家统计局《国民经济行业分类》（GB/T4754-2017）指出，民宿服务是城乡居民及社会机构利用闲置房屋开展的住宿活动和短期出租公寓服务②。中华人民共和国文化和旅游部《旅游民宿基本要求与评价》（LB/T 065-2019）规定，旅游民宿指利用当地居民等相关闲置资源，经营用客房不超过 4 层、建筑面积不超过 800 平方米，主人参与接待，为游客提供体验当地自然、文化与生产生活方式的小型住宿设施③。根据所处地域的不同可分为城镇民宿和乡村民宿。乡村民宿主要指在乡村环境中，民宿经营者利用自用住宅或当地闲置房屋，结合当地的景观、人文环境、生态及乡村旅游资源等，通过民宿主人参与接待，为游客提供体验当地自然、文化与生产生活方式的小型乡野生活的住宿场所④。

中国旅游协会《2017 年民宿产业发展研究报告》显示，我国民宿客栈总量已达到 20 万家，同比增长超过 300%，呈现井喷，但尚处于民宿发展初期。文化和旅游部预测，到 2020 年，要在全国形成 15 万个乡村旅游特色村，300 万家乡村旅游经营户，乡村旅游年接待游客超过 20 亿人次⑤。

民宿为游客提供了一种与传统酒店不同的住宿和旅行体验，对游客具有独特吸引力。首先，民宿通常由当地居民拥有和经营，他们往往提供个性化的服务，更加亲切、温馨，游客可以更好地与主人互动，在舒适住宿的同时又有家庭般的温馨氛围，民宿通常规模较小，因此游客可以享受更多的亲密感和隐私，此外民宿价格较为亲民，是性价比较高的住宿选择；其次，民宿常常融入当地文化和传统元素，游客可以在民宿中品尝当地特色美食、参与传统活动、了解当地历史和文化，增加了旅行的乐趣；最后，很多民宿位于自然风景秀丽

① 吴吟颖、陶玉国：《台湾民宿产业的发展及其对大陆乡村旅游业的启示》，《江苏师范大学学报》（哲学社会科学版）2016 年第 2 期。
② 国家统计局：《国民经济行业分类》，2017 年 6 月 30 日。
③ 中华人民共和国文化和旅游部：《旅游民宿基本要求与评价》，2019 年 7 月 3 日。
④ 贵州省统计局：《贵州民宿发展情况调研报告》，2021 年 12 月 3 日。
⑤ 王昆欣：《推动民宿业成为乡村旅游主角》，《中国旅游报》2016 年 2 月，第 4 版。

的地区，游客可以近距离地欣赏自然美景、参与户外活动，体验大自然的宁静和美丽。许多民宿具有独特的建筑风格和装饰，这些特色建筑为住宿增色不少，也给游客带来了新奇感和愉悦感。

二 贵州民宿产业发展基本情况

贵州省作为旅游大省，民宿产业起步较晚但特色鲜明。全国第四次经济普查数据显示，2018 年贵州省共有住宿业法人单位 4946 家，其中"民宿服务"法人单位有 142 家（限额以上法人单位 1 家），2018 年实现营业收入 4830 万元，占全省住宿业法人企业营业收入的 0.5%。随着近年来民宿发展模式的不断创新，精品民宿逐渐出现。截至 2021 年 9 月底，全省"民宿服务"限额以上法人单位有 8 家，1~9 月实现营业收入 3037.9 万元①。2023 年贵州省民宿产业招商推介会上发布的信息显示，2023 年全省民宿总量突破 1.2 万家，较2019 年增长近 5 倍②。

贵州省依托珍稀的自然景观和独特的人文资源，近年来民宿产业大放异彩。民宿作为游客"吃住行游购娱"中"住"的载体，在当前旅游业尤其是乡村旅游发展及乡村振兴事业中发挥巨大的推动作用。贵州省大部分民宿位于乡村地区，这些地区拥有独特的自然风光和文化传统，民宿为游客提供了多样化的住宿选择，不仅增加了乡村的吸引力，也带动了乡村旅游的发展。贵州民宿产业的发展改善了乡村旅游基础设施，为乡村地区带来资金流入和就业机会，游客在当地品尝美食、购买特产等，增加了当地居民的收入，这对于乡村振兴具有积极作用。

（一）贵州民宿产业发展历程

贵州民宿产业整体起步较晚，在发展进程中表现出三个阶段：第一是乡村"农家乐"阶段，以餐饮业为核心，以农户个体经营为主，提供少量或不提供住宿服务；第二是"乡村休闲度假"阶段，以特色农业景观、民俗文化为吸

---

① 贵州省统计局：《贵州民宿发展情况调研报告》，2021 年 12 月 3 日。
② 中华人民共和国文化和旅游部：《贵州民宿总量较 2019 年增长近 5 倍》，2023 年 4 月 23 日。

引物，以企业或村集体经营为主，提供当地特色餐饮、乡野生活、住宿等服务；第三是"住宿体验"阶段，不少民宿不再局限于"吃、住"，而是强调有品质的住宿服务、体验当地生活和文化、多种业态融合，民宿多分布于景区周边、特色旅游目的地，包括乡村、城市和城郊区域。前两个阶段的民宿产业经过多年发展已趋向成熟，一方面有集群化发展的趋势，另一方面向精品化、连锁化、人文化的方向迈进。贵州省出台多项政策推动民宿规范化、品质化发展，优化营商环境、为民宿投资人提供全方位服务、大力宣传打造"多彩山居·醉美心宿"民宿品牌，近年来涌现一批独具特色的精品民宿。携程、去哪儿、飞猪、穷游网等 OTA 平台目前上架大量贵州民宿产品供游客选择，此外小猪短租、途家网、Airbnb 和木鸟度假作为领先的民宿短租预订平台提供城市民宿、乡村民宿等广泛的住宿选择，这类短租平台在贵州民宿分销渠道中占比逐渐上升。

（二）贵州民宿产业发展政策背景

2017 年以来，国家相关政策逐渐放宽促进了民宿产业发展，《旅游民宿基本要求与评价》等行业标准实施，对民宿经营的相关证照、治安消防、从业人员卫生培训和健康检查、环境、建筑、装修、照明、隔音、服务等方面进行了详细的规范；2018 年 10 月，国务院办公厅印发了《完善促进消费体制机制实施方案（2018~2020 年）》，提出进一步放宽旅游服务消费领域市场准入，鼓励发展租赁式公寓、民宿客栈等旅游短租服务；2022 年《旅游民宿基本要求与等级划分》（以下简称《标准》）国标发布，2023 年 2 月《标准》由行业标准上升为国家标准并正式实施，《标准》将民宿划分为三等，对民宿的设施设备、经营管理、特色、社区贡献等提出更高要求。《标准》实施将有助于提升旅游民宿行业规范管理水平，推动旅游民宿规划布局更合理、管理服务更规范、业态产品更多元、人文特质更彰显、安全发展更持续[①]。

我国政府自 2018 年以来实施乡村振兴战略，旨在加强农村地区的经济、社会和文化发展，贵州省政府积极响应这一战略，通过支持农村旅游和民宿业的发展，为广大乡村提供就业机会和收入来源推动乡村振兴。贵州省政府通过

---

① 徐晓：《〈旅游民宿基本要求与等级划分〉国标发布》，《中国旅游报》2022 年 8 月 1 日。

财政补贴、税收优惠、融资支持等措施，鼓励投资者和企业在贵州发展民宿产业，满足游客不断增长的高品质住宿需求。贵州省政府支持民宿在文化传承方面的努力，鼓励民宿产业在环保和可持续发展上采取措施，先后出台了《贵州省乡村民宿管理办法》《贵州省乡村旅游客栈服务质量等级划分与评定》《贵州省民宿卫生管理办法（试行）》《关于促进贵州民宿产业高质量发展的指导意见》等政策，为民宿产业发展提供有利的环境。

2014年首次举办的全省精品客栈现场观摩会总结推广镇远等城镇和乡村客栈开发经验，以点带面引领全省民宿成长，客栈民宿由此进入了快速成长期；2018年乡村旅游与民宿发展分会成立，形成会员参与民宿业开发创新的力量；各级政府及各地文旅主管部门不断加大对民宿业态的政策支持力度，加强政府引导，推动资源整合、品质提升和红色民宿品牌打造，贵州民宿规模、业态和产品有了质的飞跃。但目前民宿产业发展相关政策还缺乏系统性与关键性，比如全省民宿市场准入问题没有得到根本解决①。2023年贵州省人民政府办公厅发布《关于促进贵州民宿产业高质量发展的指导意见》，坚持"生态优先、文化为根、以人为本、融合发展、规范有序"的基本原则，提出统筹规划建设、壮大市场主体、提升服务品质、加强品牌营销、强化规范管理等具体工作要求，并在组织领导、用地用房保障、金融服务、政策支持、人才培养等方面为贵州民宿高质量发展提出具体的保障措施②。

（三）贵州民宿类别及发展模式

国内学者从经营发展模式出发将民宿分为经营者个体经营与合作经营两大类：一是个体经营的民宿，经营者利用自有资产或租赁房屋，为游客提供富有浓厚人情味、个性化的服务。二是合作经营的民宿，主要有以下几种模式："公司+农户"模式、"农户+农户"模式、"政府+农户"模式、"政府+公司+社区+农户"模式③。从民宿经营情况看，贵州民宿经营主体主要为个体户和法人，其中个体户占60%以上④。经过不断探索，贵州乡村民宿在发展模式、

---

① 曹雯：《"乡村+民宿"迎来发展新机遇》，《当代贵州》2021年第17期。
② 贵州省人民政府办公厅：《关于促进贵州民宿产业高质量发展的指导意见》，2023年2月。
③ 张延、代慧茹：《民宿分类研究》，《江苏商论》2016年第10期。
④ 贵州省统计局：《贵州民宿发展情况调研报告》，2021年12月3日。

机制等方面不断创新，有力助推乡村民宿产业发展。如铜仁市牙溪村，引入江苏优质旅游集团，通过租赁方式，将该村老旧民房装修改造为精品民宿，建设"民宿农业"牙溪农场文旅综合体；毕节市重点推进以市、县两级平台公司为建设、营销、运营等主体，利用"互联网+农旅+共享经济+众筹"模式，引入社会资本或私人资本共建休闲度假民宿；镇宁自治县引进贵州中青旅，牵头省内多家知名旅行社，组建成立旅游公司，通过划清"三方权责"，引进战略合作，委托公司经营，将高荡村打造成为集文化传承、民宿体验、生态观光、休闲娱乐于一体的古寨旅游景点①；江口县太平乡将周边村寨和自然生态空间纳入梵净山旅游发展的规划中，其中寨沙侗寨是在政府扶持、村民自筹资金的基础上建设起来的乡村旅游目的地，近年来侗寨数家本土农家乐改造升级为民宿，外来客商投资建设了阆苑溪隐、星晨依宿、歇山·月下等精品民宿，梵净山太平河区域涌现如行驿·揽月台、梵尘·七舍等外来客商投资运营的民宿，极大地丰富了梵净山区域民宿产品的供给。

贵州民宿经营受季节性和假日性影响较明显，春季是贵州的旅游旺季之一，游客前来欣赏樱花、油菜花等花卉景观，民宿游客较多；夏季游客前来避暑度假，山地民宿受到欢迎；秋季的贵州气温宜人，是户外活动的好季节，民宿有一定的客流；冬季高山地区气温较低不适合户外活动，但一些低海拔地区的民宿会推出温泉、室内活动等吸引游客。春节、五一、国庆节等法定节假日景区和古镇民宿预订火爆。另外，贵州丰富多彩的民族节庆，如苗年、侗年吸引了大量游客，民宿在民族节庆期间预订量上升。

（四）贵州乡村民宿分布及民宿集群

贵州省民宿分布不均衡，主要集中在黄果树瀑布、梵净山、万峰林、百里杜鹃等著名景区及传统少数民族旅游村寨附近。各市（州）民宿发展情况不一，部分市（州）出台系列扶持政策，乡村民宿产业发展较好②。贵州省目前形成的民宿集群多位于景区附近，规模、特色和知名度有待提升。黄果树瀑布景区民宿集群、梵净山民宿集群、万峰林民宿集群、百里杜鹃民宿集群等以瀑

---

① 贵州省统计局：《贵州民宿发展情况调研报告》，2021 年 12 月 3 日。
② 贵州省统计局：《贵州民宿发展情况调研报告》，2021 年 12 月 3 日。

布景色、山林环境等自然景观为卖点，镇远古镇民宿集群、青岩古镇民宿集群、旧州古镇民宿集群、西江千户苗寨民宿集群、黎从榕地区民宿集群等以古镇文化、民族文化为卖点，另外还有围绕当地旅游资源建设的遵义赤水民宿集群和六盘水民宿集群。

（五）贵州知名民宿品牌

贵州乡村民宿在发展初期是以农家乐为主的简单住宿形态，只能提供简单的餐饮和住宿服务，随着乡村旅游的不断发展，依托丰富多彩的文化旅游资源，一些精品乡村民宿逐渐出现、形成品牌。如贵阳市朵哩花园民宿和美岸居舍酒店、安顺市匠庐·村晓和尧珈·凡舍悬崖民宿、黔南州群峰之上客栈、铜仁市树蛙部落和梵溪小院、毕节市花都里化屋精品民宿、六盘水野玉海天空之恋酒店、黔西南州峰兮半山客栈等贵州十大特色民宿；贵阳市寻篱原舍、遵义市苟园、安顺市匠庐·阅山、铜仁市姑苏小院等一批贵州特色民宿；遵义市青瓦房客栈、安顺市旧州客栈、黔南州妙田吉市等一批贵州省长征路上好民宿。这些精品民宿，入住率较高，受到省内外游客的青睐①。还有能观赏坝陵河大桥壮丽景观的渊府·霞渡民宿、山月集度假民宿；分布在苗族地区的苗乡千居，为游客提供苗族特色食物和文化活动；以优美的湖泊景色和星空观测为特色的湖泊星空民宿，提供观鸟、划船、露天露营等户外活动；建造于山林之中，注重环保和可持续发展的小木屋，提供独特的住宿体验；黔东南州的水东乡舍，集餐饮、住宿、旅游、文化于一体；黔东南州的群山之心拥有多家风格各异的民宿，提供不同档次和风格的住宿体验；位于乌蒙大草原的十方云舍，门外是缭绕的云雾和奔跑的马群；兴义万峰林玉皇顶的小住·万峰之巅，走上屋顶就能看见日出、云海；独山县旗山村交必组的朴语野奢海拔 1500 米，周边是原始密林和草甸，在房间即可饱览悬崖美景；从江县加榜梯田的古歌·云幻秘境民宿，让人足不出户观赏梯田景观；遵义海龙屯传奇星空营地临近海龙屯土司遗址所在的龙岩山脉，视野开阔②；龙里油画大草原内的瞰龙别院民宿可驾车或乘缆车抵达，提供露营、亲子游乐、户外运动以及定制化服务；位于

---

① 贵州省统计局：《贵州民宿发展情况调研报告》，2021 年 12 月 3 日。
② 舒畅：《贵州民宿"逆旅如人生"》，《贵州日报》2023 年 6 月 2 日。

"时代楷模"黄大发家乡遵义市的大发天渠民宿将大发渠红色文化、当地民族文化和乡土田园风光相结合，打造农旅文深度融合的智慧田园综合体；习水的隐居乡里民宿、安顺的诸沃之野民宿，建在稻田边，观稻田、听蛙声。野、奢、乡土与现代结合、人与自然和谐相处，贵州精品民宿近年来数量快速增长、品质迅速提升。

（六）贵州城市民宿、城郊民宿发展现状

中国城市民宿产业的崛起与城市化进程、旅游需求的多样化以及共享经济模式的兴起密切相关。城市民宿为游客提供了与传统酒店不同的住宿体验，也为城市提供了新的经济增长点。城市民宿的入住率因地区而异，但总体来说平均入住率较高，通常在70%以上，盈利状况也逐渐改善。为了吸引更多客户，城市民宿积极提升服务质量，包括提供独特的住宿体验、个性化服务、文化体验、数字化技术应用等。城市民宿面临城市规划和土地利用、安全和卫生标准、竞争加剧、税收政策等挑战，但其发展仍然具有巨大潜力，随着国内旅游市场的扩大和国际游客的增加，城市民宿数量有望继续增长。

贵阳市等贵州省内城市也积极发展城市民宿，近年来城市民宿的数量增长了20%，平均入住率达到80%以上。根据携程、去哪儿等平台数据，贵阳市的花果园和观山湖区是城市民宿的热门区域，有很多网红民宿。贵阳市内城市民宿，经济型一晚价格在100~300元，中档民宿一晚价格在300~800元，具体价格取决于地理位置和季节性变化。受到城市生活压力的影响，越来越多的人选择在城郊寻找宁静和休闲，城市郊区民宿成为人们短途旅行与休憩的住宿选择。贵州的城郊民宿数量近三年来增长了25%，入住率稳步提升。兴义市的小东江和贵阳市周边的温泉度假村是城郊民宿的亮点。

三　贵州民宿产业发展存在的问题

（一）缺少总体统筹和集群式发展规划

政府和相关部门未制定详细的民宿产业发展规划、尚未落实民宿产业发展可行性研究和科学评估，一些地方政府未提供足够的政策支持和引导，导致一

些地区民宿的建设较为零散、各民宿项目缺少明确的发展方向，一些民宿项目的选址和建设未能充分考虑地区的自然环境、文化特点和可持续发展等因素，造成资源的不合理利用，甚至出现乱建乱用和过度建设的现象，破坏自然环境和文化生态。当前全省尚未就民宿发展出台相关规划，没有对民宿以及民宿相关旅游配套产品、设施等进行统筹谋划，民宿分布零散，未形成具有相当规模和较高知名度的民宿集聚发展区域[1]。

（二）缺乏文化内涵和多元业态

民宿在市场的核心竞争力在于其有别于酒店的体验感和主题性。目前贵州除部分精品民宿外，大部分乡村民宿只是传统农家乐的升级版，只注重对硬件升级，不注重对当地民俗文化、风土人情的挖掘[2]，部分民宿对贵州在地特色和文化挖掘不足，贵州历史文化、民族文化、红色文化、山地文化与民宿融合不够，民俗和文化活化利用少，对农业遗产和非物质文化遗产生产性保护与开发欠缺，文创产品和主题民宿周边产品开发水平不高，缺少田园意蕴和在地特色，商业化严重、同质化突出，对游客吸引力不足。

（三）市场推广、服务品质和人才培育待加强

除部分精品民宿外，许多民宿业主品牌意识不足，民宿缺乏明确的品牌定位，品牌特质模糊；贵州省单体民宿及民宿集群缺乏具有地方特色和市场影响力的区域公共品牌，品牌效应不足；大部分民宿缺乏有效的宣传推广策略和渠道，市场覆盖面不足、知名度不高，难以吸引更多客源；大部分民宿业主和工作人员是当地人，对现代服务业认知不足、服务专业度欠缺、营销运营和产品开发能力欠缺；贵州省鲜有中高等院校开设民宿相关专业和课程，贵州民宿产业缺乏专业的民宿经营、管理、设计、服务等人才，且从业人员流动性大。

四　贵州民宿产业发展建议

经营者、乡村风情、价格和区位是乡村民宿经营中的异质性核心资源，其

---

① 贵州省统计局：《贵州民宿发展情况调研报告》，2021 年 12 月 3 日。
② 贵州省统计局：《贵州民宿发展情况调研报告》，2021 年 12 月 3 日。

中经营者和乡村风情是主要的竞争优势来源，应通过加强资产类资源保护、提升民宿经营者管理能力、完善政策法规、发展专业合作经济组织等来提升乡村民宿的经营管理情况①。本文从资源、客源、服务、市场几方面，为贵州民宿产业发展提出建议。

（一）加强民宿资源优化和保护、完善政策法规，引导可持续发展

民宿开发和建设要进行统筹规划，明确发展方向和目标，加强与相关部门和地区的沟通协调，完善民宿选址、规模控制、生态环保、基础设施建设、公共服务配套等规定，建立跨部门合作机制，加强对民宿业主的政策宣传，确保规划的有效实施和全省民宿产业的有序、协调发展；加强民宿配套基础设施和公共服务设施建设，包括电网改造、给排水、污水处理、垃圾处理、绿化、亮化、消防设施、停车场、医务室、生活超市等建设，为民宿产业发展提供有力保障；各级行政管理部门严格执行民宿管理相关规定，设立旅游投诉等通道，对民宿在建设、经营管理中出现的问题及时纠正，加大市场监管力度，为民宿产业发展提供良好的市场环境；在民宿开发和建设中加强民宿与贵州在地文化、民族文化的融合发展，加强环境和生态保护，倡导绿色建材、清洁能源的使用，推行环保倡议，采取节能、减排、减少浪费的措施；引导民宿的运营和推广与贵州在地文化、民族文化的宣传和保护相结合，鼓励当地居民参与经营和分享收益，促进社区发展共赢；借鉴"中国乡村旅游 1 号公路"规划思路，整合全省旅游资源，设计多条精品旅游路线，将各地民宿产业串联起来，形成旅游产业带，打造多元化的旅游产品和旅游体验，推动全省旅游产业整体发展；引导和支持民宿产业向集群化发展，形成特色鲜明、分工明确的民宿产业发展集群，加强民宿相关企业的合作与交流，实现资源共享、优势互补，提高民宿产业的竞争力和效益。

（二）强化乡村风情，打造具有在地文化、民族文化内涵的民宿产品

充分整合当地资源和文化特色，加强民宿对文化的利用和传承；参与或创

---

① 胡敏：《乡村民宿经营管理核心资源分析》，《旅游学刊》2007 年第 9 期。

建专业合作经济组织,如民宿联盟,共享资源和经验以提高民宿竞争力;经营模式多样化,除农民自筹自建外,还可采取"公司+农户""农户+农户""政府+农户""政府+公司+农户""政府+公司+社区+农户"等经营模式,招商引资、提升当地居民参与度、开阔民宿开发思路;探索与专业运营平台合作,提升运营体验、搭建增量渠道、实现行业资源整合;探索与知名民宿运营公司合作,以运营管理输出的形式帮扶;多业态融合创新,通过市场调研和客群分析了解游客,尤其是青年群体、亲子游群体和老年群体,根据不同客群的需求提供场景式娱乐活动、社交式住宿体验、亲子和游乐活动、适老设施设备等内容;利用自然景观开发徒步、骑行、野外露营等户外活动,充分利用贵州山地、农业遗产、民族文化等资源,凸显贵州乡村风情、突出贵州在地文化和民族文化,开发独特的"民宿+"旅游产品。

(三)塑造民宿品牌,加强市场宣传和推广

根据市场需求和竞争状况确定民宿的核心竞争力和品牌定位;引导各民宿集群依托优势资源,打造具有地方特色和市场影响力的区域公共品牌;不断提高民宿服务质量和管理水平,维护民宿品牌的竞争力和可持续发展;充分利用各种渠道,在线上预订平台发布民宿产品信息,在网络社区发布民宿宣传信息或图文并茂的住宿攻略与游记,鼓励民宿经营者、各类博主、KOL和游客通过微信公众号、微博、抖音、小红书等自媒体、社交媒体发布民宿相关信息,建立全渠道营销推广矩阵,推广旅游、商务、聚会、亲子、养老、打卡拍照等多种场景;举办线下活动,如文化节、旅游节、社交活动等增强民宿的互动性和体验性;通过与当地社区合作、参加旅游展会、线下发放优惠券等方式来扩大民宿推广的范围和影响力。

(四)加强科技应用,促进民宿产业服务品质提升

建立完善的服务标准和流程,加强数字运营管理工具的应用,提升客户服务技能;通过互联网及时收集和处理反馈和建议,不断改进产品和服务,提高客户满意度和忠诚度;加强社交媒体的内容营销。以"一码游贵州"旅游大数据平台民宿板块为例,其内容不够丰富,游客使用感有待提升,可借鉴"一部手机游云南"平台运营经验,从用户的角度出发优化使用感,例如简化

注册流程、提供更便捷的预订和退房服务、提供多样化的支付方式，通过 AR、VR 等技术提供更加真实、生动的场景体验，让游客更加深入地了解民宿周边的景点、风土人情；加强数据分析和挖掘，深入了解用户需求和行为特征，通过人工智能技术提供更加精准的客户服务和个性化推荐，根据游客的喜好、行为习惯等信息，为其推荐更加符合需求的民宿房型、景点、活动等；在游客入住期间，为其提供更具个性化的服务，如智能语音助手、智能门锁等。

（五）培养民宿经营管理人才，提升民宿产业竞争力

据《中国共享住宿发展报告 2018》，预计到 2020 年，我国共享住宿市场交易规模有望达到 500 亿元，共享房源将超过 600 万套，房客数将超过 1 亿人。参与共享住宿的房东具有年轻化、高学历特点，平均年龄 33 岁，大部分集中在 28~38 岁，70%左右的房东拥有本科及以上学历[①]。我国民族地区乡村共享住宿的房东以中老年从业者为主，他们大多学历较低，现代经营管理能力不足，但厚道朴实，愿意分享自己空余的房屋[②]。"民宿主人参与接待""自家闲置房屋"是解读民宿的关键词，贵州省目前民宿产业经营模式以"公司+农户""农户+农户"为主，大部分民宿从业人员专业素养亟待提升。可以与政府、旅游机构、教育机构以及民宿行业协会合作，制定专门的培训计划，为从业人员提供实操和管理培训，培训内容涵盖管理运营技能、客户服务、科技应用、活动策划、设计、厨艺、文化传承等多方面，确保民宿产业的各个层面都能得到专业支持；高校和职业院校开设应用型专业和课程培养民宿管家等管理和运营人才，同时与贵州当地的民宿企业合作建立实践教学基地，让学生在真实的民宿环境中实习，具备实操和管理技能；设立民宿从业人员认证和资格考试，确保他们具备必要的技能和知识并获得更好的就业机会；吸引有经验的民宿从业者担任导师，向大众和高校毕业生宣传民宿产业的价值和潜力，鼓励大学生返乡创业；引入多元的民宿经营主体和专业的管理团队，提升民宿的经营管理水平，比如引进具备丰富生活美学设计经验和卓越运营管理能力的知名民宿主理人，其既具备全局规划、设计、运营及营销能力，又能结合当地特色文

① 国家信息中心分享经济研究中心：《中国共享住宿发展报告 2018》，2018 年 6 月。
② 吴开松、张弛：《共享经济背景下民宿发展对民族地区乡村振兴的影响研究》，《广西大学学报》（哲学社会科学版）2021 年第 2 期。

化，打造具有高品质、个性化、有故事的民宿，或引进具有相关专业背景的乡村规划师帮助贵州民宿产业进行合理规划和布局，在规划和设计乡村地区的旅游设施时关注环境保护、文化传承、可持续发展等因素，确保民宿发展的可持续性。

（六）开拓国际市场，培育世界级民宿旅游目的地

开拓国际市场是贵州民宿产业可持续发展的重要方向，需要了解不同市场的需求和文化特点，以制定有针对性的发展策略。将贵州文化和旅游资源相结合打造具有国际竞争力的民宿品牌，打造具有地方特色和市场影响力的民宿公共品牌，并鼓励各民宿集群依托优势资源打造区域公共品牌；引入先进的民宿设计和管理理念并结合贵州本土特色文化，突出贵州在地文化，创新发展模式，提升民宿产品吸引力；积极参与国际旅游、会展、行业和学术活动，通过与国外同行进行交流和学习，提高民宿的管理水平和竞争力；利用专业网站、视频和虚拟现实技术展示民宿内外部环境和设施；在主要社交媒体平台上创建和维护活跃的社交媒体账户，定期发布民宿高清图片、视频和住客评价；为民宿网站和社交媒体内容提供多种语言支持，定期更新内容，确保信息的准确性和新鲜度；充分利用媒体矩阵进行民宿内容营销，创建有关当地景点、文化活动、美食体验等主题的文章、视频和照片集，鼓励住客在社交媒体上分享他们在民宿的体验，并设计在线互动活动，增加民宿曝光度；加强民宿与周边景区的联动营销，在海外平台和媒体上发布和推广民宿旅游精品线路；支持民宿与电商平台合作，拓宽海外宣传营销、品牌推广等渠道；将民宿产品上架海外在线预订平台，如 Booking.com、Airbnb、面向东南亚的在线旅游平台 Expedia、Traveloka，以及服务于海外市场的携程旗下在线预订平台 Trip.com、天巡（Skyscanner），并优化预订、支付流程；使用在线广告平台，有针对性地吸引目标客户，利用社交媒体的广告功能，根据客户特征和兴趣进行定向投放；同时，可以借鉴国外民宿的发展经验，将贵州培育成具有国际水准的民宿旅游目的地。

"村BA"在乡村振兴中的文化模式研究[*]

秦　喧[**]

摘　要： "村BA"是现象级文旅IP，备受瞩目，篮球赛作为现代化生活的表征，与民族文化和传统的乡土性很好地融合在了一起，形成了新的更具融合性的少数民族农村文化模式。台江的新文化模式为乡村振兴巩固了精神内核，是少数民族地区在实践高质量发展过程中颇具价值的案例。

关键词： "村BA"　乡村振兴　文化模式　新传统

2022年和2023年的夏天，媒体上最火的乡村IP毫无疑问是贵州的"村BA"——一个远在贵州大山里的农村篮球赛。"村BA"连续得到了《人民日报》《光明日报》《中国日报》等主流媒体大篇幅的专题报道，纷纷点赞了"村BA"在中国新农村文化建设上呈现的新态势，从不同角度观察和分析了贵州在乡村文化振兴上的成绩。

2023年6月5日，中华人民共和国农业农村部办公厅和国家体育总局办公厅发布了《关于举办全国和美乡村篮球大赛（村BA）的通知》，确定了全国农村开展篮球比赛的决赛在贵州省台江举办——"村BA"的发源地。"村BA"全国大赛旨在"加强农村精神文明建设、增强农民群众健身意识，通过举办全国性、群众性且富有农趣农味的乡村篮球比赛，突出展示新时代农民风采，展现乡村风貌，引领乡村风尚，营造全社会关心关注宜居宜业和美乡村建设的浓厚氛围，助力全面推进乡村振兴、加快建设农业强国。"[①]"村BA"全

---

* 本文系国家社科基金项目"东西部协作推动各族群众互嵌式发展研究"（项目编号23XMZ013）阶段性成果。

** 秦喧，博士，贵州大学美术学院副教授，主要研究方向为当代艺术、文化创意园、设计产业。

① 《农业农村部办公厅　体育总局办公厅关于举办全国和美乡村篮球大赛（村BA）的通知》，中华人民共和国中央人民政府网，2023年6月5日，https://www.gov.cn/zhengce/zhengceku/202306/content_6885148.htm。

国赛的举办，进一步说明了台江在新农村文化模式的建立上具备典型性和可复制性，易于推广，这就有必要对其进行详细地剖析，把握新农村建设中文化模式的走向，进一步优化，让贵州的"村BA"成为乡村振兴文化模式的代表。

"村BA"最初是以农村为主体，以篮球运动为核心，以乡村文化建设为导向的体育赛事活动，伴随着经济发展和社会进步，逐步发展为与民族文化相融合的节庆"仪式"，形成乡土文化与现代化融合的新传统。

2023年突然爆火的"村BA"农村篮球赛，其实在"天下苗族第一县"贵州台江扎根已经有80余年了。20世纪40年代，伴随着国外传入的现代体育理念和运动热潮，篮球、足球等球类运动进入中国农村，成为农村热爱的体育文化活动。台江，不仅男生打篮球，女生也打篮球，到20世纪80年代，台江女子篮球队已经有68支，男子篮球队的数量更胜一筹。外来的球类运动之所以能在贵州农村长期流行，具备三个要素：一是经济实惠，只需要一个球，一群人都可以参与比赛或者观赛，十分热闹；二是场地没有过于严苛的条件限制，有一片空地就可以开展运动；三是对运动的专业性要求不高，灵活性非常好。这三个要素恰好匹配了农村的文娱需求，在物质尚不充裕的年代，球类运动，尤其是篮球为农村的业余生活带来了文化向的质的改变。

一　原有文化模式

《文化模式》的作者鲁恩·本尼迪克特（Ruth Benedict）认为："一种文化，就像一个人，或多或少有一种思想与行为的一致模式。"[①] 美国人类学家克拉克·威斯勒（C. Wissler）认为，普遍的文化模式包括以下9个部分：①语言；②物质特质；③美术；④神话与科学知识；⑤宗教习惯；⑥家庭与社会体制；⑦财产；⑧政府；⑨战争。[②] 费孝通先生在《乡土中国》中将中国文化的基因特点概括为"土"，他认为，中国社会的"乡土性"具备三个特点：一是人与"土"分不开；二是人的流动性弱；三是熟人社会。

---

① 〔美〕鲁恩·本尼迪克特：《文化模式》，王炜译，社会科学文献出版社，2009。
② 〔美〕克拉克·威斯勒：《人与文化》，商务印书馆，2004。

贵州省台江县坐落于苗岭山麓，第七次全国人口普查全县总人口数量仅12万余人，苗族占总人口的97%，苗族语言为日常通用语言，经济发展以农业为主，2020 年 3 月，在全国脱贫攻坚战的决战阶段，台江县脱贫摘帽。从文化成分上分析，简单描述苗族地区自新中国成立以来较为普遍的文化模式，应是以乡土性作为底层逻辑，以苗族民族文化作为中层核心，以社会主义现代化观念作为顶层追求。三者之间层层递进，相融相通。

图 1　原有苗族农村文化模型结构

资料来源：作者自绘。

苗族农村原有的文化模式中，三个层级之间的关系相互关联又有对抗：基础层级，乡土性的共性譬如地缘性、亲缘性和对土地的依赖性都普遍存在于广袤的中国农村，台江亦然；中层层级，苗族处在主流文化的语境之外，带有强烈的地域民族特征，最突出的表征就是苗族的服饰、语言、美术、神话与科学知识、宗教习惯、节庆以及婚俗丧仪等，共同组成苗族的文化系统，这个古老的文化系统具备自身的共同属性又支系庞杂，与汉族相对统一的文化系统大相径庭；顶层层级，与主流文化的差异造成了他们在追求现代化的过程中，不免对自身的文化系统产生怀疑，甚至是自卑，一度以去掉民族文化特征作为"潮流"。彻底脱贫摘帽前，苗族地区民族服装的汉化甚至消失、苗族传统的苗绣和银饰制作后继无人、苗族姑娘以嫁给汉族为荣、苗族青年纷纷涌入城市学习、打工等现象就是民族文化和乡土性流失的证明。可以说，在从基础层、中间层到顶层的向上流动关系中，苗族族群曾经主动放弃部分的基础层与中间层的文化权力去换取顶层的价值权力，如人鱼上岸一般，他们只想表明自身在"现代化"的过程中不落于人后。

20 世纪 80 年代，中国改革开放之初，人民体育事业也同步走在社会主义发展的道路上。这一时段，随着经济的发展，人们对生活的期盼蒸蒸日上，台江的篮球队数量大大增加，参与到篮球运动和相关活动中的人数也几乎扩展到了台江全民，篮球在台江成为社会文化生活中不可或缺的一部分。

台江外出求学、打工的苗族人通过一起打篮球与城市里的居民及其他人群交往，消解彼此间的文化差异，实现在现代化语境下的共情。由于自幼练习篮球，台江苗族同胞无论男女，篮球技艺普遍十分精湛，这让他们在篮球社交中往往能获得更多的满足感，大幅提升了个人的自信，能够更好地在城市学习、生活、工作，更快地融入城市的生活中，篮球作为台江苗族族群在现代化追求道路上的促进剂，起到了加速推进的作用。

二 从仪式到"新传统"

族群的"仪式"定义较多，人类学学派中"神话-仪式"学派和"社会功能"学派对于"仪式"的阐释有所不同，"神话-仪式"学派倾向于在同一学理范畴进行神话相关阐释，而"社会功能"学派倾向于将仪式带入社会系统中用于社会分析。总体而言，"仪式"有以下一些方面的指示："①作为动物进化进程中的组成部分；②作为限定性的有边界范围的社会关系组合形式的结构框架；③作为象征符号和社会价值的话语系统；④作为表演行为和过程的活动程序；⑤作为人类社会实践的经历和经验表述。"① 传统的少数民族节日仪式普遍具有强烈的民族文化特征，仪式是集体传承民族文化的重要文化空间，但篮球赛这一外来的运动经历几十年融入了台江苗族的生活系统，与苗族传统节日节庆活动紧密地联系在了一起，经历代际传承，成为一种新的传统。

约是在 20 世纪 40 年代，台江县台盘村每年都会在农历"六月六"吃新节前后开始举办篮球赛，整个篮球赛赛程持续 2~3 个月，从夏入秋，正好在农

---

① 彭兆荣：《仪式谱系：文学人类学的一个视野——酒神及其祭祀仪式的发生学原理》，四川大学博士学位论文，2002。

闲时节。

苗族"六月六"本是为了对丰收进行祈愿，还有纪念苗族起义英雄们团结奋进带领族群争取胜利的意义，于是，"六月六"的庆祝仪式就包含了小家庭的团聚和族群的集体活动。庆祝"六月六"的传统仪式活动一般持续3~5天，各个村寨过节的时间可能略有差异。一般来说，第一天都是每家煮好糯米饭、鱼和肉等，与自己在稻田里采摘的稻苞一起放在桌上，洒几滴酒，点上香和纸，以此作为供奉，祈愿丰收，一家人共进晚餐，吃新节时出嫁的女儿一般也会带上食物回到娘家庆祝。随后会举行斗牛、踩鼓、吹芦笙、游方等活动。有些寨子还举行爬山"游卯"，让青年男女对歌等。进入追求现代化的时期，篮球比赛成为"六月六"庆祝仪式中必不可少的重要部分。

台江篮球赛在乡村文娱活动的性质上与传统的斗鸡、斗牛等类似，"斗"与"赛"都是具有一定观赏性且兼具娱乐和竞技的活动项目，就活动本身的重要性而言，篮球赛在近20年来甚至高于这些传统活动，在时间和经济条件有限的情况下，台江苗族同胞更愿意优先举办篮球赛，这种优先选择的决策持续至今。可以说，村民篮球赛在台江是表达希望、喜悦，是促进族群团结、组织有序的规范化的民族民间节庆"仪式"活动。

台江的村民篮球赛从一项外来的体育运动逐步演变为相对完善的民族民间"仪式"活动，已经形成了一整套有序运行的流程系统，每年都能够按照"仪式"活动的大致规范举行。

以篮球赛作为"仪式"主体，其他项目围绕篮球赛进行，仪式的主体部分长期以来由村民自筹资金进行运营，为了确保比赛的纯粹，村民不接受外来的实物或者资金赞助，也不接受广告合作，其实质是为了坚守族群的共同观念，篮球赛作为固定的节日"仪式"，受到民族文化族群属性的保护，严格禁止外界的参与介入。对于篮球赛纯粹性的坚守，成就了"仪式"的民族文化和精神传承。

台江村民篮球赛以本地苗族村民为参与主体，以"乡土性"作为链接和管理的组织基础。台盘村以村寨为单位开展修建篮球场、集资筹备比赛等项目，老幼村民和暂时不上场的村民在接到村寨的比赛通知后自发到球场观赛，啦啦队的表演基于民族文化的歌舞背景，即使是即兴，也能配合比赛达到烘托气氛的目的。

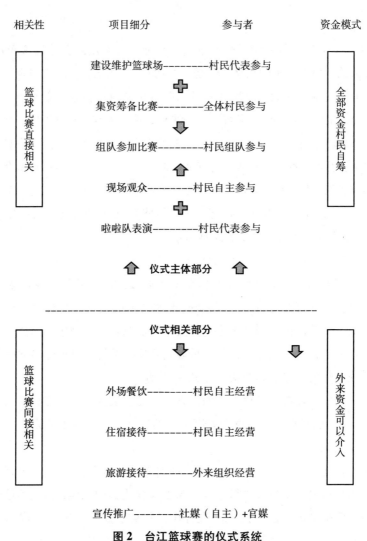

| 相关性 | 项目细分 | 参与者 | 资金模式 |

图2　台江篮球赛的仪式系统

资料来源：作者自绘。

　　与比赛间接相关的部分包含外场的餐饮、住宿、旅游和宣传等，这些部分都涉及经营，村寨达成的共识是只能在球场的外场经营餐饮，住宿和旅游可以有外来的资金和人员介入。宣传板块相对而言没有特别的规划，在社交媒体盛行的时代，台江的篮球赛是以村民自己的社交媒体为宣传的主要平台，共同传播的行为也体现了族群的共情和对族群文化的认同。随着传播率和点击率的提升,"村 BA"现象级的传播与扩散形成了一个非传统的流量"品牌"。虽然在大量传播的前期,传播内容包含了比赛奖品的奇特性、村民原生态的异域风情等,满足了现代主流文化对于异乡和他者的向往,从而引发传播的热潮,但后期官方媒体肯定了"村 BA"作为民族民间体育赛事在乡村振兴事业上的作用与意义,"村 BA"的流量就以更具现实意义的方式被"储存"了下来,转变为旅游和资源的价值转化。

打篮球是台江苗族引以为傲的特长爱好,无论男女老少都能在篮球场上展示自己、融入集体。历经 80 余年,台江苗族族群打篮球的生活习惯,逐渐演变成了代际传承的族群文化。台江篮球赛从 20 世纪 80 年代开始第一次大规模在台江苗族族群内普及,以 20 年为一代计算,历经了四五代人的代际传递,完成了从零星村民业余爱好到有组织的集体活动,再到集体活动仪式化转变的过程。台江村民篮球赛起到了团结族群、建立沟通和分享族群文化的作用,同时,篮球赛也传播了健康生活、团结奋进、争取族群发展的正向观念,以篮球赛作为"仪式"达成族群共情,为族群的集体利益去努力拼搏的信念更深刻地在个体中被强化。

至今,"村 BA"在台江形成了一套完整的仪式流程,村民篮球赛已经融入台江苗族的日常生活之中,作为"六月六"吃新节期间的重要仪式活动,是区域性民族文化的组成部分。台江苗族人自曾祖辈到孙辈或重孙辈的参与和传承,是"乡土性"的实质使然,是"民族文化"的当代表达,也是走向"现代化"的观念传递。村民篮球赛毫无疑问是当代台江苗族同胞共建共享和共同传承的"新传统"。

三　乡村文化振兴的有效尝试

"乡村振兴是实现中华民族伟大复兴的一项重大而紧迫的任务,文化振兴是实施乡村振兴的重要内容和力量源泉,乡风文明是乡村振兴的重要目标。"[1]乡风文明是通过乡村的文化振兴呈现出来的直接结果,而乡村文化振兴于乡村

---

① 滕萃华:《[理响中国]新征程全面推进乡村文化振兴》,人民网,2022 年 8 月 22 日,http://theory.people.com.cn/n1/2022/0822/c148980-32508406.html。

振兴而言是极其重要的精神动力，文化振兴了，乡村振兴才能事半功倍，取得更好的成就。

何以振兴乡村文化呢？通过台江村民篮球赛的案例，回到其文化模型上来进行分析。苗族农村一直保持着人与"土"的天然联系，生活中最重要的农事看上去是家家户户自己的事，但实际上是族群合作的以年度为单位的集体劳动，在从事农事的过程中形成熟人社会，一村一寨都是亲戚，甚至是同姓。苗族文化系统作为苗族族群集体身份认同的基础，存在于地缘性的"土"的链接之上，但现代化的价值追求一度让苗族农村"人"离开了"土"，背井离乡去学习和适应现代化的文化系统，甚至摒弃原有的乡土性联接和民族文化，这让农村的年轻人很难在文化认同上定义自我的身份，他们好像既不属于原有的苗族农村，也不属于求学打工的城市，无法认同自我，如何能够自信？他们总是在非汉族节假日请假返乡，总是因为族群的婚丧嫁娶要回家帮忙，总是喜欢喝着米酒载歌载舞……这一切与西方传入的现代化生活观念格格不入，"5+2"的周期工作制和每年的节假日安排，都与他们原有的生活系统相背离。当他们回到台江的时候，与自己的族群在一起，回到他们的生活系统中，不论农事还是仪式活动，团队合作、群策群力、共同贡献、成果共享都是自然而然的，或者说是印刻在基因里的。以苗年为单位的苗族时间结构和生活系统匹配在一起，是族群以地缘性和亲缘性作为联接、共同生活的基本常识，不需要解释，也不必请假，大家都知道在什么时间、在什么地点，遇到何种情况时应当以怎样的形式出现或者参与到族群活动中。这种独特的民族文化和乡土性叠加的模式是台江苗族族群最舒适的生活状态。

80余年来，打破这种生活状态而后融入其中的唯有篮球赛，这一意外在台江苗族中流行承继的新传统，一方面有着西方现代化的文化背景，借力于美国职业篮球赛（NBA）在全球的推广，从赛制到团队竞技体育精神都讲述着"国际化"的"语言"，不论是城市还是农村，不论现代化程度几何，都能在篮球赛这件事上相互沟通和理解对方；另一方面，篮球赛作为群体的体育仪式完全符合苗族农村乡土性的群体生活习惯和民族文化习性，在苗族竞技活动中的"斗"和篮球的"赛"中，其文化共享和愉悦精神的功能是一致的，他们便认同篮球赛融入民族特有的节日仪式中。村民篮球赛在现代化和民族文化以及乡土性三种文化成分中都能够有一席之地，成为三种文化成分的交集，联通不同的文化语境，这就拓展了不同文化层级之间的交流路径，让层级之间的对抗性相对减弱，相互融合的趋势越来越强，改变了原有的文化模型。

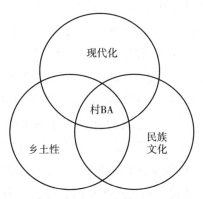

图3　台江苗族农村文化模型理想结构

资料来源：作者自绘。

发展至今，村民篮球赛使得台江的文化模型在一定程度上趋向了这个更加合理、和谐的理想化苗族乡村文化模型。在理想模型中，村民篮球赛（村BA）处在三种文化成分交集处，起着积极拉近和推动不同文化成分交流融通的作用：民族文化和乡土性因为篮球赛的举办地和举办时间产生必要的交集，"村BA"成为两种文化间的黏合剂，促使两者更好地推进现代化的追求；民族文化和现代性因为篮球赛的国际通用文化"语言"将苗族农村和城市紧密联系在一起，弱化了乡土性和现代性文化系统之间的对抗，提供了文化间十分重要的交流通道；而乡土性和现代性之间因为篮球缩小了彼此之间的价值观念差距，在追求运动的体育精神和追求身心健康的共同理念上形成了统一，进而减弱了民族文化在现代性中的"不适"。

"村BA"是一个途径，一种表征，它的实质是能够处在少数民族乡村文化模型交集处、具备三种文化的部分特质、能够推动三种文化持续融合并促进乡村振兴的动力点。这个动力点可以是"村超"，也可以是其他文化空间或者民族活动的现代化表达，不论以何种表征形式出现，这个动力点都必须回到少数民族农村对于文化的根本需求上，只有认同其原有的乡土性和民族文化，同时具备现代性追求的语汇，才能更好地发挥其推动促进和交流融通的作用。

但是，目前"村 BA"作为文化模型的交集动力点还不能完全满足理想模型的需求，尚有一些不足之处，比如，"村 BA"作为仪式活动主体部分，纯属村民自发，不接受外来资金的支持，经济发展的总体趋势一定程度上会对"村 BA"造成影响，其规模和总赛事的时间计划等受限于村民集资的情况。另外，"村 BA"的 IP 没有实际的运营方，也就是说，其品牌的总体输出形象和价值评估没有实际的把控方，全凭村民在社交媒体上自主传播和自主管理，再由官方媒体进行总结概括，民间社交媒体和官方媒体两者之间在市场、定位和品牌影响力等必要的传播着力点上没有共通的策略，导致传播前期"村BA"更多地被贴上"乡村喜剧"而非更具正面形象的民族乡村文化标签。"村 BA"在全国推广开来作为全国范围的农村篮球赛事时，意味着赛事的规范性大大提高，作为"仪式"的民族文化部分会在一定程度上因为规范而减弱，乡土性文化部分也会因此受到影响，这两点对于台江的文化模型发展会产生不确定性影响。此外，台江的实际游客承载量有限，随着"村 BA"的规模扩大化，为了接待更多的外地游客，仪式的相关部分项目就会有更多的外来资金涌入，可能会给仪式本身造成被迫商业化的后果，也会导致台江旅游过度开发。

要合理有效地助力台江乡村振兴，科学地开发"村 BA"IP 的价值，除了在赛事本身的 IP 化宣传推广上不要盲目扩大化之外，最应回到党的十九大对于新时代乡村振兴战略的解读上来，从苗族农村的根本需要出发。党的十九大对于未来中国乡村在逐步实现现代化的进程中走向振兴的期望是"产业兴旺、生态宜居、乡风文明、治理有效、生活富裕"。2020 年脱贫摘帽一定程度上说明台江已经在生活富裕的道路上迈出了关键性的一步，是要短平快地消耗 80 余年厚积薄发的"村 BA"还是要坚定不移地以乡村文化振兴带动产业发展，是值得思考的。台江的村民篮球赛奖品如鲟鱼、三穗鸭等其实是当地渔农业创新发展的特产，村民们在将篮球赛作为节日"仪式"的过程中享受着自给自足的劳动成果，这与在地的"乡土性"和民族文化紧密相连，这才是台江村民们的幸福感。台江农业产业在走向兴旺的过程中，当地苗族同胞的生活逐渐富裕，就能使他们对自己的生活系统更加自信，在生态宜居的苗岭山麓安居乐业，不必再背井离乡去城市打工，反而可以选择返乡创业，乐于做新时代的新农人。

台江当地政府和相关部门以往对于村民篮球赛的举办一直都是持积极支持但不过度干预的态度，给予了苗族同胞充分的自主性，在尊重民族文化的基础上，协助苗族同胞做好赛事的周边工作，这才有了规模越来越大且声誉越来越好的乡村 IP"村 BA"。随着赛事规模的扩大，管理部门必须更深入地介入其中，对赛事本身和赛事相关的活动内容进行管理和控制，确保"村 BA"能够顺利完成全国赛事，这对于仪式化的台江"村 BA"来说是一个挑战，意味着仪式的形式和意义都会有所不同，从完全的自娱变为娱众，从族群内仪式变为开放的赛事活动，必然会影响原有的发展趋势。

总体而言，动态发展中的"村 BA"作为现代化的一个接口，毫无疑问在台江乡村振兴的过程中，发挥其作用，促进了乡土性、民族文化和追求现代化的实际融合，为苗族同胞在共同富裕的路上增添了加速度。

四　流量 IP 的价值和意义

现代主流生活模式存在既定的规范，规范的重复意味着疲倦，这使得人们对于异乡和他者的文化永远保持着好奇，如流行语所述的那样"生活在远方"。

台江村民篮球赛对于城市里重复现代性主流生活的人群而言就是奇妙的异乡与他者：人们通过手机看"村 BA"的比赛如此精彩，有着各种各样社会身份的非职业球员技术如此精湛，获得的奖品因为透着乡土气息而显得如此与众不同，载歌载舞的苗族迪斯科作为篮球赛的啦啦队节目出其不意地让人群沸腾……这一切都让处在现代主流文化中为数众多的十几亿人惊叹不已。随后，屏幕前的观众又开始赞美几十年来"村 BA"的球员们对于篮球的执着、热爱和传承，羡慕组织参与"村 BA"的苗族同胞们在乡村生活的自由和喜悦。在所有的异乡的视觉内容冲击中，人们从手机的屏幕里看到了"向往的异乡"和"幸福的另一种可能"。

台江村民篮球赛从发源到"村 BA"的出圈经过了 80 余年的时间，当下所言的"流量"，实则是群体影响力的数字化呈现，群体影响力至少包含知名度和美誉度两个重要维度。台江村民篮球赛的群体影响力第一次扩大是在 20世纪 80 年代，此间知名度和美誉度都限定在台江苗族族群范围内，族群认可篮球作为共同的生活爱好，接纳其进入原有的文化系统；群体影响力的再次扩大就是在 2022~2023 年，随着智能手机、5G 网络和社交媒体的低成本普及，缩短了乡村和城市的距离，"村 BA"的知名度快速扩张到全国范围，美誉度在 2022~2023 年因为官方媒体的持续报道而有大幅提升。

社会学家奥格本（William Fielding Ogburn，1886~1959）在《社会变迁》一书中就指出，当物质条件变迁时，适应文化也要发生相应的变化，但适应文化与物质文化的变迁不是同步的，存在着滞后。① 于台江村民篮球赛而言，更是如此，台江县跟随国家改革开放的政策进行实践是在 20 世纪 80 年代，正式脱贫摘帽是在 2020 年 3 月，两年后，"村 BA"因为篮球赛在观念上的现代性与举办地地域民族文化和乡土性的融合，呈现视觉上的反差感，备受关注，冲上热搜，形成了当下的流量 IP。

"村 BA"的"火"一方面是文化模式的厚积薄发，将看似格格不入的现代化篮球运动和民族文化以及乡土性很好地融合在一起，成为台江苗族农村的新传统；另一方面，如媒体报道的那样，流量时代的话语平权给普通的农村提供了最好的文化传播机遇，当村民们纷纷用自己的手机在社媒平台上发布同一个主题"村 BA"的时候，"村 BA"带着乡土性的血脉成为乡村文化的标志性流量符号。作为新时代少数民族农村适应文化变迁的案例，由于通信科技的进步和社交媒体的普适性，其极大地改善了适应文化和物质文化变迁的滞后性，改变了既定的文化模型，促使其向理想的模型方向发展。

篮球赛是现代文化的表征，是年轻人关注的热点，是欧美城市文化的缩影，它可以作为苗族农村处在现代性文化层与城市平等沟通对话的通道，通过这个通道，国内的大城市甚至海外都能够在社交媒体上看到、关注和了解在大山深处的异乡，从而实现了不同文化语境间的交流和沟通。当乡村文化从边缘走向公众视线中心，从学习城市文化到被城市文化关注和向往，文化位置的相对互换使得台江苗族同胞在"村 BA"中找到了更多的文化自信，这种自信能够让他们在乡村振兴的过程中获得更多的机遇和勇气。

---

① 〔美〕威廉·费尔丁·奥格本：《社会变迁——关于文化和先天的本质》，王晓毅等译，浙江人民出版社，1989。

五　小结

社会学者丁学良指出："现代化理论从一开始就明确了两个目标：第一，重点是经济发展的非经济环境；第二，考虑的不是现代化的独一性而是普遍性问题，即不同文化背景下向现代社会转型的共同特征"[①] 少数民族农村是乡村振兴事业中非常重要的一部分，在保证他们经济生活富足的同时，需要更多地肯定乡土性作为中国文化的底色有着天然的亲和和包容力，民族文化在文化多样性的时代不可或缺。在理想的情况下，三者可以相互融合，减少对抗，在融合的过程中会形成新的少数民族农村的乡村文化振兴模式。

村寨或地区文化 IP 并不只有流量变现的价值，更深层次的价值和意义是这些地方性的文化 IP 为农村、少数民族在现代化进程中起到了积极促进经济发展和文化融合的作用。通过村寨、地区的文化 IP 的建立，广袤的农村极大地丰富了精神文化生活，增强了自身的文化自信，塑造了自身的新文化传统，找到了少数民族地区文化与传统文化和现代化相互联通共存共荣的良性模式，成为乡村文化振兴模式的有效实践，为同类型地区提供参考，举一反三，真正实践费孝通先生的"文化自觉"观念——"各美其美，美人之美，美美与共，天下大同"。

[①]　丁学良：《"现代化理论"的渊源和概念构架》，《中国社会科学》1988 年第 1 期。

B.12
乡村振兴战略下万峰林民宿发展路径

洪泽宇　岑林涛*

摘　要： 在文旅融合热潮的推动下，民宿产业迅速发展成为乡村旅游和经济发展的引擎。近年来，随着文旅产业的融合发展，万峰林民宿产业的发展逐渐成为旅游产业中的一匹"黑马"，"产业支柱"的形成为乡村振兴创造了新的机遇。然而，本文研究发现，产业业态单一、基础设施薄弱、监督机制滞后、专业人才匮乏、文化内涵不足等问题使得万峰林民宿产业的发展面临重大考验，本文建议通过"聚焦发展定位、坚持文化引领、优化管理体制、完善公共配套、拓宽'民宿+'内涵，强化人才支撑"等转型路径推动万峰林民宿产业进阶提档，并为今后贵州省乃至全国其他地区民宿产业的高质量发展提供参考和指引。

关键词： 乡村振兴　文旅融合　万峰林民宿产业

　　乡村民宿产业是乡村振兴的重要业态，是带动乡村经济增长的重要动力。习近平总书记强调："文化产业和旅游产业密不可分，要坚持以文塑旅、以旅彰文，推动文化和旅游融合发展，让人们在领略自然之美中感悟文化之美、陶冶心灵之美。"[①] 这一重要论断为推动康养旅游人文融合发展指明了路径和方向。2021年春节前夕，习近平总书记到贵州视察，再次指示贵州要丰富旅游生态和人文内涵，实现旅游业高质量发展。兴义市万峰林景区具有康养、旅游、人文的独特资源优势，近年来，在省委省政府的坚强领导下，全省上下认真学习贯彻习近平总书记视察贵州重要讲话精神和对贵州旅游业发展的重要指

---

　*　洪泽宇，贵州省社会科学院文化研究所助理研究员，主要研究方向为文化哲学；岑林涛，贵州省黔西南州兴义市委组织部党建办教育股股长。
　①　《习近平谈治国理政》（第四卷），外文出版社，2022。

示要求，始终把旅游业作为守好发展和生态两条底线的重要战略支撑，不断丰富旅游生态和人文内涵。民宿作为旅游产业供给端的一种新兴业态，其健康发展对贵州旅游、乡村振兴都具有积极推动作用。

一 万峰林民宿产业发展现状

近年来，万峰林景区凭借良好的生态优势、旅游优势、区位优势，探索出了一条以民宿产业发展促进产业增收、生态增美的绿色发展道路，成功打造了以"民宿圈"带动"经济圈"的繁荣画卷。

（一）万峰林民宿产业基本情况

万峰林位于贵州省兴义市东南部，南端与广西交界，西到滇、桂、黔三省（区）交界处的三江口，北接乌蒙山主峰，是国家级重点风景名胜区，国土面积50.87平方公里，山林面积1616公顷，其中水田484.5公顷，辖区有8个行政村、77个村民小组，全街道总人口为6672户23950人，主体居住的少数民族是布依族，还有苗族、彝族、回族等，属于典型的少数民族聚居村寨。辖区内有西峰林风景区、将军峰、千年古榕树、八卦田、乐立古寨、中寨黄葛树、熊洞等自然风光。有下纳灰少数民族村寨、八音坐唱等民族风情特色，有布依八大碗、蛋炒饭等餐饮文化。七个村建立了5000亩优质高产水稻基地、2000亩蔬菜基地、1000余亩特色果园和以绿缘花卉为中心的花卉园。

民宿产业方面，依托万峰林景区和民俗村落，目前万峰林民宿产业已涵盖了都市商务型、生态度假型、山地休闲型和文化主题型等多种集群，共有民宿客栈230余家，其中国家甲级民宿2家，贵州省精品级民宿27家，优品级民宿85家，贵州特色民宿8家，贵州长征路上好民宿2家，贵州最美花海民宿3家，包括"吾舍山径精品民宿、峰叁客栈、景棠精品民宿、峰兮半山客栈、慢工生活庄园"等民宿，积极发展"民宿+"模式，以"民宿+民族文化""民宿+文娱""民宿+采摘""民宿+养生""民宿+美食""民宿+运动"为发展主线，打造推出了一批以拥抱民族文化、感受农业文明为特色的民宿旅游招牌，相继开发出蜡染文化体验、观景温泉、陶艺制作、亲子有机农场等项目，让传统住宿向增强游客多元化体验转变，完善填充民宿"内容"。

近年来，万峰林依托丰富的旅游资源，大力发展乡村旅游、特色产业、观光农业，以农旅融合发展促进经济社会高质量发展。已开发"万峰林"牌优质大米、"万峰林"牌绿色蔬菜、"万峰林"牌优质菜油、"万峰糍粑""万峰五星大枇杷""万峰米酒"等特色产品，建成了连接万峰林和贵州醇两个国家4A级旅游景区的产业廊道，同时还因地制宜推动了当地路跑产业发展，成功举办警察马拉松、万峰林马拉松等行业性、全国性路跑活动等。

（二）万峰林民宿产业发展优势

1. 民族文化优势

文化内涵是民宿的生命力，文化特色是民宿的吸引力，文化差异是民宿的竞争力。万峰林景区是世界锥状喀斯特峰林地貌发育典型的区域，浓缩着典型的山地文化；乡居环境、基本农田和山地峰丛的交融，交织成独特的山地农耕文化；万峰林是典型的少数民族聚居村寨，以布依族为主，沉淀着深厚的布依族文化，例如以布依布、蜡染、刺绣为代表的纺织手工艺品；以"三月三""四月八""六月六"为传统的民族节日；以"八音坐唱"为代表的非遗文化；以"布依八大碗""布依糯米饭"为代表的美食文化；赶场文化①等，都赋予了万峰林独特的文化基因。万峰林民宿产业充分体现了以布依族为代表的民族文化特色和生活习俗，并结合历史文化彰显了其独特性，让游客陶醉于美丽峰林的同时体验当地民俗风情。

2. 生态环境优势

作为全国的"四季康养之都"，黔西南州地处北纬25度全球黄金气候生态带，平均海拔1200米，全年空气优良指数为100%，每立方厘米负氧离子浓度达3万多个，是天然"大氧吧""大空调"。万峰林拥有绿色的生态、清新的空气、优良的水质、幽静的环境，是全国少有的能提升心肺功能和促进心血管自我修复的养生胜地，在优美的山区生态环境中建设具有当地少数民族特色的民宿，是民宿业发展的基础，有效形成了自然风光型、非遗文化型、康体养

---

① 在万峰林，从周一到周六，这种"赶场文化"固定每日在不同的村举行，下纳灰村（周一）、纳录村（周二）、翁本村（周三）、则戎镇安章村（周四）、万福村展虹桥（周五）、乐立村（周六）。

生型、古村古镇型、主题文创型、民俗风情型等各种类型。

3. 政策支持优势

近年来，国家、省、州各级政府大力支持民宿产业发展，注重民宿市场培育，为民宿产业制定长期战略规划，为民宿产业的高质量发展提供了全方位的支持。从国家层面看，健康中国已经上升为国家战略，加速推进文旅产业融合发展的势头正旺，特别是《国务院关于支持贵州在新时代西部大开发上闯新路的意见》提出"推进健康贵州建设"，强调支持贵州"促进文化产业和旅游产业繁荣发展"；2022年7月，文化和旅游部等十部门发布《关于促进乡村民宿高质量发展的指导意见》，提出到2025年，初步形成布局合理、规模适度、内涵丰富、特色鲜明、服务优质的乡村民宿发展格局，为乡村民宿开发和建设指明了方向。2023年中央一号文件进一步强调要实施乡村休闲旅游精品工程，推动乡村民宿提质升级。从省级层面看，省委省政府提出，围绕全方位、全周期、全人群大力发展健康产业，深入实施健康贵州建设，全面提升健康产业服务能力和人均预期寿命水平。《贵州省国民经济和社会发展第十四个五年规划和2035年远景目标纲要》《贵州省大健康产业"十四五"发展规划》提出，"持续推动医药、康养、养老、运动、医疗、旅游、食品及种养殖业等全产业链深度融合发展"。《贵州省大力实施旅游市场主体培育行动方案》《贵州省大力实施旅游业态升级行动方案》《贵州省各地大力实施旅游服务质量提升行动方案》《关于促进贵州民宿产业高质量发展的指导意见》等相关文件方案的出台，为民宿产业高质量发展奠定了政策基础。黔西南州从统筹资源，保障民宿发展要件、依托景区，推动民宿形成集群效应、多元并进，鼓励民宿个性化发展、做好服务，推动民宿行业自律、用好资源，拓宽民宿经营市场、文化引领，丰富民宿产业内涵、丰富业态，增强民宿品质吸引力等方面入手，出台了《黔西南州贯彻落实旅游强省意见加快推进文旅兴州战略的实施方案》，在"业态升级行动"中对民宿产业发展进行精准定位；培育本土经营者，引导民宿产品重创意、突特色，逐渐形成以万峰林景区民宿集群为代表的民宿集群产品百花争妍的市场格局；制定了《黔西南州民宿产业发展联合会章程》，为民宿业主和民宿投资人提供信息咨询、产品推广、客流互引、培训交流、争议协调等服务，打造多样化竞争集群，避免民宿行业同质化无序发展。

4. 发展基础优势

一是交通条件日益改善，黔西南州地处黔、滇、桂三省（区）接合部，具有三省通衢的区位优势，万峰林机场与国内北京、上海、重庆、广州、宁波、贵阳等 19 个城市通航，盘兴高铁预计 2025 年通车，万峰林景区内打造的"峰兮·半山""榕宿"两家民宿成为全国甲级民宿，兴义市是目前全国唯一拥有两家甲级民宿的县级市。二是旅游基础较好，2023 年中秋、国庆"两节"期间接待游客 24.21 万人次，同比增长 440.42%，恢复至 2019 年的 182.63%。2024 年春节期间，全省累计接待游客 2500 万人次，实现国内旅游总收入 164 亿元（按可比口径较 2023 年周期分别增长 77.0%、88.5%），其中黔西南州共接待游客 542.33 万人次，同比增长 14.71%，实现旅游综合收入 52.49 亿元，同比增长 20.51%，占全省游客的 21.7%。随着"峰林布依""万峰林马拉松"等旅游品牌的唱响，黔西南已经成为全国重要的旅游目的地和西部旅游热点地区，充分发挥黔西南绿色生态、民族文化、中医药等资源优势，丰富旅游业态，提升服务功能，建设山地民族文化旅游和生态康养目的地，发展民宿产业大有可为。

二 万峰林民宿产业发展面临的问题

发展民宿产业是当前全面推进乡村振兴的重要举措，也是拓宽农民增收致富渠道的重要途径。万峰林民宿产业以旅游开发为依托，经过多年的探索实践，已形成了较为完善的经营体系，并在黔西南州兴义市的旅游业中占据一定比重。长期以来，万峰林民宿产业在实现"旅游产业化"上取得一定成绩，但万峰林民宿产业的发展模式较为粗犷和守旧，未来发展面临着产业结构转型和韧性能力提升等诸多挑战，需要引起高度重视并认真解决。

（一）产业业态明显单一，同质化现象严重

万峰林民宿产业凭借着独特的旅游资源、自然风光及文化特色，涌现出了一批如"峰兮·半山""榕宿"等具有代表性的成功案例，但随着民宿产业的发展持续"出圈"，同质化现象也日渐突出。调研发现，万峰林民宿产业在产业业态上存在以下几个方面的问题：一是盲目跟风，缺乏自身特色。万峰林民

宿产业的发展借鉴了沿海、沿江、沿山等地区的民宿建设模式，某种意义上还存在照搬照抄的现象，投资者只顾盲目跟风参与，以打造"网红民宿"来吸引游客，未能充分挖掘民族和传统文化内涵，未能将旅游、文化、美食、手工制作、亲子游乐等元素充分融入民宿产业中去发展，树立自身的特色品牌。二是产业韧性纵深不足。万峰林景区的运营还是常规的电瓶车观光路线，采用半山站点停留摄影、听导游讲解文化故事等模式，下纳灰村步行街尚未打造出彩，特色餐饮较少，基本无夜间项目，旅游产品传统、业态单一，景区仅能支撑半日游，导致游客停留时间短，过夜率低，难以推动民宿产业的发展。从民宿产业自身来看，万峰林民宿产业链纵深不足，在文旅融合六要素中"吃、住、游"几个环节发展较快，而"行、购、娱"等环节的产业链延伸较为缺乏，二次消费能力严重不足。三是产业业态过于单一，缺乏多元化创意。就目前来看，万峰林景区内大多数民宿考虑更多的是满足游客的住宿需求，而忽略了打造沉浸式体验项目，缺乏一定的创意，甚至有的民宿只是传统农家乐的升级版，只注重对硬件升级，对自身乡土文化内涵的挖掘和设计不足，仅仅实现了"民宿+美食""民宿+旅游"的单一业态。只有通过将单一住宿业态逐渐向产业集群转变，引领乡村旅游从单一民宿到业态多元、从个体作战到集群发展、从自主经营到公用品牌、从观光到休闲度假逐步升级，才能形成乡村旅游发展特色之路。

（二）基础设施配套薄弱，接待能力有限

因万峰林所在地以山地为主，大部分民宿建造于山地之间，受地理条件和生态红线限制及资金不足的影响，区域内基础配套设施建设不完备，如周边部分道路狭窄，每逢节假日交通拥堵；个别地方还存在通信讯号较弱、水电供应不够稳定、医疗救护不及时、购物距离较远等问题，可配套的旅游资源较为零散，旅游接待设施不够完善，作为旅游活动项目延伸的酒店住宿、购物、特色餐饮、休闲娱乐等配套设施不够完善。尽管万峰林目前已有230余家民宿，但民宿产业的发展极不平衡，其建设、装修和接待水平等参差不齐。调研发现，大部分民宿经营以个体投资者为主，财力上不足以完善娱乐、购物、交通、卫生等旅游基础设施，使得区域规模效应不明显，可配套的旅游资源也较为零散，对游客的吸引力不大，留宿过夜较少，使得民宿产业发展受限。

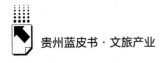

（三）市场运营缺乏创新，监管机制滞后

从全国的角度来看，万峰林民宿产业的发展正处于初级阶段，全省民宿业发展缺乏行业规范和标准，没有明确的法律法规，无法在制度和规范上进行有效的监督管理。尽管兴义市出台的《兴义市民宿管理办法（暂行）》能够在一定程度上规范民宿经营管理，促进民宿业持续健康发展，但大部分民宿管理依然存在不够规范问题，调研发现，部分民宿客栈在节假日和旅游旺季盲目虚报高价，但又无法提供相应等级的服务，导致游客体验感不佳。加之民宿业与住宿业界限不明，很多经营规模较小的民宿经营户尚未被纳入公安管理系统进行管理，部分间歇性营业的民宿甚至尚未办理经营许可证，严重影响了民宿产业的可持续发展。此外，民宿运营缺乏创新，大部分民宿的服务理念还是酒店服务理念，采用的是酒店礼仪服务方式，缺乏民宿经营管理的情感服务方式，经营方与客人的互动较少，游客入住后感觉像进了"宾馆"，未能让客人体会到"老朋友"似的人文关怀。

（四）人才培育有待加强，专业人才缺乏

就万峰林周边的乡村实际情况来看，人口以在家务农的中老年人以及留守儿童为主，年轻人基本外出打工。从经营主体来看，除少部分精品民宿的管理者是拥有较高学历的新一代经营者外，万峰林民宿客栈的大部分经营者还是景区周边当地居民，这些"客栈老板"大多职业化程度较低，没有受过专业培训，缺乏经营、管理、服务等方面的专业知识与技能，在理念创新和服务意识上都比较淡薄，只能简单满足游客饮食、住宿等基本需求，缺乏对民宿文化内涵的理解，没有文化情怀和故事，难以满足当前多层次民宿旅游消费者的服务需求，不能对游客产生吸引力。

（五）地域特色融合不够，文化内涵不足

万峰林民宿在市场的核心竞争力在于将当地民族文化与现代化旅游需求结合起来，以创新的文化内涵区别于传统酒店的体验感和主题性。调研发现，万峰林景区内，除个别精品民宿外，大部分乡村民宿还只停留在提供普通食宿上，自我定位为传统农家乐的升级版，在打造和升级中只注重硬件升级，提升

商业化程度，比如开始打造智能化住宿、一体化入住等模式，但忽略了对民族文化、风土人心的挖掘与融合，民宿个性化发展不足，文化内涵相对缺乏，文化品牌的输出也较弱。

三 乡村振兴战略下万峰林民宿产业高质量发展的路径

民宿、旅游与人文实现融合发展既是新时代文旅产业高质量发展的必然趋势，也是充分发挥比较优势走出旅游发展新路的重要举措，还是统筹推进文化和旅游事业创新发展的应然选择，更是满足人民群众高品质生活的现实需要。随着乡村振兴画卷的全面铺开，万峰林民宿产业已经成为发展乡村旅游、构建乡村产业体系，进而实现乡村振兴的重要途径。在此背景下，万峰林民宿产业应积极把握当前文旅融合的机遇，逐渐向康养式民宿和体验式民宿等类型转型，将其厚重的文化底蕴、优越的生态环境等优势植入未来民宿及旅游业的发展中，实现民宿产业规范化、市场化、特色化、融合化、品牌化、集群化发展。

（一）聚焦发展定位，完善顶层规划设计

依托"国家重点风景名胜区"万峰林，按照"国际山地旅游城市"的定位，加快编制《兴义市建设国际山地旅游城市总体发展战略规划》《万峰林村庄规划》等上位规划，做好规划引领，从顶层设计高位推动，引导民宿结合地域和产业特色，对民宿产业发展和民宿建设进行统筹，注重乡村旅游民宿的可持续发展。一是在符合国土空间总体规划和村庄规划的前提下，盘活利用闲置农房、宅基地、其他农村集体建设用地，统筹新增建设用地计划指标、农村土地综合整治结余指标。二是对万峰林民宿发展进行科学系统布局，为塑造区域民宿品牌奠定基础，汇聚起万峰林民宿高质量发展的强劲动能，逐步形成布局合理、规模适度、特色鲜明的发展格局，使之成为国际山地旅游转型升级的重要产品之一、推动乡村振兴的重要抓手。三是要注意保护乡村及其周边自然环境的完整性、协调性和功能性，不仅要考虑对山水生态及传统村落的保护，还要兼顾乡村社区居民的生活空间。从保护、开发与管控的关系出发，明确发展容量、功能定位，按照打造特色、实现多元化发展的目标，做出全面细致的

空间和产业规划设计，科学编制民宿发展规划，分步骤、分类别重点打造一批民宿集聚区。

（二）坚持文化引领，打造民宿个性化差异

万峰林民宿产业以乡村民宿为主，在空间布局上应着重考虑传统村落的自然环境与乡土气息，特别是要加强对乡村文化的保护、挖掘和培育，避免传统农村文化元素被商业化、庸俗化利用。一是要将"山水林田湖草沙"等地域自然元素与传统民居建筑相结合，促进民宿建设与自然环境融合，在凸显喀斯特地貌空间格局的同时使游客体验人与自然和谐统一的生活氛围，达到自然、建筑和人三者间的和谐统一。二是根植地域文化，将万峰林民宿与当地历史文化、红色文化、民族文化等资源相结合，例如在民宿中设置影视室等，在感受民宿文化中促进文化交流与传承发展，例如常态化播放《红色放歌——红军长征经过黔西南州的故事》等文艺作品，增强公共文化发展活力。三是将民宿产品细分为更精准的主题，进一步突出多元个性化。依托万峰林景区的自然风光和文化底蕴，坚持"特色化、差异化、品质化"发展，通过改革推动农村地理、人文和环境的质变，致力于实现万峰林民宿产业从"1.0"到"3.0"的跨越式进阶（见图1），走出一条富有特色的"绿水青山就是金山银山"之路。从最初的单一食宿，到主题公园、营地、房车露营地，以及咖啡馆、餐厅、酒馆、文创店等新兴业态的覆盖，形成一批有故事、有体验、有品位、有乡愁的乡村民宿，极大地丰富了娱乐度假休闲产品的供给，满足了游客的多重需求。四是挖掘增量做优存量。结合兴义市生态文化资源优势，通过"以点带面"的方式，推动闲置农房向民宿转型，整合乡村民宿资源；依据乡村民宿所处的地理区位、环境生态、自然资源，对民宿进行科学规划管理，避免民宿主体的盲目实践，打造差异化、个性化的民宿群，避免同质化旅游产品供给过剩及恶性竞争。五是对标国际产品，打造山地民宿样本。作为国际山地旅游大会（IMTC）的永久会址，万峰林民宿产业要立足万峰林山地旅游资源丰富的优势积极拓展入境旅游市场，例如积极申办自行车、热气球、滑翔飞行体验、野钓大赛等户外活动赛事，结合民宿推出以探险、漂流、攀岩、徒步等为主线的户外休闲度假游精品路线，吸引国内外户外运动者的到来。

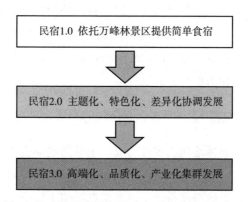

图 1 万峰林民宿产业从 1.0 到 3.0 的特征变化

资料来源：作者绘制。

（三）优化管理体制，营造可持续发展环境

充分发挥政府对民宿的引导和支持作用，推动民宿规范化和品质化发展，发挥民宿发展的经济、社会、文化和环境效应。一是强化政府监管手段。统筹做好旅游民宿行业监管，厘清各部门监管边界，明确各部门职责，同时加强部门协调，形成民宿发展合力。参考乡村治理红黑榜制度，可探索建立万峰林民宿红黑榜制度，对于存在问题的民宿进行统一的曝光。二是加强对旅游民宿的食品安全、社会治安、污水排放、消防安全、应急救援、市场秩序等方面的综合管理，联合住建、公安、应急管理、消防救援、市场监管、卫健等相关部门围绕旅游民宿开办和审批服务开通绿色通道，打通旅游民宿住宿实名登记系统接入、卫生许可证、食品经营许可证、消防安全检查和特种行业许可证办理等方面的"最后一公里"。三是完善行业机构。省、州级别的民宿协会和万峰林旅游集团作为与民宿业主最为紧密的组织，能够准确摸索到现阶段万峰林民宿产业的发展规律，为引导整个行业的健康发展提供培训、服务、推广等全流程的帮助，在此基础上，可整合相关资源成立兴义民宿协会或万峰林民宿协会，充分发挥协会在行业管理、行业自律、搭建民宿业主与政府沟通桥梁、促进民宿对外交流等方面的作用，提升民宿产业管理的规范性和科学性。四是发挥社会监管作用。相关部门定期实地调研或召开座谈会等，开展经营状况、现实困境和发展思路的讨论，为进一步实现民宿产业高质量发展明确目标、打牢基

础，同时要健全消费者举报制度，建立民宿投诉处理机制，通过舆论和公众的监督推进民宿行业的有序发展。民宿客栈附近应公开旅游投诉电话，设立意见箱、意见簿，方便游客进行意见反馈和举报投诉，并安排专人及时处理相关信息，维护好民宿业主和消费者的合法权益。

（四）完善公共配套，促进民宿智能升级

民宿行业是一个非标准化的服务行业，主要是给游客提供温馨舒适、安全健康的用户体验，并以此推动民宿产业发展正循环。万峰林民宿要努力做到硬件上的高标准和软件上的高品质。一是要借助智能手段推动民宿产业数字化智慧化高效发展。近年来，贵州大数据热潮的兴起为民宿产业的发展提供了强大的技术支撑，"智慧+"民宿也随之迅猛发展。在经营管理方面，可将人脸识别等技术应用于民宿预订、入住、消费、退房等过程，甚至还能学习发达地区的"无人自助酒店"的管理模式，以此增强游客的新鲜体验感。在扩大宣传方面，改变传统的线下宣传模式，借助数字媒体的宣传力量，通过微信、微博、抖音、快手、小红书等 App 制作、发布宣传短片，打造"民宿+互联网"的推广营销模式，邀请网红明星、抖音达人进行综艺推广、试睡推荐等，提高万峰林民宿产业的点击率和知名度，为万峰林民宿产业的提质增效提供坚实基础。二是改善交通基础设施条件。加快打通万峰林民宿所在地乐立村、纳录村、上纳灰村、下纳灰村、双生村、万福村和万峰林景区的道路连接，做好农村水电保障、数字化建设、农村人居环境整治、污水处理等工作，特别是在民宿集聚区下纳灰村加强消防设施和治安巡防，完善民宿导览标识、公共信息标志，对可能存在危险的地方设置防护设施、提示标识和安全警示牌，进一步完善旅游厕所、停车场、路灯、休闲座椅等公共配套服务设施建设，实现网络和移动信号有效覆盖，为旅居度假游客提供便捷的生活服务和舒适的休憩环境及优质的户外休闲体验。

（五）拓宽"民宿+"内涵，满足游客多元需求

随着全国持续深入推进文旅融合，民宿发展的热潮不断兴起，导致单一的民宿业态已无法满足游客需求，游客的多元化需求体现在除基本的食宿功能外，附加带上文化、康养等需求，即"民宿+"的新业态发展模式，特别是在

具体实践中要围绕消费群体拓展二次消费场景，有效增加收入。一是拓宽"民宿+"内涵，随着大众对民宿的需求从 1.0 逐渐走向 2.0，并期待于满足 3.0，民宿产业的发展应更加注重吃、住、行、游、购和娱等各方面的内在需求，要充分了解用户需求，重点培育"民宿+非遗""民宿+观光农业""民宿+康养""民宿+体育""民宿+教育（研学）""民宿+美食""民宿+音乐"等健康产业，积极打造"特色鲜明、创新驱动、功能完善、交叉融合"的"民宿+"产业格局（见表1），延长拓宽产业链条，增加业务形态，推动形成覆盖各年龄段、满足不同层次人群需求的万峰林民宿产业体系，实现万峰林民宿产业的多元化（见表2）。二是瞄准"老、中、青"不同受众，打造包括体育旅游、研学旅游、康养旅游等细分赛道上的新热点，在万峰林马拉松赛道沿途打造河道景观、植入人文内涵、布置丰富业态、设置消费场景等，让半月弯、八音堂、乡愁集市体验场景固定化。通过"山地秘境之旅、休闲康养之旅、山地运动之旅、户外野钓之旅、山地露营之旅、民族风情之旅、世界茶源之旅、历史文化之旅、红色文化之旅、山地研学之旅"等十佳旅游线路促进万峰林民宿产业提质增效，让游客沉浸式体验黔西南美食文化的浓厚氛围和独特韵味，刺激夜间餐饮、旅游、文化等消费活动，进一步激发旅游消费活力，促进文旅、农旅、体旅、康旅、商旅深度融合。三是打造康养民宿，随着"康养"逐渐成为当前民宿发展的主流，践行"民宿+康养"理念也正成为各类民宿发展的趋势，万峰林民宿产业应持续聚焦"康养胜地、人文兴义"城市定位，把握资源、客源、服务"三大要素"，立足独特的生态、人文、气候、区位等优势，着重思考民宿与康养疗愈、家庭亲子、运动健身和自然生态的结合路径，提升民宿产业的溢价能力，释放民宿旅游的潜在健康价值，以规范化、产业化、品牌化、特色化、集群化推动民宿产业发展，建立民宿市场新认知，分区域打造自然生态型、文化体验型、休闲愉悦型、美食体验型、健身养老型等特色各异的主题民宿，逐步形成梯次配置合理、规模集聚适度、特色主题鲜明的乡村民宿发展格局，助推旅游产业化高质量发展。因此，万峰林民宿产业发展应更加注重民宿是串联游客系列消费行为的"重要纽带"作用，将民宿作为一个平台，使其成为连接游客健康与消费行为的中介（见表3）。

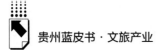

贵州蓝皮书·文旅产业

表1　万峰林探索"民宿+"新业态发展模式

模式类型	可利用元素	具体形式	意义
民宿+非遗	八音坐唱、土布、蜡染、刺绣、草编、板凳舞等	民族服饰加工坊工作室 布依族八音坐唱 苗族板凳舞	保护非物质文化遗产,展示传统文化和特色,将"指尖技艺"转化为"指尖经济"
民宿+农业	福字田、农业特色产品	春耕 秋收 农业观光	促进农业现代化和乡村振兴高质量发展
民宿+康养	康养产业园、温泉等	温泉疗养 森林氧吧	促进游客身心健康发展
民宿+体育	万峰林马拉松赛、万峰林国际山地自行车赛	马拉松赛 自行车赛	增强万峰林地区活力,实现以赛引流、以赛促旅、以赛促产、以赛促销
民宿+教育	中小学、职业院校和高等学校	夏令营 冬令营 郊游	理论与实践相结合,创新教育的方式多元化
民宿+美食	布依八大碗、布依糯米饭、酸笋鱼、万峰林蛋炒饭、兴义羊肉粉、鸡肉汤圆、稻花鱼等	黔菜 特色小吃	打造绿色健康的美食环境和特色品牌
民宿+音乐	民族音乐、流行音乐等	露天音乐会 草坪音乐节篝火晚会	塑造特色音乐会品牌,营造积极向上的氛围

资料来源:作者绘制。

表2　万峰林民宿产业多元化构成

产品类型	产品内容	开发思路
住宿产品	住宿、休憩	全方面符合标准的住宿服务
关联产品	餐厅、茶馆、休闲吧、酒吧、棋牌室、影院等	提供住宿以外的需求服务
资源产品	夏令营、冬令营、温泉、垂钓、文体、果园采摘等	整合相关资源,推出多元化产品

资料来源:作者绘制。

表3　民宿消费行为与身心健康的关系

游客消费行为	连接形式	促进身心健康程度
游览观光、休闲健身、户外娱乐	空间活动	入门级
烧烤、亲子游戏互动、学校郊游	露营基地	基础级

游客消费行为	连接形式	促进身心健康程度
春耕秋收体验、果园采摘	农事体验	标准级
健身跑步、骑行垂钓、马拉松、露天音乐会、篝火晚会	文体融合	高配级

资料来源：作者绘制。

（六）强化人才支撑，提升民宿服务质量

随着民宿产业的迅速发展，行业对人才的需求也越来越多。万峰林民宿产业要实现健康可持续发展，必须高度重视对民宿人才的培养，积极整合当地行业协会、职业院校、社会企业等力量，充分发挥乡村文化和旅游带头人作用，为万峰林民宿产业的健康可持续发展提供智力支撑。一是加强民宿人才建设，在全国范围内高校和职校引进民宿管理运营、酒店管理、电商等相关专业的人才，重点打造一批具有文化底蕴、设计天赋的专业从业者，为万峰林民宿行业培养生力军。二是支持优质品牌民宿进行民宿服务输出，充分利用资源，建立民宿人才培训基地，积极组织民宿经营、管理和从业人员在文化传承、经营管理、电子商务、服务礼仪、康养休闲、食品卫生、安全防范等方面的岗位培训，提高员工在旅游导览、组织管理和新媒体运用等方面的能力，促进民宿服务质量的提升，推动民宿规范化运营。三是加大人才返乡创业的扶持力度，支持外出务工农民、高校毕业生等回乡进行乡村民宿创业，为乡村民宿持续健康发展提供人才保障。

参考文献

《习近平谈治国理政》（第四卷），外文出版社，2022。

过聚荣、熊颖主编《中国民宿发展报告（2022）》，社会科学文献出版社，2023。

孙永龙主编《中国民族地区文化旅游发展报告（2022）：推进文化和旅游深度融合发展》，社会科学文献出版社，2023。

司若主编《中国文旅产业发展报告（2023）》，社会科学文献出版社，2024。

B.13
贵州民族地区乡村文化旅游
发展供给平衡问题研究

——以贵州L村的石文化乡村旅游发展为例

蒋楠楠*

摘　要：　我国的乡村文化旅游产业不仅是乡村产业振兴的重要抓手，而且也是推动农业农村经济社会高质量发展的重要路径。本文基于文化旅游产业供给侧结构视角，梳理和分析L村文化旅游开发中的供需关系与多重因素叠加下的供给体系平衡问题，分析认为，供给主体的质量在很大程度上决定着旅游产业的供需均衡。对此，在旅游产业的发展过程中，有必要通过整合旅游资源以及完善供给体系等举措推动供需有效匹配，进而实现文化保护与地方发展的互利共赢。

关键词：　贵州民族地区　村寨文化旅游　供给体系

　　我国少数民族聚居地区大都富集自然资源与人文景观，具备乡村文化旅游开发的场域与前提，但民族地区普遍经济基础薄弱、社会发展缓慢、人们思想意识落后。在乡村文化旅游化的过程中，存在多重因素叠加下的不同资源占有者之间的矛盾与摩擦，从而导致旅游产业化发展过程中的供给失衡等问题，使得民族乡村文化旅游产业整体发展乏力。对此，乡村文化旅游的发展只有通过多元主体参与、协商，改革旅游产业中各类供给关系，使其从无效供给向有效供给转变，才能真正有效地实现动力平衡、供给有序的乡村文化旅游可持续发展。

---

　　* 蒋楠楠，博士，贵州省社会科学院文化研究所副研究员，主要研究方向为旅游人类学、民族地区文化产业。

一　L村文化旅游发展概况

L村位于贵州的北部，全村90%以上人口为仡佬族，村寨历史达700余年之久。自然与人文资源禀赋、石文化资源富集，村寨内与石相关的自然与人文景观有20多处，在旅游产业大发展的刺激下，L村将原有的母石祭祖仪式扩大化，成为村寨文化旅游新的亮点与标志。

某种程度上来说，L村在现代语境和旅游的场域中拥有了其他民族村寨所无法比拟的优势。但笔者在田野调查中发现，旅游产业开发初期，当地政府为了扩建L村所在的景区，征用和占用了一些村民在L村外围的土地，再加上多年前，出于安全考虑，周围山矿中丹砂的开采权收归国有，L村村民不能再以土地耕作与丹砂开采为生，传统亦农亦商的生计模式随着现代旅游业开发而被彻底打破。为了维系生活、增加收入，也为了适应旅游开发的需要，一些村民依托自家传统的特色家居建筑以及石院墙，开启了农家乐以及其他的旅游相关项目，但很快自发的农家乐经营与滞后的政府性补偿等问题凸显，而且随着村寨以文化为主题旅游开发的不断推进和深入，旅游产业的相关利益者、资源的不同占有者之间的利益冲突、贫富差距、供给失衡以及信息不对称等成为村寨旅游中无法回避且亟待解决的问题。

二　多重因素的叠加：乡村文化旅游化
过程中的失衡与摩擦

（一）资源分配者与资源占有者间的摩擦

就经营模式来看，与其他一些民族村寨文化旅游开发不同的是，L村的旅游经营采取了当地政府补贴与村民自发经营相结合的双轨模式。其中政府补贴主要体现在资金补贴、免税、免贷款利息等方面，而村内的一些旅游项目则由村民自发形成，而无外来经营者竞争。即便如此，L村并没有统一对其进行管理的机构，各家农家乐均以随意的方式参差不齐地发展，这为各类矛盾与冲突埋下了伏笔。

L村农家乐主要分为三类，第一类是村民依靠自身优势并联合村内家族势力，形成了集餐饮、娱乐、住宿于一体且颇具规模的农家山庄，并通过承接旅游团以及一些高标准散客而发家致富；第二类是规模有限，但占据村内优势的地理位置以及其他资源的农家乐，可接待部分短期旅游的散客，但收入远不如第一类的农家乐；第三类是村民无条件经营农家乐，也未参与村中旅游开发的其他项目，依旧靠外出打工维持生计。据笔者走访调查测算，按照L村常住家户比例来看，第一类和第三类人群占比较少，而第二类人群占比较多。换言之，以农家乐经营发家致富的仍属少数。然而矛盾的争议点在于，"当地政府为了鼓励L村的民族文化旅游开发，给予特色农家乐资金补贴、贷款免息等政策，但是有些农家乐已经发展起来了还在享受这些优惠，而一些没有享受到的农户却始终没有享受到"。①

综上，L村存在资源分配者与资源占有者间的摩擦与失衡，主要表现为一是民族村寨文化旅游开发中市场运作不规范所致贫富差距、利益之争等现实性问题，使得传统乡土熟人社会的交往伦理被破坏；二是旅游开发中利益分配的不均衡使得传统的空间划分被改变，传统权威被弱化；三是当地政府在政策传达与运用中发生了信息不对称的现象，没有能够建立起一个动态的跟踪系统，未及时完善和跟踪农家乐经营者对优惠政策的需求情况，这种信息供需失衡导致的资源错配是对经济效率和社会公平的一种伤害。

（二）原创缺失中的失衡

首先，民族与旅游的结合方式，从某种程度上来说，是民族文化与旅游的深度融合。就L村而言，其旅游文化产品应该重点突出族群文化的丰富性、民族村寨的乡土性以及石文化的特色性。然而笔者在调查中发现，L村现有的旅游项目的开发也仅针对寨内观光，如历史遗迹、古建筑、"农家乐"、篝火晚会和仪式展演等。整体呈现内容多形式少、观赏多体验少的典型特征。

实际上，对于游客而言，民族村寨文化旅游是一种对异文化的体验与回归。因此，如何保持村寨环境与村民生活的原生态与挖掘民族文化中的核心要素是吸引游客最为重要的部分。就环境体验来讲，原生态、差异性、古老而自然是吸引

---

① 根据L村村民口述整理，2022年4月21日。

游客的重要元素与符号。村寨中诸多与石相关的文化景观正是 L 村历史文化最本真的反映。但据笔者观察，无论是自然物的石、使用物的石还是信仰物的石，都没有作为核心文化元素出现在 L 村的原创旅游产品之中。

其次，旅游商品已经成为旅游开发环节中不可忽视的一部分，它代表了游客后期对旅游目的地的感知与回忆。目前，L 村寨中出售的旅游纪念品，与本省其他地区的少数民族村寨出售的手工艺品大同小异，同质化现象较为严重。因此，无论是实用性还是艺术性，都存在具有民族文化内涵以及石文化元素的文创产品以及凸显原创性的旅游产品有效供给严重不足的问题。

（三）基于调查问卷数据的旅游供给失衡分析

为了更加客观真实地反映 L 村在旅游开发中存在的问题，笔者以量化的方式对其进行了系统性、针对性的分析。笔者在 L 村旅游区内向游客发放了关于游客对 L 古寨民族文化旅游满意度评价、感知度评价以及对村寨内母石祭祖仪式展演情况评价的调查问卷，调查问卷共 300 份，其中收回有效问卷 292 份，问卷有效率达 97%。为了更好地进行分类量化评价，本文构建了相关的评价因子予以分析，具体如表 1 所示。

表 1　游客对 L 古寨民族文化旅游满意度评价调查①

评价因子	评价指标	满意度得分					各变量均值	因子均值
		很满意	满意	一般	不满意	很不满意		
基础承载	古寨之行物超所值	145	732	93	52	23	3.58	3.37
	古寨基础设施建设	90	468	333	58	17	3.31	
	古寨交通出行	75	232	492	70	20	3.04	
	古寨旅游接待能力	155	624	198	52	13	3.57	
产品定位	古寨旅游产品、伴手礼等	15	28	444	238	15	2.53	3.21
	古寨内消费价格	90	352	513	24	3	3.9	

---

① 本问卷调查利用 SPSS 软件对问卷调查的 292 名游客的各项评价指标进行可信度分析，检验和保证数据来源的可信度，结果显示，基于克伦巴赫标准化系数为 0.98，这也说明本问卷可信度和稳定性较高。

续表

评价因子	评价指标	满意度得分					各变量均值	因子均值
		很满意	满意	一般	不满意	很不满意		
创新创意	古寨内人文景观和民族文化展现方式	130	736	105	50	22	3.57	3.56
	母石祭祖仪式	275	704	156	12	3	3.94	
	旅游宣传推介	100	268	489	62	11	3.18	

资料来源：根据问卷统计数据计算整理。

表2 游客对L古寨民族文化旅游感知度评价调查

评价因子	评价指标	评价得分					变量均值	因子均值
		印象深刻	一般	印象模糊	印象较为模糊	没什么印象		
自然与人文环境感知评价	古寨及其周边自然风景	905	404	21	6	0	4.58	4.2
	古寨仡佬族文化	725	256	159	54	3	4.1	
	古寨当地村民	365	676	60	28	16	3.92	
石文化等有形载体感知评价	古寨内传统民族建筑	1135	144	54	22	0	4.64	4.21
	古寨内历史遗迹遗存	405	520	183	22	9	3.9	
	古寨内石信仰以及石文化物件	590	452	105	36	8	4.08	
	仡佬族饮食文化	755	336	84	46	4	4.2	
旅游项目以及文创产品感知评价	古寨土特产品	890	240	96	30	7	4.33	3.98
	古寨特色手工艺纪念品	120	296	390	70	29	3.1	
	母石祭祖仪式展演	975	280	45	24	0	4.53	

资料来源：根据问卷统计数据计算整理。

从表2中可以看出，大多数游客对于目前L村的旅游接待是满意的，其中超过半数的游客对目前以农家乐为主的接待方式很满意。然而，笔者也了解到，跟随旅游团前来的大部分游客都集中在"荷花山庄"这样有实力的大型农家乐中，游客对其设施与接待能力给予了肯定。但仍有一些游客食宿在其他较小的农家乐中，9%和4.4%的游客分别感到不满意和很不满意，这也从侧面反映了L村农家乐发展不均衡的现象确实存在。

数据显示 60.9% 的游客对于 L 古寨出售的土特产品印象非常深刻。然而超过一半的游客对古寨售卖的手工艺品以及文创纪念品的整体感知度较低。此项指标满意度和感知度的变量均值分别为 2.53 和 3.1，也是所有指标中的最低值。这足以说明 L 村旅游商品以及文创产品后期开发的必要性。

为了更加直观客观地评价游客对于 L 古寨中的母石祭祖仪式的满意度和感知度，文中以直方图的形式进行了进一步分析，如图 2、图 3 所示。

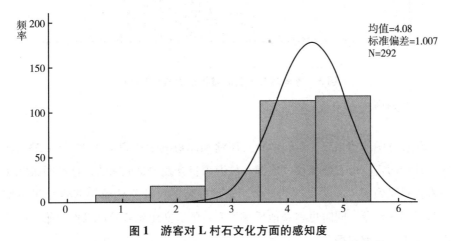

图 1　游客对 L 村石文化方面的感知度

资料来源：作者自制。

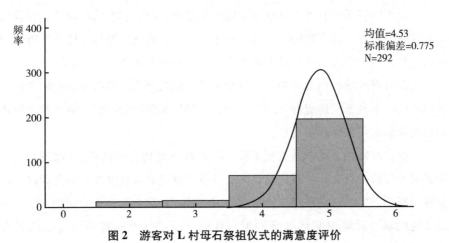

图 2　游客对 L 村母石祭祖仪式的满意度评价

资料来源：作者自制。

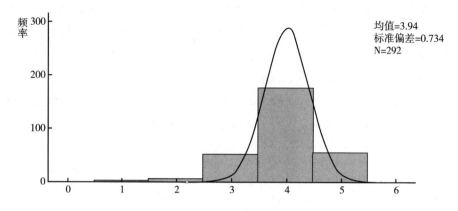

图3 游客对L村母石祭祖仪式感知度评价

资料来源，作者自制。

从直方图均值来看，母石的仪式展演和印象分别达到了3.94和4.53。就客观评价而言，母石祭祖仪式展演在旅游项目开发中是成功的，这说明游客从中真正感受到了"异文化"的魅力，这种独特的民族文化给游客带来了震撼力与深刻的印象，同时也客观地反映了L村的石文化元素是可以作为旅游的核心资源进行深度挖掘。

从上述分析来看，其主要呈现以下几个特征：

一是不同资源占有者不平衡与摩擦现象突出。政府相应的政策并未普及每个农家乐经营者，随着时间的推移，资金、技术、政策、管理等优势具有集中化的趋势，各个农家乐的档次参差不齐，经营效益差距逐渐扩大。

二是具有地域特色的文创产品供给不足，缺失严重。具有原创性的文创产品的缺失，不利于构建起游客对一个地方一段经历的特殊回忆，更不利于游客对目的地形成印象保存。

三是古寨特色文化内涵挖掘不够，缺乏整体规划。尽管从分析数据上看，游客对于古寨内石文化、石建筑，尤其是仪式展演的满意度和感知度较高、印象较为深刻，但是这些也仅仅停留在即时的感官体验之上，未能深刻理解其中的文化内涵，而缺少文化内涵的感官体验，注定是面临着不可持续的潜在风险。

三　有形因素到无形因素：民族地区乡村 文化旅游的供给错位与信息缺失

诚然，以上关于 L 村旅游开发和发展中所面临的诸多问题并非个案，众多民族村寨文化旅游产业发展中都会面临同样的问题。究其原因，既有政府政策行为的把握问题，也有微观上利益相关者的矛盾与摩擦问题。从深层次来看，所有问题产生的实质反映了旅游产业化中供给体系的平衡与匹配问题。

（一）旅游产业供给侧改革的内在逻辑

旅游产业的发展与其他产业一样，其良性发展需要供给端和需求端的有效匹配和互动，高效率的供给和有品质的需求是实现旅游以及相关产业供需均衡的前提。

我国的旅游产业虽然在政府主导并扶持下取得了明显的进步。但是，对旅游目的地资源挖掘不够、使用效率不高、旅游产品创意原动力不足、各地区旅游资源开发与利用同质化严重等问题，依然是阻碍旅游产业快速发展的不利因素，这些问题也直接或间接地导致了旅游产业各个主体之间出现了有效供给不足和无效供给过剩的情况，也间接导致游客在旅游中高水平、高品质、多样化和个性化方面的需求难以得到有效满足。

就 L 村的民族文化旅游开发而言，虽然从各项指标评价以及因子数值来看，具有一定的旅游资源比较优势，然而，从供给侧的角度来看，依然存在竞争的潜力张力有待进一步挖掘和释放的问题。

（二）旅游产品的供需结构失衡

首先，在旅游开发中，开发者与旅游者作为不同的主体构成了供需链的两端，明确两者的供需关系并协调供需链的两端就成为关键。而主体中旅游者的诉求应该首先得到重视和满足，因为这是维系和保持旅游业持续稳定发展关键中的关键。

其次，旅游产品的有效供给是满足和适应需求侧的变化，以及有效契合旅游开发的重要方面，同时也是推动地区旅游产业供给侧结构性改革发展的重要支撑。目前，L村民族文化旅游业在发展过程中已经形成一定的文化消费产业链。然而，从问卷调查指标评价体系的一些数据中可以清晰地看出，其现有的供给仍然存在资源挖掘不够、使用效率不高以及文化创意不足等问题。L村与石文化相关且意义丰富的内容并没有成为真正意义上的消费符号，从而让游客感受到地域文化的"真实性"。

（三）政府制度行为供给不足失衡

L村所出现的农家乐经营发展不均衡以及现有政府补偿机制之间引发争议的症结主要在于当地政府的制度供给不到位。从制度方面来讲，地方政府在地区经济的发展中扮演着重要的角色，如何在公平公正的环境下推动创业创新是目前政府做好供给侧的重要内容。此外，政府制度的出台和实施应建立在一种动态的信息管理基础之上。事实上，政府只有在畅通信息渠道的基础上，根据发展实际和客观需求来公正公平地提供包括资金补贴、税费减免等在内的优惠政策，从而真正形成一条有效的可持续的供给链条，以此满足需求侧一端的要求，才能从根本上解决现有的矛盾和问题。

（四）创新创意产品供给不足

通过问卷调查可以发现，L村文化旅游开发中除了仪式展演外，与之相关的文化、信仰、历史以及传说等内容的背景介绍、后期的旅游商品开发以及营销都呈现缺失和滞后状态。尤其是旅游商品的开发，更是存在创意商品供给链条的衔接断裂问题。石文化相关的仪式、民族性的文创产品都存在有效供给缺乏的现象。对此，其有效供给的形成必须注重多层次开发，并将仡佬族的历史、文化、信仰有机整合起来，从而满足不同层次旅游者的实际需求。

四　无效供给到有效供给：民族地区乡村文化旅游产业的发展路径

基于上述逻辑和前文相关分析，笔者认为，可以考虑从政府职能定位和市场机制发挥、旅游资源的有效整合和供给体系完善、供给主体和供给环境的不断优化等方面来提升供给质量，从而走出一条文化优势明显、经济效益显著的民族村寨文化旅游发展之路。

（一）明确定位政府职能，充分发挥市场优势

政府和市场是推动经济社会稳定高效发展的两驾马车。政府是经济社会发展的管理者，肩负着维护社会公平和保障公共利益等责任，对此，政府应当承担起旅游产业发展的引导和扶持职能。而市场作为实现社会稀缺资源优化配置的场所，具有促进竞争提高社会生产效率的功能，对此，市场应当发挥出在文化资源配置中的决定性和灵活性作用。

实际上，政府与市场要实现各自为政又相互协调，就要既强调发挥政府的基础性作用，又注重发挥市场配置资源的决定性作用。就旅游产业的发展而言，长期以来，无论是旅游市场的供给主体还是需求主体，都较为缺乏市场竞争意识和市场化发展思维，这在很大程度上阻碍了市场中生产性要素的流动和配置，使得旅游产业的发展缺乏竞争力和创造力，供给侧和需求侧也因此出现错位。

市场主导和政府扶持作为一个典型的发展模式，民族村寨文化旅游业的发展，应按照此典型和基本逻辑来运行，政府在推动旅游产业的发展过程中，应始终坚持自由开放的市场机制，通过灵活多变以及效率优先的市场准则来繁荣和发展文化产业。具体而言，在民族村寨文化旅游持续发展过程中，政府应着重突出引导作用，如通过构建起高效的动态信息协调机制，公开透明地发挥政策支持作用并及时更新所掌握的数据信息，以此发挥产业政策的导向功能，并通过监督协调各方利益，减少旅游开发中各主体之间的矛盾。

（二）有效整合旅游资源，着力完善供给体系

旅游产业价值的释放必须以竞争力提升为前提，竞争力的提升必须以资源整合集聚为前提，因此，只有将民族村寨中固有且有限的各类文化资源按照旅游目标市场以及比较优势来进行分类整合，形成完善的供给体系，才能最大限度地释放和提升旅游产业和旅游产品的价值。

在民族村寨的文化旅游开发中，首先应该建立和形成独有特色的民族文化品牌，从而突出品牌效应。然而，在品牌的建立与发展过程中，大多存在着情

感依附较弱、差异营销不足以及同质产品较多等问题,实际上,究其根本,这些问题形成的根源还是在于对本民族内部文化资源的挖掘与整合不够。对此,应根据文化资源属性和特征,分别从空间、产品和要素投入等方面来进行资源整合,并通过分类整合文化资源形成层次分明、特色鲜明以及消费透明的旅游产业供给体系。

空间整合方面,民族村寨文化旅游的开发与发展应根据地区旅游资源禀赋和特点,分类划分不同的特色文化圈。以 L 村为例,可整合形成石文化圈、民俗文化圈、名人文化圈、特色饮食文化圈。同时注重借助非物质文化遗产的平台,将民族文化纳入已开展的"艺术节"之中,以深厚的文化底蕴和强烈的观感体验来吸引游客。

产品整合方面,由于文化的传播以物化产品为载体,因此,有必要根据不同的空间文化圈来开发不同的旅游文创产品,以满足不同层次游客需要。从目前民族地区旅游产品供给来看,存在形式多但文化依附低、数量多但产品质量差、种类多但传播效率低等问题。因此,需根据对旅游市场的细分分析,关注游客实际的消费能力、消费兴趣以及个性化需求,设计和开发出具有艺术性、观赏性、实用性与便携性的旅游文创产品。如 L 村旅游突出仡佬石文化特色,以此培育自己的品牌 IP。并利用"互联网+文化产业"的思维以及大数据应用平台等多媒体和自媒体来扩展旅游文创产品的推广渠道以增强其文化附加值,从而扩大产品的供给覆盖人群和地理范围。

要素整合方面,民族村寨的文化旅游发展有必要在明确各类生产要素供给水平的基础上,有针对性地整合包括技术、资金以及人才等在内的要素资源,以此形成有效的生产性合力,以避免民族旅游开发的同质性问题,从而推动整个民族旅游产业的发展。因此,旅游资源整合的前提应该始终建立在发展、培育和保护本土文化之上,而其中人才要素是不可忽视的重要因素。另外,旅游产品供给质量关键取决于人才的多寡。对此,应注重人才的引进以及本土培养,通过人才集聚逐渐发挥人力资本的生产性作用,以此提升旅游产品的供给质量。

综上,民族地区的旅游业发展,有必要努力抓住现有的历史发展机遇,利用好发挥好民族地区文化生态环境的比较优势,进一步充分地挖掘、保护和传承优秀的民族文化资源,从而通过这些特色民族文化潜力的释放全面提升民族地区旅游产业的综合竞争力。① 只有综合竞争力得到切实的提升，民族文化才能得到更好的传承与推广，民族经济也才能得到更好的发展和壮大。

（三）不断优化供给主体和供给环境，着重释放创新活力

在旅游产业的发展中，供给主体是满足需求、制造活力，并决定其是否能够实现可持续健康有序发展的重要部分，供给主体的质量在很大程度上决定着旅游产业的供需均衡。从旅游产业供给主体的多层次培养来看，既可以注重龙头企业的质量打造，也可以培养村民自治的供给主体。从某种程度上来说，打造一定数量的龙头企业有利于发挥规模经济甚至范围经济，以此迅速提高区域的经济效益和社会认知，这些企业规模大、资金雄厚、有专业的人才队伍，可以市场化的模式规范性地进行旅游开发，同时也具有良好的示范和带动作用。除此之外，也可以培养村民自治这样低成本的供给主体，将民族村寨作为一个整体，在不改变原有生活状态的前提下实现村民自我管理，不仅降低了运营成本，而且更好地保存了民族村寨的原生性和本真性。

从旅游产业供给环境来看，旅游产业供给主体之间的良性竞争以及创新意识的培养，都离不开良好的供给环境与市场环境。对此，通过建立健全相关的政策措施，尤其是强化政府相关部门的引导、监督和服务功能，来提供有效的供给环境保障，对于推动旅游业发展的良性循环至关重要。

民族地区旅游产业的发展既需要注重逐渐培养比较优势，形成内部动力，也需要不断适应环境变迁，做到与时俱进。应从多方面做好少数民族地区旅游文化产业的供给侧改革，通过切实提高供给质量来有效满足游客多样化、多层次、个性化和高品质的需求。

---

① 蒋楠楠、王俊：《西部地区文化产业供给侧结构性改革研究——基于贵州省的样本数据分析》，《贵州社会科学》2018 年第 2 期。

B.14
乡村振兴、内循环与红色旅游融合发展研究[*]

——以贵州省遵义市为例

袁洪业[**]

摘 要: 党中央根据我国经济当前发展新阶段新任务,提出了要构建双循环的发展理念。当今社会背景下,乡村振兴离不开内循环的经济发展,推动乡村振兴需要调动旅游业的积极性,给地方经济带来新活力。贵州省遵义市,如何利用好红色资源和政策协同带动旅游产业发展,发挥红色旅游的价值,促进内循环的无缝衔接,是实现当地乡村振兴的关键。本研究以遵义市为研究样本,分析遵义地区红色资源融入地方经济的发展情况,通过梳理现状、分析问题、总结经验、提出对策,从而更好地助力乡村振兴、积累国家内循环的实践经验,并为全国其他红色地区发展红色旅游提供参考价值。

关键词: 乡村振兴 内循环 红色旅游 遵义市

一 引言

中国不同地域的乡村振兴都有自己发展的方法和政策,2023 年,全国各地不同形式的乡村振兴项目火遍全国,如山东省淄博市的地摊烧烤,点燃全国的地方特色经济,贵州省榕江县的"村超"、台江的"村 BA",成为这个夏季

---

  * 本文系贵州民族大学 2024 年度校基金博士启动项目"长征时期滇黔桂红色绘画题材研究"〔项目号: GZMUSK (2024) QD09〕的阶段性成果。

** 袁洪业,博士,贵州民族大学多彩文化协同创新中心副教授,主要研究方向为美学、艺术学与文化产业。

的一缕清风。遵义市在"村超""村 BA"人流量基础上，发展自己特有的红色文化旅游项目。红色遵义融合红色资源发展红色旅游产业，为本土村民创造经济收入。如何更好地使用红色文化资源，更系统地发展红色资源，使红色文化资源内外部的发展更合理，让价值更加有意义，成为红色旅游高质量发展的关键。

本研究以长征路上的红色遵义为研究样本，通过对遵义红色旅游发展现状、问题、经验等总结，探讨如何更合理地发展红色旅游，建设红色旅游产业，实现与内循环相衔接的问题，为全国其他红色地区提供参考。

二 遵义红色旅游发展现状

（一）理论与文献

目前，学术界多是以旅游内容是否吸引消费者为主题展开研究，包括旅游创新服务、旅游需求元素、交通便利条件及新媒体体验等。红色旅游在旅游产业中占有相当比重，成为青少年网红打卡地、爱国教育基地。红色旅游吸引物主要强调的是革命纪念地、纪念物及其承载的革命精神，而红色旅游行为也更加强调学习革命历史、接受革命传统教育。[①] 红色旅游内容的丰富性和多样性、旅游价值和意义在青少年成长路上潜移默化地注入了红色文化精神。

遵义红色文化的核心精神是伟大的长征精神和遵义会议精神。遵义会议是马克思主义中国化走上正确道路的开端，毛泽东等同志坚持实事求是，同党内教条主义错误进行了坚决斗争并取得了伟大胜利。遵义会议标志着党在一定程度上打破了对共产国际的迷信，开始力求独立自主地解决中国革命问题。[②] 遵义会议精神，是属于贵州，更属于全党、全民族的宝贵文化财富。

红色遵义旅游，在红色资源的保护和传承方面取得了显著成果。与此同时，乡村振兴战略的实施为红色遵义注入了新的活力，推动了遵义经济的发展。本文总结了相关文献中的观点和研究成果，旨在深入了解遵义红色文化和

---

① 金鹏、卢东、曾小乔：《中国红色旅游研究评述》，《资源开发与市场》2017 年第 6 期。
② 吕春瑾、马英芹：《遵义红色文化与思想政治教育》，《牡丹江教育学院学报》2022 年第 11 期。

乡村振兴的融合进程，为进一步研究提供参考，《遵义红色旅游开发与乡村振兴战略的融合发展》《遵义红色文化与乡村振兴的互动模式研究》及《遵义红色文化与乡村振兴的路径与模式探析》① 中都具体地提出遵义红色文化与乡村振兴结合的重要性，包括以下几点：一是遵义红色文化的保护和传承，遵义作为遵义会议的举办地，具有丰富的红色文化资源。张明洁等指出，遵义积极保护和传承红色文化，通过建立红色旅游景区、修复红色文化遗址等手段，将红色文化资源转化为可持续发展的旅游资源。遵义的红色旅游产业蓬勃发展，为经济增长和就业提供了有力支撑。二是遵义红色文化与乡村振兴之间存在紧密的互动关系。乡村振兴为保护和传承红色文化提供了机会，而红色文化的传承发展也为乡村振兴提供了独特的文化资源和吸引力。李新辉等研究表明，在乡村振兴实践中，通过整合红色文化旅游资源和农村优势资源，可以实现双赢的效果。

通过对遵义红色文化和乡村振兴相关文献的梳理，我们可以看到红色文化与乡村振兴之间的相互融合和互动作用。遵义市积极保护和传承红色文化，乡村振兴战略为红色文化注入新活力。两者的融合能够实现农村经济的可持续发展，并为乡村振兴注入新的动力。未来的研究应关注解决融合过程中的一些问题，为遵义红色文化与乡村振兴的融合提供更有效的途径和模式，促进遵义市以及其他地区的红色文化转化为金山银山。

（二）遵义旅游与国家政策

截至 2023 年 3 月，遵义市共拥有国家级爱国主义教育示范基地 5 处，包括遵义会议纪念馆、娄山关红军战斗遗址、四渡赤水纪念馆、苟坝会议会址、遵义红军山烈士陵园。在政府支持下设立遵义会议会址纪念馆、红军长征纪念馆等相关纪念设施，以便向公众展示相关历史文物、图片、文件和展品，加强对红色文化的传承和宣传。

在旅游开发的过程中，各级政府应该从方针政策、税收贷款、经营用地、

---

① 王亚娜、刘伟：《遵义红色文化与乡村振兴的互动模式研究》，《农村经济与科技》2021 年第 7 期；张明洁、杨勇：《遵义红色旅游开发与乡村振兴战略的融合发展》，《江苏商论》2020 年第 1 期；李新辉、陈欣：《遵义红色文化与乡村振兴的路径与模式探析》，《文化创新与企业管理》2022 年第 5 期。

资金补贴、招商引资等方面，对旅游融合发展给予政策上的保障，大力营造有利于融合发展的社会环境。[①] 投入资金用于遵义会议会址和相关历史遗址的保护、修复和维护工作，确保这些重要的红色文化遗迹能够得到妥善保存，使游客和民众能够更好地了解历史，同时鼓励和支持遵义红色文化旅游的开发与推广，通过旅游产业的发展，促进地方经济的增长。旅游的发展离不开政府资金的扶持（见图1）。

通过投入资金用于遵义会议会址和相关历史遗址的保护、修复和维护工作，确保这些重要的红色文化遗迹能够得到妥善保存，使游客和民众能够更好地了解历史，同时激励和支持遵义红色文化旅游的开发与推广，通过旅游产业的发展促进地方经济的增长。

（三）遵义红色资源与乡村振兴

学者对红色文化资源的解释是"红色""文化"和"资源"这三个概念的有机整合。红色资源一般是指文化资源中的红色文化，强调红色文化可开发性。贵州省遵义市文化资源丰富，有青山绿水的自然文化、底蕴深厚的沙滩文化、丰富多彩的民族文化、中国特色的红色文化。遵义市的文化资源为全域旅游提供了基础，红色文化资源更是为旅游产业的发展带来了前所未有的机遇，也是新时代引以为傲的亮丽名片，遵义市红色文化资源概况详见表1。

红色遵义旅游资源丰富，但整体分布不均衡，市县之间距离远，不能完全打通景点与景点之间的距离，没有通高铁是一大因素。遗址与会址在乡村周边形成了产业，一部分村民参与红色旅游开发，一部分村民以外出打工为经济来源。红色旅游是遵义的特色旅游之一，遵义会议会址、娄山关等红色景点吸引着大量游客前来参观，推动了相关旅游产业的发展，如餐饮、住宿、旅游纪念品等，都与红色文化紧密相连，形成了独特的红色旅游产业链。这些产业在保护红色文化遗产、促进文化创新、塑造地方特色等方面发挥了重要作用，为遵义的发展增添了独特的魅力。

[①] 陈茹茜、于天：《遵义市乡村旅游与红色旅游融合发展探讨》，《黑龙江粮食》2020年第10期。

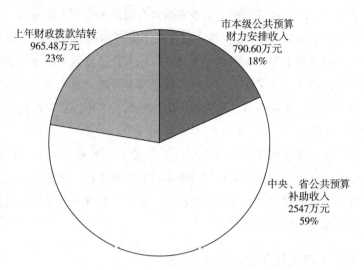

遵义会议会址2023年部门收入预算

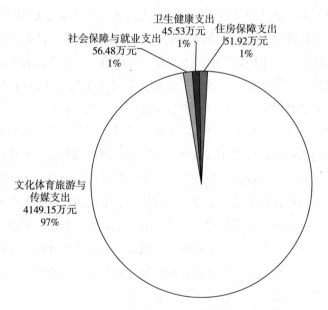

遵义会议会址2023年部门支出预算

图1　遵义会议会址2023年部门收入与支出预算

资料来源：遵义会议会址官网，2023年7月。

表1　遵义市红色文化资源概况

地区	性质	名称
红花岗区 （共5处）	全国文物保护单位	遵义会议会址
	全国爱国主义教育示范区域/老革命基地	遵义会议期间毛泽东、张闻天、王稼祥住处
	全国重点烈士纪念建筑物保护单位	红军山烈士陵园（邓萍墓、红军卫生员墓）
	国家一级博物馆	遵义会议纪念馆
	4A级以上旅游景区	遵义会议会址旅游景区
播州区 （共7处）	全国文物保护单位	苟坝会议会址、苟坝会议旧址
	4A级以上旅游景区	苟坝红色旅游景区
	省级党性教育现场教学点	鸭溪会议会址、刀靶水阻击战、追歼战战斗遗址、红一军团指挥部旧址
习水县 （共16处）	全国爱国主义教育示范基地/4A级以上旅游景区	四渡赤水纪念馆
	省级党性教育现场教学点	习水土城女红军街及中国女红军纪念馆、习水土城红军医院纪念馆、习水回龙会议会址、习水土城红军总参谋部驻地旧址、习水淋滩地下党支部活动遗址、习水程寨红九军团驻地旧址、梅溪河红军战斗遗址、青杠坡战斗遗址、三锅桩红军战斗遗址、土城渡口（一渡赤水渡口）、二郎滩渡口（二渡、四渡渡口）、老红军何木林住处（长征红军班长）、刘纯武住处（爱国民主人士）
	4A级以上旅游景区	四渡赤水纪念馆风景区、土城古镇景区
桐梓县 （共6处）	省级党性教育现场教学点	红十五师召开群众大会开仓放盐遗址、娄山关红军战斗遗址、石牛栏红军战斗遗址、老鸦山红军战斗遗址、娄山红迹·红军长征在桐梓陈列馆、少共国际师陈列馆
仁怀市 （共3处）	省级党性教育现场教学点	仁怀长岗红军医院遗址、鲁班场红军战斗遗址、茅台渡口（三渡赤水渡口）
赤水市 （共3处）	省级党性教育现场教学点	红一军团陈列馆、黄陂洞红军战斗遗址、元厚渡口（一渡渡口）
余庆县	省级党性教育现场教学点	突破乌江纪念园
湄潭县	省级党性教育现场教学点	红九军团司令部驻地旧址
凤冈县	省级党性教育现场教学点	凤冈偏刀水苏维埃政府活动遗址

资料来源：笔者整理绘制。

（四）遵义红色旅游与文化产业

遵义市最早的红色文化发源地就是遵义会议会址，而随着国家大力推动红色文化的政策，遵义会议会址作为典型代表之一，将过去的会议馆修复后新建了记录革命历史的纪念馆，以立体雕塑、油画作品、革命时期保留的文物、文献复刻、线路图复原等方式，还原了从遵义会议开始的整个长征之路，为了让参观游客更加沉浸式地体验，不仅设置了讲解员，还制作了游戏互动 App，帮助游客更加深入地了解相关历史。

遵义市内除了有遵义会议会址这类较为出名的博物馆外，还存在一些具有红色革命记忆的地方，例如位于红花岗的毛泽东住居陈列馆，此馆于 2020 年 9 月 19 日正式开馆，保留了毛泽东及其他革命者居住时的古老家具，分为陈列馆、毛泽东住居、诗文阁、历史长廊、伟人步道、长征步道、毛主席广场、广场公园等 12 个部分。毛泽东住居陈列馆相比于遵义会议会址，客流量少很多，根据内部的数据统计，日参观人数在 500 人次左右，大部分的旅客是老年人，或者是红色文化研学团队（见图 2）。

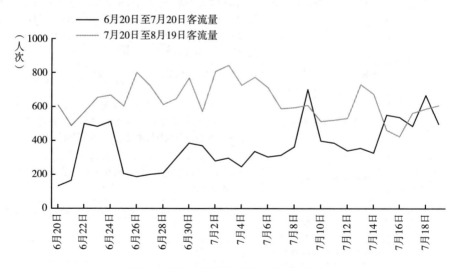

图 2　毛泽东住居陈列馆日客流量变化

资料来源：遵义市毛泽东住居陈列馆统计，统计时间为 2023 年 6 月至 8 月。

从经济学角度看，以革命纪念地、纪念物以及红色历史博物馆等为主要代表的红色旅游吸引物具有公共物品属性（非竞争性与非排他性）。[1] 红色档案在追溯红色历史、传承红色记忆的过程中扮演着不可或缺的重要角色，在红色文化传承中具有极为关键的地位。遵义会议会址收藏的红色档案不仅仅是构筑遵义红色记忆的核心元素，更承担着塑造"红色遵义"品牌形象的重要任务。这一作用不仅在宏观层面上加深了全国人民对于中国共产党使命担当的认知，也在微观层面上唤醒了遵义人民内心深处的红色记忆，使他们能够贴近历史，感受穿越时光的革命情感。红色档案文创产品的开发必须依赖于丰富的档案资源，因此有必要在深度和广度上提升红色档案的利用率。遵义会议会址加大力度挖掘现有的红色档案资源，推出专属于"红色遵义"的文创产品。这种跨界合作的举措，将最大限度地发挥各自的优势，实现互惠共赢。

三 遵义红色旅游存在的问题

（一）红色旅游景点之间缺乏连贯性

在遵义红色文化的发展过程中，一个值得关注的问题是参观景点与景点之间缺乏连贯性，景点之间没有直接到达的交通专线，游客结束一个景点游览后，没有明确的引导路线指示和专业人员的引导，导致大部分游客出来后直接去酒店休息或去做其他事情，从而没有更全面地了解遵义红色文化。虽然遵义地区拥有众多重要的红色文化遗址和景点，但游客在参观过程中可能会感受到信息碎片化和景点之间的断层。这可能导致游客难以全面理解遵义红色文化的历史背景和内涵。这种景点之间缺乏连贯性的现象可能使游客错失一些重要的历史联系和故事线。举例来说，遵义会议会址作为红色文化的重要代表之一，与红军长征和中国共产党的发展密切相关，然而由于缺乏有条理的解说和引导，游客可能较难理解这些联系。此外，不同景点之间信息传递不足也可能使游客错过一些历史细节，从而影响他们对遵义红色文化的深刻认识。

---

[1]　沈满洪、谢慧明：《公共物品问题及其解决思路——公共物品理论文献综述》《浙江大学学报》（人文社会科学版）2009 年第 6 期。

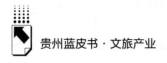

（二）红色旅游的开发与乡村振兴融合度低

遵义市拥有丰富的红色文化旅游资源，然而，红色旅游的独特看点决定了其规模和容量。即使是在全国享有较高知名度的景区，例如遵义会议会址，每日能够接待的游客数量有限，2023年，暑期最高峰有2万多人次的流量。尽管遵义市在我国旅游发展的早期就启动了红色旅游，并取得了一定的进展，但由于遵义地区的发展重点集中在红色文化景点的开发上，其乡村旅游在整体市场影响力方面远不及红色旅游。红色旅游主打文化路线，在产业路线上没有全面铺开，从而与乡村振兴没有全面融合。遵义市的乡村旅游知名度较低，游客量少，一小部分村民参与旅游产业，大部分村民还是以外出打工为主，没有给乡村振兴带来更大价值。红色文化在乡村振兴中的实际影响尚需进一步深化和发挥，以红色旅游带动乡村旅游，让红色旅游与乡村旅游融合度更高，为乡村振兴发挥更大价值。

（三）红色旅游产业协同公共资源和产品资源开发欠缺

遵义地区的红色文化在产业协同和公共资源开发方面尚存在一些潜在的不足之处。当前，遵义的红色文化开发主要侧重于历史遗址、纪念馆等公共资源，未能充分将当地特产与独特文化元素与红色文化相融合，缺乏相应的创新思路。尽管游客在参观过程中能够充分了解历史背景和文化内涵，但在游览结束后，却无法购买到与当地特产和红色文化紧密相连的红色文创产品。遵义会议会址的文创产品主要是历史人物、文化生活用品+红色文化符号，无丰富的创意性，不能激发消费者购买的欲望。例如，走在苟坝遗址，最多的红色文创产品就是马灯，它只是由过去的油马灯变为现在的充电马灯，缺乏创意，不能激发消费者积极购买。这一现状提示了一个值得深思的问题，即如何更加有机地整合遵义红色资源与丰富的本土特产和文化元素，创作具有地方特色的红色文创产品，吸引外地游客和本土游客积极购买。

（四）红色旅游与数字化的协同融合性不够

遵义地区的红色文化开发目前主要聚焦于历史遗址、纪念馆等公共资源。科技是第一生产力，科技与经济发展紧密相连，由于遵义经济与发达城市相比有差距，科技发展自然受阻碍。当地政府尚未启动针对遵义红色旧址的数字化博物馆建设，这一现状导致许多希望通过在线方式参观遵义旧址的游客受阻，同时也与当今数字化时代的潮流和发展脱节。数字化博物馆与现代科技融合，能更好地呈现当时的历史现场氛围，能带动游客沉浸式体验。历史故事在静态呈现中不能完成的任务，在数字化技术中能动态式呈现，增加更多的文化内涵。数字化博物馆的建设为拉近国际数字化缩短了距离，让国内外观众更快捷、更便利地了解红色遵义历史，更能理解过去战争带来的苦难，更珍惜现有的和平成果。

四　遵义乡村振兴、内循环与红色旅游融合发展的经验

（一）政策协同——"政策+"促进红色旅游发展

红色旅游国家发展层面，宏观政策和地方发展政策紧密相连，两者共同完善红色旅游系统。红色旅游开发项目要有吸引力才能带动地方经济，红色产业链的完善、红色旅游产业系统的提升都需要国家和地方政府的大力支持。旅游由过去的2.0、3.0到现在的4.0说明旅游产业系统在提升。旅游产业需要不断完善软硬件设施，包括交通服务、公共卫生服务、新媒体宣传等硬件设施建设，宣传人员培训，VR、AR等传媒建设等，这些都需要资金支持，而资金问题正是国家和地方政府共同协同发展的见证。

随着旅游产业的发展，越来越多的人不再满足于简单的基础设施的服务，更多的是需要高质量的新型服务活动，如地摊烧烤、"村超""村BA"等项目活动。因而提出了新问题，如何实现旅游与地方资源的融合发展，形成共创、共建、共赢的关系。针对这些问题，"十四五"期间，遵义市政府全面落实《中共贵州省委关于深入学习贯彻习近平总书记视察贵州重要讲话精神　坚持以高质量发展统揽全局努力开创百姓富生态美多彩贵州新未来的决定》和《"十四五"文化和旅游发展规划》。2015年6月16日，习近平总书记在参观遵义会议会址和遵义会议陈列馆时指出："遵义会议作为我们党历史上一次具有伟大转折意义的重要会议，在把马克思主义基本原理同中国具体实际相结合、坚持走独立自主道路、坚定正确的政治路线和政策策略、建设坚强成熟的

中央领导集体等方面，留下了宝贵经验和重要启示。我们要运用好遵义会议历史经验，让遵义会议精神永放光芒。"① 2021 年 2 月，习近平总书记再次来到贵州，进一步强调"从长征精神和遵义会议精神中深刻感悟共产党人的初心和使命"。遵义市政府不断完善红色景区建设、娄山关的整体规划，由过去的上山难，变为汽车巴士直通山顶，俯瞰娄山关全景。2023 年 7 月起，娄山关日均客流量可达 4000 多人次，这与当地政府对其整个资源的开发密切相关，其中景区入口的指示招牌清晰明确，观光车的设置合理且景点之间红色文化资源衔接流畅。据当地内部的保安所说，为了开发娄山关整个资源，政府将关内的村组团整体迁出，为村民提供工作机会，工资收入理想，保安收入在每月3000 元左右。

综合上述红色遵义红色旅游的发展经验可以看出，在红色旅游开发中多个行政部门的政策协同发展，不同政策和资金同时促进红色旅游项目建设，在完善建设基础设施的同时，开发新型红色旅游项目，共同促进红色旅游与地方旅游整体融合发展。

（二）文化协同——"文化 +"促进红色旅游发展

遵义市是多民族聚居地，有 36 个民族，少数民族人口有 89 万，主要有仡佬族、苗族、土家族、布依族、侗族等。民族文化、红色文化资源丰富，为遵义市旅游发展提供了基础，为塑造红色遵义品牌建设提供了保障。红色遵义旅游发展离不开文化协同，因为遵义地区是少数民族聚居地，多民族人民在生活中交往、交流、交融，促进各民族像石榴籽一样紧紧抱在一起，共同团结奋斗、共同繁荣。民族文化的多样性与红色文化历史相融合，带来多元文化产业。随着文化消费内容的增多、产业结构的完善，第一、第二、第三产业必然得到发展。

红色遵义资源丰富，以创建全域旅游示范区为载体，全市旅游产业项目投资多、体量规模大、发展速度快。② 红色旅游产业作为绿色产业、富民产业，发展潜力大的产业，具有"一业兴、百业旺"的互联互动效应。红色遵义旅

---

① 黄霞：《革命文物跨越时空诉说信仰之美》，《当代贵州》2022 年第 Z2 期。
② 邓小海、鄢灿：《遵义市加快推进旅游产业化发展的思考》，《新西部》2022 年第 7 期。

游产业抓住红色旅游的客流量，构建"以红带绿、以绿托红、红绿结合"（绿是指绿色食品、绿茶等）发展思路，不断加强机制建设，让两种文化产业融合发展得更合理，带动乡村振兴发展。"以红带绿"的发展模式不断创造出"红色+教育""红色+农业""红色+演艺"等系列文化产业。红色遵义坚持文旅互动、业态融合，以多样的文化旅游形式为载体，积极推动红色遵义旅游产业高质量发展。

（三）产业协同——"文创+"促进红色旅游发展

从资源来看，红色旅游资源具有公共资源属性，从产业特征来看，旅游产业具有较强的联系性。[①] 如何利用好旅游产业助力乡村振兴，带动一、二、三产业协同发展，成为学术界研究的重点之一。遵义红色景点数量较多，红色旅游产业发展得如火如荼，在红色旅游带动本地民宿、餐饮、娱乐的同时，发展红色旅游文创产品也是促进旅游产业发展的必要手段。遵义红色旅游公共资源丰富，如娄山关面积较大、物产丰富、气候适宜人们生活安居，康养产业应运而生。随着专业人士的参与，主题性教育在娄山关定期开展，当地中小学、党政机关、企事业单位、大学生等都会参与爱国主题教育活动，形成了稳定的红色教育市场。为了更好地体现爱国主义教育内容，开创了娄山关大捷实景演艺项目。实景演艺项目的收益，在助力乡村振兴的同时也实现了文创产业的发展。文创产业的发展能给景点带来创新项目的看点，成为景点特有的创意活动，给游客留下深刻印象。游客观赏演艺，同时也带动了餐饮、住宿、其他娱乐等消费活动。

娄山关大捷实景演出现场，游客聚集，伴随着阵阵枪声、炮声，浓浓硝烟弥漫，呐喊声与战争场面相映，强烈的视觉与听觉感受融为一体，给游客带来难忘的体验。开始演艺前，游客可以穿上红军服装参与演艺，感受真实的战争情景，体验战争的残酷性，更能让我们了解过去的战争历史、红军不畏艰险勇往直前的精神，给观众和年轻人上了一堂生动的教育课。娄山关大捷成为红色研学课堂，不同地方的学生来到这里感受一枪一弹的真实性，在沉浸式体验中

[①] 金洪培、刘焕庆、陈默：《乡村振兴、内循环与民族地区红色旅游融合发展——以吉林省延边朝鲜族自治州为例》，《黑龙江民族丛刊》2022 年第 6 期。

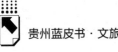

感受红色文化带来的红色精神。遵义红色景点不仅只有娄山关大捷演艺，还有习水土城的四渡赤水实景演艺项目，游客也可参与其中，感受四渡赤水的真实性，体验不同的历史情境。

（四）供需协同——"乡村＋"促进红色旅游发展

构建红色旅游产业抓住市场需求是关键，遵义地形以山地丘陵为主，种植作物不能完全机械化，大型企业工厂较少。遵义市的发展水平仍处于中下水平，消费水平因素的影响限制了乡村红色旅游的发展。因此，从长期乡村红色旅游的发展来看需要精准对接好外部来客。

根据国家政策，遵义以遵义会议这一历史事件为源头，协同遵义各地区大力开展红色教育，利用公共资源，建立一系列红色文化教育基地，将红色旅游作为教育宣传的一种方式，向公众传递红色历史，吸引大量的参观者与教育者。此外，遵义政府利用传统媒体和新媒体，广泛开展红色文化宣传。通过电视、广播、报纸、网络等渠道，推出相应红色教育基地的相片、视频，吸引更多的红色文化爱好者前来参观，同时向大众推出本地红色文化的发展史，让人们深刻了解遵义在中国革命历史中的重要地位。民宿老板利用便利条件，对接好周边省、市、县不同年级的学校，通过红色文化开展大中小学生研学教育，对接党政机关单位，培育以红色教育为主题的市场。根据具体要求制定相应的课程内容，根据消费水平制定不同的餐标、住宿标准等，融入当地文化，带动当地农特产业的销售。民宿老板根据自己的实际能力，开展相应的旅游业务，人手少的民宿可接待长期居住的游客，以避暑为主题，开展相应业务。红色遵义旅游产业在长期发展中找到了自己的市场定位，乡村经济在红色旅游的带动下农产品销售有了很大的提高，成为乡村振兴的路径之一。

五 遵义乡村振兴、内循环与红色旅游未来发展策略

（一）打造红色遵义旅游精品路线

为了解决遵义红色文化发展中景点连贯性不足的问题，首先，可以考虑设

定红色旅游精品路线，为游客提供更为有序和连贯的参观体验。通过合理的规划，将遵义会议会址、红军长征纪念馆、相关历史街区等关键景点纳入旅游路线，开通点对点的交通专线，确保游客能够有条不紊地进行参观，不错过任何一个重要景点。交通专线由村民和政府共同建设完成，制定合理的机制、统一的标准，带动地方村民助力乡村振兴。其次，为每个景点设置详细的解说和信息展示，使游客在参观过程中能够获得充分了解。在各个景点设置信息牌、展示板、多媒体设备等，向游客传递与红色文化相关的故事、图片、音频和视频，使得游客能够更加深入地了解每个景点的历史意义，感受遵义红色文化的历史情感和精神内涵。

（二）建设地方综合性红色文化教育基地

通过建立地方综合性红色文化教育基地，创造一个有利于青少年了解、学习和传承红色文化的环境。可以是一个综合性的红色文化主题公园或纪念馆，设置丰富的展品、图片、文献等，向年轻人展示红色文化的历史故事，开展丰富多彩的红色文化教育活动，吸引青少年积极参与。在主题公园里创建沉浸式的体验项目，通过亲身实践感受红色文化精神。组织红色主题的讲座、展览、互动体验等活动，让年轻人能够深入了解红色文化的内涵，并从中获得正能量的启发。通过建设红色文化教育基地，结合县级层面，每学期开展红色文化教育主题课，可以使红色文化更好地影响下一代人，培养他们的家国情怀和社会责任感，从而为乡村振兴注入可持续的力量。

（三）构建红色文化+当地特产的产业链

遵义红色文化作为乡村特色资源，可以促进相关文化创意产业的兴起，如纪念品制作、手工艺品生产等，为乡村经济注入新的活力。打造融合红色文化、当地特产和文化特色的主题街区。在具有红色文化历史意义的街区，结合当地的特产和传统手工艺品，营造独特的环境氛围，吸引游客前来体验、购物和品尝当地美食，从而提高对公共资源的利用率。开发结合红色文化主题的特色商品，为游客提供更多选择，使他们能够将对遵义红色文化的参观体验延伸为具体的纪念品购买和收藏。设计者可以思考如何在游览线路设计中巧妙地将当地特产与红色文化相融合，让游客在参观景点的同时能够感受到更丰富的文化内涵和地方风貌。通过将红色产业与公共资源开发更紧密地结合，遵义的红色文化将在更广泛的层面展现其魅力，为游客带来更加深刻和有意义的旅行体验。

（四）塑造遵义红色旅游智慧化品牌

当今社会是信息技术飞速发展的时代，数字化博物馆已经成为推广文化遗产、加强教育传播的有力工具。然而，遵义地区的红色旧址仍未能充分利用这一技术手段，限制了更多游客深入了解和体验这些珍贵的历史文化资源。通过数字化博物馆，游客无论身处何地，都能够以虚拟展览、互动体验等方式感受到遵义红色文化的魅力，进一步拓展了文化传承的范围和形式。借助数字化手段，遵义地区的红色旧址可以实现更广泛的宣传和推广，吸引更多国内外游客，逐渐塑造红色遵义旅游智慧化品牌。数字化展示不仅有助于增加遵义红色文化的曝光度，还能够为游客提供更丰富多样的学习和互动体验，让他们更好地了解遵义地区的历史和文化背景。因此，鉴于数字化时代的发展趋势和红色文化的珍贵性，建议推动红色旧址数字化博物馆建设，以满足广大游客对文化遗产的需求，同时也为遵义红色文化新时代智慧化品牌发展打下坚实的基础。这样的举措将有助于实现红色文化与时俱进，为遵义地区的旅游产业注入新活力。

六 总结与启示

遵义推动了红色旅游产业的发展，在国家政策及地方政府政策的协同协调下，实现了红色遵义乡村振兴内循环。红色旅游的发展带动了地方经济产业结构的完善，促进乡村经济第一、第二、第三产业的融合发展。遵义红色旅游业的发展对国内其他红色地区的红色旅游起到了相互学习、相互借鉴的作用。首先，政策协同让地方资源合理发展，旅游业协同其他产业共同发展，红色旅游业发挥协同性，带动地方特色产业共同发展，助力乡村振兴内循环，提高居民生活水平。其次，红色旅游产业对准市场需求，创新独有的文化产业项目，红色旅游在内容和市场等方面不同于传统的大众旅游，精准地对接内循环可促进红色旅游产业的可持续发展。最后，产业协同带动乡村振兴，促进乡村产业振兴、文化振兴、教育振兴等，构建完整的内循环经济体系，以改善农民收益为目的，不断发展红色旅游经济产业链。红色遵义资源构建的融合发展模式，对周边地区的发展将起到重要作用，也能为全国其他红色地区的发展提供相应的借鉴。

特色文旅篇 ▷

B.15
贵州阳明文化旅游资源开发与利用
——以修文县为例

段剑洪*

摘　要：　修文县是王学圣地，拥有丰富的阳明文化旅游资源。修文县围绕中国阳明文化园，以研学旅游、节假日旅游等模式打开了修文县文旅融合的新格局；在阳明文化资源的开发与利用方面，坚持规划设计引领、改造提质和遗存保护、完善基础设施、把握市场导向、加大宣传力度等做法。在今后阳明文化资源的开发与利用方面，要处理好学术研究与开发利用、省域内外阳明文化、省内阳明文化与其他特色文化、阳明文化融入中华现代文明建设等问题的关系。

关键词：　阳明文化　文旅资源　贵阳　修文县

　　王阳明（1472~1529 年）是我国明代"心学"思想的集大成者。明正德元年（1506 年），时任兵部主事的王阳明因"上封事"被谪官贵州龙场（今

　*　段剑洪，贵州省社会科学院文化研究所助理研究员，主要研究方向为中国哲学与地方文化。

修文）驿丞。龙场因王阳明在此"悟道"而为天下知。王阳明贬谪龙场的三年间，贵州的山水、人文、民风都对王阳明的思想产生过重大影响。同时，王阳明在黔期间不仅给贵州带来广大而精微的理学思想，还留下了丰富的阳明文化遗址遗迹。这些遗址遗迹形态多样、点多面广，涉及贵州八个地区的 20 个县市，形成具有鲜明地域特征的"贵州阳明文化圈"，其中以贵阳市修文县最具代表性。对于贵州文化旅游而言，以修文为代表的"阳明文化旅游圈"是一个值得大力挖掘、开发的人文旅游资源。

一　修文阳明文化旅游资源的内容

近年来，修文县充分依托旅游资源丰富、旅游业态多元、文化底蕴厚重、生态环境优良的资源优势和交通区位优势，紧紧围绕"吃、住、行、游、购、娱"旅游发展要素，牢固树立全域旅游和"旅游+"的发展理念，创新旅游产品业态，推动多产业融合发展，形成了"六爽"的城市 IP。修文是一方文化圣地，500 年前王阳明先生在龙场悟道，"心即理""知行合一"心学体系让人"爽心"；修文也是一座山水之城，全县境内有 31 条河流，森林覆盖率为 55.74%，草地面积近 6 万亩，山水环绕的秀美山川、河流、草地分外"爽眼"；修文生态环境良好，夏无酷暑，冬无严寒，年平均气温为 13℃～16℃，宜人气候非常"爽身"；修文物产丰富，6 大系列 30 余种修文特色旅游商品、200 余种文创产品、13 家"修文特色旅游商品企业"，让游客"爽购"；修文特色饮食多样，种植面积居全省第一的修文猕猴桃、外酥里嫩的扎佐蹄膀等十分"爽口"；修文旅游资源丰富，桃源河魔幻漂流、扎佐森林野生动物园、六广河大峡谷观光等兼具视觉和感官冲击，5 个 A 级旅游景区带你"爽游"。

根据国家标准《旅游资源分类、调查与评价》（GB/T18972-2017），以及借鉴名人文化旅游资源的分类研究成果，并结合阳明文化的内涵和特点，将阳明文化旅游资源划分为 4 个主类，即居住类、纪念场所类、遗迹遗址类、非物质类文化遗产类①。

---

① 黄平芳、林远方：《赣南阳明文化旅游资源评价及开发利用》，《赣南师范大学学报》2022 年第 4 期。

1. 居住类

王阳明到龙场后，在当地少数民族朋友的帮助下，修建了一座茅草房，王阳明把它作为居室和书斋，取名"何陋轩"。"何陋轩"原建筑早已坍塌，现存建筑为清代所建。1981 年和 1996 年历经两次维修，才恢复原状。

2. 纪念场所类

①龙岗书院。该书院为乡人为王阳明构建的讲学之地，王阳明离开后，书院一直保留，但屡次坍塌后又被重建。贵州省人民政府在 1958 年公布其为省级重点文物保护单位，1982 年由省人民政府重新公布为省级文物保护单位。②阳明洞。原名"东洞"，世称"阳明洞"。王阳明初到龙场时，以此洞为起居地。王阳明离世后，历代学者、名人、仕宦到这里瞻仰阳明洞遗迹，洞内外刻有大量的摩崖和碑刻。摩崖有 43 幅，是国内外溶洞摩崖石刻最多的一处，行、楷、隶、篆等书体各具，风格迥异。其中有七言诗首、五言诗首、单句摩崖石刻 29 幅，均遍布于洞壁间。③君子亭。位于龙岗山巅，是王阳明弹琴讴歌、闲逸赏景之所。该亭原址在何陋轩前，早已坍塌。今存建筑系清代就原文昌阁旧址重建。④王文成公祠。王文成公祠是一组四合院建筑，由祠与正殿、右厢、元气亭组成，它是在原"龙岗书院"旧址上修建的。1981 年根据原貌修复，1991 年和 1999 年又进行过两次维修。⑤宾阳堂。王阳明当年建"龙岗书院"时的建筑之一，是书院的迎宾待客之所。明代的宾阳堂建筑早已坍塌，因阳明洞在明、清两朝代历经多次维修改建，原貌有所改变，宾阳堂原址已无所寻觅。民国二十七年（1938 年），修文知县胡立五、县城士绅陈镜秋及刘恒泰重修宾阳堂于大佛殿前，胡立五作了《重修宾阳堂记》。1991 年 1 月，宾阳堂发生火灾被全部烧毁，同年由贵州省文化厅文物处拨款修复。

3. 遗迹遗址类

①玩易窝。玩易窝为一个天然小溶洞，高 3 米，最宽处 4 米，深 20 余米。王阳明在这里思索《易经》之理、玩味易学之道，故取洞名为"玩易窝"，有《玩易窝记》存世。1985 年被列为修文县级文物保护单位，1996 年后升格为贵阳市级文物保护单位，以及贵州省级文物保护单位，2006 年与阳明洞同时公布列为全国重点文物保护单位。②三人坟。三人坟位于修文县谷堡乡哨上村的蜈蚣坡山腰，距县城 12 公里，奢香夫人所开龙场驿至六广驿的古驿道从坟

旁经过。正德四年（1509年）阴历八月三日，有自京城来赴任的吏目携一子一仆过龙场，投宿土苗家，第二天相继死于蜈蚣坡，王阳明前往掩埋，写有《瘗旅文》致祭。三坟并列，各高1.6米、直径4米。道光十九年（1839年）修文县人将《瘗旅文》刻碑立于坟侧古驿道旁，供后人追忆凭吊。1985年11月，三人坟被公布列为省级重点文物保护单位。③天生桥。位于修文县谷堡乡哨上村。王阳明在龙场谪居期间，曾造访修文天生桥。写下《过天生桥》一诗，天生桥因天然形成似拱桥而得名，它是横跨沟谷或河流上的天然岩体，传说是仙人将两座山尖捏合成桥，故曰"天生桥"，也叫"仙人桥"。④六广河。明洪武十九年（1386年），贵州宣慰使奢香夫人开辟龙场九驿，在六广设六广驿站。明正德四年（1509年）冬季，王阳明先生来到六广驿站（现广城村）住宿，写下了赞美六广河风光的《陆广晓发》。

4. 非物质类文化遗产类

《王阳明传说》是王阳明离开贵州后，黔中王门弟子与当地老百姓相传其在贵州悟道前后的事迹，属于民间文学。2019年被贵州省公布为第五批省级非物质类文化遗产代表性项目名录。

二　修文县阳明文化旅游的开发现状

（一）修文县阳明文化旅游的开发

文化是旅游的灵魂。近年来，在文旅融合深入推进的当下，修文县不断深挖自身优势，立足实际出实招，注重挖掘、传承、保护、利用地方特色文化，开发富有文化内涵的特色旅游，打开了文旅融合的新格局。

1. 打造中国阳明文化园

中国阳明文化园项目总占地面积约3500亩，是以全国重点文物保护单位、贵州省重点名胜古迹"阳明洞"为核心的文化旅游园区，由"阳明洞"遗迹景区、龙场驿站综合区、梦回故里风情小镇、养心度假区等部分组成。阳明文化园核心景区涵盖了知行合一牌坊、正心池、亲民台、阳明洞遗址、龙岗书院、游客服务中心等景点，主要以乡土石作景观的方式来呈现阳明心学的精神风貌与历史价值。修文"中国阳明文化园"景区于2017年9月30日被评为国家 4A 级旅游景区。成功举办 6 届国际阳明文化节，开发出 200 余种阳明文化文创产品。修文以阳明文化园为主要基地，建立了专家库和师资库，成立了贵州龙场王阳明研究院、阳明文化发展服务中心等机构，持续扩大传承和弘扬阳明心学队伍。经多年的开发，中国阳明文化园，以"阳明洞"为核心，集心学传播、培训、讲学、体验、休闲养心于一体，成为中国阳明心学文化地标、中华国学文化名片。同时，正在构建以阳明文化园为中心的"一心两核四带多组团"旅游产业新格局。

2. 研学旅游

近年来，研学旅行在教育领域中崭露头角，为学生提供了一种全新的学习方式。修文县依托中国阳明文化园核心区、龙冈书院、玩易窝遗址公园等一批重要的文化项目，成为贵阳近郊研学游的热门之地。2018 年，中国阳明文化园获得全国研学教育基地授牌；2019 年，中国阳明文化园开始正式接待研学团队。2022 年还位列贵州省首批十大研学旅行基地名录榜首。中国阳明文化园以阳明洞文化资源为依托，深入挖掘阳明心学的教育价值，构建以"认知—感悟—体验—践行"为主线的课程体系，逐步形成了多个年龄阶段、不同社会层次的培训课程，目前主要有干部传统文化培训、企业研修和学生研学旅行三大课程体系。其中，在企业研修方面，结合阳明文化与企业经营管理，整合国内外相关企业家，针对企业总裁、中高层、员工的研修这三个层面设计相关课程，截至 2023 年，已开发课程 50 余节和 1~7 日研修线路多条，承接 2 万余人次。在学生研学方面，围绕学生研学旅行，开发了小学、初中、高中不同学段的课程 26 节，其中主题课程 12 节，通识课程 2 节，现场课程 4 节，现场体验课程 8 节，并推出 1~5 日行程线路多条，已承接省内外学生 4 万余人次。

3. 抓好节假日旅游

2023 年"春节"假期，修文县持续开展新春市集、"心花怒放·大美修文"赏花系列活动、新春游园活动。从正月初一到正月十五，在阳明文化园广场举办网红美食、太空飞椅、穿梭小火车、太空飞扬、网红水船、跑跑卡丁车、儿童蹦床、网红庙会小游戏（打气球、丢沙包、射击等）等丰富多彩的活动。同时，从正月初一到正月初三举办了新春游园、迎新文艺演出活动，据统计，正月初一至正月初三共接待游客 4.306 万人次；从正月初四到正月初六，举办了新冠疫情后全省第一个国兰展销活动，活动期间共展出精品兰花

200 余盆，交易兰花 2000 余盆，兰花总交易额达 100 余万元，吸引了来自全省各地（州、市）的广大兰花爱好者前来参观交流，据测算，正月初四至正月初六共接待游客 2.544 万人次。2023 年"五一"假期，修文县以"爽爽贵阳·心学修文"为主题，以中国阳明文化园为重点，抓好活动筹办，全力集聚人气，举办了修文特色旅游商品展、后备箱市集、园艺展、阳明古诗拓印、投壶、儒家射艺、写心愿牌、阳明讲书营、守仁煮茶等活动，共接待游客约 3.3 万人次，游客人均消费达 501 元。2023 年中秋国庆"双节"假日期间，修文县紧盯客源市场，以文体旅活动为媒，优化活动组织，以丰富多彩的活动带动消费市场强劲复苏。"双节"假期，修文县在中国阳明文化园景区举办"穿越五千年 华夏文明魂"灯会激光秀，活动充分展示穿越性、真实体验性、历史性、学习性、互动性等，接待游客约 17 万人次。

4. 拓展旅游+系列

"+研学"系列攻略，包括"阳明文化园+贵州森林野生动物园"（亲子研学、网红集市、网红打卡）、"阳明文化园+苏格兰牧场"（亲子体验、网红打卡）、"大木村+桃源河景区"（研学拓展）线路。

"+露营"系列攻略，包括"苏格兰牧场+桃源河景区"（户外+露营）、"苏格兰牧场+大木村"（烧烤+露营）、"阳明文化园+桃源河景区"（研学+露营）线路。

"+美食"系列攻略，包括"沙溪村+苏格兰牧场"（沙溪烧烤啤酒节）、"驿泉村+黔贵六广温泉"（特色美食）、"阳明文化园+黔贵六广温泉"（篝火晚会）线路。

"+民宿"系列攻略，包括"阳明文化园+苏格兰牧场+宿语山居"（休闲住宿）、"贵州森林野生动物园+桃源河景区+派对空间"（休闲住宿）、"贵州森林野生动物园+苏格兰牧场+四季农庄"（亲子住宿）线路。

（二）修文县阳明文化旅游开发的做法

修文是王阳明龙场悟道发生之地、知行合一命题诞生之乡，是阳明文化的重要发源地，被称为从"心"开始的地方。近年来，修文县以一圈两场三改为抓手，以阳明文化赋能 1 分钟生活圈建设改革为契机，聚焦规划设计、改造提质和遗存保护、完善基础设施、把握市场导向、加大宣传力度等环节，切实提升市民生活品质、不断增进民生福祉，助推文旅融合高质量发展。

1. 坚持规划引领优先，科学合理布局阳明文化园建设空间

一是阳明文化园定位打造"高效生态经济之城、阳明文化体验之都、健康养生休闲之地、自然生态魅力之乡"，集中体现文化展示功能、旅游服务功能、商贸商务功能、休闲养生功能、生态居住功能和公共管理功能。二是规划布局"一带二心三坊六区"。"一带"即修文河滨水景观带；"二心"即阳明文化核心保护区和阳明湖景区；"三坊"即北入口"王学圣地"牌坊、南入口"知行合一"牌坊与东入口"心学之源"牌坊；"六区"即阳明洞核心保护区、养心度假区、梦回故里主题小镇、文化产业休闲区、龙场驿站综合区。

2. 坚持"保护为主、合理利用"，不断加强阳明洞文物保护与利用

一是强化政策法规保障，编制《全国重点文物保护单位阳明洞和阳明祠—阳明洞文物保护规划》，2017年经贵州省人民政府正式公布。二是不断提升公共文化场馆的社会服务功能，2016年在第五届阳明文化节之际争取资金2000余万元完成王阳明纪念馆改扩建和改成布展，每年争取博物馆（纪念馆）免费开放补助资金80万元用于王阳明纪念馆免费对外开放。三是不断完善阳明洞文物安全配套设施。累计向国家文物局争取阳明洞防雷工程、阳明洞消防工程、阳明洞安防工程、阳明洞石质文物保护等文物专项资金1000万余元，完成"国保"文物的"三防建设"。

3. 坚持完善基础设施，推进文旅融合迈上新台阶

一是不断完善阳明文化园基础设施建设。以全国重点文物保护单位"阳明洞"为核心打造集旅游、文化、休闲养心、参学体验、度假及商业开发于一体的综合项目。截至目前，已经建成项目包括游客服务中心、知行合一广场、知行合一牌坊、正心池、阳明先生铜像、"衡南云轩"商业中心、王阳明纪念馆、龙冈书院教学及祭拜功能区、弘道馆会议中心区、龙冈书院配套温泉酒店和留香园餐厅、天人合一岛高端休闲SPA主体建筑及河道景观。二是不断完善玩易窝遗址公园基础设施建设。以玩易窝为核心规划打造的遗址公园总投资2.76亿元，占地113亩，建设内容包括"一轴一环三区"，一轴即玩易窝遗址公园文化轴，一环即知行体验环，三区即遗址瞻仰区、静思休闲区和忘忧亲水区。公园已建成投入使用，并作为 2020 年贵阳市第十一届旅游产业发展大会的主会场。

4. 坚持市场导向，推动阳明文化向研学、游学方向发展

为有效开展党政培训及企业培训，知行合一培训学院于 2021 年 1 月注册并运营。依托贵州省社会科学院、省市县党校、贵阳学院、社会主义学院等师资力量，推出阳明文化专题课程、党性教育专题课程 50 余节，现场教学课程 11 节。

5. 坚持多渠道宣传，不断提升阳明文化知晓率

一是为增加园区游客，鼓励旅行社将阳明文化园纳入传统旅游线路中，2021 年出资 100 多万元，出台了旅行社的人头奖励政策。二是开发 "OTA" 促销，与美团、携程等 "OTA" 开展线上合作，涉及门票销售、预约、进园等，下一步将与 "一码游贵州" 等线上企业展开合作。三是组建专门的外宣部门，策划年度、季度、月度、周末相关文化活动、节庆活动，公益性讲座、论坛活动。四是阳明文化园、龙冈书院、知行合一培训学院三个主体的微信公众号已经注册完毕，及时报道相关会议、培训、研学等动态。五是与新浪微博合作，开辟阳明文化专区，设立话题，鼓励相关专家学者、企业家等成为博主，提高知名度，聚焦阳明文化爱好者群体，通过资源互换方式，项目化运作，导流资源。

三 修文县阳明文化旅游资源开发与利用应注意的问题

修文县阳明文化旅游资源具有分布范围广、类型种类多、价值品质高、品牌影响大等特点，旅游开发利用的潜力巨大，为阳明文化旅游发展奠定了深厚的基础。但当前修文阳明文化旅游资源的开发利用多以恢复遗址遗迹为主，没有充分转化为满足游客需要的旅游产品。

（一）修文县阳明文化旅游资源开发不足

1. 对阳明文化了解程度偏低，特色不突出

人们对于王阳明及他所提出的思想观点认知程度偏低，大多数人对阳明文化的认知仅限于知道，阳明文化的展现不足，导致阳明文化未能被人们所了

解。存在圈内热、公众面冷的现象，公众认知率低，知阳明、学阳明、懂阳明的氛围没有真正形成。其博大精深的阳明心学没有走进大众心里，以致阳明文化旅游并未引起游客的浓厚兴趣，获得的认同度和满意度不高。

2. 整体旅游开发程度较低，未打造阳明文化的品牌项目

阳明文化整体旅游开发程度较低，没有结合阳明文化的内涵，不能满足现代人文化旅游需求，对大众的吸引力一般。文旅体验相对扁平，缺少阳明文化演艺产品的支撑，无形的精神文化遗产并未充分转变成有形的旅游产品，缺乏有深度的体验型旅游产品。

3. 传播主体单一，文化传播不对称

多年来，修文县阳明文化品牌传播取得了一定的成绩，形成政府主导、地方相关部门配合宣传的单向传播方式，但在传播过程中未能考虑传播对象的需求，导致目标受众在文化传播中的积极性大打折扣，受众的参与度不够直接影响了阳明文化的传播效果。

4. 保障机制不健全

文化旅游品牌的塑造和传播是一个系统又漫长的过程，必须建立完善的保障机制，包括人才保障、制度保障、资金保障、宣传保障等，这样才能使得阳明文化旅游的传播系统性、常态化、制度化。

（二）修文县阳明文化旅游开发与利用应注意的问题

1. 学术研究与开发利用的关系问题

学术研究层面，整合县内研究机构，加大与省内学术机构合作，如贵州大学、贵州师范大学等有博士、硕士点的研究机构。积极加强与孔学堂合作交流，促进阳明文化走近市民。拓展阳明文化资源的维度。继续广泛搜集王阳明在修文的奇闻、轶事、文物、文稿、历史文献、口头传说、书法作品等资料，进行深度挖掘、整理研究，并依法进行登记、归档和建立数据库。推进阳明遗址遗迹，留存文献的保护、研究和利用跨区域合作，建立阳明文化建设"朋友圈"。推动阳明文化资源保护的公益行为与市场运作相结合，建立科学的利益分配机制，激发多元主体积极参与保护工作。同时，还要提高阳明文化的普及化。邀请专家学者，围绕阳明文化如何以浅显易懂、简单明了、喜闻乐见的形式进机关、进社区、进农村、进学校、进企业、进景区、进部队、进家庭、进商铺等开展阳明文化普及，将阳明心学这一优秀传统文化的精华渗透到社会各层面，为打造阳明心学圣地厚植人文基础。

2. 省域内外阳明文化的关系问题

在新时代推动阳明文化旅游资源的开发与利用，需要我们把视野打开、把胸怀打开。阳明文化资源遍布全国各地，其中，又以贵州、浙江、江西、福建为盛。修文县阳明文化资源的开发与利用，一方面，要放眼全国，浙江是王阳明的故乡，江西、福建等地是王阳明的重要行经地，这些地方都对阳明文化的挖掘具有独特的意义，携手浙江、江西、福建等省份一起打造更多文化名片，有利于我们进一步培塑阳明文化核心价值，厚植阳明文化发展土壤，坚定阳明文化发展自信。在用好阳明心学诞生地这一优势的同时敞开胸怀，努力推动构建跨省的阳明文化资源开发利用协作机制，组建阳明文化旅游联盟，实现跨省域阳明文化资源开发利用协同创新发展。如以王阳明的一生为线索，整合其出生地浙江余姚、江西、贵州等诸多阳明文化资源，形成"阳明文化旅游带"，共同塑造阳明文化在国内外的形象。另一方面，修文要立足自身在全国阳明文化中的地位与特色，结合修文的实际进行开发利用，助推修文的经济、社会发展。就贵州省内而言，贵州阳明文化旅游资源虽然丰富，但空间分布上相对比较分散，难以形成规模效应与聚集效应，而且贵州阳明文化旅游处于起步阶段，旅游产品竞争力弱。应以王阳明在贵州的活动踪迹为线索，广泛联合、整合区域内的阳明文化旅游资源，形成既能洞窥阳明文化之精粹，又能彰显古今巨变时代的发展，同时展现丰富多彩的贵州民族文化资源的"贵州阳明文化旅游圈"，如近年来主推的"阳明·问道十二境"。

3. 阳明文化与其他文化的关系

贵州在历史上是"红色文化""民族文化""山地文化""屯堡文化""土司文化""傩戏文化""三线文化"等重要文化的富集地，是中国典型的多民族文化融合大省。故贵州阳明文化与上述文化一样，都是贵州地域文化的重要内容。它们彼此融通，相互渗透，和谐共生，多元一体，都是中华优秀传统文化的重要组成部分。因此，开发利用阳明文化，要将其与开发利用其他贵州地域文化有机结合起来，形成整体优势。以修文阳明文化融入旅游产业为例，阳明文化旅游研学路线的设计,完全可以和红色文化、屯堡文化、民族文化的旅游研学路线有机结合起来。将阳明文化融入贵州旅游文化产业发展,绝不是以阳明文化冲淡、更不是覆盖其他贵州特色文化,相反,应该为其他贵州特色文化产业的发展增光添彩。

4. 阳明文化融入中华现代文明建设的问题

习近平总书记 2023 年 6 月 2 日在文化传承发展座谈会上的重要讲话中指出:"在新的起点上继续推动文化繁荣、建设文化强国、建设中华民族现代文明,是我们在新时代新的文化使命。要坚定文化自信、担当使命、奋发有为,共同努力创造属于我们这个时代的新文化,建设中华民族现代文明。"习近平总书记明确提出了"新时代新的文化使命",就是"建设中华民族现代文明"。如何使阳明文化在新的文化使命中发挥作用,是"心学诞生地"的历史使命和时代担当。2023 年 7 月,贵州省委决定大力实施"四大文化工程",阳明文化转化运用工程位列其中,正式开启创造性转化、创新性发展阳明文化的全新探索之旅。修文县要抓住大力实施阳明文化转化运用工程的时机,把握好传承好阳明心学的深刻内涵、挖掘好运用好阳明文化的时代价值,推动阳明文化创造性转化、创新性发展,阳明文化一定会不断地从书斋文献中走出来,在黔贵大地焕发时代生机,为推进中国式现代化的贵州实践提供更强劲的精神动力。

四 结语

修文大力实施阳明文化资源的开发,充分展示了修文作为"阳明悟道地""心学诞生地"和"黔中阳明文化圈"相互之间的联系与开发,展示了"黔中阳明文化圈"的文明素养和时代风貌。在域内大力实施阳明文化普及化工程,讲好阳明故事,更好地彰显阳明文化的精神内涵,为阳明文化遗迹遗址注入文化底蕴,具有深远的历史文化意义和当代价值。同时,修文阳明文化资源的保护和利用,对于传承弘扬中华优秀传统文化具有深远的意义,它可以为修文建设中国式现代化提供精神动能和文化支撑。

参考文献

李晓方、陈劲松：《江西阳明文化的理论创新与开发利用》，《赣南师范大学学报》2021 年第 2 期。

任键：《全面提升贵州阳明文化传承发展的层次》，《当代贵州》2023 年第 34 期。

B.16
传统文化在推进贵州地方
文旅融合中的作用与实践

赵玉娇*

摘　要： 　传统文化是推动地方经济社会发展的重要文化资源和内驱动力。本文以贵州传统文化与旅游发展的互动关系为考察对象，采用文化学、社会学的跨学科研究方法，对全域旅游背景下贵州地方传统文化与旅游产业之间的融合及其存在的问题进行深入研究，呈现贵州传统文化融入文旅产业发展的现状，旨在揭示当前贵州文旅产业发展的规律，提出实现传统文化与地方旅游"双向赋能"的具体路径，达到助推乡村振兴、助力地方经济社会发展的目的。

关键词： 　地方传统文化　文旅融合　贵州省

一　引言

法国哲学家让·鲍德里亚（Jean Baudrillard）在其著作《消费社会》（*The Consumer Society*）中从文化资本的角度将价值因素引入文化学和艺术学范式，他从文化审美差别入手，对不同阶层的文化消费行为进行深入分析，提出"符号消费"理论。让·鲍德里亚认为在发达的商品社会中，人们的消费不再主要是物的消费，而是符号的消费。符号消费的目的在于对差异性的追求，借助于符号消费，人们完成其社会身份的建构。① 德国哲学家西奥多·阿多诺（Theodor Wiesengrund Adorno）在《文化产业的再思考》（*Culture Industry Reconsidered*）中将文化产业界定为：根据大众的需要而加入了"新特质"的

---

　　*　赵玉娇，博士，贵州省社会科学院文化研究所副研究员，主要研究方向为文化哲学。
　　①　徐望：《文化资本时代的中国文化消费论》，江苏人民出版社，2022。

传统文化，成为新的文化产品，为大众所消费。这种"大众文化"是人们从被挤压、受束缚的状态中解脱出来的一种精神性的追求，是其对于压抑的现实的暂时脱离。

对于物质的极度追求，一方面带来了人的欲望的无限增长，另一方面也导致精神世界的极度贫乏，使其陷入了物质主义所营造的陷阱之中，生命价值的虚无、意义的空虚、道德的失落成为现代性的赘生物并与之相伴相随。于是，内心的丰满、安宁和平静成为现代性处境中的人一种最为迫切的深度需求。文旅产业正是在物质高度发展后人们对精神和灵性生活迫切追求的现代性背景下产生的新兴旅游业态。其中，对于文化及文化符号的消费，是其最基本和明显的特征。

文化是旅游的灵魂，旅游是文化的载体，两者密不可分、相互促进。文化旅游，简单说就是通过对文化遗迹、文化物件和文化环境等的游览、欣赏和体验，从而获得有关历史文化的知识和感受的一种旅游形式和文化业态。它不同于传统的以景物观赏为主要内容的观光旅游，它是旅游向深度发展的体现，是旅游的提质升级。

文旅融合是文化和旅游相互融合的产物，是旅游的一种新业态和新形式。文旅融合旨在打破和化解文化资源和旅游资源之间相分离的形式化的浅层次的"融合"，使文化和旅游之间实现深层次的广泛融合。文旅融合不是简单的"文化+旅游"的融合，而是文化资源借助旅游的载体，与旅游开发相协调的一种文旅契合模式。因此，文旅融合的关键就是要找准文化与旅游之间的契合点和融合点，这样才能找到文化旅游的发力点和增长点。

2023年10月7~8日，习近平总书记在全国宣传思想工作会议上对全国宣传思想文化工作作出重要指示，明确提出"七个着力"的重大要求。其中就包含"着力赓续中华文脉、推动中华优秀传统文化创造性转化和创新性发展""着力推动文化事业和文化产业的繁荣发展"。总书记的文化思想强调传统文化应在新时期新语境下进行继承、转化和创新运用，并指出应大力推进我国文化事业、文化产业高质量发展。

贵州是旅游资源大省，拥有得天独厚的自然景观和丰富多元的文化景观。其中，民族文化、红色文化、阳明文化、屯堡文化、三线文化是其重要的文化资源。在实现文旅融合、加快贵州经济社会发展的过程中，贵州积极响应习近平总书记的文化思想，及时作出推进高质量实施多彩贵州重大文化工程的战略部署，大力实施红色文化重点建设、阳明文化转化运用、民族文化传承弘扬、屯堡文化等"四大文化工程"，以充分挖掘和利用本土文化资源，使之与旅游实现有机融合，实现文化传承与旅游发展的良性互动，达到振兴地方经济、传承传统文化、实现乡村振兴、加快建设多彩贵州民族特色文化强省的目的。这也是贵州立足本土文化资源、充分利用自身文化优势、打造文旅融合精品、重构乡土文明的生动实践。

二　措施与成效

作为旅游资源大省，地方传统文化是贵州重要的旅游资源，应使之成为推动贵州文旅发展的重要支撑。通过挖掘本土传统文化资源，推动文化遗产保护，推动文创产业的发展，打造文化景点和传统文化旅游品牌，从而达到推动贵州乡村旅游高质量发展的目的。"四大文化工程"是贵州文化发展的四梁八柱，是贵州文化发展的路线图和任务书，是中国式现代化生动实践的贵州样板。贵州文旅融合围绕"四大文化工程"，对贵州本土的文化资源进行整合和融合发展。具体做法如下。

（一）保护和利用红色文化资源、传承弘扬红色文化精神、发挥红色文化资政育人的作用

红军长征期间在贵州活动时间最长，活动范围也最广，留下了很多宝贵的遗迹和精神财富。遵义会议作为中国革命的伟大转折点，是红军长征的重大里程碑，也成为长征精神的一个重要标识。为此，贵州大力实施红色文化重点建设工程，推进长征文化公园建设。按照"一核、一线、两翼、多点"的总体布局，贵州全面加强长征文化的保护和利用，积极实施"1+3+8"标志性建设项目，建成运营长征数字科技艺术馆，建设《伟大转折》演艺综合体。同时，贵州还注重培育红色产业，推动红色景点串点成线，打造红色旅游精品线路，让红色故土成为焕发生机的红色沃土。比如2023年6月27日，在铜仁市举办主题为"传播红色文化　赓续红色血脉"的首届红色讲解员大赛，各地深入挖掘红色资源，讲好革命故事，赓续红色血脉。此外，贵州还注重红色遗址申

报、打造红色文化精品研学旅行线路，如积极推进中央红军南渡乌江遗址、困牛山战斗遗址等申报全国重点文物保护单位，着力打造 30 条精品研学旅行线路、建设 90 个"校旅结合省级示范单位、组织各地开展"重走长征路等研培体验系列活动。

（二）深入挖掘整理、研究转化和推广，擦亮贵州作为阳明心学诞生地的文化名片，努力打造阳明文化高地

作为心学大师王阳明"龙场悟道"之地，以及阳明心学的诞生地，贵州对于继承优秀传统文化、实现阳明心学的转化运用具有得天独厚的先天条件和资源。近几年，贵州省委省政府提出首先要深入挖掘整理、研究阳明文化，一是加大其转化和传播的力度，推进阳明文化的传承、研究和普及。如启动《阳明文库》的策划、编辑和出版工作，推动电视剧《阳明传》、京剧《阳明悟道》等文艺精品创作提升，并加大对外展演力度。二是加强与浙江、江西等省份的协作，发挥浙、黔、赣三省阳明文化旅游联盟作用，如将贵阳市阳明祠、甲秀楼、阳明洞进行联动，打造阳明文化主题精品旅游线路以及"阳明·问道十二境"经典游学线路。三是将阳明文化教育与中华优秀传统文化传承、结合起来，把阳明文化教育和立德树人的根本宗旨结合起来，加强阳明文化传承培训课程设计推广，多形式传播和推广阳明文化，使阳明文化走进学校、社区以及机关，起到教化学风、官风、世风及启迪人心、提振精神的作用。四是加强阳明文化遗址遗存修缮保护和展览工作，加强文物保护利用，优化提升阳明文化系列陈列展览，推动阳明文化传承发展。如注重对阳明文化以及诸如书院、碑刻等遗迹遗存的修缮保护等。

（三）充分发挥多彩民族文化的优势，努力将文化特色转化为发展优势，实施民族文化传承工程

贵州是典型的多民族省份，具有丰富多彩的民族文化，因此，要将民族文化作为发展贵州旅游和经济的富矿和资源，合理地加以利用，从而促进民族文化与旅游的有机融合。首先，强化对国家非物质文化遗产的开发利用，把本土非遗和全国非遗结合起来，把民族文化与现代时尚结合起来，开发高质量文创产品，精心打造贵州民族文化品牌。比如推动黔东南入选国家级文化生态保护

区，支持"黎从榕"积极融入粤港澳大湾区。其次，推动完成国家级非遗传承人记录工作及第六批国家级非遗代表性传承人的推荐申报工作，组织实施国家级非遗代表性传承人传承活动评估工作。比如认定非遗工坊377家，评选出40家省级非遗工坊示范点，在全省范围内遴选出33家非遗旅游体验版空间进行重点培育，成功举办"第三届中国丹寨非遗周""首届乌江寨非遗嘉年华"等品牌活动等。最后，通过做优做强"中国丹寨非遗周""乌江寨非遗嘉年华""叙·非遗""非遗周末聚"等品牌活动，塑造一批文化底蕴浓郁、体验性强、特色鲜明的非遗旅游名片，推进非遗与旅游深度融合，最终推动全省旅游产业化高质量发展。

（四）实施屯堡文化等历史文化研究推广工程

历史文化是地方历史发展的见证，是文明的载体，是民族的记忆，是文化软实力的体现，只有挖掘、传承、保护和利用好历史文化，才能更加有效地推进文化强省目标的实现。为此，贵州非常重视对屯堡文化等历史文化的挖掘、研究和保护，合理开发和利用历史文化遗产，一方面是增加历史文化底蕴，另一方面也是弘扬优秀传统文化，促进地方经济社会的发展。具体包括持续做好重大考古发掘工作，加强文物和文化遗产保护，把贵州历史文化研究引向深入，更好地展示贵州文明起源和发展的历史脉络。同时，深入做好屯堡文化研究，讲好屯堡文化的时代价值，让屯堡文化绽放时代光彩。推动贵州历史文化研究，如将电视剧《大明长风》等历史文化文艺作品纳入全国重点项目。做好多彩贵州特色文化研究阐释推广工作，从而充分彰显贵州特色文化的丰富内涵和底蕴。

自实施文旅融合的发展路径以来，贵州文化产业取得了较好的成效，其发展水平和年均增长率都得到了大幅度提高，耦合协调度也得到了较好的提升。省域内的资源优势和文化优势不断得到凸显，文化内涵不断得以丰富，文旅融合不断打开新局面。取得了较为突出的成效：

第一，文旅融合形成新样板。建成红色文化重点建设工程，建成"红飘带"和《伟大转折》演艺综合体。

第二，文艺作品推出新成果。推出红色题材黔剧《无字丰碑》，黔剧《腊梅迎香》在国家大剧院上演，京剧《阳明悟道》在上海、广州等地巡演。

第三，基层文化旅游赢得新关注。"村超""村 BA""路边音乐会"成为文旅顶流，吸引国内外众多旅客走进贵州。

第四，地方文旅发展开拓新局面。成功创建黔东南州国家级生态保护区、黔南州东方记忆国家级工业旅游示范基地、正安吉他国家级文化产业示范园区、仁怀国家文化产业和旅游产业融合发展示范区。

第五，新业态旅游获得新起点。青云路、乌江寨、贞丰古城成功创建国家级夜间文化和旅游消费集聚区，青岩古镇、荔波古镇成功创建国家级旅游休闲街区。天空之桥、"乡村旅游1号公路"入选全国第一批交旅融合典型案例，16 条线路入选全国乡村旅游精品线路。

第六，研学旅行推出新精品。推出首批涵盖红色文化、历史文化、生态文明、非遗传承、科普教育5大主题的30条研学旅行线路，并且制定避暑旅游优惠政策，实施"两免两减半"① 优惠活动，备受游客青睐。

三　短板与问题

由于贵州省文化资源分布较为零星分散且规模较小，加之文旅产业发展较全国先进省份稍显滞后，文化和旅游融合的深度不够，发展不够成熟，以致文旅产业发展上存在一些局限和短板问题，一定程度上制约了贵州文旅产业的发展。

第一，文化和旅游产业发展存在浅层融合、粗放发展的情况。近些年，贵州在文旅产业发展上，开始重视挖掘地方文化资源，将其转化为发展地方旅游经济的重要资源。但是，由于起步较晚，存在对本土文化挖掘不足，对自身文化资源的家底和内涵了解不清晰的情况，进而导致在文旅发展过程中出现将文化要素和文化资源与旅游发展简单、浅层次融合的粗放式发展的情况。

第二，文旅产业发展趋向同质化，差异化、地域性特色不足。同质化是文旅产业存在的一个普遍问题，具体体现为文旅景点同质化、文旅产品同质化、休闲娱乐同质化等。同质化的根本原因在于不考虑当地的地域特点和实际情

---

① 全国在校中小学生、在校大学生景区门票免费优惠，全国6周岁（含）以下儿童、60周岁（含）以上人士景区门票免费优惠，景区门票和高速公路通行费五折优惠。

况，文旅产业同质化，导致景点复制、产品重复，容易让游客产生倦怠感和抵触感，从而导致文旅产业发展失去吸引力。

第三，文旅产业从业人数多，但专业性、创新性、高精尖人才匮乏。旅游产业的门槛要求不高，受经济利益的吸引，加入旅游行业的从业者日益增多。旅游从业者涉及景区餐饮、导游、交通、住宿等多个方面，由于没有经过专业的培训和教育，从业者在行业发展中缺乏专业性和创意性，只是停留在传统的初级层面的旅游认知和实践上，景区旅游缺乏专业性和创造性，出现旅游品质普遍偏低的情况。

第四，融资渠道单一，主要依靠政府投入。旅游发展的一个基本前提是资金的投入，但是贵州文旅的基本现状就是基础投入主要依赖于政府的投入，民间资本、社会资本介入比例较低，限制了文旅产业向规模化和深度发展。

第五，人文资源独特性、产业化程度不高，文化 IP 系统发展不足、优势不明显。贵州具有得天独厚的自然资源和人文资源，但在文旅产业的现实发展中，没有深度挖掘人文资源，钻研其区域独特性，未能将这些文化符号、文化价值产品化。另外，在文化 IP 的打造方面，各环节之间缺乏系统、有机连接，未能形成一个完整的文化符号体系，独特性、识别度低，优势不明显。

第六，运营平台打造力度不够，传播力不强。一个区域的文旅产业能否得到很好的发展，宣传、运营平台的作用非常重要。现代新型宣传手段和运营平台的不断出现，给文旅产业的宣传和营销带来了便利，充分运用好运营平台成为文旅产业取得成功的一个关键条件。就贵州文旅产业发展来说，抖音、微信等数字化新媒体和电商平台已经成为宣传和推介贵州文旅及其相关产品的重要手段，但是就其介入程度和有效利用来说，仍然处于浅层和粗糙的阶段，仍有待开拓和深挖。

第七，文旅产品缺乏故事性和体验感不强，游客参与度不高。随着经济社会的进一步发展，人们对精神层面的需求日益增加，对文旅产业的体验性需求也日益凸显，一种新型的对文化产品的"沉浸式感知和体验"的文旅发展模式和发展业态应运而生。因此，通过场景塑造、氛围感染和内容产品，增加文旅项目的故事性和体验感，成为各个景区推动文旅发展的重要环节。就贵州文旅产品而言，一个比较明显的现状是文旅资源极为丰富，但文旅吸引物的打造特色不够鲜明，缺乏引人入胜的故事性和体验感，游客的参与感和互动性不够，"沉浸式体验"程度还需进一步加强。

第八，旅游吸引物和景区设施欠缺，以致出现"过境游""过夜游"少的情况。景区吸引物是景区的核心和亮点，它是景区的门面和关键，景区吸引物打造得是否成功，直接关系着景区客流量的多少和景区经济效益的好坏。贵州在打造景区吸引物方面普遍存在这样的情况，即大多数景区抓住了区域内的主要文化元素和旅游引爆点，但落实到旅游吸引物的具体打造上，规划不够精细，重点和特点不够突出，没有很好地抓住游客的眼球。此外，贵州景区的交通设施、娱乐设施不够便利、丰富，出现"过境游""过夜游"较少的情况，对景区的旅游经济造成了很大的影响。

第九，文化资源的数字化建设薄弱。以快捷、高效、智能为标识的现代文旅产业，对当前尚处于半粗放发展阶段的贵州文旅产业提出了更高的要求。当前，贵州的数字文旅正处于快速发展时期，大数据产业在贵州的落户和发展，形成国家文化大数据体系的省域中心。数字技术正被越来越广泛地运用在文旅产业上，智慧旅游、数字旅游正成为一种新的旅游业态，推动贵州文旅产业的发展。然而，贵州数字经济和传统文旅的融合进度较为缓慢，导致其数字文旅停留在信息数字化的基础建设阶段，在文化和旅游 IP 数字产业化方面落后于全国其他发达地区，在文旅产业数字化建设和管理方面也处于初级和无序的阶段。

四　对策与建议

针对当前贵州文旅产业发展现状及存在的问题，本文提出以下对策和建议，供相关部门参考和借鉴。

第一，深入发掘和整理文旅资源，做到心中有数。贵州境内文化资源丰富，但呈碎片化零星分布，一些文化资源甚至没有被纳入文化资源档案，"待在闺中人未识"。为此，地方政府应当对区域内文化资源进行深入发掘和整理，做到对文旅资源底数的清晰掌握。

第二，认真研究贵州传统文化内涵，凝练其中要素，使之与地方旅游深度融合。传统文化有着特有的要素组成、承载形式和表现方式，合理发掘和利用传统文化资源，将有利于促进传统文化实现"创造性转化"和"创新性发展"。贵州历史悠久，民族多样，底蕴深厚，是名副其实的"文化千岛"，应当充分挖掘和研究其内涵，并将其适宜地运用到地方文化旅游产业中，使之成为促进文旅发展的重要资源。

第三，全面整合传统文化资源，完善地方公共服务和旅游产品。为使地方民俗传统文化与旅游融合，应加强对贵州地方旅游商品的生产、销售、售后等各环节的指导，打造出贵州文旅产业的"爆点"，开发出具有地域特色和民族特色的旅游商品。

第四，进一步加强对地方文旅产品的宣传和运营，着重在网络营销、旅游服务和品质品牌上下功夫，打造贵州文旅 IP，由此增加文旅产品的知名度和美誉度。

第五，加强行业标准建设，提高文旅产业的质量和水准。应完善法律法规，加强服务意识，提高旅游从业人员的素质和服务水平。

第六，找准地方文旅资源中的文化元素，赋予旅游产品文化内涵。要使文旅产品具有吸引力和感染力，应对文旅产品进行内涵深化、形式优化，增加其故事性、趣味性和体验性，让游客可知、可见、可感，既"悦目"又"赏心"，从而获得美的感受和体验。

第七，创新传播形式和传播途径，提升旅游产品和品牌的影响力。作为大数据产业的核心区域和重要阵地，贵州理应加快大数据交易平台的建设，并且充分利用数字化技术条件和多媒体运营平台，发挥流量效应，讲好贵州文旅故事，从而形成山水风光、文化古迹以及景区体验的共同体发展模式。

第八，规范文旅产业市场，优化营商环境。文旅产业市场是否有序，不仅关系到地方经济的发展，关系到地方旅游的形象，还关系到文旅产业的可持续发展。为此，应对文旅市场进行有效治理，规范各相关主体的行为，杜绝虚假宣传、强迫购物和价格欺诈等不良行为，进而促进地方文旅产业的繁荣发展。

第九，严守底线，合理融资，合理开发。文旅产业是与经济利益高度相关的产业，在其发展中，资本和商家的介入不可避免，同时也是十分必要的。但是，在引进资本的过程中，应当重视对区域文化的保护和传承，避免由于过度开发、过度商业化而造成对传统文化的破坏。

我国著名的社会学家费孝通先生认为，"从基层上看去，中国社会是乡土性的"。① 传统文化是乡土社会重要的文化根本，是地方经济社会赖以发展的内驱动力和不竭源泉，是重要的文化瑰宝。在发展文旅产业的过程中，应当正确对待传统文化的价值，对传统文化的开发、利用要采取科学、谨慎的发展理念。"在新发展理念指导下，提升的是文化经济的价值，传播的是文化理念，弘扬的是优秀传统文化。"② 一方面，既要充分挖掘地方文化资源，使其在新的时代语境下有机、适宜地与地方旅游相融合，以文赋旅，以文带旅，从而使传统文化重新焕发生机和活力，助力乡村振兴。同时，通过传统文化的创造性转化和创新性发展，实现传统文化的继承与发展。另一方面，在发掘、利用传统文化资源的过程中，应坚持传统文化的主体地位和本位思想，做到无论是资本的介入还是政府的管理都是在充分尊重文化主体的前提下，即"尊重乡村文化的主体性和本体地位是乡村振兴的首要前提，是实施乡村振兴战略理念之一。"③

"衡量文化产业发展质量和水平，最重要的不是看经济效益，而是看能不能提供更多既能满足人民文化需求、又能增强人民精神力量的文化产品。"④ 因此，在发展文旅产业的过程中，不应在利益和权力的裹挟下失去发展的底线和边界，所采取的一切行为都应当围绕着传统文化的合理保护和发展，即文化是本位和主体，旅游开发、产业发展应同文化传承、环境保护协调发展。否则，将是传统文化的灾难，也会损害文旅产业的健康发展。如果脱离地方的实际和文旅产业发展的规律，盲目地将文化资源进行滥用和嫁接，既会给传统文化的完整性和系统性带来破坏，使其变得"俗化"和"矮化"，沦为商业逐利的工具，也会对文旅产业的核心群体——游客造成双重的"伤害"（物质和精神的），最终会破坏整个文旅产业的有序发展，这是我们所要警惕的。

---

① 费孝通：《乡土中国》，上海人民出版社，2007。
② 范玉刚：《乡村文化复兴与乡土文明价值重构——以现代化进程中城乡一体化发展为视角》，中国大百科全书出版社，2021。
③ 范玉刚：《乡村文化复兴与乡土文明价值重构——以现代化进程中城乡一体化发展为视角》，中国大百科全书出版社，2021。
④ 习近平：《把文化建设摆在更加突出位置》，载《习近平谈治国理政》（第四卷），外文出版社，2022。

B.17
文旅融合背景下贵州民族传统音乐的传承与利用研究
——以国家级非遗项目为重点

蔡贞明 任美全*

摘 要： 旅游资源包括自然风光与人文景观两类。在人文景观类旅游资源中，贵州民族传统音乐，特别是声乐类和器乐类国家级非遗项目具有举足轻重的地位。这些非遗项目不乏语音性、艺术性、流动性、情景性特点。从目前情况看，其传承做法和经验既有可借鉴和推广之处，也面临着不少困难和问题，总体上处于喜忧参半状态。在利用方面还存在很大空间。在文旅深度融合背景下，应多管齐下，采取拓展利用场域、寻找利用机会、创新利用形式等有力举措，使本土丰富的旅游资源产生更大的社会效益和更多的经济利益。

关键词： 贵州民族传统音乐 非遗项目 侗族大歌

近年来，贵州省委、省政府把围绕"四新"主攻"四化"作为实现经济社会高质量发展的主战略，把建设"四区一高地"作为实现经济社会高质量发展的主定位，大力发展旅游业被提到前所未有的高度。2023年9月14日，在全省旅游工作会议上，贵州省委书记徐麟指出："要把握好关键吸引物、高品质服务、全球美誉度、国际化客群的内涵要求；把握好旅游方式正由景点观光向休闲度假、深度体验转变，旅游空间正由景区景点向旅游目的地转变，旅游业态正由产业自身循环向全面融合发展转变的变革趋势；把握好打造世界级旅游目的地是

---

* 蔡贞明，贵州省社会科学院文化研究所副研究员，主要研究方向为传统哲学与贵州文化；任美全，贵州省纳雍县张家湾镇补作小学教师，主要研究方向为中小学教育。

全省总的目标，需要世界级景区景点作支撑和一流旅游城市来配套；把握好打造世界级旅游目的地需要一个过程，必须远近结合、久久为功。"①

旅游资源包括自然风光与人文景观两类。一般来说，自然风光类旅游资源吸引力的大小取决于景点自身地形地貌审美价值的大小，人文景观类旅游资源影响力的大小则取决于景点本身历史文化遗存内涵意蕴的多少。随着对已有旅游资源的持续发掘，自然风光类旅游资源已经到了极其有限的程度，而人文景观类旅游资源仍然比较丰厚。值得注意的是，在种类繁多的人文景观类旅游资源中，除了那些直接作用于人的视觉器官的民族或地域特色的器物和建筑等有形存在外，还有许多尚处于"沉睡"状态的作用于人的其他感觉器官的无形存在，没有得到应有的开发及利用。贵州民族传统音乐即属此类情形。

无论从理论还是实践上看，任何一种文化资源都应该得到传承与利用。而在传承与利用两者的关系中，传承是前提和基础，利用则是巩固和升华。如果没有传承，文化资源就会流失，进而也就谈不上利用。而如果不加以利用，文化资源的价值就无法得到充分彰显。从这个意义上讲，贵州民族传统音乐作为文化资源的重要组成部分，不仅应谋划好传承方面的事情而且还要做好利用方面的工作。鉴于此，把贵州民族传统音乐特别是国家级非遗项目作为人文景观类旅游资源的要件，进而加大传承与利用的力度就显得更加紧迫和必要。

一　贵州民族传统音乐国家级非遗项目简述

贵州民族传统音乐国家级非遗项目由声乐与器乐两类构成。声乐类非遗项目主要有侗族大歌、侗族琵琶歌、苗族飞歌、苗族多声部民歌、彝族民歌、布依族民歌、土家族民歌、仡佬族民歌等。器乐类非遗项目主要有苗族芒筒芦笙、布依族勒尤、铜鼓十二调等。

（一）声乐类非遗项目

1. 侗族大歌
侗族大歌是流行于贵州黔东南黎平、从江、榕江等地的传统音乐，中国国

---

① 许邵庭、曾书慧：《深入学习贯彻习近平总书记重要指示精神　乘势而上扬长补短加快推动旅游业高质量发展》，《贵州日报》2023年9月15日。

家级非物质文化遗产之一，人类非物质文化遗产之一。侗族大歌主要有鼓楼大歌、声音大歌、叙事大歌、童声大歌、戏曲大歌、社俗大歌、混声大歌等。鼓楼大歌侗语称为"嘎得楼"，是在鼓楼里迎接宾客时演唱的大歌，由主客双方歌队演唱，内容以情歌、叙事歌为主。声音大歌侗语称为"嘎唆""嘎套唆"，曲调及声音都很优美，内含不少衬词，旋律多模仿自然界水声、鸟鸣、蝉声等。叙事大歌侗语称为"嘎君""嘎啥"，常为歌队出寨访客应主人之邀而演唱，歌词涉及神话故事和历史传说等内容。童声大歌侗语称为"嘎腊温"，由儿童演唱，内容多为儿童游戏及日常知识等。戏曲大歌侗语称为"嘎瓦"，一般在侗戏开场前或收场时演唱，以齐唱为主，末句往往以拖腔方式进行。此外，还有礼俗大歌和混声大歌，民族特色都十分突出。侗族大歌词曲形式主要有三类：一曲多词类数量最多，经典侗族大歌属于这一类。经典侗族大歌是在正式场合演唱的大歌，男女对唱，既有男声部也有女声部；一曲一词类数量较少，这类歌通常只有女声部或者只有男声部；多曲一词类数量最少，它是侗族大歌的一种变异形式。侗族大歌的结构具有明显的三段式特征，即每首大歌均由歌头、歌身和歌尾三部分组成。其中，歌头与歌尾相互呼应，歌身嵌在中间，可划分为果（组）、枚（首）、僧（段）和角（句）等类别。

2. 侗族琵琶歌

侗族琵琶歌因使用侗族工匠自制的琵琶伴奏而得名，侗语叫"嘎琵琶"，是一种边弹边唱的演唱艺术，是侗家人抒情民歌和叙事长歌的总称。琵琶歌句式自由，长短句相间，长句子居多。常采用第一、第二人称作为抒情叙事方式，并采用赋、比、兴等创作方法。贵州榕江、黎平、从江等地的侗族琵琶歌已被列入国家级非物质文化遗产名录。侗族琵琶歌主要由开头歌、主体歌、消散歌三个部分构成。内容涵盖侗族历史、神话、传说、故事、古规古理、生产经验、情爱婚恋、风尚习俗、社会交往等方面。琵琶歌因地域差异而呈现不同特质。

3. 苗族飞歌

苗族飞歌，贵州剑河、雷山等地传统音乐，国家级非物质文化遗产之一。苗族飞歌的演唱方式有齐唱、独唱、重唱和对唱等。飞歌可以采用多声部方式演唱，部分地区把平腔和高腔山歌融入其间。苗族飞歌有对美好爱情的表达、对自然界声音的模仿、对礼仪的呈现、对生产及生活的反映、对历史故事的讲述等。每一首飞歌有三十句左右，以三字句、五字句、七字句、八字句居多。飞歌曲调的节拍、长短和快慢等相对固定，起句及尾句一般都有拖音。苗族飞歌在情感表达上比较高亢，主要采用二片式结构，上片为乐曲歌头，由两个乐句构成，开头往往以"呃"声作为引子，下片则为乐曲收尾，节奏轻松活泼，具有明显的跳跃感。歌曲结尾处常采用渐慢的方式唱拖腔，这可以与上片形成呼应。苗族飞歌首句比较快，后面则越来越慢。

4. 苗族多声部民歌

苗族多声部民歌，国家级非物质文化遗产之一，主要流传于贵州台江、剑河等地，它以宫、商、羽、徵、角为主要音列，和音为纯五度、纯八度、大三度和大六度，节拍多为3/4、4/4、2/4和6/8。演唱方式有主旋律男女对唱和主旋律男女合唱两类。一首完整的多声部民歌一般由六至十六个乐句组成。以八句民歌为例，第一段第一至第六乐句为男声单声部，从第七乐句开始，女声部加入形成多声部，男声部唱完第八乐句后，女声部主唱第二段第一至第六乐句，到第七乐句，男声部加入形成多声部。如此反复相和，从而构成苗族复调音乐。苗族多声部民歌的内容大多反映苗族青年男女从接触到成婚的过程，包括"见面歌""赞美歌""单身歌""青春歌""求爱歌""相恋歌""分别歌""成婚歌""逃婚歌""离婚歌"等。不同内容用不同的曲调演唱。演唱人数至少为两男两女。

5. 彝族民歌

彝族民歌，即彝族山歌，是流传在贵州六盘水盘州、盘北等地的传统音乐，国家级非物质文化遗产之一。彝族民歌词句短小，属歌谣体，多为触景生情自唱或对唱，句式整齐、押韵，常在简短的歌词中运用比喻、对比、夸张等手法，以表达演唱者所思所想，呈现抒情性、即兴性及变异性等特征。按照演唱形式，彝族民歌可分为独唱、二人对唱、群体对唱等。此外还有集体齐唱和简单的二声部合唱。演唱时间、场合比较自由灵活，歌词语言有半汉、半彝甚至纯汉语的。歌词以七言四句居多，也有四句一问、四句一答的，曲调婉转悠扬，被当地人称为"拉山腔"。下面这首民歌就是一例："山歌出在淤泥河，人去背来马去驮。前头去了三匹马，后头还有九囤箩。"

6. 布依族民歌

布依族民歌主要流传于贵州黔西南和黔南，国家级非物质文化遗产之一。

民歌种类有古歌、叙事歌、情歌、酒歌和劳动歌等。演唱形式有独唱、对唱、齐唱和重唱等。曲调则有大调与小调之分、大歌与小歌之别。大调与小调流行于红水河北岸册亨、望谟、罗甸等县。大调运用得较广，包括叙事、祝酒、迎宾送客、诉情说理等场合，音域一般只有五度，稳重沉静；小调用于唱情歌，音调较为开阔，音域通常扩展至八度，歌者常在高音和结尾处使用假声唱法。大歌与小歌流行于黔南荔波、独山和三都周覃一带，它们是布依族民歌中具有多声部结构的两种歌唱形式。大歌与小歌的区别在于，大歌有向亲友致意的歌头和歌尾，一般为四句或六句；小歌则没有歌头只有歌尾，一般只有四句。大歌在公众场合演唱，内容比较严肃，多为酒歌或叙事歌；小歌是青年男女谈情说爱时经常采用的对唱形式，歌曲短小。此外，布依族民歌还有明歌调与土歌调。它们是贵阳一带布依族对用汉语演唱和用民族语演唱布依族民歌的统称。明歌用汉语演唱，按歌词内容可分为排歌、台歌两类，按曲调特色可分为四平腔、三滴水和酒歌调三类。土歌用布依语演唱，根据唱词的声调行腔，话长音短，话短音长，歌腔少则十六七拍，多达三十余拍，多用于演唱传统古歌。

7. 土家族民歌

土家族民歌，国家级非物质文化遗产之一，流传于贵州铜仁。土家族民歌主要有山歌、薅草锣鼓、劳动号子、摇儿歌和儿歌、风俗歌五种。土家族民歌在语言上有土家语山歌和汉语山歌两种，在声腔上有高腔和平腔之分，在结构上有"一声子""三声子""四句头""五句子"之别，在内容上有情歌、古歌、礼仪歌、生活歌、苦情歌等。土家族民歌内容随着情况变化而变化，谈情说爱唱"情歌"，倾诉苦情唱"苦歌"，上山打猎唱"打猎歌"，孤独寂寞唱"咏叹歌"，比能赛智唱"盘歌"，女儿出嫁唱"哭嫁歌"，红白喜事唱"开席歌""劝酒歌"，开春时节唱"说春歌"，修房造屋唱"福事歌""上梁歌"，老人去世唱"打绕棺""孝歌"等。可谓"婚、丧、嫁、娶设歌堂，喜、怒、哀、乐都是歌"。土家族民歌曲式结构多为四句式，其特点是二句式完全重复或部分重复。土家族民歌多用徵、宫、羽、商四个调式，其中，徵、宫、羽比较常见，节奏为偶数节拍和奇数节拍两种，以偶数节拍居多。

8. 仡佬族民歌

仡佬族民歌，国家级非物质文化遗产之一，主要流传于贵州务川、道真等地。仡佬族民歌按题材可分为号子、打闹歌、山歌、情歌、酒歌、哭嫁歌、仪式歌、孝歌等，常由三言、四言以至十余言不等的长短句组成。因受汉族诗歌影响，仡佬族民歌多为七言或古风体，并借用汉语词句。仡佬族民歌有高腔（假声）山歌、平腔山歌、低腔山歌之分。

（二）器乐类非遗项目

1. 苗族芒筒芦笙

苗族芒筒芦笙主要流传于贵州丹寨，国家级非物质文化遗产之一。苗族芒筒芦笙演奏者为 16 人，共有 3 支芦笙、13 支芒筒。吹奏时，芦笙在前，芒筒在后，边吹边舞，吹奏者围成圆圈，沿顺时针、逆时针方向缓缓前行。众人以脚蹬地，发出整齐的舞步声，与乐音相应和。苗族称之为"齐心集鼓社，齐步踩笙堂"。作为苗族的古老乐器，芒筒芦笙的主要功能是娱神，它多用于大型庆典、祭祖、丧葬等活动，而以丧葬场合使用最多。参加大型庆典时，芒筒芦笙常在迎送祖鼓、斗牛场斗牛、竞技场助威等活动中演奏。芒筒芦笙曲目众多。用于祭祀的曲调有《怀祖曲》《邀约曲》《离别曲》等，用于丧葬的曲调有《过路曲》《进门曲》《悲伤曲》《送别曲》《安慰曲》《离别曲》等。

2. 布依族勒尤

布依族勒尤，流传于贵州黔西南兴义及南盘江、北盘江沿岸布依族聚居区，国家级非物质文化遗产之一。勒尤系布依语译音，"勒"作名词使用时意为"喇叭"，作动词使用时为"追"；"尤"意为"情人"或"恋人"。合起来大意为"对情人发出信号的小喇叭"或"呼唤情人的小喇叭"。勒尤曲调配上歌词，称为"勒尤调"。常以"思念调""喊妹调""浪哨调"冠名。"勒尤调"可分为两类：一是用勒尤吹奏的器乐曲，流传下来的有 10 余种；二是用勒尤曲调填词后所演唱的声乐曲，流传下来的也有 10 余种。乐器由五个部分组成，即共鸣筒、管身、铜箍、芯子、虫哨。勒尤有大、中、小三种型号。

3. 布依族铜鼓十二调

布依族铜鼓十二调，主要流传于贵州贞丰、镇宁、关岭、六枝、普定等地，国家级非物质文化遗产之一。演奏时由铜鼓扮演主角；辅以皮鼓、锣、手镲等。代表作品有"喜鹊调""散花调""祭鼓调""祭祖调""三六九调"

"祭祀调""喜庆调"等。铜鼓十二调有主调、送调和哀调、喜调之别。每一调的结构有头、腹、尾之分。因场所不同在演奏每一调时会呈现一定的差异。布依族视铜鼓为灵物,常在铜鼓两耳系上红绸以示镇邪,只有在过年、"砍嘎"、送丧时才会使用,平时则将其放入谷堆存放或者用一丈二寸长的红布遮盖。每次动用铜鼓都要举行庄严而神秘的祭鼓仪式。届时寨中长者率领所有已成家的男子参与。长者带头念诵祖辈流传下来的祭鼓词,晚辈们附和着,并泼出碗中用于敬神的米酒。寨中老人先敲击三锤:第一锤表示敬天神,第二锤表示敬地神,第三锤表示敬神鼓,其他人再接着敲击。举行祭鼓仪式主要是为了祈求风调雨顺和平安健康。

二 贵州民族传统音乐国家级非遗项目的特点

(一)语音性

如果把音乐视为一种艺术门类,那么,这种艺术门类的突出特征就在于它的语音性。之所以如此,主要是因为音乐与其他诸如绘画、雕塑等艺术门类明显不同。从符号学视角看,绘画、雕塑等是主要作用于人的视觉器官的文化符号,这类符号以图案、颜色、线条等能指具体体现出来。能指的外在特征主要通过人的眼睛这一视觉器官加以感知。换言之,绘画、雕塑等艺术门类,其能指只有通过人的视觉才能感知。音乐与此不同。音乐节奏的急促或缓慢、音调的低沉或高亢,如果用眼睛这一视觉器官去感知显然无法奏效。要判断一首乐曲是优秀还是低劣、氛围是欢快还是悲伤,没有耳朵这一听觉器官就不能完成。作为专门感知声音的器官,耳朵的职能在于倾听。声音是强烈还是微弱,是悦耳还是刺耳,非耳朵不能识别。音乐既然是一种听觉符号,那就不能把它与绘画、雕塑等视觉符号简单混淆起来。音乐如此,贵州民族传统音乐非遗项目当然也不例外。

需要说明的是,音乐虽然具有语音性特征,属于听觉符号,但并不是说它对其他的视觉对象就绝对排斥,与绘画、雕塑等的关系就是一种水火不容的关系。除了依靠并通过听觉器官去感知外,音乐的演唱或演奏有时还需要某些视觉器官的参与,如演唱者或演奏者的眼神、表情、手势、服饰等都属于视觉符号，这些视觉符号都需要视觉器官去感知。视觉器官的参与不仅不会对音乐的语音性特征造成致命性冲击或起到破坏性作用，在一定程度上还能产生或辅助或烘托或点缀的效果。

（二）艺术性

把音乐界定为一种听觉符号，并不是说所有具有声音特质的对象都属于音乐。比如雷鸣、开山炸石声、鞭炮燃放声、挖掘机撞击岩石和水泥板等硬物时发出的声音等就不是音乐。那么，音乐的语音性究竟具有什么独到之处呢？音乐之所以与普通声音区别开来，主要是因为音乐具有艺术性。音乐的艺术性就是其意味性。音乐的这种意味性首先在于它具有一定的审美价值。音乐可能有优美或壮美之分、雄浑或淡雅之别。但不管怎样，其具有审美价值却不容置疑。此外，音乐还呈现高低起伏和抑扬顿挫的变化。这种变化无疑是对千篇一律的拒斥，是对同样节奏、同等音量的否定和颠覆。其次，音乐具有情感功能。音乐能唤醒人们"沉睡"的情感，给人们带来欢乐或者使人们悲伤，既可以使人们对美好生活充满幻想也可以使人们陷入痛苦回忆。音乐如果丧失了这一功能，那么它就无法感动听众。再次，音乐具有完整性。音乐的完整性不仅体现为每一首乐曲都是一个密不可分的整体，而且还体现为每一首乐曲都是一套自主的符号系统。在这个系统中，既有居于中心的符号，也有处于边缘的符号。正是这些位置不同、功能各异的符号共同组成了一个有机整体。贵州民族传统音乐除了具有语音性特质外，它与其他艺术门类的相通之处还在于它具有艺术性。

（三）流动性

流动性是音乐的一个特点，当然也是贵州民族传统音乐的一个特点。流动性就是历时性，它是音乐从开始到结束经历的时间过程。听觉艺术门类与视觉艺术门类的不同不在于空间的转换，不是长、宽、高等可视维度的差异。人们用肉眼自然看不见一首乐曲所占用的空间，也难以感知前、后、左、右等方位，至于是粗还是细、是滑还是糙等外在特征更是无从察觉。而能够感知音乐的长短却是肯定的。值得注意的是，音乐的长短与那些可视物的长短有着质的差别。这种长短通常不用尺子衡量，而是用其所耗费的时间来计算。演唱或演

227

奏一首乐曲如果耗费的时间多就说明乐曲比较长，如果耗费的时间少就表明乐曲比较短。乐曲究竟是长还是短，这主要由乐曲自身的内容而定。如果乐曲所要表达的内容多，那么它就较长；如果乐曲所要呈现的内容少，那么它就较短。乐曲的长短没有统一规定，长的可达几十分钟，短的则只需几分钟。无论是声乐还是器乐，其往前推进的过程就是一维的时间持续延伸的过程，时间延伸的轨迹与一条河流的流淌类似，乐曲的开端类似于源头，乐曲的结束类似于河流终点。音乐在其流动过程中既可能呈现弯曲也可能呈现笔直，既可能出现漩涡也可能遭遇险滩，有时甚至可能会出现一波三折。不管具体形式怎样，都可将其视为音乐的流动性特点。

（四）情景性

情景性是指音乐呈现时的整体面貌。这一面貌既包括人也包括物。就人而言，它可能既指演唱者或演奏者又指指挥者或伴奏者。从人数看，不管是演唱还是演奏，至少为一人，最多时可达几十甚至上百人。这些人扮演的角色不同，分工各异。就物而言，既可能指演奏乐器，也可能指伴奏乐器，还可能指一些根据需要而临时使用的道具。承担着不同职责的人与类型各异的物共同构成乐曲展示的情景。需要强调的是，由于贵州民族传统音乐自身的特殊性，在情景性这一特点上，它与其他省份的民族传统音乐或者与同一省份的非民族传统音乐可能存在较大差别。即便是同属贵州民族传统音乐，侗族传统音乐与苗族、彝族、布依族、土家族、仡佬族等传统音乐也会存在一定差异。这主要表现在两个方面：一方面，因民族不同其词、曲等音乐构成元素就可能不同。由于不同民族在起源、迁徙、生产、生活等方面存在差异，因而他们的历史记忆、风俗习惯、价值取向、情感偏好等就不可能完全相同。另一方面，那些非语音部分，即既不属于歌词也不属于旋律的部分，比如演唱者或演奏者的服饰，以及用来增强气氛或者起衬托作用的布景等也带有各自的民族特征，这些民族特征就会给听众留下不同的印象。这样，听众在聆听音乐的过程中，其感知既来自人也来自物，既可能有乐音方面的也可能有器具方面的。当人与物彼此结合，听觉符号与视觉符号相互交织，自然就构成了一个不可替代的特定情境。

三 贵州民族传统音乐国家级非遗项目的传承

（一）传承状况

贵州民族传统音乐国家级非遗项目的传承主要体现在两个方面。一方面，国家级非遗项目所在地党委、政府及文旅主管部门十分重视，出台了相关政策措施，在传承人员和经费投入等方面给予了力所能及的支持。对非遗代表性项目传承人所遇到的实际困难和问题，在条件允许的情况下，尽可能地给予解决，以实现非遗项目传承的可持续性。具体表现为一是非遗代表性项目传承人在物质生活方面得到了一定的保障，二是近年来不少地方还举办了传统文化进校园活动，让处于基础教育阶段的少年儿童在完成学业的同时也对本地非遗项目有所了解并参与其中。这些做法和经验值得进一步借鉴和推广。另一方面，由于城市化进程的步伐不断加快，不少青壮年选择外出务工。这样，常住农村的就只有少数留守老人和留守儿童。传承主体较少这一客观现实，无疑会给非遗项目的传承增加难度。在人数不多的情况下，传承力量就显得单薄。无论是"传"者还是"承"者，他们传的积极性和承的主动性都不是很高。因此，从总体上看包括国家级非遗项目在内的贵州民族传统音乐的传承状况并不理想，而是喜忧参半。

（二）面临的困难

贵州民族传统音乐的传承面临着特殊困难。由于音乐是一种作用于人们听觉的文化符号，因而其传承难度要远远大于作用于人们视觉的文化符号。就声乐类民族传统音乐而言，不管是侗族大歌、侗族琵琶歌、苗族飞歌、苗族多声部民歌，还是彝族民歌、布依族民歌、土家族民歌、仡佬族民歌，它们的传承都是以"口口相传"的方式来实现的。如果把听觉类文化符号与视觉类文化符号稍做比较，就不难发现，口口相传这种听觉类文化符号传承的难度要大得多。当歌者通过嘴巴把歌唱出来之后，听者只能通过耳朵将其吸纳到自己头脑中。而由于语音性文化符号转瞬即逝，因而要在短时间内将其听懂并学会就非常困难。同时，要在长时间内将其记住也非常不易。文字、图案等视觉类文化符号，如果学习时没有掌握，还可以通过反复查看来加强记忆；如果已经遗忘，同样可以通过反复查看所遗忘内容来达到牢牢记住的目的。民族传统音乐与现代音乐具有相同之处，即两者都属于语音性文化符号，但现代音乐是以词、曲等音乐元素构成乐谱这一视觉文化符号的形式存在的，因而即便演唱者一时半会学不会或者无法保持长时记忆，他们完全可以通过反复查看乐谱来解决这一问题。其处理方法与处理视觉类文化符号的方法类似。概言之，声乐类民族传统音乐的突出特点就是学得慢而忘得快，这使得传统文化传承面临着巨大挑战。就苗族芒筒芦笙、布依族勒尤、布依族铜鼓十二调等器乐类民族传统音乐而言，尽管它们不是以口口相传的方式来传承，但由于它们仍然属于听觉类文化符号，因而要想快速学会并永不遗忘也绝非易事。不论是声乐类民族传统音乐还是器乐类民族传统音乐，都应该想方设法地完好传承。

（三）破解之策

1. 采用先进技术录制音频和视频

由于音乐属于听觉文化符号，因而尽可能地把所有声乐类和器乐类非遗项目以音频或视频的形式录制下来妥善保管实为上策。这样，在传承过程中如果遇到困难，就可以反复播放录制的音频或视频。之所以要采取这一措施，主要是因为：一是多数非遗代表性项目传承人年龄偏大，他们平时要忙于生产生活方面的事务，能够用于传承的时间和精力有限，因此如果接受者短期内没有学会，他们不可能投入更多的时间和精力。二是由于个体差异较大，因而在非遗项目传承过程中，不是所有接受者都处于同一水平。有的主观意愿强烈，学习积极性很高，领悟能力很强，有的主观意愿淡薄，学习积极性很低，领悟能力很弱。针对这种参差不齐的状况，最好的解决办法就是不断播放录制音频或视频。不然，就可能出现只有少数人能够学会，大部分人没有学会的情况。如果这样，一代一代传承下去的愿望就会落空。

2. 探索开展专门性机动性培训

专门性机动性培训是指针对感染力强的国家级非遗项目而进行的培训，其培训经费可以通过财政专项拨款或者社会各界人士筹资，目的是解决游客对于人文景观类旅游资源需求的满足问题。经过专门性机动性培训，成绩合格者，就可以在节假日或旅游旺季登台演唱或演奏。获得资质者还可以为那些对非遗项目特别感兴趣的人员进行再培训。采取这一举措的目的，主要是因为传统文化进校园可能会影响学生学业。现在的中小学生课业负担很重，他们既要完成自己的学习任务，还要接受传统文化方面的熏陶，如果两者的关系处理得不好，就可能会导致"两者都想兼顾，两者都受影响"的后果。因而，在现有基础上采取一些非常规措施，不仅能够有效避免非遗项目传承"青黄不接"现象的发生，而且能够解决节假日或旅游旺季人文景观类旅游资源供不应求的问题。

四 贵州民族传统音乐国家级非遗项目的利用

（一）利用状况

传承的主要目的在于利用。就文化而言，对其利用的表现就是力争使社会效益和经济利益达到最大化。换句话说，就是尽可能让文化这一特殊精神载体产生更大的社会影响并变成真金白银。

从目前情况看，作为人文类景观旅游资源的一部分，贵州民族传统音乐特别是国家级非遗项目虽然已实现了一定程度的利用，但利用得仍然不够充分。旅游资源相对丰富的地区，其民族传统音乐的利用程度相应要高一些，而旅游资源相对贫乏的地区，其民族传统音乐的利用程度则要低一些。

以旅游资源相对丰富的黎平、雷山两个县的旅游状况为例，即可看出其对得天独厚的民族传统音乐的利用程度。黎平县 2020 年接待旅游总人数562.85 万人次，较上年下降 2.96%，实现旅游总收入 47.84 亿元，较上年下降4.01%。2021 年接待旅游总人数 904.63 万人，较上年增长 60.7%，实现旅游总收入 85.16 亿元，较上年增长 78.0%。[1] 2022 年接待旅游总人数430.65 万人次，较上年下降 6.8%，实现旅游总收入 43.41 亿元，较上年增长0.2%。[2] 雷山县 2020 年接待游客 754.93 万人次，实现旅游综合收入 74.62

---

[1] 《黎平县 2021 年国民经济和社会发展统计公报》，黎平县人民政府网站，http：//www.lp.gov.cn/newsite/zfsj/tjgb/202104/t20210406_67717163.html。

[2] 《黎平县 2021 年国民经济和社会发展统计公报》，黎平县人民政府网站，http：//www.lp.gov.cn/newsite/zfsj/tjgb/202304/t20230420_79152187.html。

亿元。2021 年接待游客 885.92 万人次，实现旅游综合收入 85.84 亿元，2022 年接待游客 733.1 万人次，实现旅游综合收入 75.25 亿元。①

从上述数据看，两个县在 2020 年、2021 年、2022 年这三年中，无论从接待游客总人数还是实现旅游总收入上看都出现较大波动。其中，2020 年和 2022 年出现明显下滑，而 2021 年增幅较大。究其原因，主要为新冠疫情影响所致。那些自然风光类和人文景观类旅游资源都比较匮乏的地区，无论是接待游客总人数还是实现旅游总收入都存在较大差距。游客不可能把金钱、时间和精力花到一个旅游资源贫乏的地方。如果稍加分析就会发现，黎平、雷山两县的自然风光类旅游资源其实并不占明显优势，它们最大的优势在于其境内丰富的人文景观类旅游资源。就黎平而言，肇兴侗寨、堂安侗寨、黄岗侗寨、厦格侗寨等民族传统文化底蕴深厚，加之侗族大歌、琵琶歌的巨大吸引力，使它成为游客络绎不绝之地。雷山县除了闻名遐迩的西江千户苗寨外，还有朗德苗寨、排卡苗寨、新桥苗寨等人文景观类旅游资源，加上苗族飞歌、苗族古歌等民族传统音乐的展演，使得雷山知名度和美誉度大幅上升，游人如织。

（二）剩余空间

从贵州民族传统音乐目前的情况看，无论是声乐类还是器乐类国家级非遗项目，其利用都没有达到充分程度，还剩余较大空间。其中，侗族大歌、侗族琵琶歌等声乐类国家级非遗项目，作为人文景观类旅游资源的一个重要组成部分已在其流传地与当地的鼓楼、风雨桥、侗寨民居得到切实利用。这些听觉类文化符号与视觉类文化符号一起共同被游客的多种感觉器官所感知，全面而立体地展示了侗族的悠久历史和厚重文化，让游客流连忘返。苗族飞歌由于依托西江千户苗寨，也与当地的特色建筑物一起得到较高程度的利用。游客在欣赏依山而建的苗族民居时，能够聆听到美妙无比的民族传统音乐，从另一侧面丰富了用眼睛所看不到的文化符号。此外，声乐类苗族多声部民歌、彝族民歌、布依族民歌、土家族民歌、仡佬族民歌等国家级非遗项目，目前仍未得到应有的利用。至于器乐类苗族芒筒芦笙、布依族勒尤、布依族铜鼓十二调等国家级

---

① 《雷山县 2022 年国民经济和社会发展统计公报》，雷山县人民政府网站，http://www.leishan.gov.cn/zwgk/zfsj/tjsj/tjnb/202205/t20220509_75811033.html。

非遗项目，同样没有得到充分利用。可以说，贵州民族传统音乐，特别是声乐类和器乐类国家级非遗项目，还有许多"富矿"等待开采。如何让这些至今仍然"躲在深闺"的珍稀资源走上"前台"一展风姿，成了摆在各级政府及文旅主管部门面前亟待完成的重大而紧迫的任务。

（三）多措并举

1. 拓展利用场域

从贵州民族传统音乐国家级非遗项目目前的情况看，利用场域仍然相当有限，主要集中在侗家鼓楼、风雨桥等场所。选择在这些场所展演贵州民族传统音乐当然无可厚非，但由于场地狭小，能够容纳的听众数量必然不多。外地游客前来贵州旅游一趟很不容易，需要耗费许多金钱、时间和精力。在此情况下，如能在观赏视觉文化符号的同时又能欣赏到民族传统音乐这类听觉文化符号，自然就会产生心满意足、不虚此行之感。如果因为展演场地有限而没有让其需求得到满足无疑是一种遗憾。鉴于此，贵州民族传统音乐，特别是国家级非遗项目所在地政府及文旅主管部门应当千方百计拓展展演空间，以最大限度地满足游客全方位感知的需求。既可以增设展演广场和音乐厅，也可以把展演场所置于户外。在村寨外的空地上表演其实是一种不错的选择，因为它能够更好地凸显民族特色并增添游览情趣。

2. 寻找利用机会

在贵州民族传统音乐特别是国家级非遗项目中，个别声乐或器乐在演唱或者演奏时间方面具有非常严格的要求，尤其是那些与祭祀祖先或宗教信仰有关的项目。那些声乐或者器乐，只能在规定的时间演唱或者演奏。这种要求当然必须依规遵循。而如果是与祭祀祖先或宗教信仰无关的项目，其演唱或者演奏时间要求应当放宽一些，体现出一定的灵活性。具体说来就是尽可能增加演唱或者演奏的机会。在外来游客集中抵达的时间段，比如节假日或者旅游旺季，只要条件允许，就应该设法增加演唱或者演奏的场次，让远道而来的游客一饱"耳福"，尽兴而归。

3. 创新利用形式

在贵州民族传统音乐特别是国家级非遗项目中，有一部分国家级非遗项目因为参加比赛等原因当地政府及文旅主管部门曾经对其作过精心设计和周密安排，因而规模较大、组织严密、分工明确。这些演唱者和演奏者只要一接到表演任务，就能做到随时表演。不仅能够满足平时的一般需要，而且也能够应对"战时"的紧急需要。由于各种原因，另一部分国家级非遗项目仍然处于自发状态，如苗族多声部民歌、彝族民歌、布依族民歌、土家族民歌、仡佬族民歌等。这些民歌的演唱人数不固定，演唱场所无规定，演唱时间不确定，随意性特征突出。这种状况，显然与当前文旅深度融合及旅游产业化发展的新形势和新要求不相适应，当地政府及文旅主管部门如果想要把旅游业做大做强，想要充分利用自身资源优势，就必须对那些仍然处于零散状态的宝贵的文化资源进行仔细盘点，必要时与当地的自然风光类旅游资源和人文景观类旅游资源最大限度地进行整合，以期产生人尽其才、物尽其用之效。

此外，在贵州民族传统音乐中还有很多省级非遗项目。声乐类省级非遗项目主要有高腔大山歌、仡佬族哭嫁歌、苗族游方歌、屯堡山歌等。器乐类省级非遗项目主要有土家族打镏子、薅草锣鼓、龙灯钹等。这些省级非遗项目十分宝贵，也应当倍加珍视。各级政府及文旅主管部门在力所能及的情况下，也应加大力度做好省级非遗项目传承和利用方面的工作。

B.18
贵州文化地标与文旅融合发展路径探索

黄　昊*

摘　要： 本文探讨了贵州文化地标的打造对文旅融合发展的推动作用。近年来，贵州通过打造文化地标，挖掘和整合地方独特的文化元素，促进了文化与旅游的深度融合。文化地标作为贵州旅游目的地的亮点和卖点，在吸引游客、促进旅游产业发展方面实现了新的突破。为了加大文化地标促进文旅融合的力度，贵州省在文化遗产保护和利用、推动文化传承与创新融合方面不断深入探索，形成了一批具有鲜明地域特色的文化地标。然而，在文化地标建设、文化地标内涵挖掘、属性功能提升以及空间布局优化等方面，贵州省仍有待进一步提升和改进。基于此，贵州仍需在文化地标历史故事的挖掘、文化地标与时代环境相契合、文化地标多重属性的呈现、打造特色景观和提升文化地标社会的认知度方面加强部署和规划，实现文化地标建设和文旅融合发展的良性互动。

关键词： 文化地标　文旅融合　贵州省

习近平总书记在党的二十大报告中指出：“坚守中华文化立场，提炼展示中华文明的精神标识和文化精髓，加快构建中国话语和中国叙事体系。”①《国务院关于进一步促进贵州经济社会又好又快发展的若干意见》指出：贵州文化旅游发展的定位目标，是在全国率先“创建文化旅游发展创新区”，通过“探索特色民族文化与旅游融合发展的新路子，努力把贵州建成世界知名，国内一流的旅游目的地，休闲度假地和文化交流的重要平台”。贵州对文化地标

＊　黄昊，贵州省社会科学院历史研究所副研究员，副所长，主要研究方向为生态史、水利史。
① 习近平：《高举中国特色社会主义伟大旗帜　为全面建设社会主义现代化国家而团结奋斗——在中国共产党第二十次全国代表大会上的报告》，《人民日报》2022 年 10 月 26 日。

的建设是对贵州文化标识的一种提炼，是努力实现国内一流旅游目的地的重要途径。从生产端来看，文化地标体现的是文化传承需要借物来呈现；从经营端来看，文化地标体现的是文化的运营需要获取品牌的利益；从消费端来看，文化地标体现的是文化消费需要能触及的实体。由此可见，文化地标的建设水平直接反映了贵州城市文化的发展水平，是推动文旅融合的重要抓手。

一　文化地标的内涵及价值

坐标本是用经纬度来确定地球地理的某一位置的点，将其用在文化层面，解析其字面含义包含两层：一是文化，二是地标。因此，文化地标是借用地理学的坐标方式呈现特定地区蕴含的丰富人文精神、价值理念和精神追求，反映出地方文化的自信、生长和重要基因。基于此，本文中提及的文化地标可表述为：某一地点或某一事物所表现出的一种文化，为一个地方最典型的自然和人文特征的反映，承载着丰富的人文历史信息，是地方文化的精粹，是地方文化特色和文化认同感的体现，对周边地区有辐射和影响作用。

在人类历史上，不同地域、时空、方位和不同的民族、国家等，都形成不同的文化，进而凝结为不同的文明形态，这些文明形态多通过文化遗产的形式呈现给世人，而文化地标为文化遗产的一种地方文化标识物，具有重要的价值。例如，上海的东方明珠、北京的故宫、杭州的西湖、成都的宽窄巷子……提起一座城，我们脑海中必定会出现与之相关的"记忆符号"。文化遗产作为文化地标的"展示窗""陈列馆"，是文化地标的一种集中展现。文化遗产可以分为物质文化遗产和非物质文化遗产两大类型。物质文化遗产是指人类在物质形式上体现的文化遗产，主要包括古代城址、古代建筑、宫殿、城堡、教堂、寺庙、古墓葬、历史文化街区等具有历史、艺术和建筑价值的建筑物等。非物质文化遗产是指人类在知识、技能、习俗、表演艺术等方面的传统文化遗产，主要包括传统节日节庆、民间故事、神话传说、口头表达方式、传统音乐、舞蹈、戏剧等。

优秀文化资源，是先进价值观物化的标志，在一定地区具有"文化地标"的作用。在打造文化品牌的过程中，不仅要注重物质文化遗产的保护和提升，更要注重非物质文化遗产文化内涵的挖掘、创新和整合，促进文化与旅游融合发展。2018 年，我国将文化部、国家旅游局的职责整合，组建文化和旅游部，这次机构合并，不仅是给旅游"加码"，更是给文化"赋能"，实现了文旅融合的跨越式发展。新成立的文化和旅游部在 2021 年发布的《"十四五"文化和旅游发展规划》中，进一步强调了文旅融合，指出："坚持以文塑旅、以旅彰文，推动文化和旅游深度融合、创新发展"。"以文促旅，以旅彰文"为文旅融合发展指明了工作方向，也为文化地标的打造提供了政策基础。

通过对文化地标的打造，可以更好地理解和传承地方文化，推动地方文化的发展和繁荣。文化作为一个民族的精神内核，是连接过去、现在与未来的重要纽带。而文化地标则是这种精神内核在空间上的具象化表达，它们不仅承载着丰富的历史文化信息，更是推动文化发展的重要力量。文化地标以独特的形式和内涵，展现着所在地的历史脉络、文化特色和发展轨迹。例如，中国的长城、埃及的金字塔、法国的埃菲尔铁塔等，都是世界闻名的文化地标，它们不仅吸引了无数游客前来参观，更在文化交流中传递着各自的文化精髓。一个具有鲜明特色的文化地标，往往能够成为公众关注的焦点，进而引发对当地文化的兴趣和探索。这种关注不仅带来了人流、物流和信息流，更促进了文化的传播和交流，使得优秀的文化成果得以更广泛地传播和共享。

通过对文化地标的打造，实现文旅融合发展。文化地标往往具有独特的历史文化背景和特色，能够吸引大量游客前来参观和探索。这些坐标成为旅游目的地的亮点和卖点，提升了目的地的知名度和吸引力，进而促进了旅游产业的发展。文化地标的打造首要任务是彰显地方特色，挖掘和展示地方独特的文化元素，特色是旅游吸引力的源泉，通过将这些文化特色融入旅游产品和体验中，借助文化遗产与旅游深度融合的手段，不仅能让文化遗产活起来，还能够吸引更多游客，让他们深入了解当地的风土人情，让大众旅游更具文化味。文化地标的打造还涉及多个领域和产业的合作，如文化、旅游、艺术、商业等。这种跨产业的合作促进了相关产业的融合发展，形成了产业链条的延伸和拓展，促进了地方经济的发展和文化的传承。

二　贵州文化地标与文旅融合发展的现状

近年来，贵州不断探索文旅融合，提出了"以文促旅""以旅彰文""和合共生"的发展理念。随着文旅融合工作的纵深推进，贵州在文化地标建设、促进文化繁荣和旅游产业化发展上取得了较大的成效。

（一）加强文化资源普查与评估，明确了文化地标的定位和特色

贵州是中国古人类发祥地之一，早在 24 万年前就有人类活动在贵州高原，发现旧石器时代的"桐梓人""水城人"和"兴义人"等文化遗址，拥有世界文化遗产地，山地历史文化遗产、民族传统村落、三线建设工业遗产、屯堡文化遗产、万山汞矿遗址等均是全国知名的文化品牌和名片。据贵州省文化和旅游厅的资源普查统计："截至 2023 年底，贵州共有世界文化遗产 1 处（海龙囤土司遗址）、国家历史文化名城 2 个（遵义、镇远）、全国重点文物保护单位 81 处、省级文物保护单位 654 处，市县两级文物保护单位 3200 多处；757 个中国传统村落、中国和省级少数民族特色村寨 1640 个；人类非遗代表性项目 3 项、国家级非遗代表性项目 99 项 159 处、省级非遗代表性项目 628 项 1025 处；全省共核定公布历史文化街区 20 片、确定公布历史建筑 1600 处；红军长征足迹遍及全省 60 多个县（市、区），留下 753 处不可移动长征文物，2500 多件可移动文物，高等级长征文物数量居全国第一。"① 这些丰富的文化遗产资源是贵州打造文化地标的基础，也是挖掘贵州特色文化资源的有力支撑。近年来，贵州省深入挖掘各地特色文化元素，对这些文化资源进行全面梳理和评估，以确定最具代表性和吸引力的文化地标。

表 1　贵州主要文化地标名录

市州	"传统地标"名称	"新地标"名称
贵阳市	甲秀楼　文昌阁　黔灵山公园　息烽集中营旧址　花溪公园　镇山村　华家阁楼大觉经舍　达德学校旧址　人民广场　河滨公园　中共贵州工委旧址　青岩古镇　天河潭	贵州省博物馆（新馆）　贵州地质博物馆　贵阳孔学堂　多彩贵州城　红飘带　东山寺　白宫　青云市集　花溪夜郎谷　中国阳明文化园

---

① 赵相康：《多彩贵州·文化瑰宝——文化遗产灿若耀眼星河》，《贵州日报》2024 年 3 月 20 日。

续表

市州	"传统地标"名称	"新地标"名称
遵义市	遵义会议会址　娄山关　遵义红军山　湄潭"天下第一壶"　湄潭"浙大西迁旧址"　桐梓七十二道拐　赤水丹霞及竹海　捞沙巷	海龙囤　遵义花茂村　苟坝会议会址　遵义古城　茅台古镇　土城古镇　赤水丙安古镇　道真洛龙古镇　湄潭万亩茶海　遵义云门囤　播州区团结村大发渠　1964文化创意园
六盘水市	郎岱古镇　牂牁江　梭嘎长角苗　盘州大洞遗址	贵州三线建设博物馆　水城北盘江大桥　水城玉舍滑雪场　盘县妥乐村
安顺市	黄果树大瀑布　龙宫　普定穿洞遗址　花江大峡谷　关岭海百合化石群　王若飞故居谷家大院　关岭红崖天书　金钟山文庙	安顺屯堡　关岭坝陵河大桥　云山屯　塔山广场　贵安万亩樱花　安顺旧州古镇　儒林路(石板街)
毕节市	织金洞　韭菜坪　草海　百里杜鹃　大屯土司庄园　奢香夫人墓　大方九洞天　黔西观音洞　织金财神庙　石门坎	"鸡鸣三省"红色圣地　大方慕俄格古城　织金古城　乌江画廊
铜仁市	铜仁锦江　铜仁九龙洞　梵净山　石阡温泉　佛顶山　思南府文庙　枫香溪会议会址　松桃苗王城	江口云舍村　江口寨沙侗寨　铜仁中南门古城　万山朱砂古镇　思南石林　九龙洞　思南古城
黔东南州	凯里香炉山　雷公山　雷山上郎德苗寨　台江施洞苗族风情　丹寨石桥古法造纸　剑河温泉　黎平会议会址　黎平地坪风雨桥　从江小黄侗歌之乡　从江增冲鼓楼　黄平飞云崖　镇远青龙洞　镇远和平村　黎平翘街　镇远祝圣桥	西江千户苗寨　下司古镇　肇兴侗寨　丹寨万达小镇　从江岜沙苗寨　锦屏隆里古镇　施秉云台山　剑河仰阿莎女神雕像　寨英古镇　台江施洞古镇　从江加榜梯田　榕江村超　台江"村BA"
黔南州	桥城都匀　荔波大小七孔　荔波邓恩铭故居福泉葛镜桥　猴场会议会址　罗甸大小井　平塘冰臼　百子桥　文峰塔　都匀斗篷山	荔波世界自然遗产地　瓮安江界河大桥　瓮安草塘古城　平塘"中国天眼"　金海雪山　都匀影视城　贵定云雾山　惠水好花红景区
黔西南州	马岭河峡谷　兴义泥凼石林　兴义刘氏庄园　何应钦旧居　安龙招堤　贞丰双乳峰　晴隆二十四道拐　安龙十八先生墓	马岭河大桥　兴义万峰林　笔山书院　兴义府试院　晴隆阿妹戚托小镇　鲁屯古镇

（二）持续推进文化遗产保护利用，推动文化传承与创新的融合

在打造文化地标的过程中，贵州省注重传承与创新相结合。一方面，通过保护和传承贵州的传统文化，使其焕发新的活力；另一方面，积极引进新的文化元素和创意，推动文化创新，为贵州文化的长远发展奠定基础。一是采用专项资金保护文化遗产。贵州省下达国家文物保护专项资金，支持文物保护项目81个，下达专项资金，用于侗戏、布依戏、贵州阳戏、地戏、贵州傩堂戏剧种保护传承，并组织相关文艺团体结合公益演出，推动优秀传统文化创造性转化、创新性发展，培养传承队伍。二是在法律法规上推进文物保护工作。贵州省先后出台并修订了《贵州省文物保护条例》，印发了《关于进一步加强文物安全工作的实施意见》，颁布了《贵州省长征国家文化公园条例》和《遵义海龙屯遗址保护条例》等，统筹推进"积极参与构建中华文明标识体系"等重点工作，全面提升文物保护的法治化水平。三是积极推进文化遗产的活化利用工作。与中国青年旅行社合作搭建贵州文旅融合创新服务平台，成立贵州文旅融合创新研究院，为文化地标的打造提供基础。在博物馆成为新旅游热点的趋势下，开展贵州省博物馆展陈提升，建成运营省地质博物馆、红飘带长征数字科技艺术馆，促使其成为贵阳市文旅融合的新文化地标。在创新投资模式、活化利用资源方面，贵州省文旅厅印发《贵州省文物博物馆单位旅游开放利用实施方案》，深化文旅融合，加强景区中的文保单位合理利用及两线范围内的工程监管。会同省委宣传部印发《贯彻落实〈关于让文物活起来扩大中华文化国际影响力的意见〉的实施方案》，赋能多彩贵州民族特色文化强省和多彩贵州旅游强省工作。贯彻落实国家文物局《关于鼓励和支持社会力量参与文物建筑保护利用的意见》，推动文物建筑"有人管、在利用、出效益"，与发展乡村旅游有效衔接。贯彻落实《关于在城乡建设中加强历史文化保护传承的实施意见》。依托文物保护单位，在保证建筑本体安全的前提下，加大开放力度，合理布局业态，丰富群众文化生活。鼓励各方主体在城乡历史文化保护传承的规划、建设、管理、宣传等各环节发挥积极作用。同时，加强传承弘扬工作，加大宣传普及力度，引导公众关注和参与城乡历史文化遗产保护利用工作。

（三）强化文化标识，品牌打造取得新进展

贵州通过深入挖掘地方特色文化，成功塑造了一批具有鲜明地域特色的文化地标。这些地标不仅丰富了贵州的文化内涵，也使其在全国乃至国际上的文化形象更加鲜明和突出。一是以历史文化街区为品牌载体，打造城市文化地标。加大国家级旅游休闲街区普查和认定力度。2023 年，全省共核定公布历史文化街区 20 片、确定公布历史建筑 1600 处，与 2015 年相比，历史文化街区的数量翻了 10 倍，历史建筑的数量翻了近 50 倍，实现了历史建筑市县全覆盖，建立了较全面的保护体系。在全面保护的前提下，贵州的旅游休闲街区也迎来了新机，成为当地的文化地标，实现了文旅的融合发展。如丹寨万达小镇累计接待游客量突破 4000 万人次，荔波古镇旅游休闲街区 2023 年接待游客达 122 万人次以上，青岩古镇年均接待游客近 400 万人次。[①] 二是创新"文化地标+"模式，加大文化品牌打造力度。如贵阳市文昌阁的路边音乐会就是"文化地标+音乐"的一种新探索。截至 2023 年底，贵阳各区（市、县）共举办路边音乐会 102 场，现场参与者达 34 万余人次，网络曝光量达 2.2 亿次，网络观看人数突破 4500 万人次。[②] 路边音乐会成为一场新的文化盛宴。"文化地标+工业遗产游"也是贵州的一种"文化地标+"模式，如中国首个以山地工业文明为主题的矿山休闲怀旧小镇朱砂古镇，开展系列工业遗产游。据统计，2023 年朱砂古镇累计接待游客 61.21 万人次，实现旅游综合收入 1.17 亿元，同比增长 95.28%。[③]

（四）盘活闲置低效项目，文化产业融合取得新成效

一是盘活闲置低效项目，加大文化地标打造的整合力度。在打造文化地标上，贵州省出台了一系列盘活闲置低效项目，印发《盘活闲置低效旅游项目工

---

① 黄若佩：《文旅融合主客共享 美好生活近悦远来——我省国家级旅游休闲街区增至五个》，《贵州日报》2024 年 2 月 23 日。
② 陈江南：《"文化千岛"出彩出圈 "诗和远方"相得益彰——我省紧抓三大要素多管齐下持续推动文旅产业蓬勃发展》，《贵州日报》2024 年 3 月 10 日。
③ 吴采雨：《景区热起来 游客留下来——铜仁持续做强生态旅游做优品质服务》，《贵州日报》2024 年 2 月 7 日。

作的十项原则和十条工作方法》，强调要树立市场意识、把握市场规律、运用市场机制，充分发挥有效市场和有为政府作用。出台了《贵州省进一步加快推进盘活闲置低效旅游项目攻坚行动方案》，对推进解决闲置低效旅游项目的资金筹集、手续完善、要素保障等困难问题，明确省直相关部门职责和具体工作措施。省盘活攻坚成员单位指导市（州）、县（市、区）办理了一批项目相关手续。持续加强对各地抓招商、促盘活工作的调度，省级重点策划 43 个项目并帮助推介招商。在文旅部指导下，于 2023 年 4 月 7 日在贵阳举办全国盘活旅游存量资产投融资促进活动，通过组织有关优强文旅企业、金融机构、投资机构参与，开展经验交流、项目发布、面商洽谈、实地考察等，助力抓招商促盘活。在使用好贵州省文旅基金的基础上，采取资金融合的方式，多渠道推动净心谷、六盘水月照风情街、东方科幻谷、乌江寨等地标性的旅游资产盘活利用。二是促使文化地标推动文化产业融合发展。如安顺市以"屯堡文化"为文化地标打造的基桩，编制了《安顺市"十四五"全域旅游发展规划》《安顺市乡村旅游扶贫规划》等一系列专项规划，以"屯堡文化""苗族文化""布依文化"等为核心要素，采取"旅游+金融"方式为乡村旅游发展提供资金支持，推动传统村落与乡村旅游深度融合发展，共向农户发放乡村旅游信用贷款 7.75 亿元，打造出具有典型文化内涵的"中国历史文化名村"云山屯、"西部苗族风情典型"格丼村、"千年布依古寨"高荡村等一批知名传统村落旅游村。

三　贵州文化地标与文旅融合发展面临的困境

近年来，贵州省在文旅融合发展方面取得了较大成效，相继建成的一些新的文化地标，提升了贵州各个城镇的视觉形象和文化活力。但是，在文旅融合的大背景下，贵州文化地标发展也面临着一些困境，贵州的文化地标建设和促进文旅融合发展方面还有待进一步改善和突破。

（一）缺少对文化地标蕴含文化内涵的挖掘

文化地标在以"内容"为主的新理念下，对"文化内核"的重视多于"地标"二字本身，因此，某一地区或城市鲜明的地域文化性格和它特有的文化魅力成为新的旅游热点和看点。贵州在文化地标的建设过程中，对于地方文化特色的研究、历史脉络的梳理以及文化价值的提炼等略显不足。这便导致了部分地标建筑或雕塑等作品在形式上显得空洞，缺乏深厚的历史底蕴和文化内涵，无法真正体现贵州各个城市的精神风貌和文化底蕴。同时，这样的文化地标也难以引起公众的情感共鸣和文化认同，降低了其在城市文化建设和形象塑造中的价值。如贵州省独山县水司楼的建设，事先没有系统分析建设这个地标的文化根基是什么，盲目投资建设，造成了资源浪费。在文化地标推进文旅融合发展中，在利用原有的文化地标或是打造新的文化地标中，一定要重视与生于斯长于斯的人紧紧联系在一起，挖掘文脉延续的故事，让其在形式与内涵上相得益彰，成为城市文化的重要组成部分，达到以文促旅的目的。

（二）文化地标的属性功能和空间布局有待进一步优化

一是存在"应建而未建"情况。贵州的"四大文化工程"提出"大力实施红色文化重点建设、阳明文化转化利用、民族文化传承弘扬、屯堡文化等历史文化研究推广"，以进一步彰显贵州文化魅力。但当前贵州省这四大文化名片的地标性建筑，无论在规模还是影响力上，都有待提升。如，能够体现屯堡等历史文化的地标还不多，阳明文化的转化利用还在概念范畴，民族文化传承弘扬存在断层现象；同时还存在文化地标的空白点，如工业遗产的转化与利用，世界旅游目的地的标志性景观、构造物尚不明朗。二是存在"已建待提升"情况。部分已建大型文化设施地标属性不强，体量偏小，影响功能发挥与影响力提升。由于资金和人力资源的限制，一些已经存在的文化地标面临着设施老化、环境脏乱等问题，这不仅影响了文化地标的整体形象，也对其文化价值和旅游价值造成了损害。三是空间分布不均衡。从全省层面讲，贵州不同地区的文化地标的数量和质量存在明显的差异。如贵阳市和遵义市的文化地标打造在数量和质量上处于较高水平。而一些其他的市州地区虽拥有丰富的文化资源，但文化地标的打造仍显不足。从县（市、区）层面讲，空间不够均衡。就中心城区而言，近二十年来，随着贵州省城市化进程的加快，重大文化设施建设基本上向城市倾斜，而乡镇的文化地标建设相对滞后。从具体场馆讲，有些场馆功能过于单一独立。部分文化设施欠缺综合利用，偏于零散孤立，与其他文化设施之间缺乏相应的联系与沟通，周边也缺乏商业配套和居民人流。

（三）文化地标建设的体制机制不够健全

一是文化地标建设的部门之间的联动机制不健全。文化地标的打造不仅涉及文化宣传系统部门，也涉及资规、发改、住建、财政、环保、城管等多个部门几十项行政审批内容。受相关职能部门管理架构与职责权限所限，相互间的协调统筹机制不够完善，从而导致部分项目开工滞后或建设延期。二是文化地标的发展还受到政策环境、法律法规等因素的影响。如果相关政策不够完善或执行不力，则会制约文化地标的发展。同时，法律法规的变化也可能对文化地标的发展产生不确定性影响。三是要素保障不力，项目资金筹集难。文化地标的建设、维护和发展需要大量的资金投入和先进的技术支持。从财政投入看，2018~2022 年文化旅游体育与传媒支出从 60.83 亿元增加到 123.58 亿元，全省的"文化体育与传媒"财政支出五年年均增幅为 1.14%，低于同期全省一般公共预算支出 2.16%的平均增幅。① 同时社会资本招引不足，致使部分重大项目建设资金尚未落实，然而，由于资金短缺和技术水平有限，一些文化地标可能无法得到有效的保护和发展，甚至面临被遗弃的风险。四是文化人才支撑难。从全省文化从业人员数量来看，2022 年，贵州省文化、体育和娱乐从业人员为 9298 人，占总从业人员的比重不到 0.05%②。另外，文化系统的高级职称占比也不高，与全国相比还有较大差距。文化人才的缺乏，导致贵州文旅融合发展的定性定位内容存在较大困难。

（四）文化地标的创新发展与社会认知度不够

一是贵州文化地标的创新发展不足。贵州文化地标在创新理念上略显滞后。许多地标在设计之初，没有充分融入现代审美和创新思维，导致地标在形式上缺乏新颖性和独特性，难以吸引公众的关注。同时，对于传统文化元素的运用也缺乏创新和突破，使得地标在展现贵州文化特色时显得平淡无奇。随着科技的快速发展，越来越多的新技术被应用于文化地标的建设中。然而，贵州的一些文化地标在科技创新方面缺乏投入和探索，未能充分利用新技术提升地

---

① 数据根据《2018~2022 年贵州省国民经济和社会发展统计公报》测算。
② 数据根据《贵州统计年鉴 2023》测算。

标的文化内涵和互动体验。这限制了地标在吸引游客、传承文化等方面的潜力。二是贵州文化地标的社会认知度不高。由于贵州文化坐标缺乏全面、有效的市场推广策略，其知名度和影响力有限。目前，贵州的文化地标在国内外的知名度和影响力还不够，无法充分发挥其文化价值和经济潜力。

四 贵州文化地标与文旅融合发展的路径

（一）加强对文化地标历史主题的提炼

随着文化和旅游融合发展后"大旅游"概念的形成，文化地标和城市发展的关系愈发密切。历史文化、地域文化以及现实文化生活的需要，都可以成为文化地标的文化依据。一是加强梳理文化地标的文化脉络。文化地标并非人为"打造"而成，而是从历史的深厚土壤中自然生长出来的，这使得它们富有故事性。古老的建筑之所以能够成为地方的文化地标，是因为它们承载着城市的历史记忆，代表着城市的辉煌成就，体现着城市的独特风貌，并能唤起当地人的共同记忆。贵州在打造文化地标时，应加强解读这些地标的历史故事，如对贵州古城、古镇、历史街区、古建筑历史故事的挖掘，不仅增加了这些地标内涵的丰富性，更凸显黔地文化的特质性。二是注重利用旅游的发展彰显文化地标的价值。优秀的文化地标有助于吸引人才、吸引外资，带动旅游业发展，进一步增强公众文化获得感，成为蕴含地域文化与精神的所在。贵州应当把更多的文化创建项目，如红色文化、沙滩文化、民族文化、三线文化等作为文化创建项目的内容载体，通过提炼历史主题来重现这些历史文化的精髓。同时，应充分利用贵州典型的山地特色和"和合"的人文优势，推出一系列关于地方文化的读本和特色的活动，以此打造新的文化地标，推动文旅融合。

（二）优化文化地标的功能属性和空间布局

一是文化地标在建设时，要综合考虑时代和环境等方面因素。一个城市和地区在发展过程中，必然要在某一时刻形成表达其内涵的标志。例如贵州的屯堡建筑是国家战略下特殊的文化产物，形象地展现了贵州民族融合的精神内涵。在历史遗存的文化地标的打造上，应注意其与周围景观的协调性，展现人文与自然环境的有机融合。二是新的文化地标打造要有创新性和可持续性。不能前期热闹后期闲置,造成空间和资源的浪费,需要顺应时代不断更新与调整文化地标场域的活动内容和场景设计,以适应科技的发展和文化需求的变化,使文化地标做到承载历史、关怀当下、展望未来。如贵州历史文化街区的打造要与历史文化和民族文化融为一体,使其既是黔文化传播的载体,又与当代生活有机结合。对外来游客来说,是旅游观光的打卡地;对当地居民而言,则是与其日常生活密切相关的文化场所。

(三)建立管理和维护文化地标建设的长效机制

一是建立专项工作组与跨部门协作机制。成立由文化、旅游、规划、建设等多个部门组成的贵州文化地标建设专项工作组,加强跨部门之间的沟通与协作。通过定期召开联席会议,共同研究和解决文化地标建设过程中的问题,确保各项工作有序推进。二是制定详细规划与实施方案。结合贵州的地域特色、历史文化资源以及城市发展需求,制定详细的文化地标建设规划和实施方案。规划应明确地标建设的目标、定位、布局、风格以及具体的实施步骤和时间节点,确保各项工作有章可循、有据可依。三是引入市场机制与多元化投资。在文化地标建设过程中,积极引入市场机制,吸引社会资本参与。通过政策扶持、税收优惠等方式,鼓励企业、社会组织和个人投资文化地标建设。同时,探索政府与社会资本合作模式,实现文化地标建设的多元化投资。四是加强法律法规保障与监管。完善相关法律法规,为文化地标建设提供法律保障。制定严格的建设标准和规范,确保地标建筑的质量和安全。加大监管力度,对违反规划、损害文化地标形象的行为进行严厉打击。

(四)提高文化地标的利用率和社会认知度

一是推动现有文化地标的活化利用率。从修缮到保护再到守护开发,让历史文化"活"起来,推动文旅融合是打造文化地标的最终目的。文化地标是城市文脉的重要载体。打造贵州文化新地标,一定要充分考虑贵州的历史和文化,既要让文化新地标成为历史的记录者,又要让其成为时代的见证者。比如,对于贵州的一些老街巷、老街区,要尽量不破坏街巷肌理、不拆除历史遗存、不砍掉老树,然后通过铺一块方砖、绘一面墙画等细节的改变,对原来的空间进行小范围、小规模的局部改造，从而使老旧空间旧貌换新颜。这不但保护了历史文化，也达到了在传承中活化利用的目的。二是要提高贵州文化地标建设的社会认知度。充分利用电视、广播、报纸、杂志等传统媒体以及互联网、社交媒体等新媒体平台，对贵州文化地标建设进行广泛宣传报道。打破由于受众接受需求不同的传播壁垒，形成媒体间的多元传播，提升传播效果。结合贵州文化地标的特点，进行"文化地标+"的系列文化活动，如文化展览、文艺演出、文化论坛等。将贵州文化地标与旅游产业相结合，通过开发文化旅游线路、推出文化旅游产品等方式，吸引更多游客前来参观体验。在旅游过程中，游客可以深入了解贵州文化的独特魅力，从而进一步提高贵州文化地标的社会认知度。

五　结语

一般情形下，地标都是一种静态的呈现物，但在其内部注入文化，其便有了灵魂和温度，这便是一个地区的文化地标区别于其他建筑物的本质所在。在文旅融合和新媒体不断发展的时代下，人们对文化的需求日趋多样化，由被动接受文化信息向主动获取甚至参与重塑文化内容转变。因此，贵州无论是建设市民广场、文化场馆，还是利用已有的文化地标发展旅游业，在彰显城市文化底蕴的前提下，也更要将丰富人民群众文化生活摆在重要位置。在根植传统、立足当下，尊重城市发展的客观规律基础上，要协调好传统与现代、继承与发展的关系，坚持文化价值、艺术价值和实用价值相统一，用心设计、用情建造，真正让文化地标成为贵州的文化符号和文旅融合发展的助推器。

B.19
线性文化遗产视域下川黔古盐道
沿线古镇保护与开发研究[*]

黄小刚[**]

摘 要： 川黔古盐道沿线古镇因川盐入黔通道的开辟而形成、发展和繁荣，也因川盐入黔通道的衰落而走向衰败。川黔古盐道沿线古镇具有共同的历史背景、文化背景和经济背景，是川黔古盐道线性文化遗产的重要组成部分。对川黔古盐道沿线古镇的保护与开发，应该坚持线性文化遗产这一国际文化遗产保护视角和理念，对古盐道沿线古镇及其相关的文化遗产进行系统性、整体性保护与开发。

关键词： 川黔古盐道 线性文化遗产 历史文化名镇 系统性保护

川黔古盐道是历史上形成的将四川省所产之井盐运往贵州腹地的食盐运输与销售通道，是由水路与陆路构成的生产生活资料运输与交易通道，由仁岸古盐道、綦岸古盐道、涪岸古盐道和永岸古盐道共同构成。该古盐道"开始于明代，发展于清代，进一步发展于民国时期（1912~1946年），衰落于1946年后"。[①] 它"拥有沿线性分布、以盐文化为核心的物质和非物质文化遗产族群，是该线性区域内人们围绕食盐运输、销售与管理这一特定目的而形成的一条重要纽带，它将一些原本不关联的城镇或村庄串联起来，构成了链状的文化遗存状态，真实再现了历史上人类活动的移动、物质和非物质文化的交流互

---

* 本文系国家社科基金项目"川黔古盐道线性文化遗产系统性保护与利用研究"（项目编号21CMZ026）的阶段性成果。

** 黄小刚，博士，贵州民族大学乡村振兴研究中心副研究员，主要研究方向为文化遗产与文化产业。

① 李浩：《川黔古盐道与西南地区经济社会发展研究》，社会科学文献出版社，2021。

动，并赋予作为重要文化遗产载体的人文意义和文化内涵，是一种典型的线性文化遗产"。① 线性文化遗产作为一个由文化线路衍生而来的概念，是国际文化遗产保护领域的新理念和新模式，强调由重视静态遗产向同时重视活态遗产、重视单体遗产向同时重视群体遗产方向发展，注重"由单体文物到历史地段，再至整座城镇，进而兼及文化景观、遗产区域，乃至串联几座甚至几十座城市、一个或多个国家的更大文化区域"② 的文化遗产保护。

随着川黔古盐道的形成、发展与繁荣，古盐道沿线逐渐形成了大大小小的场镇，这些场镇有些已经发展成为重要的县级城市，有些则成为重要的文化古镇。它们见证了古盐道的兴起、繁盛和衰落，也见证了沿线经济社会的发展、文化的变迁和民族的交融，是川黔古盐道线性文化遗产体系中的重要组成部分。本文基于线性文化遗产的理论视角，对川黔古盐道沿线因盐运而兴起的古镇进行重点梳理与分析，旨在从整体性视角对这一类具有相同历史背景的古镇进行探讨，以期对其在现代社会的保护与开发提供参考。

一　川黔古盐道及其沿线古镇概况

川黔古盐道是由水路和陆路构成的食盐运输与销售路线，在一些水陆转换码头和食盐运输与销售的重要节点，便形成了重要的货物集散地，并逐步发展成为盛极一时的重要场镇，又在时代更替中成为今天所称的文化古镇。

（一）丙安古镇

丙安镇原名丙滩场，始建于北宋时期，距今已有 1000 多年历史，是仁岸古盐道上典型的因盐运而兴的古镇之一。据《仁怀直隶厅志》记载，丙安"商民八十余户，先是厅城由旺龙场至葫市场至猿猴镇。道光初，该从旧仁怀乘舟至丙滩上岸"。③ 该镇隶属于赤水市，地处赤水河右岸，现代公路沿赤水

① 黄小刚：《线性文化遗产视野下川黔古盐道的价值转换与功能转型》，《贵州民族大学学报》（哲学社会科学版）2022 年第 5 期。
② 单霁翔：《大型线性文化遗产保护初议：突破与压力》，《南方文物》2006 年第 3 期。
③ 陈熙晋：《仁怀直隶厅志》，赤水市档案局、赤水市地方志办公室点校，中国文化出版社，2016。

河左岸修建，让丙安镇的基本面貌得以完整保存下来。作为川盐入黔的重要集散地之一，丙安镇于 2006 年被列为贵州省历史文化名镇，2008 年被列为中国历史文化名村。因其独特且保存完整的建筑形态而被称为"明清建筑与历史的活化石"，具有"千年军商古城堡"之美誉。

当前，丙安镇还保留了完整的古寨门、双龙桥、码头遗址、双喜滩石桥、丙安纤道、禹王宫遗址等文化遗产。其中，古寨门分为东华门和太平门，分别位于丙安镇的东端和西端。该寨门系清代所建，为拱形石门。东华门高 3.1 米、宽 2.2 米、厚度为 1.2 米，另有木门两扇用于关闭寨门之用，单扇木门宽为 1.2 米。太平门高 2.4 米、宽 2.3 米、厚度为 1.5 米，出寨门向西下坡是一条总长 63 米的石梯，每梯长 1.7 米、宽 0.3 米、高 0.15 米，右侧有高为 0.7 米的条石护栏，呈阶梯形向下延伸通向古码头。双龙桥亦始建于清代，呈东西走向，桥长 368 米，宽 1.7 米，水面至桥面高 3.2 米，河中有九礅，礅宽 3 米，桥面分为九段，每段均为长 4 米、宽 0.85 米、厚 0.5 米的条石铺砌，中间两礅凿有一雌一雄两条龙昂首向上。丙安码头遗址建成于明末清初，面积约 600 平方米，有一总长 63 米的石梯将码头与古镇相连。石梯与码头相连的部分为一扇形月台，月台北面约 3 米处有一大块岩石，岩石上凿有用于拴船的鼻孔。丙安纤道是丙安古镇盐运文化的又一重要见证，该纤道西自双龙桥，东至新丙安大桥，长约 500 米，在纤道旁的岩石上，分布有两个古时拴船用的圆形石孔，直径为 15 厘米，拴船柱一根，高 80 厘米，22 厘米见方，纤痕一处，长 19 厘米。[①]

（二）大同古镇

从丙安古镇溯赤水河而上，便可抵达大同古镇。大同古镇隶属于赤水市，地处赤水河畔，是川黔古盐道上重要的盐运场镇之一，于 2014 年被列入第六批中国历史文化名镇。古镇自古商市繁华，军争兵燹，浓郁的耕读文化，淳朴的乡民性情，各地商人捐资修建的会馆，保留至今的豪宅大院、望族祠堂，以及沿袭的一套祭祀类建筑，与山、水、林构成和谐、美丽的自然人文生态环

---

① 《丙安古镇》，百度百科，https：//baike.baidu.com/item/%E4%B8%99%E5%AE%89%E5%8F%A4%E9%95%87/6899116? fr=ge_ala。

境，反映出自给自足小农经济时代的历史风貌。

大同古镇完好保留了诸多古代盐运文化遗迹遗址，现存的建筑大多建于明末清初，包括古街、古码头、古井、古街坊、古民居、古庙宇、古会馆、古碑、古牌坊等。这些建筑大多依山而建，沿河分布。整个古镇以石板街为横轴线和纵轴线，所有建筑相向一字排开，以石台阶、红砂岩、木楼青瓦为主要特征，展现了与自然山水和谐相处的分布格局。前殿、正殿、后殿、吊脚楼、岩穴等建筑错落有致，雕梁画栋；古墓、古碑、古牌坊则结构严谨，绘画雕刻、书法文字一应俱全，历史文化底蕴深厚。古镇建筑材料采用木材、杉皮、小青瓦、丹霞石、楠竹等多种自然和人力加工的材料，由形体、质地、色彩、不规则对称等构成古镇建筑艺术的形式美。

（三）土城镇

土城镇隶属习水县，地处赤水河中游，自古就是赤水河流域重要的经济文化中心之一，于 2005 年被列为中国历史文化名镇。土城具有悠久的人类文明活动历史，根据考古发掘证实，"早在 7000 多年前的石器时代就有人类在这片土地上繁衍生息"。[1] 作为山水相依的千年古镇，土城是川盐入黔的重要码头和集散地之一，曾经的土城，"乃为万商云集之地，以致商场并不亚于县城"。[2] 古镇上留存的石板街、保存完好的盐号和船帮旧址等，无不向世人诉说着土城曾经繁荣的航运经济和盐运文化，是土城镇盐运文化和航运经济的重要历史见证。

现存的土城盐号旧址为清代赤水河流域四大盐号之一，有甲、乙、丙、丁四个盐仓，该旧址现已改为土城盐运文化陈列馆，通过图文展示、实物陈列等形式，对土城盐运文化历史、内容等进行展示陈列，供人们了解土城繁荣的盐运文化。随着盐运经济的发展，土城镇航运经济也得以崛起，并发展成为具有相当规模的船帮。船帮是土城"十八帮"之一，相当于今天所指称的行业协会，主要负责维护、协调和管理船运行业及其内部各私人船主之间的利益。土城镇完好保留了船帮旧址，该旧址始建于 20 世纪 30 年代，是一栋典型的西式

---

[1] 陶宏：《长征路上的盐运重镇——贵州土城》，《盐业史研究》2013 年第 2 期。
[2] 贵州省习水县政协文史资料委员会编《习水文史资料选辑》（第一辑），1983。

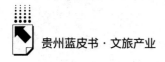

风格建筑，灰色的两层楼房，砖瓦结构，有拱形的门廊和高大的立柱。该建筑作为土城船帮旧址，充分彰显了土城船帮组织规模的庞大、船运经济的发达以及西方文化的深刻影响。

（四）茅台镇

"蜀盐走贵州，秦商聚茅台"。茅台历来就是黔北重要的集镇之一，隶属仁怀市，是川黔古盐道上水陆交通的咽喉要地。从四川运来的食盐，到茅台之后，全部卸船进仓，之后水路转陆路，通过人背马驮等方式，将食盐运往遵义、贵阳等地。也正因为如此，茅台镇一度成为川黔古盐道上最为繁盛的航运码头之一。在其鼎盛时期，永隆裕、永发祥、协兴隆和义盛隆这仁边古盐道上的四大盐号均在茅台开设了盐仓，并形成了有名的盐务街，俗称"盐仓街"。

"家惟储酒卖，船只载盐多"。茅台镇不仅仅是重要的盐运码头，更因盐运经济的发展而推动了白酒产业的发展，盐与酒在这里交汇，茅台镇因盐而兴，茅台酒因盐而起。当前，虽然盐运经济早已衰落，但是以茅台酒为代表的酱香型白酒产业蓬勃发展，再一次赋予茅台镇重要的经济地位，它于2016年被列入中国第一批特色小镇，入选"2023中国乡镇综合竞争力百强"（排名第37）和"2023中国西部地区乡镇综合竞争力百强"（排名第1），并入选"2023年全国综合实力千强镇"（排名第29）。茅台镇集盐文化、红色文化和酒文化于一体。随着茅台镇酱香型白酒产业的发展和酒旅融合的持续推进，酒文化已成为当前重点挖掘和建设的文化内容。

二 川黔古盐道沿线古镇的保护与开发现状

当前，川黔古盐道沿线的诸多古镇保护日益得到国家有关部门的高度重视，通过被列入中国历史文化名镇、认定为国家文物保护单位等形式得到保护，各级地方政府也在积极探索古镇保护与开发的可行且有效路径。但总体而言，还存在部分突出问题亟待破解。

（一）各自为政，系统性联动保护不足

从宏观的行政区划角度看，川黔古盐道沿线古镇分属于不同的县市，受国

家行政区划管理条块分割的制约，当前川黔古盐道沿线古镇的保护大多处于个案保护状态，将各古镇纳入线性文化遗产视野，进行系统性、联动性保护的意识不足，而各地区针对古镇的保护政策、保护措施、保护力度、保护成效等各不相同。如同属于赤水市的丙安古镇和大同古镇，皆为川黔古盐道上盛极一时的盐运重镇，丙安古镇依托其独特的建筑形态、地理区位以及红色文化的加持，在现代文化旅游产业发展进程中得以重生，促进了古镇的保护与开发，获得了新的发展机遇和生命活力。而大同古镇虽然离丙安古镇并不遥远，且自身也是盐运重镇之一，完好保留了古街、古牌坊、古庙宇等历史建筑，但与丙安古镇相比起来，则显得更加冷清，对古镇的保护与开发力度和成效明显低于邻近的丙安古镇。

（二）多头管理，跨部门协同保护不够

古镇作为县级以下的基层行政单位，需要面对县市一级的住建局、规划局、文化和旅游局、文物局、消防救援局、卫生局等多个上级部门的检查与管理，对古镇的保护与开发机构繁多，且不同机构之间由于责任分工和功能的不同，往往出现权限重叠、管理重复等问题，严重的时候甚至会出现责任不明、相互推诿、无人管理的管理真空问题。如古镇的基础设施建设工作作为古镇保护与开发的重要工作，同时涉及住建、规划、文化和旅游、消防等多个部门，需要各部门协同有序参与，但是资金不足、工作进度安排等因素，时常导致古镇建设与保护工作难以有序正常推进，给古镇保护带来安全隐患。

（三）旅游开发与资源保护之间难以平衡

川黔古盐道沿线的古镇早已随着古盐道的衰落而走向衰败，昔日繁华的盐运场景早已成为历史，旅游化发展成为沿线古镇经济社会发展转型的重要进路之一。然而，随着旅游化开发，古镇文化遗产资源的保护与旅游产业化开发之间的矛盾日渐凸显，一些极具历史价值、文化价值的古建筑被破坏，古镇原有的建筑格局与肌理被打乱，古镇文化生态失衡，现代化的建筑与装饰充斥其间致使古镇杂乱无章等问题不断出现。同时，古镇旅游化开发虽然从整体上为当地居民带来了经济增收的机会，但古镇中一些位置相对偏僻的居民并不能享受

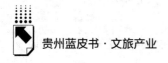

旅游发展的经济红利，而旅游开发带来的大量游客，反而挤占了当地居民正常的生产生活空间。

三　川黔古盐道沿线古镇保护与开发的策略思考

川黔古盐道沿线古镇的经济发展、文化习俗、居民生活乃至古镇的兴起与发展等都与川盐入黔有着千丝万缕的联系，正是川盐入黔通道的开辟和以食盐为核心的物资运输与销售活动的开展，才推动了沿线地区的经济交往、文化交流与民族交融，推动了沿线盐运古镇的形成、发展与繁荣。因此，川黔古盐道沿线古镇有着共同的历史背景、文化背景和经济背景，它们不同于其他区域的古镇。因而，对川黔古盐道沿线古镇的保护与开发，应该坚持线性文化遗产的视角，对古盐道沿线古镇及其相关的文化遗产进行系统性、整体性保护。

（一）建立古镇文化遗产联合机构，统一古镇保护与开发

针对川黔古盐道沿线古镇同资源、同文化、同背景的高度相似性，川黔古盐道沿线各县市之间应该加强古镇保护与开发共建共享共赢的共识和原则，打破传统行政区划和条块分割的阻碍，通过建立川黔古盐道沿线古镇文化遗产联合机构，签订战略合作框架协议，建立战略合作机制，在充分尊重各个古镇差异性、独特性基础上进行统一规划、科学布局，共同制定川黔古盐道沿线古镇保护与开发的顶层设计与整体规划。在古镇保护层面，根据每个古镇遗存情况，进行古镇遗产价值、遗产风险、遗产修复等多元评估，并按照国家有关古镇保护的要求，因地制宜、分阶段进行有针对性的科学保护。在古镇旅游开发层面，将各个古镇纳入统一的川黔古盐道文化旅游带进行统筹规划，避免同质竞争，推动资源、人才、技术等在沿线的合理流动，以统一的旅游地图和旅游标识进行对外宣传，打造独具特色的川黔古盐道古镇文化旅游带。

（二）制定和完善川黔古盐道古镇保护相关法规

完善的法律法规制度是推动文化遗产得到有效保护的重要制度保障。当

前，川黔古盐道沿线古镇保护与开发工作可以依赖的法律法规主要有国家层面的《中华人民共和国文物保护法》《中华人民共和国城乡规划法》《历史文化名城名镇名村保护条例》等，贵州省级层面的《贵州省文物保护条例》等，以及地市级的《遵义历史文化名城保护条例》等，而尚无任何关于川黔古盐道沿线古镇保护与管理的专门性法规。因此，应将川黔古盐道沿线古镇的保护与管理纳入统一的法律法规之中，制定《川黔古盐道古镇保护管理办法》《川黔古盐道古镇保护条例》等跨越行政区划的古镇保护专门性地方法规，完善和细化川黔古盐道古镇保护的法律法规制度，确保沿线古镇保护有专门性的法律保障。

（三）加强川黔古盐道古镇文化及其保护的全媒体宣传

在文旅融合发展的时代背景下，对川黔古盐道古镇文化资源的旅游化开发已成为主流。但是有关川黔古盐道的历史文化，以及基于川黔古盐道的开辟而形成和发展起来的古镇历史、古镇文化等方面的宣传不足，从线性文化遗产的视角对川黔古盐道沿线古镇进行系统性、整体性、宏观性叙事与宣传更是缺乏。因此，应该充分利用当前全媒体传播优势，尤其是充分发挥主流媒体的文化传播功能，依托省级主流媒体以及各地方融媒体中心的全媒体技术优势、人才优势、渠道优势以及社会影响力和公信力，加强对川黔古盐道及其沿线古镇的立体化、全媒体传播，通过视频、图片、文字等多样化传播形式，以通俗化的叙述方式，让更多的人了解川黔古盐道，了解川黔古盐道沿线的古镇。依托民族文化进校园工程，通过设置通识课、基础课、实践课等形式，将川黔古盐道线性文化遗产纳入地方学校教育之中，不断宣传和普及川黔古盐道的历史及其作为线性文化遗产的基础知识。

川黔古盐道沿线古镇是基于川黔古盐道的开辟和不断延伸而形成和发展起来的区域性场镇，是川黔古盐道线性文化遗产的重要组成部分。古镇中留存下来的古街道、古庙宇、古民居、古桥、古码头等物质文化遗产和文化习俗、传统技艺、民间传说、民间文学等非物质文化遗产，共同构成了古镇文化遗产的重要内容体系，赋予了古镇之所以成为历史文化名镇和重要历史文化遗产的深刻内涵。但是，随着现代城市化进程的持续推进，一些古镇日益走向衰败，对古镇独具特色的文化遗迹、文化内涵和文化符号的保护迫在眉睫，一些古镇则

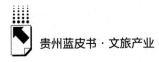

在旅游化开发与转型发展过程中，日渐走向"异化"。基于此，有必要将川黔古盐道沿线古镇纳入线性文化遗产的系统性与跨区域性保护与开发视域之下，进行全局性、宏观性、系统性的保护与开发，改变各地区各自为政、一盘散沙的保护与开发状态。

B.20
特色饮食与地方旅游发展关系反思

—— 以"凯里酸汤鱼"的发展史为例

李隆虎　陈玥锟　马　静*

摘　要：　"凯里酸汤鱼"的品牌创建在不同阶段与地方旅游发展的关系有所差异。在面市之初，它主要依托本地的口碑站稳脚跟，和地方旅游发展的关联并不大。随地方旅游的早期发展，"饮食+文化"模式开始吸引大量国内外游客。而在"非遗"概念和互联网盛行的今天，首先是"凯里酸汤鱼"行业内部针对不同客源群体的扩张与分化，其次是行业代表企业积极利用"非遗"和各种网络媒介开展线下线上营销。最后，在贵州"酸汤产业"发展壮大过程中，原来主营"凯里酸汤鱼"的企业采取了不同的发展策略。在"凯里酸汤鱼"的品牌发展中，饮食与旅游之间的关系不只是"正相关"。品牌餐厅的异地分店，酸汤鱼底料的线上线下销售本身就是一种"逆旅游"趋势的表现。

关键词：　凯里酸汤鱼　饮食+文化　非物质文化遗产

在旅游活动六要素"吃住行游购娱"中，"吃"，也即饮食排在第一位，饮食之于旅游的重要性不言而喻。在旅游活动中，旅游目的地特色美食也往往成为广大游客光顾的对象。具体到贵州，"凯里酸汤鱼"可能是知名度最高的地方美食。初看之下，特色饮食与地方旅游发展的关系似乎不言自明。然而，如果稍加思索，两者之间的关系就没那么清晰明了了：到底是"凯里酸汤鱼"带动了地方旅游的发展，还是地方旅游发展促进了"凯里酸汤鱼"的品牌塑造？

---

* 李隆虎，博士，贵州师范大学国际旅游文化学院副教授，主要研究方向为民族民间文化；陈玥锟，贵州师范大学国际旅游文化学院讲师，主要研究方向为少数民族手工艺；马静，博士，贵州师范大学国际旅游文化学院副教授，研究方向为民族民间文化。

一 国内外研究综述

饮食与旅游的关系可谓旅游学研究中的一个经典议题，其研究历史可追溯至 1966 年英国食品类期刊 *British Food Journal* 发表的 "Food Risks for Tourists in Spain" 一文。根据王灵恩等人的统计，1966~2016 年国内外 "旅游食物消费" 研究按数量多寡排序，主要集中于游客食物消费行为模式、旅游地美食节庆与营销、旅游食物消费与旅游地发展、旅游食物资源开发、旅游食物安全与风险等方面。[①] 本文试图探讨的问题大致可以归入 "旅游食物资源开发" 与 "旅游地美食节庆与营销" 两个方面。简言之，前者主要是从 "美食旅游" 的视角出发，也即探讨地方美食作为一种旅游吸引物，如何带动当地旅游业的发展；后者则重点关注旅游发展对地方饮食的 "品牌塑造"。

（一）饮食作为旅游吸引物

有学者指出，游客对不同饮食文化的兴趣是推动旅游地农产品生产及餐饮发展的重要因素，同时有助于食物文化遗产的保护。[②] 国际上，这一类的研究集中于酒品（尤其是葡萄酒）和当地美食与地方旅游的关系。其中，加拿大啤酒酿造之旅[③]和法国白兰地酒庄之旅[④]都是比较有代表性的 "酒旅" 产品。科马（Kerma）等研究了酒文化旅游资源在斯洛文尼亚旅游开发中的特征和地位。[⑤] 梅拉兹（Meladze）则注意到美食品尝与休闲观光一起构成格鲁吉亚最

---

① 王灵恩、王磊、钟林生等：《国内外旅游食物消费研究综述》，《地理科学进展》2017 年第 4 期。

② Bessiere J., Tibere L., Traditional Food and Tourism: French Tourist Experience and Food Heritage in Rural Spaces. *Journal of the Science of Food and Agriculture*, 2013, 93 (14): 3420-3425.

③ Telfer D. J., Strategic Alliances along the Niagara Wine Route. *Tourism Management*, 2001, 22 (1): 21-30.

④ Henderson J. C., Food Tourism Reviewed. *British Food Journal*, 2009, 111 (4): 317-326.

⑤ Kerma S., Gačnik A., Wine Tourism as an Opportunity for Tourism Development: Examples of Good Practice in Slovenia. *Journal of International Food & Agribusiness Marketing*, 2015, 27 (4): 311-323.

主要的旅游产品。① 此外，伦科（Renko）等还研究了食物在欠发达地区乡村旅游开发中的重要作用。②

在国内，目前的研究多从不同视角，针对不同地区或不同民族的饮食文化资源提出开发建议。在区域饮食文化开发方面，王晓文以福州为例，讨论了饮食文化资源的旅游开发③。喻玲等则探讨了宜宾饮食文化的开发策略。④ 此外，唐少霞等还分析了"国际旅游岛"背景下海南特色餐饮的开发问题。⑤ 在（少数）民族饮食文化开发方面，梅松华⑥、曹水群⑦、谭志国⑧分别讨论了浙江景宁畲族、藏族以及土家族饮食文化资源的开发。此外，马晓京还专门分析了清真饮食文化的旅游价值与开发策略。⑨ 值得一提的是，史涛采用问卷调查分析的方法，分析了饮食旅游动机对游客满意度与行为意向的影响，发现休闲放松、文化探索和饮食产品对满意度有正向影响，饮食猎奇要素则对游客行为意向有正向影响。⑩

概言之，这一类研究试图回答的是"饮食"之于旅游业的价值。在这一解释框架下，我们可以将"凯里酸汤鱼"与旅游业的关系解释为前者吸引大量游客，从而带动了后者的发展。这一逻辑看似简洁明了，但在实践中我们却很难确证有多大比例的游客是冲着"凯里酸汤鱼"来的，也就很

---

① Meladze M. , The Importance of The Role of Local Food in Georgian Tourism. *European Scientific Journal*, 2015, 212（S2）：222-227.

② Renko S. , Renko N. , Polonijo T. , Understanding the Role of Food in Rural Tourism Development in A Recovering Economy. *Journal of Food Products Marketing*, 2010, 16（3）：309-324.

③ 王晓文：《试论饮食文化资源的旅游开发——以福州为例》，《福建师范大学学报》（哲学社会科学版）2001 年第 3 期。

④ 喻玲、洪军、熊隆芳：《宜宾饮食文化资源的旅游开发研究》，《资源开发与市场》2009 年第 1 期。

⑤ 唐少霞、毕华、罗艳菊：《国际旅游岛背景下海南特色餐饮资源的开发研究》，《国土与自然资源研究》2012 年第 6 期。

⑥ 梅松华：《浙江景宁畲族饮食文化旅游开发构想》，《浙江师范大学学报》（社会科学版）2010 年第 3 期。

⑦ 曹水群：《西藏饮食文化资源的特点及其旅游开发》，《云南财经大学学报》（社会科学版）2010 年第 2 期。

⑧ 谭志国：《土家族饮食旅游资源特点与开发探析》，《安徽农业科学》2011 年第 8 期。

⑨ 马晓京：《中国清真饮食文化的旅游价值及开发》，《中南民族学院学报》（哲学社会科学版）1999 年第 3 期。

⑩ 史涛：《饮食文化旅游产品开发体系探析》，《扬州大学烹饪学报》2012 年第 4 期。

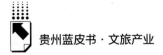

难计算其对地方旅游业发展的贡献值。因此，饮食与旅游的关系还得考虑不同的面向。

（二）饮食作为"旅游品牌"

饮食往往与特定区域的自然环境与社会文化交织在一起，从而带有鲜明的地方特色与丰富的文化象征意义。① 具有地方特色的美食不仅能提升游客满意度，而且能增进旅游目的地的"原真性"的体验。② 正因如此，某些旅游目的地有意打造地方饮食品牌，以此作为差异化定位与市场营销的手段。③

国际上该领域的研究多从国家视角切入。不同学者分析了英国④、澳大利亚⑤、加拿大⑥、克罗地亚⑦等国在旅游发展中的饮食品牌打造。以"品味威尔士"为例，研究者发现这一营销策略成功带动了当地特色美食和食物产品的销售，进而推动整个威尔士住宿业的发展。⑧

在国内，该方向的研究以各地美食节庆活动的开发和营销策略为主。其中，白雪以成都国际美食旅游节为例，认为餐饮节庆对城市旅游形象塑造起到

① Lockie S. , Food, Place and Identity: Consuming Australia's' beef Capital. *Journal of Sociology*, 2001, 37 (3): 239−255.

② Mckercher B. , Okumus F. , Okumus B. , Food Tourism as a Viable Market Segment: It's All How You Cook the Numbers. *Journal of Travel & Tourism Marketing*, 2008, 25 (2): 137−148.

③ Sims R. , Food, Place and Authenticity: Local Food and the Sustainable Tourism Experience. *Journal of Sustainable Tourism*, 2009, 17 (3): 321−336.

④ Boyne S. , Williams F. , Hall D. R. , On the Trail of Regional Success: Tourism, Food Production and the Isle of Arran Taste Trail [C] //Richards G. , Hjalager A. M. , Tourism and Gastronomy. London, UK: Routledge, 2002: 91−114.

⑤ Cambourne B. , Macionis N. , Linking Food, Wine and Tourism: The Case of the Australian Capital Region [C] //Hall C. M. , Sharples L. , Mitchell R. , et al. Food Tourism around the World: Development, Management and Markets. Boston, MA: Butterworth-Heinemann, 2003: 268−284.

⑥ Hashimoto A. , Telfer D. J. , Selling Canadian Culinary Tourism: Branding the Global and the Regional Product. *Tourism Geographies*, 2006, 8 (1): 31−55.

⑦ Fox R. , Reinventing the Gastronomic Identity of Croatian Tourist Destinations. *International Journal of Hospitality Management*, 2007, 26 (3): 546−559.

⑧ Jones A. , Jenkins A. , "A Taste of Wales-Blas Ar Gymru": Institutional Malaise in Promoting Welsh Food Tourism Products [M] //Hjalager A. M. , Richards G. , Tourism and Gastronomy. London, UK: Routledge, 2002: 115−131.

了积极的作用。① 总而言之，国内该领域研究多发表在地方和普通学术期刊上，研究的广度与深度都有待提升。

从政府的"旅游品牌"打造视角出发，确实能部分解释"凯里酸汤鱼"的"成功之道"。然而，"凯里酸汤鱼"作为一种民间基础深厚的特色饮食，其从民间走向市场的历程绝非"政府推动"这一因素所能完全解释的。

从前面的综述中不难发现，不管是饮食作为"旅游吸引物"，还是"旅游品牌"塑造的研究，都忽略了"餐饮企业"这一重要主体。而在现实的社会生活中，正是无数规模不等的餐饮企业在推动特定饮食的市场化。正因如此，本文以"凯里酸汤鱼"为例，通过走访"凯里酸汤鱼"的两大业界代表——"亮欢寨"和"老凯俚"，通过对两大企业主要负责人的访谈和实地调研，透过"从业者"的视角，旨在重点从企业的发展历程与经营模式，探讨"凯里酸汤鱼"这一特色饮食与地方旅游业发展的关系。

二 "凯里酸汤鱼"的市场化历程

"酸汤鱼"是黔东南、黔南一带"酸汤"饮食文化的一个附属部分，也即鱼与酸汤结合的产物。然而，我们现在所熟知的"凯里酸汤鱼"却是比较晚近的"发明"。从我们的调查来看，市场化的"酸汤鱼"以一种偶然的形式出现在20世纪80年代。之后，"饮食+文化"模式极大形塑了"凯里酸汤鱼"的品牌营销。时至今日，"凯里酸汤鱼"又展现出不少新的营销形态。

（一）"酸汤鱼"的面市

1985年，22岁的吴笃琴开始了自己的创业历程——跟亲友借了1000元钱，在凯里-贵阳的国道旁开了一家小餐馆，服务过往旅客与本地乡民。在菜品方面，小餐馆兼营炒菜与粉面，同时赠送自家酸汤煮的菜汤——尚未给顾客提供"酸汤鱼"。谈及"酸汤鱼"的正式面世，吴笃琴说：

---

① 白雪：《餐饮节庆对城市旅游形象塑造研究——以成都国际美食旅游节为例》，《知识经济》2009年第9期。

……我老公卖煤回来，就在路边买鱼回来——以前人也舍不得吃，就拿在路边卖，（我们就）四条三条地买来给小孩吃。当时遇到有客人来，就匀给他一条。客人吃了都赞不绝口，"非常好吃！"后来我就觉得酸汤鱼是可以给客人吃的，是可以做生意的。所以，我就用家传的酸汤煮鱼，客人都赞不绝口。人家都感觉吃了这个酸汤，又好吃，又快活。因为我这个人很活泼，我奶奶也会唱苗歌、唱酒歌。我也会唱几句，管他好不好，我就唱了。客人吃了都非常高兴。当时名字都没有，个个都说："吃饭去哪里吃？去吴三妹家吃！"（吴笃琴访谈记录，2021 年 6 月 4 日）

笔者认为，上面一段话中有三个重要的信息：一是这一时期的餐饮店还不太注重品牌宣传，因此才出现了有店无名的情况。二是"酸汤鱼"在偶然的情况下被搬上餐桌，供客人品尝，却没有料到有"又好吃，又快活"的反馈。三是这一阶段吴笃琴已经开始"祝酒歌"的实践，并取得了较好的市场反馈。

随着"凯里酸汤鱼"为更多人熟知，小餐馆的餐桌增加了，店面也扩大了，"吴三妹"也成了这一时期凯里酸汤鱼的品牌标志。直到 1987 年，吴笃琴的小店才正式获赠"快活林"的招牌。

值得一提的是，据吴笃琴说，随着"凯里酸汤鱼"的名声越来越大，各地的人也开始到凯里"取经"，"凯里酸汤鱼"也逐步扩展到其他地方。以贵阳为例，现在"老凯俚酸汤鱼"的前身就是 20 世纪 90 年代若干售卖酸汤鱼的餐馆之一。当然，这些餐馆如同吴笃琴早期的小店一样，只是将酸汤鱼作为一个重要菜品，尚无"品牌化"的情况，更没有出现如今流行的"饮食+文化"模式。

总体而言，这一时期"凯里酸汤鱼"尚处于初步发展阶段，其顾客也多以本地食客为主。换言之，此时"凯里酸汤鱼"的发展和旅游发展的关系并不大。然而，这一状况很快将发生巨大的变化。

（二）"饮食+文化"模式出现与推广

"饮食+文化"模式并非如今以"凯里酸汤鱼"为主打菜品的诸如亮欢寨、老凯俚、侗嘎佬、西江传说等餐饮企业的"专利"。然而，这一模式在"凯里酸汤鱼"的品牌发展历程中，确实发挥了关键作用。

1996 年初，吴笃琴的"快活林"餐馆正式组建了自己的演艺队伍——由员工兼任芦笙队、歌舞队与敬酒队成员，并逐步形成了一套稳定的经营模式。简言之，这一经营模式可按时间顺序分为餐前、餐中和餐后三个环节。在"餐前"环节，一是芦笙手和歌舞队员在餐馆门外举行的欢迎仪式，二是依靠从外至内的民族风装修风格营造就餐氛围。在就餐过程中，顾客可免费观看固定场次的民族歌舞表演，也可付费观看封闭的专场表演。演员着黔东南苗侗民族盛装（也有黔东南其他民族服饰），表演经专业人士编排过的固定节目，如锦鸡舞、芦笙舞、铜鼓舞、侗族大歌等。这些节目在注重舞台效果的同时，往往有意保留民族特色，旨在给客人"原汁原味"的体验。

同时，餐厅会安排由年轻的芦笙手和女歌舞队员组成的敬酒队，直接走到餐桌前为客人助兴。以 2021 年 6 月笔者一行赴亮欢寨的调研为例，敬酒队先是以芦笙手伴奏，四名身着苗族盛装的年轻女子边跳边用不标准的普通话演唱苗族祝酒歌开场。几名女子以陶碗、陶酒壶高低相接，给安座的客人敬酒。最后，几名年轻女子还会邀请客人"共舞"——将客人让在中间，边唱边跳。不难看出，这一活动的互动性极强，能给客人带来较强的参与感与体验感。

吴笃琴告诉我们，敬酒歌之所以没有采用"学院派"的风格，就是为了保留苗族敬酒歌的乡土味道。我们一开始忽略了祝酒歌的"语言"问题——为什么要以"汉语"唱？在后来与"老凯俚酸汤鱼"创始人丁文建先生的谈话中，他告诉我们，他们的演艺队不仅用苗语唱祝酒歌，还开发了汉语版和英语版。由此不难发现，"敬酒歌"的语言选择旨在让更多的客人能够听得懂，从而获得更好的体验。值得一提的是，调研中我们接触的业内人士有一个共识：正是"高山流水"为代表的"敬酒"文化让"凯里酸汤鱼"为国内外更多人所熟知。其中，亮欢寨、鼎罐城是业界的先行者与推动者。可见，酒在"凯里酸汤鱼"的市场推广中扮演了重要的作用。

在被问及为什么要开始"餐饮+文化"的尝试时，吴笃琴没有正面回答我们。但从她提供的信息来看，亮欢寨"餐饮+文化"模式的全盛时期正好与黔东南旅游业的快速发展期是同步的。访谈中，吴笃琴和其他亮欢寨员工提到了21 世纪初大量光顾亮欢寨的国内外政要，如世界旅游组织秘书长、前国民党主席连战、泰国公主等。同时，吴笃琴还给我们展示了大量外国游客来访时的留影。由此可见，政务性旅游与国际观光客对"凯里酸汤鱼"的发展起到了

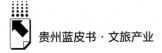

极大的推动作用。

据黔东南中国国际旅行社入境中心经理熊邦东回忆："30年前，黔东南就是外国人向往的旅游之地。……那时黔东南的旅游资源被开发得很少，只有少部分是对外开放的，去雷山郎德、台江、丹寨等几个点都需要办签证，印象中整个黔东南的旅游是1995年后才全面开放的。苗乡侗寨最先吸引来的是一些国外的专家、学者，他们几乎是第一批来黔东南旅游的游客。……那时候做旅游，各种条件很艰苦，尤其是在住宿和交通环境上非常不理想，很多去县城的路都还是烂泥路，县城里面基本没有旅馆，不像现在宾馆、酒店县里到处是，要什么样的都有。"① 不难发现，吴笃琴的餐馆正好赶上了黔东南国际旅游早期发展的良机。在旅游接待业普遍不发达的时期，富于民族文化特色的亮欢寨自然成为国际游客的首选。2004年，亮欢寨便获得贵州省旅游厅授予的"旅游定点单位"称号。

有意思的是，正是在20世纪末到21世纪初，黔东南先后获得各种与旅游相关的称号。1997年，黔东南被联合国教科文组织列入世界十大"返璞归真、回归自然"旅游目的地首选地之一。1998年，世界乡土文化保护基金会将其列入全球18个生态文化保护圈。更关键的是，2002年3~8月，世界旅游组织专家组四次考察黔东南，并给予高度评价，认为"黔东南是旅游资源品位最高、质量最好且最集中的地区，是不同类型且最具多样性的旅游资源富集地，是对境外游客最具吸引力的地区，是民族文化旅游的旗舰，是为高素质人群所准备的丰富宴席"② 。其中，世界旅游组织前秘书长弗朗西斯科·弗朗加利曾亲自考察凯里南花村苗寨，并将黔东南旅游视为世界旅游组织"旅游扶贫"的成功范例。③ 2004年，黔东南州首府凯里入选第五批中国优秀旅游城市。2008年6月，第三届贵州省旅发大会在黔东南州雷山县召开，成功推出西江千户苗寨景区。

此外，从旅游统计数据（见图1、图2）来看，21世纪初也是黔东南旅游业快速发展的重要阶段，国内、国际游客到访量均呈上升趋势。

---

① 《我亲历了黔东南的旅游发展变化》，《贵州日报》2016年6月16日，第2版。
② 杨汉林：《黔东南：民族原生态，文化大观园》，《党建》2014年第6期。
③ 《世界旅游组织秘书长考察凯里南花村苗寨》，http://www.huaxia.com/gz-tw/gzkx/2002/11/727784.html，2021年8月3日。

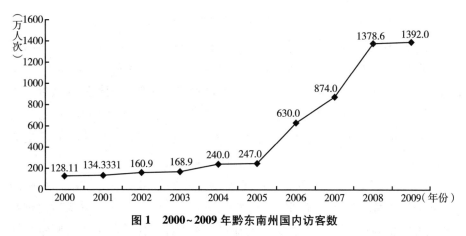

图1　2000~2009年黔东南州国内访客数

资料来源：根据黔东南州历年统计年鉴与统计公报整理。

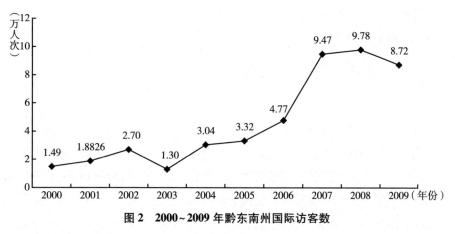

图2　2000~2009年黔东南州国际访客数

资料来源：根据黔东南州历年统计年鉴与统计公报整理。

　　两相对照不难发现，亮欢寨"餐饮+文化"模式的推出与发展与黔东南旅游业的快速发展期正好是重合的。实际上，位于贵阳的同类企业"鼎罐城"与"老凯俚"的快速发展也是在同一时期。其中，"鼎罐城"的前身是苗族女企业家郭成芳20世纪80年代中期于贵阳创办的"苗岭酸汤鸡鱼城"，1994年正式更名"鼎罐城"。"鼎罐城"一度是业内翘首，我们接触的不少业内人士都认为"鼎罐城"在"餐饮+文化"模式的市场推广中功不可没。老凯俚的创始人丁文建先生坦言，自己的经营模式就是跟业界"前辈"学习的。发展到

2000 年左右，丁文建的"老凯俚酸汤鱼"在贵阳已经小有名气。

也正是在这一时期，主打"凯里酸汤鱼"的一些餐饮企业开始了自己的品牌创建之路。吴笃琴的"快活林"于 2002 年正式更名为"亮欢寨"。2005年，经过长达五年的商标申请历程，丁文建的"老凯俚"商标正式获批。关于"老凯俚"的由来，丁文建在访谈中直言是为了让自己的品牌显得更"正宗"，以"俚"取代"里"避开了商标注册中不能使用地名的限制。这一细节实际上正体现了"凯里酸汤鱼"业界分化竞争的现状。

值得一提的是，尽管同样受益于旅游业发展带来的契机，位于凯里的"亮欢寨"与贵阳的"老凯俚"又各有特征。简言之，兼营"苗侗"文化的"亮欢寨"得到更多"政务接待"的加持，而主打苗族文化的"老凯俚"则享有省城更大的本地市场与旅游中转地的优势。

而随着贵州"酸汤产业"的发展与互联网时代的到来，"凯里酸汤鱼"的发展又出现了新的变化。

（三）"酸汤产业"时代的新变化

1. 市场扩张

首先，伴随"凯里酸汤鱼"知名度的提高，大量餐饮企业相继涌入。其中，既有走高端路线的民族餐饮企业，又有大量瞄准中低端市场的景区餐馆与地方小店。前者主打"民族特色餐饮"，呈现"苗侗"两分的特征。2009 年，丁文建成立贵州醉苗乡餐饮投资管理有限公司，"老凯俚"成为"醉苗乡"旗下品牌。很显然，"醉苗乡"的定位是苗族特色饮食。2019 年成立的贵州苗之最西江传说餐饮管理有限公司——俗称"西江传说"，明显也是同样的路数。相较之下，2013 年成立的凯里侗嘎佬餐饮发展有限公司则走的是侗族特色饮食之路。这些餐饮企业延续"饮食+文化"的经营模式，人均消费较高，主要客源包括商务接待、外地散客与本地接待（本地人招待外来亲友）。与此相对，景区餐馆往往以低价"团餐"的形式吸引价格敏感度较高的大众游客；而本地小店则以其便捷和较低的餐标吸引大量本地食客。正如吴笃琴所言，本地人更多是请客时才到亮欢寨就餐，平时则更多在家烹饪或就近选择人均消费金额较低的本地小餐馆。亮欢寨拒绝了二三十元餐标的旅游团餐，认为那样没有"品牌效应"。

在行业体量扩大的同时，少数实力较强的企业则开启了扩张之路——开设分店。目前，亮欢寨、老凯俚、侗嘎佬均在不同城市开设了分店。以亮欢寨为例，从 2009 年开始到 2017 年，其在贵阳先后开设了五个分店。值得一提的是，2009 年的贵阳沙冲路店并不是亮欢寨第一次开设分店的尝试。早在 2004 年，为了开拓港澳及海外市场，吴笃琴曾在深圳开过一家分店，不过最终出于各种原因被迫放弃。后来，经长时间的选址（主要基于租金的考虑），亮欢寨分店才最终于 2009 年落户贵阳的沙冲路。

2. 双线营销

在行业体量扩大与少数品牌企业向外扩张的同时，随着互联网的普及与"非遗"的流行，"凯里酸汤鱼"的营销模式也发生了新的变化，呈现"线下+线上"双线并进的新特征。

首先，除了传统的广告牌和门店平面宣传外，非遗现场体验成为新的营销模式。据了解，2017 年，亮欢寨开始在高速路广告牌投放广告，两年后又扩展到小路牌。与此相似，老凯俚近年来也在贵阳周边的高速路口广告牌和公交站广告牌上大量投放广告。目前，"老凯俚酸汤鱼"的广告牌可谓实现了贵阳市内公交站牌的全覆盖（见图 3）。

图3　老凯俚酸汤鱼贵阳市内公交站广告牌
（2021 年 7 月 5 日摄于贵阳延安西路公交站）

在门店宣传方面，除了延续民族风格的内外装修风格与民族歌舞表演外，亮欢寨和老凯俚的门店都不约而同地增加了"非遗"的内容。一是将与"非物质文化遗产"有关的各类招牌投放到门楣、墙面、餐巾纸盒等媒介上；二是将贵州省的蜡染、刺绣等非遗产品纳入店内装饰；三是将其他非遗美食纳入菜单，并在餐桌服务中使用"非遗"话语，甚至现场展示特定小吃的生产流程，以便客人现场体验和购买。以老凯俚酸汤鱼省府路店为例，入门处便悬挂"贵阳市非物质文化遗产丁氏苗族传统酸汤"（见图4）和丁文建的非遗代表性传承人证书。店门口另设"老凯俚米花糖"展销台，现场制售（见图5）。在菜品方面，除了作为招牌的红酸汤煮鱼外，老凯俚还将米花糖、豆腐圆子、红油米豆腐、冰粉、洋芋粑、西红柿酱米皮、青岩卤猪脚、辣子鸡等贵州特色美食搬上自家餐桌。更有意思的是，服务员在餐桌服务时，还会专门讲一句"欢迎品尝非遗美食！"不难看出，"非遗"已成为亮欢寨和老凯俚共同的营销口号。

图4　老凯俚酸汤鱼省府路店店内非遗装饰牌
（2021年7月5日摄于老凯俚酸汤鱼省府路店）

　　说起"非遗"申报的缘由，丁文建表示是在四川出差时受到的启发，目的是让人们知道"老凯俚"是得到官方认可的，是"正宗"的。相较之下，亮欢寨的非遗申报历程要"曲折"得多。据吴笃琴讲，2011 年时，是地方政府主动来"做工作"，让亮欢寨申报凯里市非物质文化遗产。2013 年，亮欢寨获批贵州省文化和旅游厅授予的"省级非物质文化遗产生产性保护示范基地"。然而，吴笃琴于同年主动申报州级非遗传承人时，却遭到冷遇。据吴笃琴讲，当时有位领导说："到处都是酸汤鱼，不用保护了！要保护的是边缘绝版的那些东西。"一直到 2020 年，吴笃琴才正式获批为省级非遗传承人。到 2021 年 5 月，以"亮欢寨"为蓝本申报的"凯里酸汤鱼制作技艺"被正式列入国家级非遗项目。从"亮欢寨"的申遗历程不难看出，政府在"哪些项目是需要保护的"这一问题上经历了重大的观念变化，即从保护"边缘绝版"到兼顾"经济带动效应强"的项目。同时，诸如丁文建、吴笃琴等企业家看重的并非申报成功后的少量政府补贴，而是其潜在的市场宣传效应。

图 5　老凯俚酸汤鱼省府路店米花糖制售
（2021 年 7 月 5 日摄于老凯俚酸汤鱼省府路店）

　　相比线下营销模式的变化，新近出现的"线上营销"更具革命性。一方面，在传统媒体方面，2012 年播出纪录片《舌尖上的中国》是"凯里酸汤鱼"走向全国的重要节点。实际上，在这之前，已经有诸如凤凰卫视、安徽卫视等电视栏目主动联络亮欢寨，对其进行报道。2015 年 7 月 20 日，央视《走遍中国》栏目播出"《多彩贵州》(5)：宁舍家财，不舍酸汤"。此外，央视中文国际频道（中央四台）还录制了一个全英文版，面向国外观众播放。2018 年，亮欢寨酸汤鱼正式登上在央视播放的《舌尖上的中国 3》，这成为目前亮欢寨对外宣传的重要事件。此外，2020 年 6 月 7 日，吴笃琴受邀携亮欢寨酸汤鱼亮相湖南卫视综艺节目《天天向上》，也算是企业发展中的一个重大事件。在我们走访之时，亮欢寨凯里总店大厅的电视还在播放这期节目。据丁文建介绍，"老凯俚酸汤鱼"也有不少拍摄宣传，拍摄主体既有政府、媒体，也有企业自身。

另一方面，亮欢寨和老凯俚在诸如大众点评、美团、抖音、微信公众号等平台上均展开了网络宣传攻势。先以美食类网络平台"大众点评"为例，亮欢寨凯里总店已被收录 13 年，点评数 2500 余条，高居"迎宾大道美食热门榜第 1 名"，综合评分高达 4.3。有意思的是，亮欢寨西江店在西江千户苗寨酸汤鱼菜品榜上仅列第 7，综合评分也只有 3.7。在贵阳，沙冲路店也已被收录 11 年，总评分 4.2。相较之下，老凯俚酸汤鱼省府路店被收录 15 年，点评数高达 8317 条，综合评分 4.6，高居黔菜榜第 1 名。在平台页面宣传方面，亮欢寨主推的是"35 年老字号大众热门榜榜首酸汤鱼"（见图 6）、"汤不正、鱼不鲜、不好吃、不收钱"、"代表贵州美食走进《天天向上》"、"荣登央视《舌尖上的中国 3》"等宣传图片。与此对应，老凯俚则主打"贵州菜·热门榜第1 名"（见图 7）、"好山好水好食材酸酸辣辣贵州菜"和"一辈子只为做好一坛酸汤、一条鱼"等口号。此外，大众点评设置了"优惠"、"菜品"和"评价"三大模块。在"优惠"模块，用户可以在线购买代金券和到店套餐。在"菜品"环节，用户可以查看商家招牌菜和网友推荐菜榜单。最后，还可以查阅"精选评价"关键词和图文并茂的优质评价及食客分享的用餐视频。简言之，这些"商家+食客"的互动性信息，能够为大多数不熟悉当地美食的旅客提供重要的参考，继而形成消费引导效应。

在近年来兴起的抖音平台上，亮欢寨的官方账号目前有粉丝 1970 人，除了发布 50 余条短视频宣传作品外，还提供线下门店信息、在线咨询、特色服务标签、套餐抢购链接等。在"特色服务"方面，亮欢寨的主要标签有非遗

图 6　亮欢寨"大众点评"宣传图片
（图片来自 2021 年 7 月 15 亮欢寨大众点评主页）

图 7　老凯俚酸汤鱼"大众点评"宣传图片
（图片来自 2021 年 7 月 15 老凯俚酸汤鱼大众点评主页）

酸汤鱼、苗侗特色、35 年老字号、苗家酸汤鱼、舌尖推荐品牌几项。老凯俚酸汤鱼目前尚未注册抖音官方账号，但多家分店均注册了各自账号，活跃度不一，粉丝数量也不等。从宣传视频内容来看，既有直接的官方宣传视频，也有各种"软广告"视频。目前，抖音对两家企业的宣传效应可能不大，但显然两家企业对新媒体的敏感度是很高的。在另一社交媒介微信上，在"贵州亮欢寨凯里酸汤鱼"公众号上，除了十余篇新闻报道外，在"公司简介"目录下还设有官方网站、公司简介、订餐电话、酸汤美食和教程 5 个条目。"购买酸汤"直接链接到亮欢寨瓶装酸汤产品选购页面，而"会员中心"下设"成为会员"、"新会员活动"和"我的会员"三个条目。相较之下，"老凯俚酸汤鱼服务号"（富水店公众号）内容要少得多，除了"品牌匠心"下的"品牌故事"图文介绍和"匠心制作"的视频宣传，就只有个人会员信息和门店信息。

从亮欢寨和老凯俚的线上线下营销策略来看，两家企业的"敏感度"都很高，都在利用在游客群体中影响比较大的"非遗"符号和各种媒介宣传推广自己的产品，争取更多的客人。然而，仅仅如此，还不足以理解当下贵州"酸汤产业"发展中，"凯里酸汤鱼"的品牌创建与旅游发展的"复杂"关系。

3. "凯里酸汤鱼"的新转型

实际上，目前我们必须将"凯里酸汤鱼"视为贵州"酸汤产业"的一个组成部分。如前所述，酸汤鱼是鱼与酸汤结合的产物，酸汤在其中扮演的作用更为关键。当然，在某种程度上，是"凯里酸汤鱼"的品牌效应让贵州酸汤真正成为一个产业。

2013年，《关于推进"贵州酸汤"产业化发展的建议》的提案被采纳。2014年5月，贵州省农委、食品工业协会、贵州大学联合课题组撰写《贵州酸汤产业发展现状及对策研究报告》。在报告完成之时，贵州省酸汤加工企业已发展到近100家。发展至2020年1月"贵州省酸汤产业协会"成立之时，光会员单位就有81个。其中，玉梦酸汤、老凯俚酸汤鱼、乡下妹食品、和记食品、有一招酸辣汤、丝恋红酸汤丝娃娃、妮的红酸汤是7家规模较大的发起人单位。从成员企业产品类型来看，主要涵盖酸汤底料、酸汤鱼、酸汤牛肉、酸汤美食（如酸汤丝娃娃、酸汤粉等）四个类别。

从上文不难看出，贵州"酸汤产业"是一个以"酸汤"为核心的多样态产业集合。其中，最值得一提的是标准化生产的酸汤底料产业。目前，贵州已有大量企业投入酸汤底料行业。其中，影响力比较大的应属2000年成立的麻江县明洋食品有限公司。该企业采取"终端门店+线上电商+集团客户+代理加工"销售模式，已在全国的31个省区市设有120多家代理（或经销）商。①

---

① 陈玲、王法：《高成长企业 | 麻江明洋食品：21年耕耘打造酸汤品牌》，"天眼新闻"百家号，2021年3月22日，https：//baijiahao. baidu. com/s？ id = 1694934036464759510&wfr = spider&for=pc。

目前，该企业生产的"玉梦酸汤鱼"火锅底料在各大商超和网络平台均有销售。此外，一些原本经营其他产品的企业也纷纷加入酸汤底料这一行业，如"乡下妹"和"老干爹"——前者于 2009 年推出"酸汤火锅底料"，后者则推出了"老干爹苗家酸汤"（推出时间不详）。目前，笔者在贵阳市盒马鲜生超市购物时发现，超市里的瓶装"酸汤底料"有玉梦、刘胡子、老嬢嬢和苗厨四个品牌，价格从 7.9 元到 9.9 元不等。由此不难看出，很多企业都在蹭"贵州酸汤"这个"热点"。

更有意思的是，原先主营"凯里酸汤鱼"的亮欢寨和老凯俚目前也启动了自己不同的"转型"之路。2002 年，亮欢寨生物科技有限公司在凯里碧波高新技术产业园区成立，其最初的定位是亮欢寨的酸汤生产基地。吴笃琴表示，为了解决传统酸汤发酵中口感、品质不稳定的"痛点"，亮欢寨从 2014 年开始便陆续启动了与西南大学、邵阳学院、贵州大学、贵州医科大学等高校的合作，攻克了酸汤标准化生产中的技术难题——目前，这一生产技术已被列入"国家商业秘密"。受新冠疫情的影响，基地产能目前只有约 2000 吨，离最初设想的 10000 吨还有不小的距离。基地生产的产品主要是红、白两种酸汤，目前除了供给线下实体店，还同步通过实体店展销、线上商城（京东、淘宝等平台）对外销售。顾客可通过微信公众号、公司网站、网商平台等途径实现线上下单。由于产量有限，加之线下餐馆用量较大，亮欢寨的酸汤产品暂未投放线下商超。

与亮欢寨采取的纵向延伸策略不同，老凯俚目前正在走一条大胆的横向整合道路。丁文建与合伙人通过开设分店的形式，将贵州省内其他地区的"主打菜"纳入老凯俚的经营范围。在龙里龙门镇，丁文建就将"肉饼鸡"与"老凯俚酸汤鱼"两块招牌悬挂在"聚龙堂"餐厅的外墙上。此外，目前老凯俚正在贵州省黔南州龙里县建设"贵州综合文化旅游体验地·赶场村"。据报道，该项目占地 100 余亩，总投资约 3.5 亿元，旨在整合贵州 88 个区县市的美食。[1] 用丁文建的话讲，就是要打造一个"贵州美食村"。值得一提的是，按丁文建的打算，所有"入驻"的美食项目将由老凯俚统一经营。也就是说

---

[1] 《贵州醉苗乡：培育壮大地方特色品牌，促进餐饮业与旅游业融合发展》，https://www.gzstv.com/a/5956adb1d5344448bf70812b047571b0，2020 年 8 月 6 日。

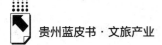

老凯俚将自己研发各地的美食，而不是通过"招租"的形式整合各地美食企业。

不难发现，在贵州"酸汤产业"发展壮大的背景下，"凯里酸汤鱼"的发展出现了两种趋势。一方面是"酸汤"与"鱼"分离，单独发展成一个产业，代表有专营酸汤火锅底料的玉梦和开始单独出售酸汤鱼底料的亮欢寨。另一方面则是以老凯俚为代表的横向拓展，即原来主要经营酸汤鱼的餐饮企业，开始涉足其他同类型产业，如丁文建正在打造的"贵州美食村"。如果从饮食与旅游关系角度分析，前者可被视作一种"逆旅游"趋势——让人们足不出户便可品尝外地美食，后者则是一种餐饮企业主导、以美食作为主要吸引物的旅游项目打造。

三　饮食与地方旅游发展关系再思考

从"凯里酸汤鱼"的例子来看，饮食作为旅游吸引物或饮食作为"旅游品牌"都不足以解释其与地方旅游发展的复杂关系。从前文的叙述不难发现，在短短的 30 多年时间内，"凯里酸汤鱼"的品牌创建在不同阶段与地方旅游发展的关系又有所差异。

在"凯里酸汤鱼"面市之初，主要是依托本地的口碑站稳脚跟，和地方旅游的关联并不大。随地方旅游的发展，"饮食+文化"模式开始吸引大量国内外游客。简言之，这一阶段的"凯里酸汤鱼"受益于地方旅游发展带来的大量游客。而在"非遗"概念和互联网盛行的今天，首先是"凯里酸汤鱼"行业内部针对不同客源群体开始扩张与分化；其次是行业代表企业积极利用"非遗"和各种网络媒介开展线下线上营销；最后则是在贵州"酸汤产业"发展壮大过程中，原来主营"凯里酸汤鱼"的企业基于各自的考量，采取了不同的发展策略。显然，从以特色美食吸引游客，或政府打造"旅游品牌"的视角都不足以解释当下"凯里酸汤鱼"行业发展状况与地方旅游业的关系。

更值得一提的是，在"凯里酸汤鱼"的品牌发展中，饮食与旅游之间的关系不只是"正相关"。品牌餐厅的异地分店，酸汤鱼底料的线上线下销售本身就是一种"逆旅游"趋势的表现，也即让潜在的游客足不出户就可以品尝异域美食。

　　因而，从饮食作为旅游吸引物、饮食作为"旅游品牌"角度，或者含糊其辞地称两者"相互促进"显然都不足以解释"凯里酸汤鱼"的行业实践与地方旅游发展之间的复杂关系。这一方面凸显了饮食与旅游发展的复杂关系，另一方面又暴露了以往研究理论框架与解释路径的不足。

　　首先，在笔者看来，以往关于饮食与旅游关系的研究的一大缺陷在于"饮食"的预设。学者们或自觉或不自觉地将旅游目的地的特色饮食全部归入旅游者的消费范围，忽略了饮食的"共享性"，从而容易过度强调地方特色饮食对旅游业的依赖。

　　其次，现有研究多从旅游者或旅游目的地政府的视角出发，忽略了大量饮食企业的主体性作用。站在旅游者的立场，很容易得出饮食是旅游吸引物的结论；而从旅游目的地政府视角出发，则会更多关注地方政府在饮食品牌打造中扮演的作用。当我们从餐饮企业的实践出发时，不同企业的目标消费群体不尽相同。换言之，不是所有企业都以"游客"为主要目标消费群体。同时，在对利润最大化的追逐中，餐饮企业更多考虑的是如何让更多的顾客购买自己的产品，而不只是吸引更多的外来游客。事实上，诸如异地分店、线上销售等营销行为都是与吸引更多游客的目标相背离的。因此，在我们考量饮食与旅游的关系时，不能忽视餐饮从业者自身的利益诉求及其营销实践。

　　最后，相关的研究多为静态的共时性研究，缺乏动态的历时性考量，继而忽略不同时期地方特色饮食产业与旅游业发展的差异性关系。其实，相较现代意义上的"旅游业"，很多地方的特色美食的历史要久远得多。就这一类饮食"品牌"而言，其形成过程本身与旅游发展并没有什么关联。同时，正如"凯里酸汤鱼"短短30余年的发展史所展示的，特色饮食与旅游发展的关系往往是随时间推移而不断变化的。

B.21
红色研学旅游高质量发展问题
及实践路径研究

——基于黔北革命老区的个案调研

王　娜*

摘　要：　红色研学旅游是一种以红色文化为主题的教育旅行活动，是面向特定旅游主体的具有极强政治性和教育功能的独特旅游形式，既是红色旅游的重要组成部分，也是讲好红色故事、弘扬红色文化的重要途径。以遵义市为中心的黔北革命老区，是全国首批十二个重点红色革命遗址之一，也是长征国家文化公园建设贵州段的核心区，依托其深厚的红色文化底蕴和在红色革命历史中的重要地位，成为省内外知名的红色研学旅行目的地。本文以黔北革命老区为案例地，剖析其发展红色研学旅游的优势及存在的问题，提出从做好功能融合、做好产品融合、加大推广力度、强化人才保障、完善研学产业链几个方面着手助推黔北革命老区红色研学旅游高质量发展。

关键词：　红色研学旅游　黔北革命老区　高质量发展

　　近年来，红色研学旅游成为贵州省研学旅游的拳头产品。红色研学旅游主要是以中国共产党领导人民在革命和战争时期建树丰功伟绩所形成的纪念地、标志物为载体，以其所承载的革命历史、革命事迹和革命精神为内涵，组织接待学生及特定社会团体开展缅怀学习、参观游览等主题性教育活动。红色研学旅游是面向特定旅游主体的具有极强政治性和教育功能的独特旅游形式，既是红色旅游的重要组成部分，也是讲好红色故事、弘扬红色文化的重要途径。黔北

---

　　* 王娜，贵州省社会科学院文化研究所助理研究员，研究方向为民族文化和区域地理研究。

革命老区是指以遵义市为中心，覆盖赤水、仁怀、湄潭、桐梓、凤岗、道真、正安等县市的贵州北部地区，长征时期，中央红军在遵义召开了实现中国革命历史转折的遵义会议，党中央率领红军战士在黔北地区经历了四渡赤水、娄山关战斗、青杠坡战斗、鲁班场战斗等著名战役，先后创建了余庆县苏维埃军政委员会、湄潭县革命委员会、遵义县革命委员会、桐梓县苏维埃政府（二渡赤水后再建桐梓县革命委员会）以及习水县革命委员会和数十个乡镇苏维埃政权，同时建立了大量群团组织。红军在遵义的一系列革命活动，使得黔北成为一块红色的沃土，黔北大地分布着大量革命历史遗址和革命纪念建筑，红色文化历史脉络清晰，底蕴深厚，发展红色研学旅游潜力巨大。高质量推进黔北革命老区红色研学旅游实践，一方面可以赓续红色文化血脉、发挥红色文化教化育人的作用，另一方面对于开发贵州红色文化旅游资源、助推旅游产业化也具有重要意义。

一　研究背景

我国研学旅游的历史由来已久，游学相关历史记载可溯源至孔子带领弟子周游列国治学。2013 年，《国民旅游休闲纲要（2013—2020 年）》正式提出推动中小学生参加研学旅行，将研学旅行阐述为由学校组织的"教游相融"的学生校外实践活动。2017 年 11 月，教育部公开发布了《第一批"全国中小学生研学实践教育基地、营地"名单》，该名单中与红色旅游相关的教育基地超过一半，研学旅游飞速发展的这十年间，研学旅游产品类型越来越细分，研学旅游形式越来越多样化，但红色研学旅游依然是最基础的、最能引领行业发展的研学形式。

（一）推进红色文化研学旅游实践的重要意义

传承红色基因，厚植爱国情怀。红色文化诞生和缘起于马克思主义在中国的传播，成长于中国共产党领导的新民主主义革命时期和社会主义革命时期，丰富发展于改革开放和社会主义现代化建设时期，进入中国特色社会主义新时代，红色文化传承和创新也迎来了新的历史机遇。2015 年，习近平总书记在贵州考察时对遵义作出了"传承红色基因，讲好遵义故事"的重要指示。青少年群体是国家的希望、民族的未来，通过红色研学旅行他们可以更直观感知中国共产党革命的艰辛与不易，感悟中国特色社会主义发展的历史必然性，进而增强民族自豪感与自信心，增强抵御历史虚无主义的精神力量，把个人的理想同国家的发展、民族的复兴紧密联系起来，更好地传承红色基因，弘扬爱国精神，培育民族精神。

创新学习模式，推进素质教育。红色教育是思政教育的重要途径，一方面，红色研学旅游通过以"游"促"学"、"游""学"结合的形式改变了传统相对枯燥死板的思政教育学习模式，让学生亲临实地、寓学于游，在行走的课堂中感悟革命历史。另一方面，研学旅游也有益于增长学生的见闻、培养学生独立自主的学习能力和思考能力，这也高度契合当下素质教育的基本要求和创新人才的培养需求。

激活红色资源，拉动经济增长。《贵州省国民经济和社会发展第十四个五年规划和2035年远景目标纲要》中提出要"支持革命老区传承红色文化、发展研学旅游产品、不断推动旅游产业化"。过去十年是贵州旅游井喷式发展的十年，也是红色研学旅游从无到有的十年，以遵义会议会址为代表的贵州红色旅游景点接待了大量来自全国各地的中小学生和社会团体，一方面为激活贵州红色旅游资源、推动旅游细分市场发展、带动周边区域基础设施条件改善和经济发展做出了一定贡献，另一方面红色研学旅游的发展也为应对当前消费者旅游偏好的转变和旅游产业转型升级提供了新的思路。

（二）研究区域介绍

贵州是我国红色文化遗产分布最广的地区之一，是著名的革命老区，到目前为止，贵州革命老区县（市、区）有19个，所辖乡镇为449个，其中老区镇149个，占总数的33.2%①。黔北革命根据地是中央红军在长征中创建的首个革命根据地，黔北革命老区以长征时期的黔北革命根据地为主体，以遵义市为中心，覆盖赤水、仁怀、湄潭、桐梓、凤岗、道真、正安等县市的贵州北部地区。黔北革命老区的红色资源内容丰富，特别是中央红军在长征期间留下的红色文化资源最为典型。根据贵州省文化和旅游厅2021年公布的《贵州省第一批革命文物名录》整理出来的黔北革命老区与红色文化有关的省级以上文物保护单位分布如表1所示。

---

① 《贵州革命老区》，中国老区网，http://www.zhongguolaoqu.com/，2024年3月24日。

　　黔北革命老区红色资源丰富，党、红军和老区人民在这片土地上培育的伟大精神光耀千秋、弥足珍贵。遵义会议挽救了党，挽救了红军，挽救了革命，是中国共产党历史上一个生死攸关的转折点，2021年9月，遵义会议精神被纳入中国共产党人精神谱系第一批伟大精神。遵义会议精神是黔北革命老区红色文化精神的核心和灵魂，也指引着黔北地区人民不断地奋斗探索，形成了独立自主、实事求是、民主团结、敢闯新路的时代精神。

表1　黔北革命老区红色文化资源地域分布表

所在县 （区、市）	红色文化资源
红花岗区	遵义会议会址、邓萍墓、红花岗中央红军老鸦山战斗遗址、遵义县革命委员会旧址、遵义迎红桥、遵义061基地机关总部大楼旧址
汇川区	遵义5707厂旧址
播州区	中央红军抢渡乌江茶山关遗址、苟坝会议旧址、播州白岩沟红军殉难处
湄潭县	湄潭天主堂红军标语
余庆县	余庆中央红军抢渡乌江回龙场遗址
凤冈县	凤冈红六军团乌江渡口遗址、凤冈旧寨红六军团驻地旧址
务川仡佬族苗族自治县	务川红三军九龙箐战斗遗址
绥阳县	绥阳061基地531厂旧址、红军遵湄绥游击队红籽坝战斗遗址红军遵湄绥游击队黄羊台战斗遗址
桐梓县	桐梓红一军团直属队及保卫局驻地旧址、桐梓红一军团战斗遗址、桐梓九坝场中革军委指挥部旧址、桐梓红一军团石牛栏战斗遗址桐梓"川东地下党支部"联络站旧址、桐梓061基地3651厂旧址桐梓71微波通信站旧址
仁怀市	仁怀红军四渡赤水战役鄢家渡渡口遗址、仁怀陈胡屯红军总部旧址及毛泽东住处、仁怀红军四渡赤水渡口遗址、仁怀马桑坪红五军团司令部旧址、仁怀石火炉军委纵队驻地旧址、仁怀竹林湾毛泽东住处、仁怀水木洞红军战士殉难处、仁怀松林坡毛泽东住处、仁怀小箐沟军委三局30分队旧址
习水县	习水红三军团三锅桩战斗遗址、习水淋滩红军党支部旧址、习水官店红军军委纵队驻地旧址、习水程寨红九军团驻地旧址
赤水市	赤水红一军团复兴场战斗旧址、赤水红一军团丙安战斗旧址赤水红一军团一师战斗遗址、赤水红一军团元厚战斗旧址、赤水马鹿红九军团驻地旧址、赤水川滇黔边区游击纵队一碗水战斗旧址、赤水龙泉寺川滇黔边区游击纵队活动旧址

　　此表根据贵州省文化与旅游厅网站《贵州省第一批革命文物名录》、《贵州省全国重点文物保护单位名单》整理而得。已核实单位名称无误。

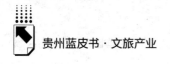
二 黔北革命老区红色研学旅游发展的优势

（一）区位优势

遵义市地理位置优越，素有"黔北门户、黔川咽喉"之称，是成渝—黔中经济区走廊的核心区和主廊道，也是连接西南地区和长江经济带的重要节点，地理位置优越，立体交通网络完善。黔北革命老区的红色文化资源以遵义市为中心，放射状辐射到赤水、习水、湄潭等地，呈现点和线结合、连线成片的中央红军长征遗址群分布态势，为开展研学旅游提供了交通保障和线路保障。

（二）资源优势

一方面，黔北地区丰富的红色文化旅游资源为开展红色研学旅游提供了强劲的内容支撑，遵义市红色旅游大数据中心作为全国唯一的国家级红色旅游数据共享及发布平台，拥有丰富的红色旅游数据资源。另一方面，黔北地区的丹霞地貌、赤水河流域的历史文化、古镇文化、酒文化、茶文化等旅游资源也是优质的研学旅游吸引物，"研学+"系列旅游产品的开发也提升了黔北革命老区红色研学的体验感和丰富度。此外，贵州独特的气候条件也是吸引川渝游客暑期来黔北革命老区研学旅游的重要原因。

（三）政策优势

遵义是长征国家文化公园建设贵州段的核心区，"一核一线两翼多点"的规划体系架构确立以来，由政府主导推进了遵义会议会址展陈提升、长征小镇、长征数字科技艺术馆等重点项目建设，为黔北地区红色文化研学旅游发展提供了政策契机。《国务院关于支持贵州在新时代西部大开发上闯新路的意见》（国发〔2022〕2号）指出，"实施中国工农红军长征纪念馆等重大项目，打造一批红色旅游精品线路""积极对接成渝地区双城经济圈建设，推进交通、能源、大数据、文化和旅游等领域合作"，为贵州红色旅游发展提供了新的方向，也为黔北革命老区推进红色文化"研学旅"深度融合指明了道路。

三 黔北革命老区红色研学旅游发展现状

（一）发展情况

积极创建申报红色研学基地。2017 年，遵义会议纪念馆、遵义 1964 文化创意园被批准为第一批国家级研学实践教育基地。2023 年，娄山关红军战斗遗址陈列馆入选首批 13 家"贵州省中小学生研学实践教育基地"。此外，黔北革命老区还有娄山关红色拓展园、苟坝红色旅游文化创新区、土城红色旅游创新区、四渡赤水纪念馆、遵义三线建设博物馆（教学点）、女红军纪念馆、四渡赤水茅台渡基地（教学点）、丙安古镇、浙大西迁历史陈列馆、大发渠党性教育陈列馆等数十家红色旅游景点入选市级研学实践教育基地。2019 年 1 月，遵义市被中国红色文化研究会授予"中国红色研学目的地城市"称号。

创新设计红色研学课程。遵义是全国重要的红色文化教育培训基地，四渡赤水培训学院、遵义红色教育学院、遵义思政红色教育培训中心、贵州祖国颂文化培训有限公司等各类学校、教培中心、市场主体探索设置了一系列针对不同群体的红色研学课程，如遵义会议红色教育、长征精神教育、中国革命历史教育、红色地方文化等。这些课程为遵义研学旅游注入了红色血液，也是黔北革命老区红色研学旅游出圈的基础和亮点。

打造红色研学旅行精品线路。近年来，遵义市推出了重温红色经典之旅、"遵"寻初心红色研游之旅、红色圣地韧性研学之旅、醉美遵义黔北文化之旅、追寻长征路上好风光自驾之旅、黔渝一家亲经典红色游、"重走长征路"红色主题教育实践游等红色文化旅游主题线路。2021 年，"红色贵州·雄关漫漫"精品线路入选"建党百年红色旅游百条精品线路"，黔北革命老区的红色旅游景点是这条线路的主要目的地之一。此外，贵州省 12 条建党百年精品红色旅游线路中有六条线路途经黔北革命老区。以"长征文化 IP"为亮点的黔北红色研学旅游线路已经成为全国举足轻重的精品研学线路之一。

（二）存在的问题

黔北革命老区是省内外开展红色旅游的主要目的地之一，以遵义会议会址为代表的红色文化资源也早已声名在外，但现阶段红色研学旅游仍处在提质增速时期，红色研学旅游发展也存在一些问题，具体表现如下。

1. 研学前的保障不足

一是政策保障不足，省级层面尚未出台相应的规划指导全省红色研学旅行的发展和红色研学基地的建设。二是人才保障不足，红色研学旅游对研学导师的理论知识和专业素养要求较高，目前红色研学导师基本是由景区的讲解员来担任，不能很好地融合景区讲解和教育教学功能，应培养专业的研学导师。

2. 研学中的教育功能不足

一是游客参与式体验感不强，目前，黔北革命老区红色研学旅游以参观纪念馆、故居、旧址遗址为主，辅以讲解员解说或革命故事专题讲座，游客难免觉得单调枯燥。二是研学产品同质化问题突出，有部分研学团队设计了"穿红军衣、吃红军饭、走红军路"等参与式活动项目，但未能与当地红色历史史实结合起来，没有形成自己的特色。三是内涵挖掘不深入，存在"重游轻学"现象，现有研学旅游接待机构主要由旅行社转型而来，它们所开发的研学产品重线路轻课程、重游览轻教育，这种走马观花式的研学未能凸显红色文化研学的革命教育功能。

3. 研学后的宣发和课程评价体系不完善

一是市场化思维不足，大部分红色研学基地是在红色旅游景点挂牌成立，还未跳出事业型管理体制、形成商业化运作模式。二是宣传力度不够，对外推介手段单一，没有形成立体式全方位的推介模式，同时也缺乏专业的营销团队对黔北红色研学旅游线路进行品牌策划，研学基地知名度不够。三是缺乏区域联动。黔北革命老区红色文化、茶文化、酒文化等都是优质的研学资源，但目前尚未形成一线串珠的发展格局，同时红色研学涉及文旅、教育、文保等多个政府部门，红色研学基地也是多头管理的状态，难以形成红色研学全产业链。四是研学效果反馈评估机制和监督体制还不健全。

四 黔北革命老区红色研学旅游高质量发展实践架构

黔北革命老区红色资源富集，特别是中央红军在长征期间留下的红色文化资源十分典型，黔北革命老区推动发展红色研学旅行产业可以扩大红色文化受众群体，也能带动文创、教育、旅游等相关产业发展。高质量推进黔北地区红色研学旅游发展必须抓好研学基地、研学课程、研学线路三个核心要素的打造，搭建政府、学校、基地三个主体的协调机制，兼顾研学前研学中研学后三个阶段的基本保障。

（一）做好功能融合，提升教育价值

教育性是红色研学最基础的功能，红色研学旅游重点在于研学党史党情党性，其研学受众辐射面广，影响深远，关系重大。首先，研学基地要转换经营模式，从研学教育的内容、教育模式、教育方法等角度突出基地的教育性质，实现基地的教育功能。其次，要进一步挖掘、解读长征精神，不断丰富完善、拓展提升遵义会议精神理论体系，全面收集整理红军长征时期在黔北地区的相关史料，为红色研学提供源头支撑。最后，要将红色研学旅游和其他旅游业态结合起来，使得学生能够全方位深入地了解和研学黔北革命老区的红色文化和地域文化。

（二）做好产品融合，提升体验效果

研学产品开发是研学活动顺利开展的关键，针对当前红色研学旅游市场同质化现象，研学产品开发更要重视参与性和体验感。第一，要"量体裁衣"，将红色研学旅行课程的设计和学生的需求切实地结合起来，开发符合不同年龄不同发展阶段学生需求的课程。第二，要"因地制宜"，注重研学课程开发的地域性，充分挖掘黔北革命老区文化资源的内涵，结合当地生态优势和民族特色，打造具有黔北特色的红色研学实践教育。第三，要"精心打磨"，可综合运用现代科技、文创手段，通过文化氛围营造、互动式活动体验，提升红色文化研学的代入感、体验感，采用"听、观、触、演、感"全方位立体化的模式开展红色研学活动。

（三）畅通渠道，加大推广力度

宣传和营销是红色研学旅游"走出去"的重要途径。一是要有市场化运作思维，要摆脱传统"吃皇粮"的依赖思想，提高市场竞争力，抢占市场份额。二是要加大宣传力度和营销投入，组建专业的营销团队，采取线上和线下

相结合的方式宣传黔北革命老区红色研学的优势和特色,尤其要加强对以往红色研学案例的活动分享和总结。三是要扩大服务群体范围,传统的红色研学以在校中小学生群体为主,但这一群体旅行时间多集中在寒暑假,因此要开发设计不同的研学模式以满足不同群体的红色研学需求,如亲子红色研学游、红色团建研学游、红色康养研学游等。

(四)强化人才保障,促进提质培优

2016年,原国家旅游局发布《研学旅行服务规范》,提出"应至少为每个研学旅行团队配置一名研学旅行指导师",研学旅行指导师是保障红色研学旅行高质量开展的关键角色。一是要扩大红色研学旅行人才培养规模,2022年,研学旅行指导师成为人社部公示的新职业,当前市场上研学旅行指导师缺口很大,应指导支持职业院校开设研学旅游相关专业,加快培养研学旅游相关专业的专门人才;同时,将理论知识与实践相结合,提高研学旅行指导师的专业能力与专业水平,提高研学师资队伍的整体素质。二是要鼓励红色旅游相关从业人员考取研学旅行指导师从业资格证,并健全相关待遇保障机制,激发研学师资队伍的内在原动力。三是依托贵州省红色研学旅行协会发掘更多的优秀人才,组建红色研学师资库,强化红色研学师资力量,提升红色研学服务质量。

(五)多方协同合作,完善研学产业链

红色研学旅游高质量发展需要多方主体通力协作。一是要提升行业管理水平,行业主管部门应给予红色研学旅行政策、资金方面的支持,尽快出台省级层面的研学旅行课程设计规范、服务规范等行业标准,强化对红色研学基地、课程、路线的规划和管理。二是市场主体要融合现代科技,完善"研学+"产业链条。要改变传统的参观游览讲解式红色研学模式,着力提升红色研学旅游产品的吸引力,一方面,结合当前的AR、VR全景体验技术,丰富红色研学的参与形式;另一方面,开发多个景点联动研学产品,形成"处处是资源,处处能研学"的全域研学强大合力。三是要发挥学校和行业协会的作用,要博采众长,借鉴国内外红色研学的有益经验,通过学校与社会资源、政府与研学基地、学校与社会公众等的联动,打通红色研学旅行的行业发展壁垒,形成共生发展模式。

参考文献

王振鹏、康建军：《红色研学高质量发展问题及路径研究——基于鲁西革命老区的个案调研》，《四川旅游学院学报》2024年第2期。

禹玉环：《遵义体验性红色研学旅游发展研究》，《遵义师范学院学报》2022年第6期。

黎梦韵、徐宏：《研学旅游背景下贵州省红色旅游转型升级发展研究——以遵义会议会址为例》，《旅游纵览》2022年第6期。

曾荣：《国内外研学旅行研究综述》，《中国集体经济》2021年第22期。

赵桂玲：《中国红色文化研学旅行研究综述》，《博物院》2023年第3期。

李艳、王劲松：《黔北革命老区红色资源开发利用研究》，《黑龙江史志》2015年第20期。

田芳：《贵州省遵义市红色研学旅行人才培养路径研究》，《西部旅游》2023年第9期。

B.22
特色品牌助力贵州文旅产业
高质量发展研究*
——以中铁溪山国际旅游度假区为例

魏霞 宁文静 李 翔**

摘 要: 近年来,我国文旅市场需求侧和供给侧发生重大变化,新需求、新产品、新模式不断涌现,新业态、新场景带动文旅产业高质量发展,旅游发展进入新时代。央地联合打造的中铁溪山国际旅游度假区适应发展新需求,探索新型城镇化、文体旅康养产业、乡村振兴板块相互支撑赋能、融合发展新模式,重构资源内在逻辑,夯实文旅品牌基础,创新产品供给方式,在塑造文旅特色品牌、打造文旅产业高质量发展新引擎方面进行了有益的尝试。

关键词: 文旅融合 特色品牌 旅游产业化 高质量发展 贵州省

习近平总书记对贵州旅游业发展特别关心,多次作出重要指示。2014年3月,习近平总书记参加十二届全国人大二次会议贵州省代表团审议时,指示贵州要充分发挥优势,把旅游业做大做强,使旅游业成为重要支柱产业。2017年10月,习近平总书记参加党的十九大贵州省代表团审议时,指示贵州要抓住乡村旅游兴起的时机,推动乡村旅游可持续发展。① 2015年6月和2021年春节前夕,习近平总书记两次亲临贵州视察,指出要把旅游业做大做强,丰富

---

* 本文除注明引用外,所有数据由中铁文旅集团贵阳投资发展有限公司提供。

** 魏霞,贵州省社会科学院区域经济研究所研究员,研究方向为区域经济;宁文静,中铁文旅集团贵阳投资发展有限公司部长,研究方向为产业运营与发展;李翔,中铁文旅集团贵阳投资发展有限公司产业发展部经理,研究方向为产业经济学。

① 曹雯:《乘势而上扬长补短加快推动旅游业高质量发展》,《贵州日报》2023年11月22日,第8版。

旅游生态和人文内涵，实现旅游业高质量发展。① 习近平总书记对贵州旅游工作的重要指示，从战略和全局高度作出了战略指导和路径指引，是贵州建设旅游强省和打造世界级旅游目的地、实现旅游高质量发展的行动指南和根本遵循。

2022 年，国务院印发《国务院关于支持贵州在新时代西部大开发上闯新路的意见》（国发〔2022〕2 号），明确贵州建设"文化旅游发展创新区"的战略定位，提出"促进文化产业和旅游产业繁荣发展"，② 为贵州文化和旅游发展注入了强大动力。2023 年 4 月，贵州省第十七届旅游产业发展大会提出"打造世界级旅游目的地"目标定位。③ 贵州正加快推动品牌体系建设，规划提升和建设一批世界级旅游景区和度假区。

一 打造新品牌：中铁溪山国际旅游度假区 项目背景及基本情况

2015 年，贵州确立"山地公园省·多彩贵州风"品牌定位，提出打造"国际一流的山地旅游目的地和国内一流的康养胜地"，④ 将旅游产业化上升为全省发展主战略中的重要内容，加快打造世界级旅游目的地。为推动文旅产业高质量发展，央地联合打造中铁贵州花溪国际山地运动文化旅游度假区（以下简称中铁溪山国际旅游度假区），强化文旅融合发展，立足贵阳市花溪区资源禀赋，以"溪山"为品牌，打造贵州文旅品牌"升级版"，提升区域整体价值，夯实文旅品牌内涵基础，以文塑旅，以旅彰文，在创新文旅产品供给、满足新需求方面进行了有益探索。

---

① 曹雯：《乘势而上扬长补短加快推动旅游业高质量发展》，《贵州日报》2023 年 11 月 22 日。
② 《国务院关于支持贵州在新时代西部大开发上闯新路的意见》（国发〔2022〕2 号），中华人民共和国中央人民政府网，2022 年 1 月 26 日，https://www.gov.cn/zhengce/zhengceku/2022-01/26/content_5670527.htm，最后检索日期：2023 年 12 月 14 日。
③ 曹雯：《"山地公园省·多彩贵州风"品牌提质——贵州乘势而上加快推进旅游产业化》，《贵州日报》2022 年 3 月 6 日。
④ 曹雯：《"山地公园省·多彩贵州风"品牌提质——贵州乘势而上加快推进旅游产业化》，《贵州日报》2022 年 3 月 6 日。

（一）中铁溪山国际旅游度假区项目背景

中铁溪山国际旅游度假区是中铁文化旅游投资集团有限公司（以下简称中铁文旅集团）与贵阳市花溪区人民政府合作的项目。中铁文旅集团于 2011 年在贵州贵阳注册，注册资本 50 亿元。主要涉及文化旅游、健康养老、休闲度假、乡村振兴、特色地产、城市更新、新型城镇化、生态修复治理等领域及相关业务投资、开发和运营。中铁文旅集团与贵阳市花溪区人民政府于 2021 年 12 月 28 日签订《投资合作合同书》，中铁溪山国际旅游度假区项目正式落地，项目整体投资开发运营工作则由中铁文旅集团贵阳投资发展有限公司（以下简称中铁文旅贵阳公司）具体负责。中铁文旅贵阳公司于 2022 年 3 月 7 日正式成立，注册资本金 6 亿元，是文化、旅游、地产、康养、教育、体育、休闲等产业融合一体化发展的综合性城市运营平台，致力于"乡村振兴、文体旅产业、新型城镇化"领域的投资发展，业务涵盖文化、旅游、地产、康养、教育、运动、休闲、农业等领域。

中铁溪山国际旅游度假区项目是中铁文旅集团携手贵阳市花溪区人民政府深入贯彻习近平总书记视察贵州重要讲话精神，落实贵州省"强省会"战略、"深入实施乡村振兴、大数据、大生态"战略和"大健康产业十四五规划"，大力推进新型城镇化、农业现代化、旅游产业化高质量发展的项目。项目以"溪山"为品牌，以避暑康养、乡村振兴、文化体验、山地旅游为特色，立足贵阳市花溪区资源禀赋，以持续丰富旅游业态、不断提升文旅产业质效，推动花溪全域文化旅游创新区高质量发展和旅游产业化再上新台阶、实现区域旅游产业化提质升级、带动乡村振兴和农业现代化、推动新型城镇化高质量发展为目标，致力打造贵州旅游产业和中铁文旅康养产业的新名片，是贵州省全力打造的"双一流"旅游度假目的地和旅游产业化标杆性项目。按照"产业驱动、规划引领、城乡共荣、协同发展"总体思路，中铁溪山国际旅游度假区项目通过央企与地方政府联合，以创建国家级度假区和乡村振兴示范区为契机，构建以文体旅康养产业投资建设运营、乡村振兴建设和"文旅+""康养+"为核心的新型城镇化融合发展新模式，建设集文化旅游、山地运动、度假康养、乡村振兴等多业态于一体的"青岩国内一流度假康养目的地"和"高坡国际一流山地旅游目的地"。探索以产业驱动为内核，打造有竞争力的产业集群，引领乡村振兴、推进新型城镇化、提升城镇综合承载能力，促进人口和产业聚集，实现以旅游产业化带动新型工业化、新型城镇化、农业现代化发展的目标，为高质量发展提供有力支撑，推行实现花溪区域整体发展的"花溪模式"（"四新四化①的花溪样板、强省会战略的花溪实践、国际体育旅游城市的花溪探索、乡村振兴的花溪示范"）。

（二）中铁溪山国际旅游度假区项目基本情况

自 2022 年起，经过约两年的投资开发，中铁溪山国际旅游度假区项目确立以"溪山"为核心的品牌形象，致力打造贵州旅游产业和中铁文旅康养产业的新名片。截至 2023 年底，项目已完成投资约 10 亿元，各项工作初见成效，逐步探索出了一个新型城镇化、文体旅康养产业、乡村振兴板块相互支撑赋能、融合发展的新模式。

中铁溪山国际旅游度假区项目发展范围 112.75 平方公里，整体开发周期约 13 年。项目横跨花溪青岩古镇、黔陶乡和高坡乡"一镇两乡"区域，处于城镇和乡村的交界地带，包括以贵阳市唯一的国家 5A 级旅游景区青岩古镇为核心的文旅融合功能区、以黔陶高坡自然条件为依托的山地运动旅游休闲区、以中铁·青岩健康小镇为核心的康养旅居板块，既是贵阳市空间"南延"区域、贵阳和贵安新区协同融合发展的"桥头堡"区域、花溪城镇化发展重点区域，也是花溪乡村振兴的核心区、先导区和示范区。项目业态涵盖文体旅康养产业、乡村振兴、新型城镇化等领域及相关业务投资、开发和运营。其中，青岩板块约占 31.27 平方公里，是黔中文化的发源地，有青岩古镇文化的沉淀，有朴素的风土人情、多彩的民族特色，区域平均海拔约 1100 米，被称为世界长寿区，夏季平均气温为 22.3℃，是贵阳旅游的"桥头堡"区域和 6500 亩文旅康养主题聚集区；黔陶板块是贵阳传统的农业种植区，不仅拥有黔陶香葱、野生菌、茶叶等农业产品，也是贵州文人代表"两周"周钟瑄、周渔璜

---

① 四新：在新时代西部大开发上闯新路、在乡村振兴上开新局、在实施数字经济战略上抢新机、在生态文明建设上出新绩；四化：新型工业化、新型城镇化、农业现代化、旅游产业化。参见《中共贵州省委新闻发布会│卢雍政：确立围绕"四新"主攻"四化"主战略基于四方面考量》，"天眼新闻"百家号，2022 年 4 月 28 日，https：//baijiahao.baidu.com/s？id＝1731358987812137986&wfr＝spider&for＝pc，最后检索日期：2024 年 1 月 8 日。

的家乡；高坡板块作为离省会最近的高山台地，区域内有峡谷、石林、云顶草场、万亩草甸。项目基于青岩、黔陶、高坡三地的自然资源，基于民族文化、红色文化、农耕文化形成"镇乡山"的组合，旨在打造国际一流山地旅游度假目的地和国内一流康养度假目的地。

1. 项目开发情况

截至 2023 年底，中铁溪山国际旅游度假区已经完成中龄大健康生命养护中心、中铁青岩健康小镇、中铁农庄、长征国家文化公园、兵临贵阳展示园、皇帝坡云上芒果度假基地等五个项目规划，其中 2023 年着重推进中龄大健康生命养护中心和长征国家文化公园、兵临贵阳展示园两个项目，中龄大健康生命养护中心完成产业投资 2.18 亿元，长征国家文化公园、兵临贵阳展示园完成乡村振兴投资 0.48 亿元，皇帝坡云上芒果度假基地完成项目规划并与湖南广电国际传媒有限公司签订合作协议，完成基础配套建设等前续工作；规划项目将逐步实施。

中龄大健康生命养护中心：该项目是中铁文旅集团引进国内医养头部企业——海南一龄医疗产业发展公司（以下简称海南一龄）在青岩打造的以健康管理和医疗养护为导向、以"前端健康管理+后端康复医疗"为业务核心的贵州头部大健康产业基地，是中铁溪山国际旅游度假区首个产业项目。中铁溪山国际旅游度假区以"领先 30 年的生活方式"为理念，为落实"健康中国"国家战略，携手海南一龄和贵州省体育旅游融合专项基金打造这个项目，是贵州投资、建设、运营大健康产业高质量发展标杆项目。项目以共享贵阳与海南双重优越旅游资源和生态资源以及中铁文旅集团和海南一龄双方平台优势为核心载体，借助花溪全域旅游资源，以健康管理和医疗养护为导向，系统化构建科学有效、特色鲜明的现代整合医学新路径，提供国际先进的医防、医康、医美、医疗、医旅、医养等服务，以实现"国内一流的康养度假目的地"的目标，以医养结合、医旅融合、民族特色医疗融合为特色，有效推广贵州与三亚"山海相连"的旅居生活模式，拥有一站式健康管理体系及医学影像诊断中心、生命健康预检中心等多个功能模块，是横跨预防医学、慢性疾病管理、康复医学、老龄医学、老年病学、精准医学等多学科、多专业、多元化的综合性医疗康养服务机构，也是横跨零岁到百岁的"全生命周期"生命养护服务新业态。项目占地 68 亩，总投资约 9 亿元，2022 年 12 月启动建设，2023 年完成项目全部主体建筑封顶，计划 2024 年 6 月 30 日完成装饰装修、绿化等全部工程建设与竣工备案满足投运条件，7 月 30 日完成配套医疗设备安装调试以及试运营，8 月 30 日前正式投运。

中铁青岩健康小镇：该项目为新型城镇化项目，位于贵阳市唯一的 5A 级旅游景区——青岩古镇旁。项目以中龄大健康生命养护中心为核心，是中铁溪山国际旅游度假区最先启动的康养旅居板块。项目占地约 224 亩，规划总建筑面积约 20 万平方米，定位为康养旅居地产。项目于 2022 年 12 月启动建设，2023 年 7 月正式对外开放销售。住宅产品计划 2024 年底交付，合院产品计划 2025 年底实现交付。中铁青岩健康小镇设有一个喜山艺术中心，由六个展厅组成，总面积约 1300 平方米。由曾担任国际多媒体文化协会及亚太动漫协会秘书长、中国版权协会常务副理事长、贵州省经济文化促进会会长的资深文化学者、中外动漫文化交流专家王六一先生牵头发起设立并担任中心主席。喜山艺术中心设有"喜山空间"画廊、国际人偶馆以及中国传统文化与艺术体验馆。"喜山空间"常设及不定期举办各类国画、中外油画、版画、民族民间艺术、摄影和动漫等个人和群体作品展。2023 年 11 月，"喜山空间"举办了第一个主题展——"东方之美·丝路上的文物与艺术展"，来自中国、印度、伊朗、韩国、俄罗斯、土耳其等"海上丝绸之路""陆上丝绸之路"沿线国家，体现各国特色文化与精湛工艺的 100 余件作品展出。

中铁农庄：项目选址于贵阳市花溪区自然资源和农业生产基础较好的黔陶乡，规划面积 1367 亩，是与航天科工所属贵州航天智慧农业有限公司合作开展的乡村振兴项目。截至 2023 年底，已完成项目可行性研究报告和中铁拾禾·邻佳农庄的策划规划和试验区"邻佳农场"实施建设工作。

兵临贵阳红军长征历史步道：是 2023 年重点投资的，以红军兵临贵阳陈列馆、花溪青岩中央红军作战指挥所旧址、花溪高坡中央红军驻地旧址等为核心资源的长征国家文化公园项目。项目全长 25 公里，以中央红军一、三、五军团和军委纵队主力部队分三路先后于 1935 年 4 月进入贵阳、途经花溪区域的长征史实和历史故事为依据进行规划设计施工。一期实施示范段 9 公里，即高坡至黔陶乡马场村段，由贵阳花溪旅游文化投资开发经营有限公司承建；二期为黔陶至青岩段 16 公里，总投资 6000 万元，以黔陶乡马场村为起点，途经骑龙乡、青岩镇思潜村、摆早村至歪脚村。工程于 2022 年 3 月开工，2022 年 12 月完成步道线路建设，2023 年 11 月完成运营场景建设并投入运营。

皇帝坡云上芒果度假基地：该项目为中铁花溪青黔高山地体育运动公园子项目，占地面积222亩，规划面积175亩，预计总投资19592.51万元。项目与湖南广电国际传媒有限公司合作（故以湖南广电"芒果"之名命名度假基地），拟打造皇帝驿、云上亲爱客栈、云上亲子营地、云上壁挂酒店等四大区域及单轨滑道、步行栈道等设施。截至2023年底，已与湖南广电国际传媒有限公司（以下简称湖南广电国际）完成项目规划、道路铺设等建设。

2. 特色产业运营发展情况

一是产业招商成果丰硕。与湖南广电国际、海南一龄、国际山地旅游联盟、贵州省旅游协会、广东民宿协会、西部民宿联盟、中铁拾堂等50余家企业和机构进行深度沟通合作。其中，中铁拾堂、喜山艺术中心已开始试运营；芒果好物咖啡馆直播间、一龄养生茶室、山地运动装备展示区2023年底建成使用；中龄大健康生命养护中心作为中铁溪山国际旅游度假区项目康养价值的核心支撑，已完成医养功能科室设置、社区居民健康管理服务体系及医疗服务岛功能体系搭建工作。

二是产业发展平台集聚。中铁溪山国际旅游度假区于2023年10月组织124家企业、协会、高校及其他市场主体，建立"溪山文旅康养产业联盟"，整合贵阳市花溪区全域产业资源，搭建"一中心三平台"（线上营销平台、线上服务平台、线下管家平台），建立产业联盟智库，为区域文体旅康养产业发展提供资源互通、信息互动、优势互补、发展共谋的产业发展平台，依托自身既有产业项目，借势借力、乘船出海，提升区域价值和项目影响力。以"快乐健康"为理念，立志成为快乐和健康生活的创造者、组织者、陪伴者，着力提升贵州国际旅游目的地的知名度和美誉度，为全球旅居客户提供更优质的服务和更丰富的康旅体验。中铁溪山国际旅游度假区项目的投资运营及其引领的旅居康养产业，现已成为贵州省培育黔中特大城市"强省会"战略和大健康产业战略的推动者。

三是产业服务体系搭建。基于"溪山"的多元生活场景，通过打造"健康管家、快乐管家、生活管家"，匹配居民生活需求，提供精准服务，搭建HO超级管家产业服务体系。依托中龄大健康生命养护中心服务内容，"健康管家"服务团队深入社区组团的医疗岛空间，为客户提供讲解、陪同等服务，并为客户量身定制健康方案；"快乐管家"依托中铁青岩健康小镇度假旅居资源及青黔高自然文旅资源，有针对性地为满足客户个性化游玩体验需求提供全程陪同和协助等专业服务；"生活管家"旨在为业主提供美好生活解决方案，确保业主在每个阶段都能获得及时、高效、贴心的服务。

二 开创新局面：中铁溪山国际旅游度假区产业发展主要做法及成效

党的二十大报告提出："坚持以文塑旅、以旅彰文，推进文化和旅游深度融合发展"，为新时代文化和旅游产业发展提供了指引，为推动文化旅游业高质量发展指明了方向。近年来，文化品牌的打造成为贵州文化旅游产业发展的重要策略。中铁文旅集团把自然资源、文化资源和现代文明高度融合，推动文旅资源向文旅产品转化，创造全新文旅品牌、激活新动力，形成多点支撑、多业共生和多元融合的丰富的产品供给、多样的融合业态。

（一）外引内联，创新合作，打造文旅品牌"升级版"

中铁溪山国际旅游度假区通过评估文旅品牌项目发展潜能，用好用活国家及行业政策和地方有利条件，引入品牌资源，通过自主开发或合作开发形式推进产业项目品牌合作，构建资源互通、发展共谋、收益共享、风险共担的产业发展平台，为文旅品牌发展提供"强引擎"。围绕打造贵州省"国际一流山地旅游目的地""国内一流度假康养目的地"的发展目标，中铁文旅集团优化产业投资结构，延伸医养、康养、医旅、农旅产业链条，打造文旅品牌"升级版"。

一是构建医养、康养体系。率先引进海南一龄，与贵州省体旅基金合作推进中龄大健康生命养护中心建设，联袂打造投资给9亿元、占地68亩的高端医疗养护服务综合体——中龄大健康生命养护中心。与海南一龄建立了较为完善的触及终端客户的拓展及管理机制，共建国家级康养旅居示范区。做足做好康养特色，借力海南博鳌园区的市场咨询接待，构建"博鳌＆花溪"冬夏互补运营格局，填补了贵州省高端医疗康养市场及行业空白。海南一龄的会员同时也是贵阳花溪中龄大健康生命养护中心的会员，实现以客户为核心的"三位一体"（以旗舰式的生命养护、医疗技术服务中心为基地，以基于信息网络技术创建的云移动医疗平台为纽带，以遍布全国的区域中医门诊和健康养护中心为依托），建立健全生命健康美丽预检—风险评估—调理干预—效果评价四个环节，构建全生命周期、全方位的生命养护服务体系；通过云移动医疗平台和互联网医院链接全国区域服务中心、城市会客厅一级服务平台和海南一龄生命养护业态旗舰母版二级服务平台，建立365天24小时全方位的动态追踪服务系统，为客户提供便利、实时、科学、精准的全生命周期生命养护服务。

二是构建创新合作机制。围绕打造国际旅游目的地目标，中铁文旅集团与湖南广电国际强强联合，集湖南广电国际优质"平台资源""内容资源""社群资源"于一体，以芒果IP为核心，打造"1+N"湖南广电国际新生态全场景营销系列产品，全方位打造文旅新地标，实现文旅产业集聚，提供全新一体化的文旅营销解决方案，推进高坡皇帝坡云上芒果运动基地建设并营造文旅龙头IP，以旅游发展带动乡村振兴，实现一旅兴百旅的目标，打造国内一流度假康养、国际一流山地旅游"双一流"旅游目的地。与国务院批准成立的国际山地旅游联盟合作，为打造"双一流"的世界级旅游目的地品牌赋能。

三是打造医养康养和避暑度假目的地。积极开拓域外市场，先后在山东、山西、广东、江西、四川、甘肃、新疆、内蒙古等省区举办项目推介会，中铁溪山业主遍布全国26个省份，成为贵阳市首个成功拓展域外市场的项目。基于做强做优做大医养产业、旅游产业带来的强大市场效应和影响力，将中铁青岩健康小镇项目打造成为贵阳市最知名的医养康养和避暑度假目的地，为贵阳文旅度假产品走向全国提供样板。

四是打造以农业、旅游、文化为引领的示范项目。依托青黔高片区的自然资源、农业资源、旅游资源及乡村振兴产业基础，有序推进长征国家文化公园项目建设，积极开展中铁农庄等乡村振兴项目建设相关工作，通过建立联盟、打造联名品牌等形式，做大做强具有本地特色的品牌——如花溪农产品金奖品牌"花小莓"①、赵司贡茶、黔陶百宿等；与中国国旅联合运营，融合多区域

---

① "花小莓"：贵阳花溪草莓区域公用品牌。花——花溪、草莓花，小——小产业、大希望，莓——草莓、美好。2022年，"花小莓"获评最受消费者喜爱的贵州水果，获全国名特优新农产品证书；2023年，"花小莓"获评"2023年度受市场欢迎草莓区域公用品牌20强"、被评为"2023年度受市场欢迎草莓企业品牌"，品牌影响力辐射全国。参见《"花小莓"养成记》，"贵阳网"百家号，2023年11月29日，https://baijiahao.baidu.com/s？id=17838604 65852170463&wfr=spider&for=pc，最后检索日期：2024年1月29日。

特色产品，打造标杆产品；借力 2023 年在青岩举办的贵州省旅游发展大会，放大品牌声量、招募合作品牌，升级旅游产业业态、提质旅游产业服务；参与花溪"乡村避暑计划"等特色品牌活动，举办秀美花溪"溪山春兴""花溪之夏""冬雪悦游"等活动，推出更多新潮流、新玩法，给品牌注入新鲜活力，致力于打造以农业、旅游、文化等产业为引领的乡村振兴示范项目，助推贵阳市花溪区建成国家级农村产业融合发展示范区。

（二）整合资源，提升价值，夯实文旅品牌内涵基础

中铁溪山国际旅游度假区地处被称为"贵阳后花园"的花溪，所在的贵阳青岩、黔陶、高坡区域资源富集，尤其是文旅康养生态资源独树一帜，但产业富而不强、缺乏联动，亟待顶级 IP 的引领，将独特的生态优势转化为强劲的产业势能。针对这一现状，中铁文旅集团规划以"文体旅康养产业投资运营+乡村振兴发展+新型城镇开发"三大业务板块，最大限度地满足政企民各方的发展诉求，同时依托三大业务板块的协同发展，培育区域新的增长极，助力区域整体价值提升，打造价值投资型项目。

一是实现文旅品牌资源效益最大化。将中铁溪山国际旅游度假区项目与花溪区资源整合。深挖浓厚的人文禀赋及秀美山水资源，以旅游产业化发展为核心，以全域旅游规划为引领，不断推进产品供给、业态培育、服务优化，将分散景点串珠成链，将"孤景"连成"花园"，实现旅游景点、景区和商业街景文化在产业资源整合上串点成线、连线成片，实现文旅品牌资源效益最大化。凭借中铁溪山国际旅游度假区的优美生态环境、特色人文风光、顶流配套设施、精致野奢服务和一流品质保障，夯实项目品牌内涵。积极与成熟且具有强大吸附力的产业品牌合作，全力打造贵阳地区旅游度假新 IP，进一步提升其区域知名度和影响力，带动区域发展。

二是结合现代传播手段和方式，开展品牌传播和展示。在构建中铁溪山国际旅游度假区文旅品牌内核的基础上，积极构建数字品牌传播矩阵，实现点对点、面对面传播。通过中铁文旅集团下属直营店的推荐，重点获取客户；通过在各地区发展合作加盟方、设置区域服务中心，广泛获取推荐客户。2023 年，在最美公路九道拐举办了"世界骑行日"活动，邀请热爱田园生活的人到中铁拾禾．邻佳农庄参加"收获节和开放体验日"。自 2023 年 7 月起，中铁溪山

国际旅游度假区分批邀请海南一龄的全国客户到访，定制含山野漫游、文化之旅、非遗手作、食野春天、探寻福脉等5个文旅新场景的"爱我生命空间 美好生活之旅"活动。此外，中铁文旅集团在积极参与贵州省各类品牌推介活动的同时，还先后走进重庆、西安等地，宣传推广项目品牌、开展旅游产业推介，诚邀全国游客走进项目纵情山水，领略人文、品尝美食。

三是通过吸引品牌人才资源，引入具有成熟、成功运营模式和运营经验的合作伙伴，创新推进项目运营，提升项目效益。通过给予政策支持、校企联动，积极引进康养、医疗、旅游、乡村振兴产业发展和项目运营等方面品牌运营及管理的高端人才，满足项目品牌发展对人力资源的需求。

（三）以文塑旅、以旅彰文，创新文旅产品供给需求

近年来，"沉浸式"成为文旅消费热点，几乎覆盖"吃住行游购娱"所有领域，其内核元素越来越丰富。为顺应当下消费升级的趋势，中铁溪山国际旅游度假区大力开发"沉浸式"旅游，满足消费者对更高水平、更多形式、更加丰富的文旅产品的需求。

一是将文化旅游、山水体验旅游变成"深层体验"。中铁溪山国际旅游度假区项目深入挖掘当地红色文化资源，充分发挥"红色+"旅游效应，以中央红军一、三、五军团及军委纵队主力部队分三路于1935年4月先后进入贵阳、途经花溪区域的长征史实和历史故事为依托，投资建设了一条全长25公里的红军长征历史步道，串联起青岩、黔陶、高坡沿途10个村落，包括兵临贵阳陈列馆、青岩红军作战指挥所、狮子山战斗遗址、红军牺牲地、红军坟、红军居住地等项目场景，是集"主题展示、文旅融合、红色教育、民俗文化"于一体的"红色研学目的地"，也是贵州省首条沉浸式红军长征历史步道，为红色研学旅行提供了全新的目的地。项目延伸带动了老乡集市、民宿驿站等的发展，呈现"一庄带百庄、一宿带百宿、一路富十村"的乡村振兴产业景象，实现了"红色旅游+产业品牌"的打造，创新了产品供给，为乡村振兴和多产业融合发展提供了新的契机，在给消费者带来新奇体验的同时也给品牌带来"流量"，提升了贵阳市红色旅游、国防教育、研学的品质和影响力。

二是积极运用山地旅游资源发展山地运动。以贵阳市花溪区红岩峡谷为核心地带的山地运动公园一期项目已建成运营，包含山地户外运动、山地徒步、

溯溪、精致美食、潮玩体验、亲子活动、自然教育、乡村市集、沙龙团建等九大主题，布局汽车营地、溪畔营地、帐篷酒店、野餐营地、装备集市、音乐剧场、稻香空间等功能分区，并配套服务中心、生态停车场、环保卫生间等基础配套设施，是集山地运动、休闲度假、研学教育、生态观光等功能于一体的山地旅游目的地。

（四）发挥优势、联动发展，助力文旅产业提档升级

中铁溪山国际旅游度假区以项目建设运营为契机，着力满足多元化需求，加快整合优化文旅资源，探索建设一个以产业驱动为内核、具有竞争力的产业集群。通过打造全产业链高品质供给体系，创新场景、融合业态、开拓市场，发挥优势、利用资源，共同构建具有中国特色的多元化、多层次、全方位的文旅康养产业体系，促进人口和产业聚集，为贵州旅游业全面提档升级，高质量发展提供有力支撑。

一是推进旅游产业化升级。中铁溪山国际旅游度假区坚持人与自然和谐统一，以项目建设运营为契机，以产业驱动为内核，打造有强大竞争力的产业集群。项目占地 113 平方公里，风景秀丽，人文荟萃，有最美花溪公路、皇帝坡、石门梯田观景台等，旨在为居住者提供一个可以亲近自然的栖息地，打造促进人口和产业聚集建设标杆项目，大力推进区域旅游产业化升级。

二是带动地方产业发展，促进就业。中铁溪山国际旅游度假区通过项目投资建设运营，预计可提供万余个就业岗位，将有效带动地方产业发展、促进当地人口就业。同时，积极对接贵州大学、贵州财经大学、贵阳康养职业大学等省内高校资源，在产学研、大学生创业等方面开展校企合作。

三是助力乡村振兴。中铁文旅集团通过投资发展旅游业、建设农村融合发展示范项目，有效改善农村生态环境，加强基础设施建设，优化地方产业结构，建设美丽乡村，让区域内村民分享农村产业融合发展红利，提高生活水平，助力乡村振兴。

四是推进新型城镇化发展。中铁文旅集团通过发展全域旅游，聚集人气商机，带动现代生态农业、农副产品加工、商贸物流、交通运输等产业联动发展，为城镇化提供有力的产业支撑，带动城镇化建设，实现"旅、居、业"一体化发展。

五是促进文化深度融合交流。通过邀请客户到访中铁溪山国际旅游度假区、吸引海内外旅游者"沉浸式"体验等形式，促进各方先进思想、文化、观念和信息源源不断输入，有效促进文化交流和融合，加速社会经济现代化进程，改善投资环境，扩大对外开放，促进地方资源保护和传统文化弘扬。

六是助力大健康产业发展。充分依托良好的生态环境和周边丰富的旅游资源，中铁溪山国际旅游度假区为国人和世人提供"医养结合、医旅融合"的医疗服务，填补了贵州省在高端医疗康养市场上的行业空白，提升了花溪区对外开放合作水平。同时，引进国内外医疗康养行业顶尖人才，促进医养创新型人才培育，增强了花溪区转化利用国际国内先进医养资源的能力。

三 锁定新目标：中铁溪山国际旅游度假区的发展方向

旅游进入新时代，消费环境、消费市场、消费人群均发生变化，消费者更加注重文化类体验内容，更加追求参与性、沉浸式体验，旅游目的性越来越强，改变了旅游景区、旅游活动、休闲生活方式的很多内容，旅游需求个性化、旅游消费日常化、日常生活旅游化逐渐成为发展新趋势。2023 年，贵州暑期旅游市场的提振、旅游产业化的优势转化提升，反映出贵州发挥比较优势、提升格调品位，以世界级标准开发世界级旅游资源，打造世界级旅游景区，加快建设世界级旅游目的地的新成效。[①] 中铁溪山国际旅游度假区要立足新发展阶段、瞄准新发展需求，抢抓机遇、顺势而为，深入学习贯彻习近平总书记对贵州旅游工作的重要指示，推动文旅更深层次、更广范围、更高水平融合发展，加快建设旅游强省和打造世界级旅游目的地步伐，创新发展文化和旅游融合新业态，以特色品牌助推贵州文化旅游发展创新区和文旅产业高质量发展。

（一）抢抓机遇，加快发展，打造特色品牌，打造文旅高质量发展新引擎

2023 年以来，旅游业加快复苏，旅游市场火爆，整个旅游市场进入了恢

---

① 曹雯：《我省加快打造世界级旅游目的地 发挥比较优势 提升格调品位》，《贵州日报》2023 年 9 月 11 日，第 1 版。

复发展的快车道，进一步释放旅游消费潜力，推动旅游业高质量发展面临难得的机遇。2023 年中央经济工作会议强调指出，着力扩大国内需求。推动消费从疫后恢复转向持续扩大，培育壮大新型消费，大力发展数字消费、绿色消费、健康消费，积极培育智能家居、文娱旅游、体育赛事、国货"潮品"等新的消费增长点。[①] 扩大高水平对外开放。切实打通外籍人员来华经商、学习、旅游的堵点。[②] 未来，以文化为核心，实现文化产业和旅游产业的高质量融合发展是趋势之一。中铁文旅集团要抢抓国内国际旅游市场进入恢复发展快车道的有利时机，在不断与地方资源融合中嫁接与延续，加快打造中铁溪山国际旅游度假区"国内一流的康养度假目的地、国际一流的山地旅游目的地"后期项目建设步伐，在避暑医养、山地旅游、乡村振兴板块持续发力，不断擦亮"多彩贵州"品牌，打造文旅产业高质量发展新引擎。

（二）产业融合，创新供给，提升品牌品位，促进文旅产业深度融合发展

进一步加强同湖南广电国际、海南一龄、国际山地旅游联盟、贵州省旅游协会、广东民宿协会、西部民宿联盟、中铁拾堂等企业和机构的深度合作，创新供给，提升品牌品位，推动文旅深度融合发展。充分利用与 124 家企业、协会、高校及市场主体建立的"溪山文旅康养产业联盟"和已搭建的"一中心三平台"，结合青黔高独特地形地貌和丰富的少数民族文化，致力于区域文化旅游、健康养老、休闲度假、新型城镇化、生态修复治理等领域及相关业务投资、开发和运营，坚持品牌创新、重构资源逻辑、夯实内涵基础，创新旅游与文化融合发展思路，使旅游开发与文化产业发展相得益彰。以建成"国际一流的山地旅游目的地""国内一流的康养度假目的地"为目标，建好平台载体，做好品牌建设，培育消费新业态、新模式，促进运动、度假、康养、医疗

[①] 《中央经济工作会议：积极培育文娱旅游等新的消费增长点》，"中国旅游报"百家号，2023 年 12 月 13 日，https：//baijiahao. baidu. com/s? id = 1785155700522577070&wfr = spider&for = pc，最后检索日期：2023 年 12 月 14 日。

[②] 《中央经济工作会议：积极培育文娱旅游等新的消费增长点》，"中国旅游报"百家号，2023 年 12 月 13 日，https：//baijiahao. baidu. com/s? id = 1785155700522577070&wfr = spider&for = pc，最后检索日期：2023 年 12 月 14 日。

等更多领域与旅游业融合发展，让人们在旅行过程中感悟文化、陶冶情操、体验生活、享受健康。推进中铁溪山国际旅游度假区品牌建设，丰富消费惠民措施，实施"百城百区"金融支持文化和旅游消费行动计划。充分利用青岩古镇景区内的理伦公百岁坊、赵公专祠、青岩教案、状元府、文昌阁、定广门、状元蹄、四子登科、母教之功等文化品牌及景区厚重的人文底蕴文化和贵阳文教重地及中心等优势，持续办好全国文化和旅游消费促进活动，加强宣传推广和市场营销，激发人民群众的文化和旅游消费意愿，助力花溪区域市场主体加快发展。

（三）依托项目，科学布局，发挥品牌效应，推动文旅产业全面提质升级

文旅产业的发展在经济布局中起着至关重要的作用，要依托项目，科学布局，发挥品牌作用，推动"深入实施乡村振兴、大数据、大生态"战略和"大健康产业十四五规划"，推动花溪全域文化旅游创新区高质量发展和旅游产业化再上新台阶，实现区域旅游产业化提质升级、带动乡村振兴和农业现代化、推动新型城镇化高质量发展。一是依托中龄大健康生命养护中心项目，打造以"医养结合、医旅融合、中西合璧、医疗元素与文化元素融汇"为特色，以"健康管理"为核心业务，集医学影像诊断中心、生命健康预检中心、生命健康养护中心、睡眠医学中心、心血管代谢中心、超级中医院、康复中心、生命美丽养护中心和身心医学养护中心、健康膳食坊、疗养度假屋等功能设施于一体的高端健康管理医疗养护服务综合体。二是依托中铁青岩健康小镇项目，围绕"康养住宅投资化、合院产品纯粹化、多层产品墅级化"打造高端旅居康养住宅，加强与中铁溪山国际旅游度假区内的乡村振兴、山地运动、温泉疗养等多个产业要素联动，打造"田园疗养、森林疗愈、运动疗养"等特色产品，以健康管理和医疗养护为导向，构建"健康向新、生活向新、欢乐向新、自然向新"的独特度假服务体系，创新呈现健康度假新场景，兑现领先30年的高端健康生活方式。三是依托中铁农庄项目，充分利用花溪区亚高原气候优势和良好的自然生态环境，以山地特色农业为基底，以农业现代化为目标，以发展应用绿色农业、智慧农业、循环农业和阳光农业为抓手，因地制宜发展高端精品农业，同时基于项目资源本底和优势，科学打造"农业+"新亮点、新业态，实现农业价值最大化。围绕"产业兴旺、生态宜居、乡风文明、治理有效、生活富裕"的乡村振兴战略总体要求，以"企业有效益、村里有收益、村民有利益"共建共惠为目标，创新谋划"一路富十村、一庄带百庄、一宿带百宿、一旅兴百旅"的项目整体推进思路，按照"产业引领乡村振兴"和"可持续发展"原则，以建设乡村振兴产业标杆、建立新型乡村产业体系、构筑与农民利益联结机制、辐射带动周边区域乡村产业提质增效为目标，打造形成以产业引领乡村振兴的中铁示范模式。四是依托皇帝坡云上芒果度假基地项目，创新"云上"国际山地文旅品牌文化，发挥地方自然资源特色，打造皇帝坡云上国际度假营地，使之成为集山地康养、山地运动、山地探索、山地研学于一体的文商旅一体新型体验式消费中高端旅游区，推动贵州文旅产业高质量发展。

（四）对内培养，对外引入，多措并举筑牢文旅产业高质量发展人才基础

高质量发展离不开人才资源的充分挖掘和利用，要坚持"外引"和"内培"齐发力，为可持续发展汇聚人才力量。坚持自主培养与市场化引进人才并举，围绕全过程主导的"新型城镇开发+乡村振兴建设+文体旅康养投资运营"城乡协同发展新模式，厚植党管人才优势，积极培养和引进文旅产业高质量发展优秀人才。中铁文旅集团及其贵阳发展有限公司要用好"职业经理人"机制，激发经营层活力，充分发挥以结果为导向的全覆盖绩效考核的"指挥棒"作用，建成一支规模适度、结构合理、素质优良、专业精湛的市场化、专业化、年轻化、高素质人才队伍；注重"岗位练兵"、用好"头雁"效应，引入清华大学、中山大学等国内一流的高校毕业生，以导师带徒、轮岗见习等方式加大人才培养力度；从政策模式研究、资源整合、金融创新、产业投建及专业人才孵化方面，大力培养文旅板块龙头项目人才和重点项目人才；充分利用中铁溪山国际旅游度假区项目所在地背靠由贵州师范大学、贵州财经大学等 12 所高校组成的花溪大学城，积极寻求同高校的"产学研"一体化合作，把政府的政策、高校的优势、区域的资源、企业的支持等有效统筹起来，通过"外引内培"，培养、引入文旅产业高质量发展所需优秀人才，汇聚人才力量，助力区域高质量发展。

B.23
贵州山地康养旅游资源评价与开发策略

丁孟利　于开锋*

摘　要：　康养旅游是"健康中国"的重要组成部分，如何发展康养旅游已经成为旅游业发展面临的重要现实问题。贵州省的山地面积占国土面积的61.7%，山地康养旅游资源极为丰富，发展山地康养旅游具有得天独厚的优势。目前国内对于山地康养旅游资源的评估和开发缺少系统、科学的理论框架和方法论，极大制约了山地康养旅游产业的发展。本文基于对贵州山地康养旅游资源的考察，并以康复性景观理论为指导，通过文献分析法和层次分析法构建了山地康养旅游资源的分类体系和评价模型，然后应用该评价模型对贵州的康养资源进行了系统评估，最后基于数量-质量分析矩阵和评价因子分析提出了贵州山地康养旅游资源的开发策略。

关键词：　山地康养旅游资源　旅游开发　贵州省

　　健康是促进人的全面发展的必然要求，是经济社会发展的基础条件，是民族昌盛和国家富强的重要标志，也是广大人民群众的共同追求。正因为健康的重要性，党中央作出了"健康中国"的战略部署，并明确提出"制定健康医疗旅游行业标准、规范，打造具有国际竞争力的健康医疗旅游目的地。"① 由此可见，康养旅游是"健康中国"建设中不可或缺的重要组成部分。贵州省是我国山地康养旅游资源最丰富的省份之一，近年来山地康养旅游产业发展迅猛，是我国山地康养旅游发展的代表性区域。本文以康复性景观理论为指导，

---

　*　丁孟利，贵阳职业技术学院讲师，主要研究方向为体育旅游；于开锋，贵州省社会科学院工业经济研究所副研究员，主要研究方向为工业经济、旅游经济。
　①　中国共产党中央委员会：《"健康中国2030"规划纲要》，中国共产党中央委员会办公厅，2016。

系统构建了山地康养旅游资源的评价模型，并应用该评价模型对贵州省的山地康养旅游资源进行全面评估，最后基于数量-质量分析矩阵和评价因子分析，提出了贵州省山地康养旅游资源的开发策略。

一 山地康养旅游资源的界定与分类

（一）山地康养旅游资源的概念界定

《国家康养旅游示范基地标准》（LB/T 051-2016）指出：康养旅游是指通过养颜健体、营养膳食、修心养性、关爱环境等各种手段，使人在身体、心智和精神上都达到自然和谐的优良状态的各种旅游活动的总和[①]。国家标准《旅游资源分类、调查与评价》（GB/T18972-2003）给旅游资源的定义是：自然界和人类社会凡能对旅游者产生吸引力，可以为旅游业开发利用，并可产生经济效益、社会效益和环境效益的各种事物和因素[②]。根据以上两个标准，本文将康养旅游资源界定为：自然界和人类社会凡能对旅游者的康养活动产生吸引力，可以为康养旅游所开发利用，并可产生经济效益、社会效益和环境效益的各种事物和因素。而山地旅游是在以山地及其高梯度效应衍生的自然和人文综合地域生态系统内开展的各种旅游休闲体验的集合[③]。因此，综合康养旅游资源和山地旅游的概念，本文认为山地康养旅游资源是指：在山地环境下的自然和人文综合地域生态系统中，能对人们的康养活动产生吸引力，可以为康养旅游所开发利用，并可产生经济效益、社会效益和环境效益的各种事物和因素。

（二）山地康养旅游资源的分类

依据康复性景观理论，本文尝试将山地康养旅游资源分为自然康养旅游资

---

① 全国旅游标准化委员会：《国家康养旅游示范基地标准》（LB/T 051-2016），中国标准出版社，2016。
② 全国旅游标准化委员会：《旅游资源详细调查实用指南——GB/T18972-2003〈旅游资源分类、调查与评价〉理解与实施》，中国标准出版社，2003。
③ 陈建波、明庆忠、王娟：《中国山地旅游研究进展及展望》，《资源开发与市场》2017年第11期。

源、人文康养旅游资源和社会康养旅游资源三大主类，而且不将康养旅游资源划分得过细，而是取消亚类这个中间类型，直接将三大主类再分为森林康养旅游资源、温泉康养旅游资源、峡谷康养旅游资源、草原康养旅游资源、乡村康养旅游资源、传统文化康养旅游资源、宗教康养旅游资源、医疗康养旅游资源、养老旅游资源、康养地产旅游资源等10种基本类型。这10种基本类型既兼顾了康养旅游依托的主要资源，又涵盖了各种康复性要素的组合。

表1　山地康养旅游资源分类

主类	基本类型
自然康养旅游资源	温泉康养旅游资源
	森林康养旅游资源
	峡谷康养旅游资源
	草原康养旅游资源
人文康养旅游资源	乡村康养旅游资源
	传统文化康养旅游资源
	宗教康养旅游资源
社会康养旅游资源	医疗康养旅游资源
	养老旅游资源
	康养地产旅游资源

二　山地康养旅游资源的评价体系

（一）评价指标与结构层次

康复性景观理论认为人的康复主要受到三种环境的影响，即自然环境、人文环境和社会环境，环境是旅游者康复机制的关键和核心①。国家标准中以观光为导向的旅游资源评价标准不能拿来评价康养旅游资源，因此完全有必要建立新的评价体系和标准。

---

① Baer, L., Gesler W., Reconsidering the Concept of Therapeutic Landscapes in J. D. Salinger's the Catcher in the Rye. *Social Science & Medicine*, 2004, 36 (4): 404-413.

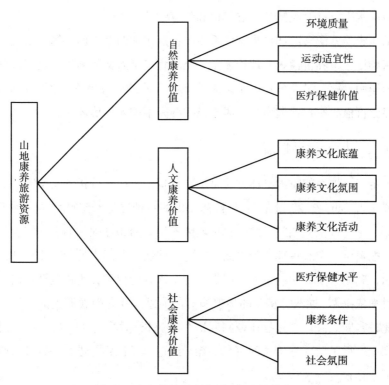

图1 贵州山地康养旅游资源评价指标与层次结构

山地康养旅游资源评价体系由目标层、要素层和指标层3个层次构成。其中：目标层以山地康养旅游资源禀赋特征及其价值评价为总目标；要素层由构成各子系统的基本要素组成，包括自然康养价值、人文康养价值、社会康养价值等子系统；而指标层由可直接度量的因子组成，其中自然康养价值包括环境质量、运动适宜性、医疗保健价值等3项指标；人文康养价值包括康养文化底蕴、康养文化氛围、康养文化活动等3项指标；社会康养价值包括医疗保健水平、康养条件、社会氛围等3项指标。

环境质量是指气候、水、空气、负氧离子、噪声等，运动适宜性包括大众运动和特种运动的适宜性，医疗保健价值包括医疗价值和保健价值；康养文化底蕴包括康养文化积淀的广度和深度，康养文化氛围包括康养文化氛围浓度和融入性，康养文化活动主要包括丰富性、举办频次和参与性；医疗保健水平包括医疗保健设施设备、人员数量和素质，康养条件包括康养设施设备、人员数量和服务水平，社会氛围包括友好性和包容性。

山地康养旅游资源评价指标体系主要特点包括两个方面。第一是把人文康养价值和社会康养价值纳入评价体系，充分肯定了人文因素和社会因素对人的康复的作用。第二是充分考虑山地康养旅游资源的康养特性，把运动适宜性、医疗保健价值、医疗保健水平、康养条件等因素纳入评价体系。

（二）指标体系权重

确定指标体系权重的具体方法是层次分析法。层次分析法是美国匹兹堡大学教授 T. L. Satty 于 20 世纪 70 年代初提出的一种定量与定性相结合的系统分析方法。它通过把复杂问题的各种影响因素划分为相互联系的有序层次使之条理化，根据对一定客观现实的判断，就每一层次中各因素的相对重要性给予定量表示，利用数学方法确定每一层次的各个因素的权重，为正确评价研究项目提供科学依据①。层次分析法的步骤如下：①通过专家问卷调查的方式，构建两两比较判断矩阵。②根据比较判断矩阵计算指标权重。③进行一致性检验。本文完全遵循了层次分析法的研究步骤。经过科学计算并进行一致性检验，得出以下指标权重（见表2）。

表2　山地康养旅游资源评价体系指标权重

要素层		指标层	
因子	权重	因子	权重
自然康养价值	0.4545	环境质量	0.2727
		运动适宜性	0.0909
		医疗保健价值	0.0909
人文康养价值	0.0909	康养文化底蕴	0.0235
		康养文化氛围	0.0095
		康养文化活动	0.0579
社会康养价值	0.4545	医疗保健水平	0.2065
		康养条件	0.2065
		社会氛围	0.0415

---

① 赵焕臣、许树柏、和金生编著《层次分析法——一种简易的新决策方法》，科学出版社，1996。

（三）赋分标准和等级划分

依据上述各评价因子的权重，对评价因子进行赋分，赋值分数之和构成评价总分。设定山地康养旅游资源赋分评价体系的总目标层为 100 分，要素层分值分别为：自然康养价值 45 分，人文康养价值 10 分，社会康养价值 45 分。大部分评价因子分为 4 个档次，少数评价因子根据实际情况分为 3 档或者 2 档，其因子赋分值相应分为 4 档、3 档、2 档，具体的赋分值详见表 3。

表 3　山地康养旅游资源评价赋分标准

评价要素	评价因子	评价依据	赋值
自然康养价值 （45 分）	环境质量（27 分）	环境质量极佳，特别适合康养 环境质量优良，适合康养 环境质量较好，比较适合康养 环境质量尚可，能够进行康养	27~22 分 21~16 分 15~10 分 9~4 分
	运动适宜性（9 分）	开展各类山地户外运动条件极佳 开展各类山地户外运动条件优良 开展各类山地户外运动条件较好 开展各类山地户外运动条件尚可	9~8 分 7~6 分 5~4 分 3~2 分
	医疗保健价值（9 分）	具有极高的医疗保健价值的植物 具有优良的医疗保健价值的植物 具有较高的医疗保健价值的植物 具有一定的医疗保健价值的植物	9~8 分 7~6 分 5~4 分 3~2 分
人文康养价值 （10 分）	康养文化底蕴（2 分）	康养文化底蕴非常深厚 康养文化底蕴一般	2 分 1 分
	康养文化氛围（2 分）	康养文化氛围较好 康养文化氛围一般	2 分 1 分
	康养文化活动（6 分）	具有丰富多彩的康养文化活动 具有较多样的康养文化活动 具有一定的康养文化活动	6~5 分 4~3 分 2~1 分

续表

评价要素	评价因子	评价依据	赋值
社会康养价值 （45分）	医疗保健水平（20分）	具有三级医疗保健水平 具有二级医疗保健水平 具有一级医疗保健水平 医疗保健水平达不到等级	20~16分 15~11分 10~6分 5~1分
	康养条件（20分）	提供的康养设施设备以及服务极佳 提供的康养设施设备以及服务优良 提供的康养设施设备以及服务较好 提供的康养设施设备以及服务一般	20~16分 15~11分 10~6分 5~1分
	社会氛围（5分）	具有极强的包容性和友好性 包容性和友好性优良 具有较强的包容性和友好性 包容性和友好性尚可	5分 4分 3分 2分

三　贵州省山地康养旅游资源分类与评价

（一）贵州省山地康养旅游资源统计与评价

邀请专家对贵州山地康养旅游资源的数量和质量进行评估，建立贵州山地康养旅游资源的数量-质量矩阵，其中横坐标为每一种基本类型康养旅游资源的数量，纵坐标为每一种基本类型康养旅游资源的质量，即根据评价标准计算出的分值。横坐标以均值为界，数量的总数等比缩小为100，均值等比缩小为54，而纵坐标上显示山地康养旅游资源的均值（64），这样进行数据处理主要是为了视图方便，对研究结果并无影响。Ⅰ象限代表该类资源属于质量高而数量少，Ⅱ象限代表该类资源属于质量高而且数量多，Ⅲ象限代表数量不多而且质量不高，Ⅳ象限代表该类资源数量多但是质量不高。

根据山地康养旅游资源统计与评价的结果，处于Ⅰ象限的康养资源包

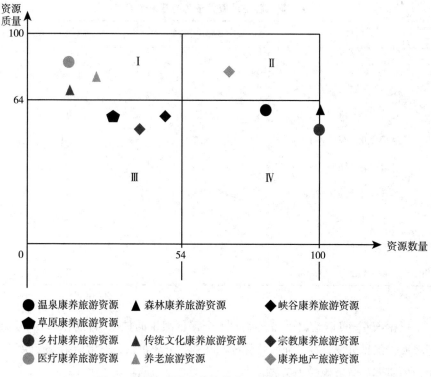

图2　贵州省山地康养旅游资源数量-质量矩阵

括医疗康养旅游资源、养老旅游资源和传统文化康养旅游资源，处于Ⅱ象限的康养资源包括康养地产旅游资源，处于Ⅲ象限的康养资源包括峡谷康养旅游资源、草原康养旅游资源和宗教康养旅游资源，处于Ⅳ象限的康养资源包括温泉康养旅游资源、森林康养旅游资源和乡村康养旅游资源。

（二）评价因子分析

根据贵州省山地康养旅游资源指标层的各个评价因子的最高分和平均得分，计算出每个评价因子的得分率，得出贵州省山地康养旅游资源评价因子分析表，从表中可以详细了解贵州省山地康养旅游资源的每个评价因子的得分情况（见表4）。

表4　贵州省山地康养旅游资源评价因子

评价因子	平均得分(分)	得分率(%)
环境质量(27分)	24.5	91
运动适宜性(9分)	5.9	66
医疗保健价值(9分)	5.5	62
康养文化底蕴(2分)	1.2	60
康养文化氛围(2分)	1.2	60
康养文化活动(6分)	3.8	64
医疗保健水平(20分)	6.4	32
康养条件(20分)	11.2	56
社会氛围(5分)	4.2	84

根据表4，可以绘制更加直观的各个评价因子的柱状图，从图3中可知，环境质量的得分率最高，而医疗保健水平的得分率最低，非常清晰地反映了贵州山地康养旅游资源的优劣势。

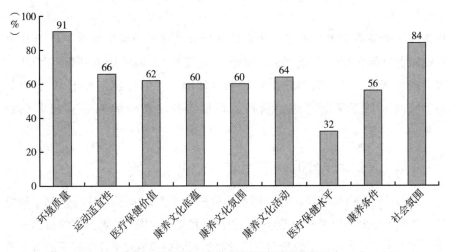

图3　贵州省山地康养旅游资源评价因子

四　贵州省山地康养旅游的开发策略

（一）总体策略

1."补短板"策略

贵州省康养旅游资源的最大短板是医疗保健水平，因此必须着力提升各类康养资源的医疗水平和康养条件，植入和培育康养文化。一是要充分利用中医药传统医疗保健资源，二是要和现有的医疗资源相结合，三是引进国内外优质医疗保健资源，四是利用贵州省的大数据技术优势，建立互联网医院，共享医疗资源。

2."长板"策略

贵州省康养旅游资源的最大长板是环境质量和社会氛围，原因之一是贵州处于西部地区，本身的生态优势明显，近年来又把生态文明建设放在首位，良好生态逐渐成为城市的发展优势。原因之二是贵州社会包容性比较强。因此要充分发挥自然环境和社会环境优势，大力发展康养旅居产业，一是依靠房地产企业，发展康养旅游地产；二是通过市场创新，发展乡村康养旅居，盘活乡村资源，促进乡村振兴。

（二）产品策略

1.以康养旅游地产作为主导产品

充分发挥康养旅游地产优势，建立避暑康养之城。贵州省的康养旅游地产资源是唯一的数量多而且质量高的山地康养旅游资源，然而这类资源并不是天然资源。贵州夏季平均温度为23.2℃，而且生态环境良好，经过十多年的经营和管理，贵州省避暑品牌已经获得市场的高度认可，吸引了碧桂园、乐湾国际等大型房地产商纷纷进军以避暑康养为主题的旅游房地产市场，形成了高品质的康养旅游地产资源，而且随着城市房地产市场的疲软，康养房地产可能成为下一阶段快速成长的投资领域。可以预见，贵州省的康养房地产还会快速发展。因此，康养地产资源开发应该成为贵州省发展山地康养旅游的主导策略。

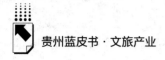

2. 融合发展策略

大力提升森林康养、乡村康养、温泉康养的质量。贵州省拥有丰富的森林康养、乡村康养、温泉康养资源，而且这些资源的特点是自然环境质量较高，但是受制于医疗保健水平低下和康养条件不足，目前的康养资源的整体质量比较低。贵州省的森林康养、乡村康养、温泉康养旅游资源基本处于远离城市的区域，在远离城市的区域配套建设医疗保健设施成本会比较高，难以实现。因此比较可行的路径是融合发展战略，将森林康养与山地运动相结合、温泉康养与中医理疗相结合、乡村康养与中医药产业相结合，通过产业融合提升资源的利用率。

3. 精品发展策略

传统文化康养、医疗康养、养老旅游资源属于优质资源，但是传统文化康养旅游资源高度依赖深厚的传统文化底蕴，规模难以扩大；而医疗康养依赖现有的医疗资源和引进医疗资源，在全国医疗资源都紧张的情况下短时间难以有很大突破；养老旅游主要依托公建民营的养老机构，目前短时间内也很难有大的发展，一方面是因为政府的投入有限，另一方面是因为养老人群的消费能力有限。因此，总体上，传统文化康养旅游、医疗康养、养老旅游应该向精品化方向发展。

4. 特色发展策略

草原康养、宗教康养、峡谷康养旅游资源在贵州不是代表性的康养旅游资源，属于品质不高同时数量也有限的资源，这是贵州省的地形地貌的基底和宗教文化积淀所决定的，但是这三类资源均有一定的市场吸引力和独特性，因此最适合这三类康养旅游资源的战略是立足本地市场，向特色化的方向发展，开发特色的草原运动康养旅游产品、禅修旅游产品和峡谷运动旅游产品。

五 结论与讨论

基于贵州省的考察和康复性景观理论，本研究提出了自然康养旅游资源、人文康养旅游资源和社会康养旅游资源三大主类，不同于杨懿等只提出了自然康养旅游资源和人文康养旅游资源的传统分类方法①，本文进一步提出了温泉

---

① 杨懿、田里、胥兴安：《养生旅游资源分类与评价指标体系研究》，《生态经济》2015 年第 8 期。

康养、森林康养、草原康养、峡谷康养、乡村康养、传统文化康养、宗教康养、医疗康养、养老旅游、康养地产等十大基本类型，这也有别于杨懿等提出的 23 大基本类型①。新的分类方法最大的创新之处是把大量的社会资源，比如康养地产、养老资源、医疗资源，纳入旅游资源范畴，突破了原有的资源界限；同时避免了传统旅游资源划分过细的问题，突出了山地康养旅游资源的复合性。

同样基于康复性景观理论，本文还提出了以康养价值为主导的资源评价方法，康养价值不仅包括自然康养价值，还包括人文康养价值和社会康养价值，这又有别于现有的研究。刘顺伶等提出了资源条件和旅游环境条件两个综合评价层②。杨懿等提出了旅游价值评价子系统、环境价值评价子系统、开发价值评价子系统等三个子目标评价层③。史文文、张鑫提出了养生旅游资源自身条件、养生旅游资源环境条件、养生旅游资源开发条件等三个综合评价层④。这些研究都没有从根本上摆脱观光时代的资源观，本文的创新之处是提出了运动适宜性、医疗保健水平、康养条件、社会氛围等新的评价因子，建立了以康养为导向的新旅游资源观，这将有助于重新认识康养旅游资源的特性。

依据山地康养旅游资源分类和评价体系，本文系统梳理和评价了贵州省的山地康养旅游资源，建立了山地康养旅游资源的质量-数量分析矩阵，分析了各个评价因子的得分情况，从而提出了贵州省山地康养旅游的六大开发策略，包括"补短板"策略、"长板"策略、主导开发策略、融合发展策略、精品发展策略、特色发展策略。这些开发策略的提出将为贵州省高质量发展山地康养旅游产业提供重要启示。

---

① 杨懿、田里、胥兴安：《养生旅游资源分类与评价指标体系研究》，《生态经济》2015 年第 8 期。

② 刘顺伶、王克柱、杨雪：《河北野三坡养生旅游资源模糊评价研究》，《安徽农业科学》2010 年第 34 期。

③ 杨懿、田里、胥兴安：《养生旅游资源分类与评价指标体系研究》，《生态经济》2015 年第 8 期。

④ 史文文、张鑫：《基于 DHGF 算法的养生旅游资源评价研究——以鹞落坪国家级自然保护区为例》，《林业经济问题》2018 年第 2 期。

非遗文旅篇

B.24
非遗与乡村旅游融合发展研究

——以贵州省西江千户苗寨为例

甘 泉 张 驰*

摘　要：　本文以贵州省西江千户苗寨为例，结合西江千户苗寨非物质文化遗产具体情况，从其乡村旅游发展、非物质文化遗产与乡村旅游融合等方面分析了西江千户苗寨非物质文化遗产与乡村旅游发展现状。基于文献分析和实地走访等，阐述了其在非物质文化遗产与乡村旅游融合发展方面存在的具体问题，如商业化导向与非遗传承之间的冲突、非遗文化知识产权保护意识薄弱、文旅发展内生动力不足等，并根据实际情况为西江千户苗寨非物质文化遗产与乡村旅游融合提出具体的发展路径，旨在实现地方文旅产业的高质量、可持续发展。

关键词：　文旅融合　非物质文化遗产　乡村旅游　贵州西江　千户苗寨

---

* 甘泉，贵州省社会科学院文化研究所助理研究员，主要研究方向为文化产业；张驰，贵阳人文科技学院民族民间文化教育传承创新研究基地（高等院校）教师，主要研究方向为文化传承与社区管理。

　　文化旅游是贵州省从旅游资源大省向旅游产业强省转变的必要条件。乡村旅游作为旅游业的重要组成部分，承载着满足人民群众对美好生活的需求的重要使命。而非物质文化遗产作为乡村旅游的重要资源，具有独特的吸引力和竞争力。将非物质文化遗产与乡村旅游融合，可以为乡村旅游业提供更加丰富多样的旅游产品和体验，满足游客的多元需求，推动乡村旅游的可持续、高质量发展。

　　近年来，人们对非物质文化遗产的关注度不断提升，关注度的提升意味着更多的人对非物质文化遗产的认可和追求。旅游者在寻求独特和真实的体验时，对非物质文化遗产的兴趣逐渐增强，非物质文化遗产可以满足游客对于文化探索和交流的需求。乡村旅游的快速发展为农村地区带来了经济增长，并带动了农村产业升级和就业机会的增加。同时，乡村旅游业也为非物质文化遗产的保护提供了经济支持和资源保障。文旅融合是当前我国旅游产业发展的主流趋势，将文旅融合可以提升旅游业的竞争力和可持续发展性。在文旅融合的框架下，非物质文化遗产成为乡村旅游的重要资源和亮点，为乡村旅游业的创新发展、产品多样化和市场拓展提供了新的机遇。

　　本文以贵州省西江千户苗寨为例进行研究，深入了解非物质文化遗产与乡村旅游的融合发展在实践中的效果和经验，为其他地区提供借鉴和参考。西江千户苗寨是一个具有丰富非物质文化遗产的乡村旅游景点，研究其融合发展，可以总结出相应的经验和做法，为其他地区的非遗与乡村旅游融合发展提供建议和指导，推动我国文旅融合的高质量、可持续发展。

一　西江千户苗寨非物质文化遗产与乡村旅游发展现状分析

　　西江千户苗寨拥有 2000 多年的历史。现有住户 1432 户 5515 人，是苗族第五次大迁徙的主要集结地，被誉为苗族的大本营，拥有丰富的历史文化底蕴。寨子位于贵州省雷山县的西部，距离县城 36 公里，被峡谷环抱，四季如春，风景优美。当地人民秉承着独有的传统生活方式和民俗习惯，他们拥有独特的服饰、音乐、舞蹈、手工艺品、节庆活动等，展现出苗族深厚的历史和文化传承。在这里，人们可以领略到苗族传统建筑的风采，如吊脚楼、鼓楼等，这些建筑结构独特，体现了苗族人民对自然环境的智慧利用。除了建筑外，西江千户苗寨还保留着丰富多彩的苗族民俗文化。苗族人民以织布、银饰、刺绣等手工艺闻名，他们的服饰色彩缤纷，图案精美，展示出苗族人民的审美情趣和技艺水平。在音乐舞蹈方面，苗族人民以芦笙舞、牛尾梅等舞蹈形式为代表，热情奔放，令人感受到他们对生活的热爱和豪情。此外，西江千户苗寨还有丰富多彩的节庆活动，如苗年、鼓藏节等，这些节庆活动是苗族人民传统文化的重要表现形式，也是他们传承文化的重要途径。通过这些活动，人们可以感受到苗族人民对生活的热爱和对传统文化的传承与弘扬。西江千户苗寨作为苗族文化的重要代表，不仅展示了苗族人民独特的生活方式和民俗习惯，同时也展现了他们对传统文化的珍视和传承。这里是一个充满活力和魅力的地方，吸引着越来越多的游客前来探寻苗族文化的魅力，也成为贵州省的一个重要旅游景点。

西江千户苗寨的旅游产业发展同样如火如荼，特别是其乡村旅游扶贫"西江模式"被列为贵州改革开放 40 年 40 事典型案例。《雷山政府工作报告》数据显示，仅在 2019 年，西江千户苗寨共接待游客 1321.95 万人次，实现旅游综合收入 118.97 亿元，分别同比增长 2.37% 和 11.32%。可以说，雷山县旅游产业今日的成功，离不开西江千户苗寨乡村文化旅游的旗帜引领作用。西江千户苗寨的成功得益于其独特的乡村文化和旅游资源。这里保留了苗族传统的生活方式和民俗习惯，吸引了大量游客前来探寻苗族文化的魅力。同时，西江千户苗寨的建筑风格和自然风光也吸引了众多摄影爱好者和历史文化爱好者。通过发展乡村旅游，西江千户苗寨带动了周边地区的经济发展，为当地创造了大量的就业机会和收入来源。这种成功模式也促进了雷山县旅游产业的整体发展，提高了整个地区的知名度和竞争力。西江千户苗寨的成功是乡村文化旅游发展的典范，它不仅展示了苗族文化的独特魅力，也为当地带来了可观的经济效益和社会效益。未来，相信西江千户苗寨的旅游产业将会继续保持稳定的发展态势，为雷山县乃至贵州省的旅游产业做出更大的贡献。

（一）西江千户苗寨非物质文化遗产分析

中国非物质文化遗产网相关数据显示，截至 2022 年，雷山县拥有国家级非遗 13 项，贵州省级非遗 25 项。该地区的非物质文化遗产可以为西江乡村旅游的发展提供丰富的资源。雷山县积极推动非物质文化遗产工坊的建设，打造了以麻料银匠村为代表的一批非遗体验基地。这些基地既保护传承了非物质文化遗产，又将非物质文化遗产作品开发成了旅游商品，让游客能够充分享受文旅融合发展带来的红利。雷山县还被列入国家第一批"非遗+扶贫"重点支持地区，进一步推动了非物质文化遗产的发展和利用，为当地的旅游业和扶贫工作做出了积极贡献。

表 1   贵州省雷山县国家级非物质文化遗产组成结构

项目	民间文学	传统美术	传统技艺	传统音乐	传统舞蹈	传统戏剧	传统医药	民俗
1	苗族贾理	苗绣（雷山苗绣）	苗寨吊脚楼营造技艺	苗族民歌（苗族飞歌）	苗族芦笙舞	铜鼓舞（雷山苗族铜鼓舞）	苗医药（骨伤、蛇伤疗法）	苗族鼓藏节
2	仰阿莎		苗族芦笙制作技艺					苗年
3			苗族银饰锻制技艺					
4			苗族织锦技艺					

资料来源：《雷山县非物质文化遗产名录》，雷山县人民政府网站，2022 年 1 月 28 日。

西江千户苗寨国家级非物质文化遗产项目中，传统技艺项目数量最多，占比 30%，其余项目中，除了曲艺、体育游艺杂技外，其余非遗项目均有涉及。在省级非物质文化遗产资源中，除了体育游艺杂技外其余项目均有涉及，可见西江千户苗寨非物质文化遗产项目呈现数量多、项目全的特征。

（二）西江千户苗寨乡村旅游发展现状分析

西江千户苗寨以其独特的苗族建筑、民俗文化和自然风光吸引了大量游客。寨子内保留了原汁原味的苗族民居，游客可以欣赏到苗族传统建筑的风貌，此外，还有苗族歌舞表演、手工艺品展示和苗族传统节庆等丰富多彩的文化活动让游客充分感受到苗族文化的独特魅力。为了满足游客的需求，西江千户苗寨逐渐建设了完善的旅游设施，包括旅游接待中心、餐饮服务、民宿和购物场所等。游客可以享受到舒适的住宿条件和多样化的饮食选择。

西江千户苗寨的旅游产业发展经历了两个主要的发展阶段。第一个阶段是21世纪以来，苗寨从原本的无人知晓逐渐进入人们视野，但是旅游经济处于初步发展阶段，发展的速度也较为缓慢。在这个阶段，苗寨开始意识到旅游产业的潜力，有了一些简单的旅游设施和服务，但整体发展水平不高，游客数量也比较有限。这个阶段可以说是苗寨旅游产业从无到有的过程。第二个阶段是2008年贵州省第三届旅游产业发展大会为苗寨的乡村旅游发展提供了机遇和支持，使得苗寨的旅游产业进入了快速发展的时期。在这一时期，西江千户苗寨的游客数量快速增长，从2008年的77.7万人次增长到2017年的606.5万人次（见图1）。这一阶段的发展主要得益于政府的支持和投资，以及苗寨自身的努力和创新。苗寨开始建设更多的旅游景点和设施，提升服务质量，吸引了更多的游客。

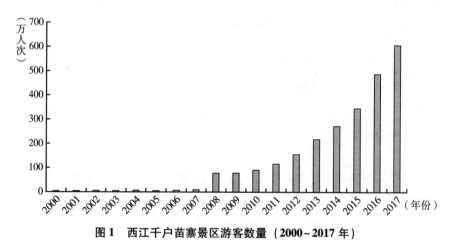

图1 西江千户苗寨景区游客数量（2000~2017年）

资料来源：《西江模式：西江千户苗寨景区十年发展报告（2008~2018）》。

西江千户苗寨的旅游产业经历了从无到有，再到快速发展的过程。未来，苗寨的旅游产业还有很大的发展潜力，可以通过不断提升服务质量、丰富旅游产品、加强宣传推广等方式，进一步吸引更多的游客，推动苗寨旅游产业持续健康发展。

（三）西江千户苗寨非物质文化遗产与乡村旅游融合现状

西江千户苗寨充分利用非遗资源，将苗族的非遗文化融入乡村旅游发展中。在乡村旅游项目中，加入了非遗体验活动，如观赏苗族歌舞表演、手工艺品制作体验、非遗技艺展示等，使游客能够亲身参与其中，感受和体验真实的苗族文化。

走访中发现，嘎歌古道的造纸、蜡染、织布和苗绣等非遗技术深受国内外旅客的喜爱，这些非遗技术不仅代表了苗族文化的精髓，同时也为游客提供了了解和感受苗族文化的机会；在旅游产品创新上，西江千户苗寨将非遗文化与旅游产品创新相结合，开发出具有特色的旅游商品。从手工艺品、纪念品到特色餐饮，都充分展示了苗族非遗技艺的精髓，为游客提供了丰富的选择。例如，苗族宴席的最高形式与隆重礼仪长桌宴既让游客感受到了苗族餐饮文化特色，又深刻体会到了苗族人民的热情好客；乡村旅游的发展不仅带动了西江千户苗寨社区的发展，还为当地居民增加了收入来源。当地居民积极参与旅游经济，开设民宿、农家乐和手工艺品店等，为当地提供了更多的就业机会，同时也促进了当地经济的发展。

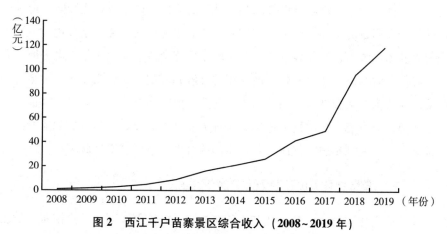

图 2　西江千户苗寨景区综合收入（2008~2019 年）

资料来源：《西江模式：西江千户苗寨景区十年发展报告（2008~2018）》。

西江千户苗寨在乡村旅游发展过程中，充分利用了非遗资源，将苗族的非遗文化融入其中，为游客提供了丰富的体验和选择。同时，乡村旅游的发展也带动了当地社区的发展，为当地居民带来了更多的收入来源和就业机会。

从图 2 可以看出，随着 2008 年西江千户苗寨旅游产业的快速发展，当地旅游年综合收入呈现快速上涨趋势，从 2008 年的 1.02 亿元增长到 2017 年的 49.91 亿元，平均增长率超过 50%。当地村民人均年收入为 2.21 万元，户均年收入为 8.6 万元。

二 西江千户苗寨非物质文化遗产与乡村旅游融合发展问题剖析

（一）商业化导向与非遗传承之间的冲突

乡村旅游的商业化开发往往会改变非物质文化遗产的原始特色。通过实地走访发现，西江千户苗寨虽然旅游产业发展得较为完善，但是对非物质文化遗产的保护和传承却显得不够重视。旅游项目和商业化活动在一定程度上忽略了当地的传统文化和习俗，导致传统文化的丧失和非物质文化遗产的流失。这将对乡村旅游的可持续发展带来负面影响。商业化导向可能导致非遗技艺的流失与异化，使得非遗传承者难以传承和继承。商业化乡村旅游往往倾向于追求营销效果和游客量的增加，这可能导致非物质文化遗产的表现被浮夸化。为了吸引游客和增加收入，文化表演或工艺品展示可能会被过度商业化，失去原汁原味，降低了游客对非物质文化遗产真正的理解和尊重。商业化导向通常会对一些受欢迎或商业化程度较高的非物质文化遗产内容和技艺加以突出和宣传，而其他非遗传统可能会被忽视或遗忘。这种失衡可能会导致非物质文化遗产的多样性和完整性受到威胁、传统文化体系的综合性和连贯性遭到破坏。

（二）非遗文化知识产权保护意识薄弱

非物质文化遗产中的各项技艺、传统知识和技能等是西江千户苗寨乡村旅游发展的基础，但是由于缺乏对非物质文化遗产知识产权的保护与管理，一些企业和个人利用这一情况，未经授权便使用或改编非物质文化遗产，造成非遗文化资源的流失和商业价值的剥夺。非物质文化遗产的传承和保护需要有一套标准化的保护措施。然而，在西江千户苗寨，非遗文化知识产权保护意识薄弱，缺乏相应的法律法规和标准，导致对非物质文化遗产的保护措施不完善，难以确保其传承质量和真实性。乡村旅游业的发展通常伴随着商业化开发，有些非物质文化遗产传承人和相关社群未能从商业化开发中获得合理的经济回报，限制了他们对非物质文化遗产的积极传承和保护。非物质文化遗产的知识产权管理需要专业化的知识产权人才配合，但是西江千户苗寨地区缺乏专业化的知识产权管理人才，导致在非物质文化遗产知识产权的保护、维权等方面缺乏足够的专业支持。

（三）文旅发展内生动力不足，知名文旅品牌建设任重道远

虽然西江千户苗寨非物质文化遗产项目涵盖面广、数量多，在当地乡村旅游产业发展中发挥了巨大的价值，但是相对而言并未形成具有强大号召力的知名文旅品牌，导致其文旅融合发展的内生动力不足。突出表现为西江千户苗寨在文旅融合发展中各方面力量间的协作和资源整合相对薄弱，限制了知名品牌的培育和发展。在西江千户苗寨的文旅融合发展中，政府、企业、社会组织等各方面力量的协同与合作作用尚未得到充分发挥，缺乏全局协作，导致资源分散、重复开发，缺乏整体推进策略和效果。例如，政府可能在规划上建议发展某一种类型的旅游项目，比如民族文化节庆活动，但具体实施时却缺乏与企业和社会组织的合作，导致活动效果不尽如人意，缺乏整体推进策略。企业之间缺乏合作与共享，使得乡村旅游业的竞争力不足，无法形成强大的品牌形象和合力。再者，西江千户苗寨的非物质文化遗产项目众多，具备丰富的资源，但缺乏一个清晰的、独特的品牌定位和形象。此外，缺乏全方位的市场推广与宣传也是问题所在。由于缺乏强大凝聚力和号召力的知名文旅品牌，西江千户苗寨的非物质文化遗产项目往往无法真正走进游客的视野。

三 西江千户苗寨非物质文化遗产与乡村旅游融合发展路径构建

（一）以非遗文化为基础，寻求与乡村旅游融合发展的契合点

加强对非物质文化遗产保护和传承意识的教育和宣传，提高对传统价值和纯粹性的重视。政府和相关机构可以引导和支持非遗传承者坚守非物质文化遗

产的传统特色，防止商业化对传统的过度改造。除此之外，政府可以制定相应的准则和规范，明确商业化开发对非物质文化遗产的保护要求和限制。规定商业化活动对非遗传承内容和形式的要求，防止商业化对非物质文化遗产造成负面影响。重视非遗传承者的意见和参与，在商业化乡村旅游的发展中保持和增强非遗传承者对决策的权益。遵循与非遗传承者沟通合作的原则，通过协商和共识，确保商业化发展不破坏非物质文化遗产的传统特色。政府部门应加强监管和执法力度，确保商业化乡村旅游的发展符合非物质文化遗产保护的法规和规定。加大对商业化活动的监督和管理力度，遏制过度商业化对非物质文化遗产的破坏。

（二）强化非遗知识产权建设，夯实乡村旅游发展基础

第一，要加强非遗文化知识产权意识的宣传与教育。通过广泛开展宣传活动，如宣传片、展览、研讨会等，提升社会和公众对非遗文化知识产权重要性的认知和保护意识。同时，开展相关教育项目，培养青年一代对非遗文化知识产权的关注和认知，将其融入学校教育体系中；第二，要制定相关非遗文化知识产权保护法律法规和标准。建立完善的法律法规和标准体系，明确非遗文化知识产权保护的法律地位和界定，确保相关权益受到法律保护。制定合理的保护措施和程序，规范非遗文化知识产权的申请、审批和维权流程；第三，加强对非物质文化遗产知识产权的调查研究。通过深入调查研究，了解非物质文化遗产的知识产权状况，包括相关技艺传承人、相关社群、资料和档案等内容。确保非物质文化遗产知识产权的真实性、完整性和独特性，为保护提供准确的依据和措施；第四，建立专业化的知识产权管理团队。培养专业知识产权管理人才，具备知识产权保护和维权的专业知识和技能。为相关社群提供专业的知识产权保护与管理服务，帮助其申请专利、商标和著作权等，同时提供维权支持和法律援助。

（三）激发文旅融合内生动力，实现乡村旅游协同创新

第一，加强政府与企业、社会组织的协同与合作。政府部门应制定相关政策，引导企业和社会组织共同参与乡村旅游的开发与管理。同时，加强公私合作模式，建立合作平台，促进资源整合与协同发展；第二，注重品牌定位与推

广。西江千户苗寨需要明确自身的独特性和定位，形成一个具有鲜明特色的知名文旅品牌。在品牌推广方面，可利用互联网平台、社交媒体等渠道，积极开展市场营销活动，向广大游客传递其独特魅力和价值；第三，加强资源整合与优化布局。各企业应加强合作，整合资源，形成优势互补，提升乡村旅游产业的整体竞争力。结合西江千户苗寨的实际情况，发展多元化的旅游产品，进一步丰富非物质文化遗产的展示与体验；第四，加强专业运营与管理。西江千户苗寨应加强专业化品牌运营和管理，建立专业化团队，进行品牌形象塑造、市场推广和客户关系维护等工作。尤其是需要加强对人才的培养与引进，提升品牌运营管理的专业化水平。

结　语

综上所述，目前西江千户苗寨非物质文化遗产与乡村旅游已经进行了一定程度的融合发展，旅游产品成功地融合了非遗文化元素，取得了一定的市场份额。但是总的来看仍存在一定的进步空间，可制定更加具体、灵活、可操作性的政策和规划，加强部门之间的沟通与协作，形成统一的合作机制，为非遗与乡村旅游的融合提供有力支持。

第一，文化品牌和价值是文旅融合发展的核心。非遗文化与乡村旅游融合发展的过程中只有凝聚了深厚的文化内涵，才能具备广泛的号召力。例如，"印象刘三姐"成功地结合了广西壮族风情、漓江风光和电影《刘三姐》的品牌号召力，使其成为其他文化品牌难以企及的独特存在。西江千户苗寨则成功借助"中国苗都"称号，实现了理论发展与游客需求的统一，成功放大了品牌的文化价值。

第二，乡村建设与旅游发展协调统一。西江千户苗寨在基础建设上上档升位，从乡村基础设施建设的水电路，到旅游景区的设施和环境管理都不断追求完善，社会治理层面也得到极大的提升，这些都是吸引游客放心玩、快乐游的重要基础。除此之外，随着游客数量的不断增多，当地村民的眼界也逐渐放开，再加上地方政府的法律及制度规则的教育，让非遗文化熏陶下的居民去芜存精，综合素质获得广大游客的一致好评。可见，非遗文化与乡村旅游融合发展不仅要重视道德精神文明，还要注重基础设施和社会治理环境建设。

第三，发展成果应实现共创共享。西江千户苗寨旅游产业的发展除了上述因素以外，还离不开当地村民与地方政府和管理者的众志成城、共创共享。例如，《西江千户苗寨民族文化保护评级奖励办法》将西江景区门票总收入的一部分每年奖励给对景区发展有贡献的村民，提升了村民共创共享的积极性。再如，西江旅游公司为当地村民提供保安、导游、驾驶、环卫、消防等多个岗位，有效解决了当地村民的就业难题。同时吸纳村集体经济及贫困户入股旅游分配，为贫困户提供"特惠贷"资金入股，实现了精准扶贫。可见，只有管理者与村民利益目标相一致，协调发展，才能推进项目的成功。

第四，有效的保护与传承。非物质文化遗产作为一种独特的文化资源，承载着丰富的历史、传统和民俗文化，需要得到有效的保护和传承。只有通过有效的保护措施和传承机制，才能保证非物质文化遗产的原汁原味得以传承下去。同时，将非物质文化遗产融入乡村旅游开发中，不仅可以为乡村旅游增加文化内涵和吸引力，也可以促进非物质文化遗产的传承和发展。

第五，充分而有效的宣传推广可以提升地方旅游资源的知名度和吸引力。通过各种宣传渠道和媒介，如网络、社交媒体、旅游展会等，将非物质文化遗产与乡村旅游的特色与魅力展现给更多潜在游客，吸引他们前来体验和参与。同时，有效的宣传推广还可以增强游客对于当地文化的尊重和保护意识，促进游客与当地居民的互动与交流，推动非物质文化遗产与乡村旅游的深度融合。因此，加强宣传推广工作，提升非物质文化遗产与乡村旅游的知名度和影响力，有助于乡村旅游的可持续和高质量发展。

第六，加强基础设施建设，提升服务水平，有助于促进非物质文化遗产与乡村旅游的深度融合，提升旅游整体质量。旅游基础设施，如交通、住宿、餐饮、信息咨询等，是旅游活动顺利进行的基本保障。如果这些基础设施不健全，将会直接影响游客的旅行体验和满意度。同样，服务质量还包括导游的专业性、旅游服务的便捷性、应急处理的效率等，也是决定游客体验的关键因素。如果服务质量不高，不能满足游客的需求和期待，就可能造成游客流失，影响乡村旅游的吸引力和可持续发展。

第七，完善的政策支持和合理的资金投入。政府部门可以制定相关政策，为非物质文化遗产的保护、传承和乡村旅游的发展提供方向和支持，例如，加强文化遗产保护法律法规的制定和执行，设立相关奖励和补贴政策等。同时，资金投入可以用于改善基础设施建设、提升服务水平、培训人才、开展宣传推广等方面。这些资金的投入不仅可以推动非物质文化遗产与乡村旅游的融合发展，还可以促进当地经济的发展，提升乡村居民的收入水平，助力乡村振兴战略的实施。

参考文献

唐家璇、罗廷霞、王姣：《乡村振兴背景下文旅融合创新模式发展路径研究——以贵州省土城镇为例》，《贵州农机化》2023 年第 2 期。

次仁曲珍：《乡村振兴背景下西藏林芝地区农文旅融合发展研究》，西南民族大学硕士学位论文，2022。

史维清、莫立坡、林长松：《贵州省文旅融合水平的测度及驱动因素的研究》，《贵州农机化》2022 年第 2 期。

鲁海霞：《苏州市文旅融合发展的政府作用机制创新研究》，苏州科技大学硕士学位论文，2021。

倪亭：《文化展示在西江苗寨文化传承与旅游发展中的实践意义》，《文化产业》2021 年第 27 期。

赵庆梅：《基于地域文化特色的非物质文化遗产保护与传播研究》，《中学地理教学参考》2023 年第 9 期。

康晶晶：《非物质文化遗产传承与乡村振兴融合的方法路径研究》，《百花》2021 年第 8 期。

索玮聪：《非物质文化遗产与乡村旅游融合机制研究》，广西大学硕士学位论文，2020。

李根胜：《非物质文化遗产与乡村旅游融合发展研究——以上海市嘉定区为例》，青海师范大学硕士学位论文，2022。

索玮聪：《非物质文化遗产与乡村旅游的融合动力机制及路径研究》，《旅游纵览》（下半月）2019 年第 20 期。

B.25

"双创"背景下贵州民间非遗博物馆
与旅游深度融合发展研究[*]

高 翔　王小娅[**]

摘　要： 非物质文化遗产是旅游珍贵的文化资源，丰富了旅游的文化内涵，旅游作为非物质文化遗产传承与发展的重要载体，为非物质文化遗产提供了生存和发展的土壤。贵州省作为极具民族特色、地域文化特色鲜明的省份，多种多样的民族文化在黔贵大地上世代相传，生生不息，形成了丰富的非物质文化遗产资源。贵阳市手上记忆博物馆和"韭菜坪布摩文化传承博物馆"是以贵州非遗资源为基础而成立的民间博物馆，是非遗旅游中"非遗＋文博"发展模式的典型代表，但是发展结果不一样。本文通过研究分析两个博物馆的发展路径，发现问题，解决问题，不断丰富深化贵州非物质文化遗产旅游发展模式，加强非物质文化遗产与旅游深度融合发展。

关键词： 民间非遗博物馆　创造性转化　创新性发展　文旅融合　贵州省

一　背景

习近平总书记在全国宣传思想文化工作会议上强调："着力赓续中华文脉、推动中华优秀传统文化创造性转化和创新性发展"[①]；2023年2月，文化

---

[*]　本文为国家社科基金课题"铸牢中华民族共同体意识背景下的彝汉文化交融实证研究"（项目号：21BMZ041）阶段性研究成果。

[**]　高翔，贵州财经大学公共管理学院副教授、硕士生导师，主要研究方向为民族社会工作、民族社会学；王小娅，贵州财经大学公共管理学院硕士研究生，主要研究方向为民族社会工作。

[①]　《创造属于我们这个时代的新文化——深入学习领会习近平文化思想评述》，中国政府网，2023年10月16日。

和旅游部正式下发《关于推动非物质文化遗产与旅游深度融合发展的通知》，就新时代"非遗"与旅游业融合发展的总体要求、重点任务以及组织要点做了全面部署。为全面深入贯彻落实习近平文化思想的重要指示精神，贵州省委宣传部重磅发布重大文化工程，大力实施和推广"四大文化工程"，加快建设多彩贵州民族特色文化强省，其中"四大文化工程"就包括了民族文化传承弘扬。非物质文化遗产传承与发展作为民族文化传承弘扬的重要组成部分，源于各族人民长期的生产生活实践，是人民生活经验的创造性积累，是优秀的民族传统文化精髓。非物质文化遗产传承与发展需要内外部结合，内部需要激发内生动力，外部需要与旅游、研学等项目相结合，促成外部推力。非遗博物馆是贵州非遗旅游新兴发展模式中"非遗+文博+旅游"的典型代表，可通过非遗展、非遗研学、非遗文创产品开发、非遗基础性研究、带动周边村寨建设生态型博物馆等形式进行非遗文化传承，拓宽贵州非遗旅游发展模式。本研究将以贵阳市手上记忆博物馆及毕节"韭菜坪布摩文化传承博物馆"为研究对象，对两个博物馆进行研究比较，探索如何协调非物质文化遗产传承和旅游深度融合发展？如何利用非遗讲好贵州故事，传播好贵州声音？如何打破民间非遗博物馆的发展瓶颈？如何形成因地制宜、富有地方特色的"非遗+文博+旅游"发展模式？实现非物质文化遗产的创造性转化、创新性发展，实现文化传承和经济效益的"双赢"。

二　贵州民间非遗博物馆概况

（一）贵阳市手上记忆博物馆及其非遗资源

贵阳市手上记忆博物馆位于观山湖区翁贡村，占地面积 2000 平方米，2023 年 5 月开馆，前身是 2018 年建设的"蓝花叙事"小院，收藏有贵州省境内 4000 余件民族传统非遗技艺物件。该馆以"蓝花叙事"文化项目和贵州非遗资源多年的研究成果为依托，兼具学术研究、展示交流、研学体验和非遗文创等多重功能，对本土多元民族文化进行转化和运用，并带动周边村寨发展。

手上记忆博物馆的负责人王小梅出生于金华镇翁贡村，是该村寨第一个走出去的大学生，曾任贵州日报社高级记者，也是知名的非遗专家。2018 年她带着自己研究了 20 年的非物质文化遗产保护和发展项目回到家乡，建立了手上记忆博物馆。立志重建乡村文化，振兴传统手工艺，传承和发展贵州非物质文化遗产。

蓝花叙事小院原为一座古老院落，依据传统手艺进行了修复与重建，小院的主体结构采用了贵州当地特有的传统建筑技术，靠石块堆垒而成的"干打垒"高墙以及利用竹子作为框架，配合黄土、牛粪或石灰制作墙面的"竹夹篱"工艺。庭院内的摆设物件都是原有或者从附近村落中回收来的传统物件，于 2019 年被评为贵阳市市级非遗工坊。博物馆建筑采用现代清光水泥与传统榫卯木构巧妙结合，营造环境友好型空间，采用"地道风""采光井"系统进行自然采风和采光。建筑造型为一只大鸟，将贵州多民族传说中的"鸟"龙象融入设计，"鸟身"为博物馆精品展厅，"鸟尾"为博物馆门厅，六片鸟尾弧形入山体，让建筑融入自然。博物馆的红砖艺术墙设计是传统与当代的结合，百褶裙的褶皱条纹贯通建筑体，运用三角、小凸起和横线条构造整体形象，表达了万物和谐共生的理念。

博物馆作为集合民族传统非遗技艺的展示与体验中心，兼具国际文化交流、非遗手艺人交流、学术讲座、城市支持文化传承与体验活动等功能，贵阳市手上记忆博物馆共有三个常设展览："针黹·黼黻絺绣"以苗绣图案展示了苗族人与山水、房屋、田园、五谷等自然和谐共生的生命观，以及苗族大迁徙路线的历史追忆；"守艺·蓝花叙事"以"人、自然、传承、发展"为核心理念，活态传承古老文化视像、古法绘染技艺，向游客传播贵州民艺价值；"染缬·靓花葳蕤"展示了贵州苗、侗、布依、仡佬等族群以自然之色点染朴拙美，传达出绵延千年的文化传统和情感链接，也是手工业者看待世界的方式和原初表达。

博物馆还通过定期开展研学、口述史和对高校志愿者、农村手艺人的培训等活动，更好地推动传统文化可持续，不断提升民族文化自信，真正实现非遗民族文化的活化和传承。

（二）毕节"韭菜坪布摩文化传承博物馆"及其非遗资源

"韭菜坪布摩文化传承博物馆"位于赫章县珠市乡韭菜坪村，前身是"乌蒙民族民间文化博物馆"，最初是由韭菜坪村铃铛舞国家级非物质文化传承人苏万朝老师发起，出于对本民族文化的热爱，苏老师私人收藏了一些彝文经书、彝族古戏面具、彝族经文竹简、战马靴、喜床、古战车、织布机等，藏品大多是从民间收购来的，也有一部分是亲戚朋友或者寨邻乡亲赠送，后来藏品增多，在政府的援助下慢慢发展成为"乌蒙民族民间文化博物馆"，设置在苏老师自家住房三楼。

2016 年，贵州屋脊天上石林旅游文化开发有限公司通过深入村寨调研走访，外出到云南、广西、四川等地区考察学习，在珠市乡韭菜坪村启动建设乌蒙民族民间文化博物馆，该馆以"用文物说话""以文物为中心"及"歌舞诠释"为核心理念，按照"一馆三所"（即文化陈列馆、布摩传习所、撮泰吉传承所、国家级非物质文化铃铛舞传承所）布局，征集乌蒙民族民间文化书籍、古玩、文物，建设布摩培训基地，打造彝族文艺演出队伍，对撮泰吉、铃铛舞进行传承保护。

2018 年，"乌蒙民族民间文化博物馆"搬到贵州"最高学府"——韭菜坪小学旧址，更名为"韭菜坪布摩文化传承博物馆"，博物馆高三层，共十五间房，外部装扮得极具民族特色，其内部的每一间屋子都把一件件藏品分类陈列展示出来，给人一种原生但不庸俗的感觉，刚好与四周的大山匹配。

"韭菜坪布摩文化传承博物馆"在乡村振兴进程中，是记住"乡愁"、留住"记忆"、保护"遗产"、保存"手艺"、传承彝族文脉与弘扬优秀传统文化、提升乡村文化自信的重要载体，可以成为文旅赋能、推动城乡共同发展的"链接键"，并对韭菜坪村绘就共富新画卷具有长远的引领带动意义。

三 非遗博物馆与旅游深度融合实现"双创"发展

（一）旅游的另一个"窗口"

在现代旅游中，旅游消费结构不断升级，游客对异质性文化的兴趣越来越浓。作为体验式文化知识类场所，民间博物馆也以其独特的文化内涵迎来了旅游参观的热潮。非遗博物馆的角色和定位决定了其必然会在保护非物质文化遗产工作中承担着重要任务，其拥有合适的资源、渠道以及方式，能从专业角度去完成对非物质文化遗产的收藏、保护以及研究，是联系非物质文化遗产、非物质文化遗产传承人与社会大众和国家之间的重要纽带，而且博物馆有着足够高的社会地位和足够强的权威性，对社会大众的影响力不容小觑。

1. 手上记忆博物馆

手上记忆博物馆拥有贵州省内各类民族非遗技艺物件和藏品，该馆日常陈设展览多为贵州各民族刺绣、蜡染服饰、腰带等传统技艺藏品。展览分为四大部分：第一部分以贵阳市和贵州省其他地区苗族挑花刺绣服饰和背扇为主要展品。苗族服饰上的苗绣图案大多取材于神话、仪式和日常生活物象，主要表达远古神话传说，如创世的蝴蝶妈妈、龙、水牛、飞鸟、枫树，崇拜祖先姜央、蚩尤等，人与山水、房屋、田园、五谷等自然和谐共生的生命观，以及苗族大迁徙路线的历史追忆，具有记录历史文化信息、祭祀、表意和识别族类、支系及语言的重要作用。第二部分以展览"蓝花叙事"内容为主。"蓝花叙事"的"蓝花"，是贵州传统染缬、绞缬、灰缬手工艺及手艺人的统称，"叙事"则是该文化持有者讲述的"蓝花"文化故事。"蓝花叙事"项目自发起后，馆长王小梅就持续不断地进行贵州染、绞、灰缬手工艺的采集、研究、保护和研发等工作，期待以"行动+研究"的方式对贵州多元民族文化进行深度的田野调查、口述史文本采集和整理工作。第三部分深度展现了贵州蜡染、印染、枫香染、纸扎染的服饰特点、图案艺术以及图案历史。第四部分通过手艺体验的方式向观众讲解展示贵州蜡染、印染、枫香染、纸扎染等技艺过程。另外，馆内还有一个临展——"乡村里的中国"翁贡村寨影像展，以图文的形式记录手上记忆博物馆所在地翁贡村的历史变化。

手上记忆博物馆每一个部分都精心打造，从游客观赏的角度去布置，涵盖非遗展区、研学展区、体验区、文创产品展区、住宿区、餐饮区等，游客体验感强。进入村庄后民族文化浓烈、民风淳朴；进入博物馆后，非遗展区的展品每一件都是贵州非遗的代表作品；进入体验区会有专门的工作人员带游客感受非遗蜡染和刺绣；另外，游客也可以在博物馆就餐后住宿，非常方便。

2. "韭菜坪布摩文化传承博物馆"

"韭菜坪布摩文化传承博物馆"位于赫章韭菜坪村，韭菜坪村自然资源和民族文化资源都很好，村内本打算将博物馆打造成为整个景区的亮点，通过博物馆可以将游客留下来体验和消费，但是博物馆目前没有完善的管理体系，没有明确的专人管理，因此不论在宣传层面还是管理层面，还处于匮乏阶段，没有较好地与旅游结合起来。

（二）注重在地文化，打造文博艺术村

非遗文化的传承和保护需要有一个环境，提供给非遗项目土壤和营养，非遗所在的村就是非遗的土壤，不断提供养分，因此非遗博物馆一般都是在地化打造，不能脱离外部环境而独立存在。

手上记忆博物馆所在地翁贡村，围绕博物馆、文宿、非遗研修研培、非遗家庭工作坊、非遗文创研发等功能进行一体化打造，以当地文化资源为主，以村民为旅游发展的主体，形成了极具特色的"文博艺术村"。

翁贡村是贵阳市的一个苗汉杂居的传统村落，全村有 11 个村民组，共697 户 2666 人。该村气候温和，自然资源丰富，生态植被良好，风景宜人。在乡村产业发展方面，以蔬菜种植为主，生产的花菜、辣椒等作物远销北京、湖南等地，发展较为良好。在乡村文化方面，民族文化遗存丰富，在信仰习俗、婚丧嫁娶、传统手工艺等方面保留了当地民族的文化特色。以让翁贡村"走出去"，吸引游客"走进来"为出发点，该村依托手上记忆博物馆，与非遗传承人合作，带动乡村村民及周边现有资源，倾力打造"三友坡文博艺术村"。除了手上记忆博物馆建筑的独特设计外，村中不少村民的自建房业也纷纷效仿。村民们自发改造美化自家小院，画上具有民族风情的墙绘、修建古色古香的凉亭、栽种争奇斗艳的花草，村里闲置、老旧的房屋也通过修建完善被利用起来，用于展示传统物件等。另外，以蓝花叙事非遗工坊展开的家庭手工坊，从工作坊建设到正式运营，均以村民为主体。村民在工作坊修建、非遗培训、蓝靛种植、文创品制作与售卖等过程中不仅从被动传承学习转变为主动探索自身文化再到之后的非遗文化阐释与传播，也拓宽了收入来源，带动了全村的旅游发展，提升了全村的经济发展水平。

而"韭菜坪布摩文化传承博物馆"所在的文博艺术村的打造难度就很大。"韭菜坪布摩文化传承博物馆"所在的韭菜坪村位于贵州省毕节市赫章

县南部珠市乡境内东南部，因坐落在著名的高 2900.6 米贵州屋脊小韭菜坪半山腰而得名，韭菜坪村彝语又叫"溢那满地"，"溢那"意为夜郎，"溢那满地"意为夜郎屯兵之地。韭菜坪村位于赫章、威宁、六盘水交界处，距离赫章县城 58 公里，2009 年，赫章县预围绕彝族文化进行旅游产业打造，在韭菜坪村打造民族村寨，因韭菜坪村上满地组为故事"阿西里西"的发源地，又改名为阿西里西村，韭菜坪村共有 1116 人，除了 5 个外嫁进来的汉族女子以外，其余均为彝族，彝族人口占总人口的 99%，根据彝族文献记载的父子连名谱推断，该村已有至少上千年的历史。韭菜坪村之前提出"攀登贵州屋脊、体验高原风光、欣赏千亩石林、品味彝族文化"的口号，本身是有着良好的文化及生态环境旅游开发资源，但是目前实际情况是博物馆的建设和发展与当地联系不大。

（三）非遗文化实体化，不断推进文创研发

以非物质文化内涵为根本的非遗旅游文创产品，在非遗与旅游深度融合发展和文创产业日益崛起的当下，既是作为当地民族特色和人文风俗的符号代表，也是文化与经济并行的有效渠道。手上记忆博物馆在"非遗+文博"发展模式上大胆探索，将非遗文化内蕴的民族精神和时代特点巧妙融入不同的文创产品设计中，将涵盖贵州非遗文化的文创产品越来越多地展现在大众面前。taoli 工坊作为贵阳市手上记忆博物馆驻馆设计工坊，公益、免费为手上记忆博物馆及贵州非遗项目贡献了许多富有创意的特色文创产品。taoli 工坊通过与非遗传承人合作，创作了以王小梅馆长为创作核心的"小梅故事"系列产品，推出青黛丝系列、花鸟鱼虫系列、小白苣系列、裙子花系列等系列产品。另外，设计师们研发多次染色、彩色染色技术，制作了丝巾、箱包、家居用品、服饰等产品，这些产品一经上市就受到游客的青睐。其中，"百毒不侵"蜡染香薰风能雕塑系列更为新颖。该系列产品是从美国艺术家亚历山大考尔德创作的"动态雕塑"中获取灵感，提取出馆藏黔东南手艺人传统蜡染作品中的文化元素进行创意再生，选用荷兰蓝卡纸，模拟蜡染的笔触制作而成。

设计师们将贵州非物质文化遗产中所蕴含的精湛传统技艺、深厚的民族精神、独特的文化基因与创新性、时代性的艺术重新解构、梳理，设计

出了一系列独具创意的文创产品。手上记忆博物馆通过搭建非遗文化与文创平台，广泛开展非遗旅游与文创产品互动发展，以文创产品为实物载体，不断提升贵州文创产业竞争力，焕发非物质文化遗产内在生命力。创造性转化、创新性发展，在"非遗"和"新文创"火热发展的趋势下，更多的好设计好创意得以及时转化，越来越多的贵州文创产品设计回应人们现实性需求，为正在崛起的"民族文化自信"注入源源不断的新动力，深化了旅游文创的内涵。

"韭菜坪布摩文化传承博物馆"目前还没有开发出系列文化产品，韭菜坪村有很多手艺人，苏万朝老师就掌握非遗撮泰吉面具的制作技巧，但是一是产量不高，二是面具作为艺术品，还需要进一步提升其审美性，所以该产品并没有达到文创产品的效果。

（四）技艺展示，沉浸式非遗旅游体验

非遗旅游体验是一种特殊的旅游方式，游客通过观摩和学习非遗技艺的展示，亲自参与非遗技艺或文创产品的制作过程，深入了解和感受非遗文化的魅力，更加身临其境地感受非遗技艺的精髓和魅力。手上记忆博物馆在展览贵州各地民族藏品时，也为游客提供了蜡染、苗绣等非遗技艺的旅游体验场所。在非遗技艺体验中，游客观看非遗传承人展现非遗技艺的全过程，并在此过程中聆听其对非遗技艺的讲解。体验蜡染技艺，游客可了解到丹寨苗族、织金、纳雍等地的蜡染起源与发展、图案寓意、传统习俗，感知蜡染的颜色审美和艺术价值。此外，游客可以亲自体验图案设计、涂蜡、染色、脱色、熨烫及最后完成蜡染的全过程，感受蜡染精细的操作以及制作过程中所蕴含的民族智慧。在体验苗绣技艺过程中，游客通过苗绣技艺传承人边示范边讲解，了解各类苗绣图案的技艺工序、传说渊源以及其蕴含的民族文化，亲自学习苗绣技艺，绣作苗绣作品，感受贵州苗绣的精湛针法，体会刺绣技艺与现代设计的巧妙融合。

沉浸式非遗旅游体验不仅仅是一种观赏和欣赏，通过与非遗传承人的互动交流，游客可以了解到技艺背后的故事和传承的价值，更加深入地了解非遗技艺所代表的地域文化和民族精神。手上记忆博物馆通过拓展非遗旅游体验方式，在增加游客体验感的同时，也不断扩大了非遗文化的传播。

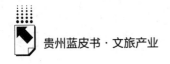

四 "非遗+文博"旅游模式对非遗
旅游发展的促进作用

（一）民间博物馆的主体作用

民间博物馆在非遗旅游中起着至关重要的作用。从传统的角度来说，民间博物馆是非物质文化遗产的守护者和传承者，将当地的人文环境、传统技艺等文化艺术遗产以动态保护的形式保存在非遗文化原属地。民间博物馆通过展示和解释非物质文化遗产的内涵和价值，为游客提供与非遗文化亲密接触的机会，通过参观展览、观摩表演等形式，让游客切身体验和感受非遗文化的魅力。从旅游的角度来说，民间博物馆立足于非遗资源优势，以博物馆为基点，融合周边资源，开发"非遗+文博"发展模式，不断为非遗旅游注入新的发展动力，推动非遗旅游深度融合发展。

（二）文博艺术村的带动作用

三友坡文博艺术村大力进行非遗文化的保护和传承发展，打造"非遗+文博"新模式，促进民族文化产业转型升级、振兴发展，不仅让非遗文化活了起来，也让艺术村旺了起来。文博艺术村是传承和展示非物质文化遗产的重要场所，可以为游客提供亲身参与和体验非遗文化的机会，还能够带动当地经济发展，吸引游客前来参观和体验当地文化习俗，带动乡村旅游发展，促进乡村产业的繁荣。打造文博艺术村在非遗旅游中扮演着重要角色，既能传承和保护非遗文化，提高当地村民文化自信，也能推动非遗旅游深度发展。

（三）非遗文创产品的深化作用

以民间博物馆藏品和传统手工技艺为出发点，围绕非遗设计的文创产品，既是非遗文化内涵的物态化载体、传统技艺的另类传承，也是全面推进非物质文化遗产与旅游深度融合发展的有效途径。手上记忆博物馆结合现代艺术理念让文创产品进入大众的生活，实现了文创产品传承性与实用性的最佳结合。游客能够通过文创产品了解非遗文化内涵、地区的精神内核和传统技艺，同时各式各样非遗文创产品的研发、设计、营销等，不断开拓非遗旅游多样化市场，促进当地经济发展，深化非遗旅游文化内涵。文创产品在非遗旅游发展过程中，找准了非遗传承保护与旅游经济发展之间的契合点，以创新设计为驱动力，不断激发非遗文化内生动力，有效促进了非物质文化遗产与旅游深度融合发展。

（四）非遗体验的双重作用

非遗技艺作为一种传承千年的宝贵文化遗产，展示了我国悠久历史和丰富多样的民族文化。通过在非遗旅游中加入非遗技艺展示和体验，可以极大地增强游客的旅游体验感。一方面，非遗技艺展示能够丰富旅游内容，增加旅游的吸引力。在民间博物馆或者文化村落中设置非遗技艺表演或展览，不仅可以吸引更多游客前来参观，还能够让他们在欣赏非遗技艺的同时，深入了解当地的民族传统和发展历程。这种互动式的体验可以提升游客的参与感和满意度，使他们对旅游目的地有更深层次的认知。另一方面，非遗技艺展示还能够促进传统文化的传承和发展。通过向游客展示非遗技艺的精湛工艺和独特魅力，可以唤起人们对传统文化的兴趣和重视，促使更多游客加入非遗传承的行列。同时，也为非遗传承者提供了一个展示自己技艺的平台，鼓励他们继续传承和创新，为非遗技艺的保护和发展做出贡献。

五 "非遗+文博"旅游模式现存的问题

随着非物质文化遗产与旅游的不断深入发展，"非遗+文博+旅游"的模式在推动非遗保护传承、促进旅游发展等方面起到了积极的作用，但同时也存在一些问题。

（一）缺乏深度融合

虽然非遗与文博资源的结合为旅游开发提供了新的方向，但从目前调研的两家博物馆来看，两者之间还需要进一步融合，手上记忆博物馆目前已经打造出自己的品牌，有了一定的客源，但是"韭菜坪布摩文化传承博物馆"缺乏深度挖掘，非遗旅游产品缺乏独特性和吸引力，难以满足游客的多样化需求。另外，手上记忆博物馆收藏的藏品中还有相当一部分可能没有得到充分展示和传播，而韭菜坪布摩文化传承博物馆则缺乏与非遗项目相结合的展览和活动。

（二）传播方式有限

非遗旅游的传播方式相对单一，主要依赖于传统的宣传和推广手段，如旅游网站、宣传册等。这种方式对于现在的游客来说可能不够有效，他们更倾向于通过社交媒体、短视频等新媒体渠道获取旅游信息。因此，非遗旅游需要在传播方式上不断创新，以适应现代社会的需求。在非遗旅游活动中，有时所覆盖的受众群体有限，如手上记忆博物馆所开展的学术交流会等仅限于相关研究者和学习者参与，普通的游客无法参与，这不利于博物馆的发展。

（三）缺乏创新性

目前非遗旅游大多停留在传统的展示或者表演上，缺乏创新性和互动性。游客在参观过程中往往只能被动地接收信息，能留存在游客记忆中的部分很少，游客缺乏参与感和体验感。如韭菜坪布摩文化传承博物馆的展出中，大家对撮泰吉都很感兴趣，但是不能做更进一步的了解和体验，同时展演中也会存在文化缝隙，可能会出现不理解不感兴趣等情况，因此，需要不断创新非遗旅游产品形式，增强游客的参与度和体验感。

（四）文化传承不足

非遗旅游的核心是文化传承，但目前很多非遗项目在传承过程中存在不足。韭菜坪布摩文化传承博物馆现在面临的问题包括：传承人数量有限且年龄普遍偏高，缺乏年轻一代的传承者，年轻人普遍对传统文化不感兴趣，认为非遗传承并不能带来实际的经济价值；非遗传承方式过于传统，缺乏创新和改进，难以适应现代社会的需求等。因此，需要加强对非遗项目的保护和传承工作，特别是要注重培养年轻一代的传承者。

（五）"非遗+文博"旅游模式在可持续发展方面还存在挑战

一方面，非遗项目的保护和传承需要长期的支持和投入，另一方面，过度商业化和盲目开发也可能对非遗项目造成破坏和侵蚀，影响其原本的价值和内涵。解决这些问题需要加强各方合作，提升管理水平，注重创新和品质，同时保持对非遗文化和技艺的尊重和保护。

六　建议及措施

"非遗+文博"的旅游模式能有效地为大力实施和推广"四大文化工程"提供新的思路，但是要想将这种模式推广好，可以采取以下措施。

（一）加强深度融合

在"非遗+文博+旅游"资源的结合中，要深入挖掘非遗和博物馆两者的文化内涵和特色，创新性发展和创造性打造具有独特性和吸引力的非遗旅游产品，可以保证非遗产品的传统制作技艺，让更多人参与到文创产品的设计和包装中。同时，要注重非遗与文博资源的互补和融合，形成完整的旅游体验。此外，可以通过技术创新手段，提高非遗旅游产品的互动性和参与感。

（二）拓展传播渠道

非遗旅游的传播渠道可以从以下几个方面进行拓展：

（1）社交媒体推广：利用微博、微信、抖音等社交媒体平台，发布非遗博物馆旅游的相关信息，包括非遗项目的介绍、传承人的故事、非遗旅游线路推荐等，吸引更多人关注和参与。

（2）短视频平台推广：在抖音、快手等短视频平台上发布非遗博物馆的短视频，展示非遗项目的独特魅力和传承人的精湛技艺，提高非遗旅游的知名度和美誉度。

（3）旅游网站推广：在旅游网站上发布非遗旅游的相关信息，包括旅游线路、景点介绍、门票预订等，方便游客了解非遗博物馆的相关信息。

（4）线下活动推广：组织博物馆参加线下非遗旅游活动，如非遗文化节、非遗演出、非遗体验等，吸引更多人亲身参与和体验非遗博物馆的魅力。

（5）合作推广：与旅游机构、文化机构等合作，共同推广非遗博物馆，

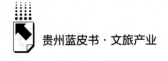

扩大其影响力。

总之，非遗旅游的传播渠道需要多样化，利用各种媒体和平台进行推广，提高其知名度和美誉度，吸引更多人关注和参与。

（三）创新产品形式

（1）融合传统与现代元素：非遗产品可以融合传统和现代元素，以创造出更具吸引力和实用性的产品。例如，可以将传统的手工艺品与现代设计理念相结合，或者将传统的音乐、舞蹈等表演形式与现代科技手段相结合，以呈现更加丰富多彩的艺术效果。

（2）创新材料和工艺：非遗产品可以采用新的材料和工艺，创造出更加独特和实用的产品。例如，可以采用新型材料来制作手工艺品，或者采用新的加工工艺来制作产品等。

（3）拓展应用领域：非遗产品可以拓展应用领域，将其应用到更多的领域中，创造出更大的价值。例如，可以将非遗产品应用到旅游、教育、文化交流等领域，以促进文化多样性和文化交流。

（4）借助科技手段：非遗产品可以借助科技手段来创新，例如采用数字化技术来保存和传承非遗文化，或者采用虚拟现实、增强现实等技术来呈现非遗文化等。

（5）创新营销模式：非遗产品的创新还需要关注营销模式，采用更加适合现代市场的营销手段来推广和销售产品。例如，可以采用社交媒体、网络直播等新型营销手段，或者采用线上与线下相结合的营销模式等。

（6）要注重创新和互动性，打造具有参与感和体验感的非遗旅游产品。例如，可以引入 VR、AR 等技术手段，让游客更加深入地了解非遗项目的历史和文化内涵。此外，可以通过举办非遗技艺体验活动，让游客亲身体验非遗项目的魅力。

总之，非遗产品的创新需要从多个方面入手，包括融合传统与现代元素、创新材料和工艺、拓展应用领域、借助科技手段以及创新营销模式等。这些创新可以促进非遗文化的传承和发展，同时也可以为非遗产品的市场化和商业化提供更多的可能性和机遇。

（四）加强文化传承

非遗文化传承是保护和传承非物质文化遗产的重要途径。非物质文化遗产是指那些传统的手工艺、表演艺术、社会实践、节日活动以及与之相关的知识和实践等。这些文化遗产是人类历史和文化的瑰宝，也是各民族智慧的结晶。要通过市场化的方式，推动非物质文化遗产的传承和发展。要注重培养年轻一代的传承者，加强对非遗项目的保护和传承工作。同时，要改进传承方式，适应现代社会的需求，让更多人了解和关注非遗项目。此外，可以通过设立非遗传习所、举办非遗展览等方式，为非遗传承提供更好的环境。

七　结语

作为推动贵州非物质文化遗产与旅游深度融合发展的模式之一，"非遗+文博"旅游模式在此过程中发挥了重要作用。这种模式将贵州非物质文化遗产与文博资源有效结合起来，丰富了非遗旅游的文化内涵，有效促进了非遗的活态传承，也推动了旅游业的发展和地方经济的繁荣。这种模式有助于提升非遗文化的认可度和影响力，推动非遗文化在当代社会中的传播和传承。手上记忆博物馆作为贵州非遗旅游中"非遗+文博"发展模式的典型代表，其发展路径可作为贵州各地区非遗旅游发展的有力参照。

参考文献

欧阳红、代美玲、王蓉等：《国内非物质文化遗产旅游研究进展述评》，《地理与地理信息科学》2021 年第 5 期。

杨耀源：《文旅融合背景下少数民族非物质文化遗产保护性旅游开发》，《社会科学家》2021 年第 4 期。

林海聪：《非物质文化遗产保护与红色旅游相互融合的韶山模式》，《文化遗产》2023 年第 3 期。

田磊、张宗斌、孙凤芝：《乡村非物质文化遗产与旅游业融合研究》，《山东社会科

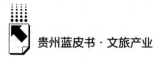
学》2021 年第 5 期。

刘宇青、徐虹：《非物质文化遗产原真性保护和旅游开发助推乡村文化振兴》，《社会科学家》2022 年第 10 期。

张涵、孙九霞：《非物质文化遗产旅游产品的文化再生产：以苗绣为例》，《北方民族大学学报》2021 年第 1 期。

B.26
黔东南州非物质文化遗产产业发展研究

张健翎*

摘　要： 习近平总书记在文化传承发展座谈会上的重要讲话，为我们深入挖掘和阐发优秀传统文化的当代价值提供了遵循。黔东南民族文化生态保护实验区的成功验收，为黔东南丰富多样的非物质文化遗产提供了更加广泛的发展空间。保护好、传承好、利用好非物质文化遗产，变资源优势为经济优势，对于促进文化振兴、产业振兴，推动黔东南高质量发展具有重要意义。

关键词： 黔东南州　非物质文化遗产　创新发展

　　2023 年 3 月 16 日，贵州省委书记、省人大常委会主任徐麟在黔东南调研时强调，"要用心用情保护好、传承好、利用好非物质文化遗产，带动更多群众就业增收，更好助力乡村全面振兴"，为黔东南推动非物质文化遗产产业发展、实现乡村振兴指明了前进方向。

一　黔东南州非物质文化遗产基本情况

　　2023 年 1 月，黔东南民族文化生态保护实验区成功通过验收，成为目前贵州省唯一的国家级文化生态保护区，也是至今全国通过验收的 23 个实验区之一。国家级文化生态保护区，是以保护非物质文化遗产为核心，一定程度上说，对黔东南非物质文化遗产的保护，就是对黔东南文化生态的保护。

　　黔东南现有人类非物质文化遗产代表作 1 项（侗族大歌）3 处，国家级非物质文化遗产 56 项 78 处，数量位居全国同级地州市首位，2023 年 1 月同批入

---

　　* 张健翎，贵州省黔东南州社会科学院院长，副研究员，主要研究方向为文化产业研究。

选保护区中数量亦位居第一；省级非物质文化遗产 218 项 307 处，居全省第一；州级非物质文化遗产 329 项 417 处，县（市）级非物质文化遗产 1590 项。有全国重点文物保护单位 20 处、省级 97 处、州级 54 处。

二　黔东南州非物质文化遗产产业发展的主要成效

黔东南州创新探索"123"（1 深挖、2 串联、3 植入）模式助力精准扶贫，赋能乡村振兴，取得了一定成效。据统计，"十三五"期间，黔东南州累计接待游客 4.83 亿人次，实现旅游综合收入 4200.55 亿元，其中"非物质文化遗产+旅游"占旅游综合收入的 50% 以上。通过"非物质文化遗产+"，实现了非物质文化遗产育民惠民富民，带动了区域社会经济发展。

（一）深挖"非物质文化遗产+村落"

深度挖掘传统村落、少数民族特色村寨、红色文化村落中的非物质文化遗产，就地开展"一村一品"美丽非物质文化遗产主题乡村旅游建设。如丹寨石桥古法造纸村、雷山麻料银饰村、台江反排木鼓舞村、榕江宰荡侗族大歌村、镇远报京三月三村、从江高华瑶浴村等。

（二）串节庆、联线路

以现有民族民间节日 380 余个，特别是达万人以上的 120 余个民族民间传统节日打造节庆品牌活动，如每年举办台江苗族姊妹节、雷山苗年、镇远赛龙舟、榕江侗族萨玛节、剑河仰阿莎文化节等；同时依托四级非物质文化遗产生产性保护示范基地、州级非物质文化遗产传习中心（展示馆、传承基地、传习所）、州级非物质文化遗产保护传承教育示范基地以及州级传统工艺"名师大师工作室"等规划推出"魅力黔东南多彩非物质文化遗产体验走廊""苗疆非物质文化遗产研学主题体验走廊"和"百里侗寨非物质文化遗产主题体验走廊"等研学体验游线路，其中"黔东南侗族非物质文化遗产深度体验游"入选 2020 年全国 12 条非物质文化遗产主题旅游线路。打造了丹寨县万达小镇、雷山麻料银匠村、台江红阳苗寨、从江岜沙苗寨、黎平肇兴侗寨等非物质文化遗产主题研学体验点。

（三）非物质文化遗产植入景区、商城和搬迁社区

成功推出西江千户苗寨、肇兴侗寨非物质文化遗产旅游小镇，并引进非物质文化遗产传承人及地方特色非物质文化遗产项目进驻丹寨万达非物质文化遗产小镇、从江县銮里非物质文化遗产小镇、凯里民族风情园、凯里大黔集非物质文化遗产创意产业园、凯里民族文化创意产业园、黄平旧州古镇等一批特色文旅商城，同时对全州 59 个移民搬迁安置点新建芦笙场、乡愁馆、"妈妈制造"工坊等，落实人走艺随。2020 年，"贵州丹寨：主打非物质文化遗产主题特色小镇"获评全国"2020 非物质文化遗产与旅游融合发展优秀案例"；2022 年 9 月，万达小镇、排牙村、卡拉非物质文化遗产银匠村入选全国非物质文化遗产与旅游融合优选项目。

三　推进非物质文化遗产产业发展的主要做法

（一）健全完善配套政策

2023 年，黔东南围绕"保护为主、抢救第一、合作利用、传承发展"工作方针不断健全完善产业融合发展政策，出台《关于进一步加强非物质文化遗产保护工作的实施方案》，该方案指出：继承和弘扬黔东南各民族优秀传统文化，进一步保护好、传承好、利用好非物质文化遗产，建设好国家级"黔东南民族文化生态保护实验区"。同时提出当前重点任务：健全非物质文化遗产保护传承体系，提高非物质文化遗产保护传承水平，加大非物质文化遗产传播普及力度。

（二）加强传承阵地建设

采取指导和扶持等方式，积极申报一批民族文化展示传承基地。现有非物质文化遗产生产性保护示范基地国家级 3 处、省级 23 处、州级 26 处、县级 119 处，各类非物质文化遗产传习中心（展示馆、传承基地、传习所）168 处。83 家工坊入选省首批非物质文化遗产扶贫就业工坊，20 家州级传统工艺"名师大师工作室"挂牌成立。

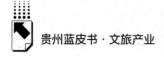

（三）加强传承人管理

打造非物质文化遗产人才高地建设目标。采取宣传、动员、指导等方式，申报认定、壮大传承队伍，建立国家、省、州、县四级非物质文化遗产项目代表性传承人保护体系，形成老、中、青结构合理的传承格局。现有非物质文化遗产代表性传承人国家级 48 人、省级 170 人、州级 294 人、县（市）级 4013人；传承人中，有国家级工艺美术大师 2 人、省级 51 人、州级 19 人，民间艺人系列职称 1034 人，工艺美术系列职称 32 人。

在全国率先启动首批州级非物质文化遗产传承人群申报认定工作。2017年，出台了州级"非物质文化遗产传承人群"认定管理办法，激发了非物质文化遗产传承群体的积极性，有效解决了侗族大歌、苗族飞歌等集体非物质文化遗产代表性项目传承人群认定难的问题。

开展业务培训。提高非物质文化遗产传承人、民族文化进校园工作者、民间艺人传承意识和业务水平，激发非物质文化遗产项目代表性传承人工作的积极性和创造性，增强做好非物质文化遗产保护和传承的责任感和使命感，充分发挥先进典型的模范带动和示范引领作用。

（四）丰富非物遗产活态传承

以文化遗产日、重大节庆宣传活动为载体，组织和配合非物质文化遗产项目代表性传承人参加各类非物质文化遗产活动展示展演，引起社会关注，提升非物质文化遗产知名度。2015 年以来，黔东南相继开展歌唱大赛、苗年、侗年、姊妹节等赛事活动，以"节庆支持""赛事激励"增强群众文化传承的自信心和自觉性。黎平、从江、榕江三县连续举办八届"黔东南民族文化生态保护实验区侗族大歌百村歌唱大赛"，吸引邻近省份（湖南、广西）侗族村寨纷纷组队参加。2023 年 6 月，黎平县肇兴景区主办贵州省2023 年"文化和自然遗产日"暨非物质文化遗产购物节系列宣传展示活动，集中展示黔东南民族文化生态保护区建设成果，同时，邀请佛山市佛山十番、八音锣鼓、粤剧等非物质文化遗产项目与黔东南州侗族大歌、侗族琵琶歌、侗戏等非物质文化遗产项目同台演出，促进佛黔文化交流，推动文旅融合发展。

四 黔东南州非物质文化遗产产业发展存在的主要问题

（一）产业发展水平不高，创新不强

产业基础不强。民族文化企业、个体工商户、手工作坊等处于"小、散、弱、滥"的自由发展状态，缺乏生存和发展的基本空间。旅游业"吃、住、行、游、购、娱"等产业基础薄弱，对全州经济发展拉动作用不明显，旅游市场亟待开发，整体配套提升难度大，乡村旅游相关要素不完善，存在游客进入性差、配套功能不健全等问题。

民族文化挖掘不足。全州非物质文化遗产资源深厚，但传承后劲不足，传统村落、少数民族特色村寨逐渐没落；产业链条缺失，除银饰、刺绣、蜡染外缺乏文创产品，文创基地、文化街区、文化产业园等有待进一步发展，非物质文化遗产保护传承和利用有待进一步加强。

产业融合度不高。非物质文化遗产元素在与旅游融合中的应用仍较少，产业链的纵向延伸不充分，旅游产品、民族工艺品、民族艺术表演、民族演艺等转化为文创产品的能力有限，景区、度假区的非物质文化遗产内涵提炼、融合不够。"非物质文化遗产+旅体"优势未能得到充分发挥。"非物质文化遗产+康养"有待进一步突破。

（二）产品高质量供给不足，产品同质

龙头不显，带动不强。大量的传统手工艺从业者主要依靠师傅传帮带的方式传承，从事非物质文化遗产经营管理人才匮乏，尤其是缺乏非物质文化遗产创意高端人才，缺少有竞争力和带动力的领军骨干和龙头企业。

产品粗放，精品化不足。产业结构与高质量发展的要求不相匹配，高层次的产业比重偏低，同质化现象比较明显，规模速度、质量效益矛盾比较紧张，需提升产品品质，实现从观光休闲产品向度假康养产品转型发展。

供给能力与市场需求不相匹配。销售模式多为传统单一的产销模式，产品附加值不高，吸引力和竞争力不强，难以满足人民群众深层次、多元化、个性化的消费需求。

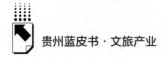

（三）公共服务体系初步建立，智慧化程度不高

公共文化服务水平有待提高。黔东南公共服务设施较为滞后，公共文化场所综合服务效能有待提高；艺术作品有数量但缺质量、有"高原"缺"高峰"，无法满足人民群众标准化、均等化的公共文化服务需求。

旅游服务设施有待完善。各市县旅游交通网络及服务设施配套不够健全，旅游集散咨询服务体系不够完善，旅游厕所在建设数量和管理质量方面难以满足游客需求，旅游标识标牌等导引系统普遍存在布局和规范性问题。

智慧旅游发展相对滞后。部分市县未建设旅游运营监测中心，已建成的市县相关信息化平台功能有限，为自助旅游者提供个性化智慧服务能力普遍偏弱。

（四）体制机制改革不深，有待完善

支持非物质文化遗产融合产业发展的保障措施尚不完善。市场综合执法和市场监管改革未完全到位。懂民族文化、懂旅游、善管理、会经营的应用型综合人才缺乏，在非物质文化遗产传承、保护和利用上缺少高水平的专业指导。专项资金有待进一步落实到位。

五 推动黔东南州非物质文化遗产产业发展的对策建议

（一）推动产业提档升级

扶持龙头企业带动。加大对国春银饰、榜香郁苗绣、宁航蜡染、舞水云台等一批非物质文化遗产企业的帮助与指导，植入研发，在产业链上起到真正的龙头作用。

引导和鼓励乡村分散的手工作坊向专业合作社、企业化经营方式转变，实现科学分工，逐步形成大中小企业协调发展、布局集聚化、产品特色化、经营企业化的现代民族企业发展格局。对具有特色的小微企业、专业合作社或其他实体，鼓励其走专、特、精、尖发展之路，探索订制限量产品和高端品牌。

壮大刺绣、银饰、蜡染、酸汤、苗侗医药等产业市场主体，提升企业

"个转企、小升规、规改股、股上市、企转新"市场活力，不断研发生产高品质产品，加快实现产业高质量发展。

（二）强化品牌创建和培育

实施文化产业品牌工程。开展"上榜"计划，支持符合条件的传统工艺老字号企业申报贵州老字号、中华老字号。扶持非物质文化遗产生产企业发展特色文创产品，设立文创产品开发基地。鼓励有条件的企业、高校、民间机构共建传统工艺工作站，推动非物质文化遗产项目抱团发展、强强联合、品牌创建。鼓励传统村落、民族村寨开展民俗节庆活动，学习借鉴苗族姊妹节、苗年、侗族萨玛节、赛龙舟等成功节庆案例经验，进一步推动"千村百节"品牌。

建立非物质文化遗产重点品牌培育库。分梯次备选中国驰名商标、贵州省著名商标。引导企业加强商标注册和专利申请工作，强化企业品牌建设、保护和推广意识。加快银饰、刺绣等重要民族手工艺品国家地理标志申报和认证。通过文艺创作、创意设计、科技提升、跨界运用和市场运作，推动开发形成动漫、游戏、影视、演艺作品等系列产品，建立一批具有锦绣黔东南特色和市场潜力的品牌。

（三）加快示范点建设

继续实施传统工艺振兴计划，加快建设非物质文化遗产工坊。探索制定推动黔东南非物质文化遗产工厂（工坊）建设助力乡村振兴的具体政策，积极申报一批省级非物质文化遗产工坊示范点，认定命名一批州级非物质文化遗产工坊示范点。加大对非物质文化遗产生产性保护示范基地（示范村）扶持力度，促进非物质文化遗产生产性保护基地（村）的形成，助其健康良性发展。对具有一定规模并发展成熟的基地应积极向上推荐申报。参考省内成熟样板，在各县培养打造 1~2 个非物质文化遗产特色村居、特色文化街区。提升万达小镇非物质文化遗产主题，促进小镇流量，以小镇流量带动非物质文化遗产产业，快速形成非物质文化遗产产业集聚区。

加快推进"非物质文化遗产在社区"工作，重点通过代表性传承人在有条件的易地扶贫搬迁安置社区和居民小区创建一批"非物质文化遗产在社区"

示范点，支持其开展传统手工技艺、传统舞蹈、传统音乐等项目培训及民俗活动。

（四）优化"非物质文化遗产+"融合发展

高位推动"非物质文化遗产+旅游"强强融合。用好"非物质文化遗产+旅游"促进黔东南民族文化产业转型升级的重要抓手，拓展非物质文化遗产实践方式，增强非物质文化遗产传承实践活力。以红色旅游、康养旅游、乡村旅游、"村超"旅游等为载体，推动"非物质文化遗产+"深度融合。借助"中国乡村旅游1号公路"和"三千"之旅，推出一批精品非物质文化遗产主题旅游线路，将非物质文化遗产展示馆、体验基地和民族民俗活动场所纳入重点旅游线路，打造一批非物质文化遗产主题研学体验点。推动传统工艺、传统表演、民俗活动等非物质文化遗产元素符号融入旅游项目开发和旅游市场推广，丰富旅游产品文化内涵，提升旅游商品品质。

深入推动非物质文化遗产进校园进社区。在学校创办非物质文化遗产课堂，在社区设置非物质文化遗产小屋，同时通过举办非物质文化遗产文化展演、专题图片展览、传承人现场手工技艺演示等一系列活动，宣传非物质文化遗产的价值和意义，激发学校、学生和群众传承非物质文化遗产、弘扬优秀传统文化的热情和信心。

全面推动非物质文化遗产进景区。打造非物质文化遗产旅游商品展示区、购物点，将代表非物质文化遗产文化题材的旅游商品伴手礼、纪念品进景区进行展示销售。利用活态非物质文化遗产、民族文化资源组建展演队伍，开展传统技艺、非物质文化遗产项目展示、文化演艺等文化旅游活动。

着力推动非物质文化遗产商品进民宿。通过民宿企业与民族企业协作，根据室内软装、床上用品、走廊挂画等需求，打造"一宿一品"。通过特色非物质文化遗产项目在民宿的展示，为民宿注入新内涵，贴上新标签，将民宿打造得更有温度、有故事、有灵魂。

积极促进非物质文化遗产产业与其他产业融合发展。结合"非物质文化遗产+科技"，打造特色非物质文化遗产IP，丰富民俗展示与体验产品，形成文化服务效应。以情境体验、活态呈现等方式增加参与性与趣味性，创新私人博物馆、艺术工作室、文化研学产品等，组织开展泥塑、蜡染、刺绣、侗族大歌、芦笙舞、皮纸制作等非物质文化遗产体验和民族服饰制作等特色活动，让人们全方位体验乡风民俗。在工业产品以及体育（"村BA""村超"）、信息、物流、建筑等产业中融入非物质文化遗产元素，通过开发内涵产品、加强工业设计、提高艺术品位等举措，提升产品和服务的附加值，延长非物质文化遗产产业链条。

（五）健全公共服务体系

修建和改造一批县城、干线公路、航空机场、高铁站点到旅游景区的连接道路。完善景区景点等公共场所的多语种标识标牌建设。构建旅游集散服务体系。做好环保卫生、体育等各类配套设施建设。持续推进绿化、美化、亮化、净化工程。巩固提升旅游"厕所革命"。

推进全域智慧旅游品牌的打造提升，实现旅游市场主体全部进入数据平台，不断提高平台服务管理、服务游客、服务企业的水平。推进智慧旅游景区、智慧旅游信息基础设施、智慧旅行社、智慧民宿等建设。借助数字科技力量赋能旅游发展，运用人机交互、VR（虚拟现实）、AR（增强现实）等技术进行情境体验，引导云旅游、云演艺、云娱乐、云直播与云展览等新业态发展。

（六）强化产业发展保障

坚持保护优先，把非物质文化遗产保护工作纳入乡村振兴整体规划。以保护区、示范基地等名义，出台保护政策。编制黔东南区域特色非物质文化遗产协调发展规划，避免同质化建设，实施差异化发展。进一步规范非物质文化遗产旅游商品市场秩序，发挥有关职能部门和行业协会的作用，让传统手工艺旅游商品与非手工艺旅游商品明晰区分、精准标识、划行规市，保护手工艺者和消费者的合法权益。

加大培养引进非物质文化遗产管理、研究、保护等专业人才力度。科学规范壮大非物质文化遗产传承人队伍，加大国家级、省级非物质文化遗产代表性传承人申报力度，合理优化非物质文化遗产传承人年龄结构，形成梯次配备。创建"非物质文化遗产代表性传承示范户"评选制度，评出一批非物质文化遗产代表性传承示范户。积极申报省级工艺美术大师，推动州级工艺美术大师评选工作，加强"名工匠""名绣娘"等评选工作。通过"请进来，送出去"的方式，为非物质文化遗产发展储备力量。

采取多元投入。争取从省级层面建立黔东南文化生态保护专项经费，可以先选取重点项目作为试点，每年投入一定经费扶持。推动县级以上人民政府依法把非物质文化遗产保护经费列入财政本级预算。鼓励预算单位根据工作需要采购非物质文化遗产相关产品和服务。采取定向资助、贷款贴息等政策措施，支持非物质文化遗产基础设施建设。支持非物质文化遗产相关企业享受税收优惠政策。鼓励和引导金融机构继续改善和加强对非物质文化遗产的金融服务，探索出台《金融支持黔东南非物质文化遗产产业发展的指导意见》，向非物质文化遗产代表性传承人及民间艺人发放贷款。支持和引导公民、法人和社会组织以捐赠、资助、依法设立基金会等形式参与非物质文化遗产保护。

促进广泛传播。鼓励各类新闻媒体设立黔东南非物质文化遗产专题、专栏等，鼓励策划推出非物质文化遗产相关题材纪录片、宣传片、短视频和文艺作品等，发挥新媒体传播作用。充分利用非物质文化遗产阵地、公共文化设施开展非物质文化遗产传播普及活动。鼓励各地探索利用公共空间和商业空间开展非物质文化遗产传播展示活动。鼓励各县（市）开展非物质文化遗产专题展览展演，利用民俗节庆、文化和自然遗产日等活动宣传展示丰富多彩的非物质文化遗产。重点办好"中国丹寨非物质文化遗产周""百村大赛"等非物质文化遗产特色品牌活动。

融入国民教育体系。将非物质文化遗产内容贯穿国民教育始终，出版黔东南州非物质文化遗产课外读物。鼓励非物质文化遗产进校园，在中小学开设非物质文化遗产特色课程，支持将民族传统体育、传统表演、传统技艺等项目融入学生课间生活。支持州内高校非物质文化遗产学科体系和专业建设，进一步扩大凯里学院民族文化传承班的招生规模，提升办学水平，加强非物质文化遗产高层次人才培养。鼓励具备条件的职业学校开设非物质文化遗产保护相关学科专业和课程，培养非物质文化遗产创新型技术技能人才。引导社会力量参与非物质文化遗产教育培训，广泛开展社会实践和研学活动。继续创建一批国家级、省级、州级非物质文化遗产代表性项目特色中小学传承基地和非物质文化遗产传承教育实践基地。加强对外和对粤港澳台交流合作。积极推动黔东南非物质文化遗产"走出去"，通过文化交流对话活动、重大节会和展会广泛开展非物质文化遗产交流传播。配合国家、省加强与联合国教科文组织等国际组织在非物质文化遗产领域的合作。积极开展非物质文化遗产的线上线下宣传推广、对话交流等活动。积极推动黔东南与粤港澳大湾区的交流合作，推出特色非物质文化遗产旅游产品，充分发挥非物质文化遗产在增进文化认同、维系国家统一中的独特作用。

附录一
2023年贵州文旅产业大事记

谢 敏*

1月

1月3日，贵州省元旦假期，民航累计进出航班1140架次，进出港旅客11.99万人次；铁路累计进出列车1527趟车次，接送旅客37.74万人次。

贵州省2022年第四届乡村旅游创客大赛决赛在贵州省黔南州罗甸县举办，据《乡村旅游绿皮书：中国乡村旅游发展报告（2022）》最新发布数据，贵州省乡村旅游发展指数居全国第五位。

贵州省委宣传部、贵州省文化和旅游厅主办的"贯彻二十大 奋进新征程"2022多彩贵州文化艺术节在贵州省贵阳市闭幕。

贵州省文化和旅游厅发布《关于2022年乡村旅游甲级村寨和五星级经营户拟确定名单的公示》《关于2022年贵州省特色旅游示范村拟入选名单的公示》。

1月17日，第二批国家级旅游休闲街区名单公示，其中，贵州省铜仁市碧江区中南门历史文化旅游休闲街区、贵州省黔东南苗族侗族自治州丹寨县丹寨旅游休闲街区2个入选。

1月18日，贵州省文化和旅游厅发布《关于公布2022年全省示范农家乐和民宿名单的通知》。

1月21日，贵州省春节假期，60家重点监测旅游景区共接待游客299.21万人次，实现综合收入13.05亿元，其中全省29家重点监测温泉景区接待游客17.4万人次，综合收入0.75亿元。全省50家重点监测酒店接待游客5.23万人次。

---

* 谢敏，贵州省社会科学院文化研究所副研究馆员，研究方向为文化产业。

1月26日，贵州省旅游商品预订金额同比上年增长81%。

1月30日，贵州省2022年旅游接待人次增速与全国平均水平相当，旅游收入增速略高于全国平均水平，游客人均花费同比增长3.4%。7~8月的旅游人次和收入同比大幅增长。自驾游游客总量下降但占比提高到70%以上；传统观光等游览类游客降幅较大，但乡村旅游等近程周边游客保持正增长；5A级旅游景区游客降幅较大，但3A级、4A级旅游景区游客降幅相对较小。

2月

2月7日，贵州省围绕"山地公园省·多彩贵州风"的品牌定位和打造"国际一流的山地旅游目的地和国内一流的康养胜地"的产业目标，发布了1042个项目。

贵州省文化和旅游厅、贵州省黔剧院打造的黔剧《腊梅迎香》，在国家大剧院上演。

2023年多彩贵州省文商旅（北京）"三推介"活动在北京举办，贵州省聚焦核心景区精心谋划35个重大招商项目，总投资金额达714亿元；面向大众旅游市场发展和旅游消费需求，策划推出了重点投资项目443个，计划招商引资1757亿元。

2022年"非遗工坊典型案例"公布，贵州省5个入选，分别是：贵州丹寨宁航蜡染有限公司非遗工坊、丹寨县石桥黔山古法造纸专业合作社非遗工坊、黎平县彦婷手工刺绣非遗工坊、贵州省施秉县舞水云台旅游商品开发有限公司苗绣非遗工坊、大方县高光彝风漆器工艺非遗工坊。

2月28日，贵州省2023年推出9大特色主题旅游产品。

3月

3月1日，贵州省2023年推出186个酒店民宿招商项目，总投资454.13亿元，计划招商引资341.34亿元。其中，酒店招商项目81个，总投资325.71亿元，计划招商引资234.43亿元。民宿招商项目105个，总投资128.42亿元，计划招商引资106.91亿元。

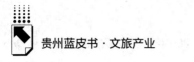

3月2日，贵州省文化和旅游厅发布2023年全国红色旅游五好讲解员推荐名单公示。

3月8日，2023年"多彩贵州"文旅宣传推广暨招商推介会在江苏南京、浙江杭州同时举行。

3月9日，以"微度假·游贵州"为主题的2023贵州春季旅游主题推广活动正式启动。

3月10日，以"山海情牵·沪上黔行"为主题的2023多彩贵州省文旅宣传推广暨招商推介会在上海举办。

第四届"中国服务"旅游产品创新大会，贵州2个案例入选，分别为：首届全国民宿职业技能（美食烹饪）大赛贵州赛区——展现民宿餐饮烹饪技能，推动民宿业发展和贵州乌江寨国际旅游度假区——"村民参与、公司管理、政府主导"的高品质旅游度假目的地。

贵州省2023年文化市场综合执法暨旅游市场整治工作会议在贵州省安顺市召开。

长征国家文化公园贵州省重点建设区工作领导小组第八次会议在贵州省贵阳市召开。

3月19日，第二届中国民宿产业发展大会暨首届安顺民宿产业发展大会在贵州省安顺市召开。

贵州省33个村落被列入第六批中国传统村落名录。

3月26日，文化和旅游部官网公布关于"国家级文化产业示范园区"创建园区通过验收的名单，贵州省遵义市正安县吉他文化产业园入选。

3月27日，贵州省第二届"美丽乡村"篮球联赛启动仪式在贵州省黔东南州台江县台盘村篮球场举行。

3月29日，以"多彩山居·醉美心宿"为主题的2023贵州省民宿产业招商推介活动在贵州省兴义市举行。

3月30日，贵州省文化和旅游厅发布《2023贵州民宿产业招商手册》。

4月

4月7日，第十七届贵州旅游产业发展大会贵州文化旅游产业招商大会在贵州省贵阳市举行。

第十一届重庆国际文化产业博览会在戏剧《重庆·1949》的精彩演出中开启大幕，贵州展馆亮相重庆国际文博会。

依托第108届全国春季糖酒会，贵州省仁怀市涉旅企业代表参加在四川省成都市举行的以"畅游赤水河·乐享茅台镇"为主题的2023中国酒都文化旅游季宣传推介会。

4月11日，2023年贵州省旅游产业化专项组第三次专题会议在贵州省贵阳市召开。

全国旅游标准技术委员会发布第二批国家级文明旅游示范单位评定结果公示，贵州省2家入选，分别是铜仁市梵净山旅游景区、安顺市黄果树旅游景区。

第二届中国（武汉）文化旅游博览会在武汉国际博览中心开幕，贵州省精心组织26家特色优势企业参展。

4月24日，贵州省2023年非遗季以"璀璨乌江寨·非遗嘉年华"为主题的活动将在贵州省遵义市开幕。

4月28日，2023多彩贵州省文旅招商推介会在澳门举行。

贵州省"五一"假期前夕，文化和旅游部推出"大美春光在路上"全国乡村旅游精品线路152条。其中，贵州省5条线路入选。

5月

5月3日，贵州省"五一"假期，贵阳大剧院的大型民族歌舞《多彩贵州风》演出迎来近700位观众观看，该演出共吸引5000余名游客走进剧场，演出收入达640万元，观看人次和收入均远超去年同期。

5月4日，贵州省"五一"假期，累计消费金额193.7亿元，消费人次3209.1万人次。

5月12日，以"微度假·游贵州"为主题的2023贵州旅游主题推广交流会暨贵州文旅推荐官授牌仪式在贵州省贵阳市举行。

贵州省榕江（三宝侗寨）和美乡村足球超级联赛在贵州省榕江县举办，据统计，"村超"相关内容全平台浏览量已超过60亿次；开赛以来的前4个周末，比赛现场共吸引 42 万余人，其中每周最火爆的"超级星期六"，现场观众场均超过 5 万人，榕江接待游客 50 余万人次，旅游综合收入超过 2 亿元。

5 月 19 日，以"有贵有福·福贵双全"为主题的 2023 多彩贵州文化旅游推广暨招商推介会（厦门站）成功举办。

2023"新时代乡村阅读季"全国示范活动暨"多彩贵州·书香高原"耕读行动启动仪式在贵州省黔南州平塘县举行。

5 月 26 日，贵州省"熊猫专列"旅游列车首次开行，满载 500 余名游客的 Y852 次"熊猫专列"旅游列车从贵阳火车站驶出，拉开了为期 10 天的欢快夏日之旅。

5 月 29 日，以"连接山地精彩·共享美丽生活·共促旅游振兴"为主题的 2023 年"国际山地旅游日"主题活动在老挝万象市启幕，由贵州省 17 家民宿代表组成的山地民宿团走进老挝，开展推广与交流。

6月

6 月 2 日，"2023 海龙屯国际影像文化周"新闻发布会在贵州省贵阳市召开。

6 月 10 日，贵州省文化和旅游厅细分做精旅游市场，策划并对外发布首批红色、历史、生态、非遗、科普 5 大主题共 30 条特色研学旅游线路，助推全省旅游产业高质量发展。

6 月 13 日，2023 年"文化和自然遗产日"——非遗购物节暨贵州非遗文创集市游园荟在贵州省非物质文化遗产博览馆开幕。

6 月 16 日，第十八届北京国际旅游博览会在全国农业展览馆开幕。贵州组团携全省 9 个市（州）共 30 余家企业及 2000 多件展品参展，展区以"到贵州避暑·让生活更爽"为主题，借力持续擦亮贵州避暑旅游品牌，推进旅游产业化，助推全省旅游产业高质量发展。

贵州省避暑旅游工作推进电视电话会议召开。

6 月 20 日，全国和美乡村篮球大赛（"村 BA"）揭幕式在贵州省台江县台盘村举办，这标志着"村 BA"全国赛正式启动。

6 月 23 日，从贵州省台江县"村 BA"到榕江"村超"，"两江两村"体育赛事塑造乡村经济新范本。台江借助"村BA"游客流量，创建2个4A级景区，提升改造多个3A级景点。2022年台江县接待游客165.34万人次，同比增长23.27%，旅游收入17.12亿元，同比增长36.74%。2023年3月下旬贵州省首届"美丽乡村"篮球联赛总决赛3天时间里，全县接待游客18.19万人次，实现旅游综合收入5516万元，带动黔东南州旅游预订同比增长140%。

6月25日，贵州省"村超"的"超级周末"登上《工人日报》《光明日报》。

6月26日，中国避暑旅游发展报告发布会在湖北省恩施举行，全国共有20个地级市、20个县级市被授牌"2023避暑旅游优选地"。其中，贵州省7地入选。

6月27日，以"滕王甲秀名楼互鉴"为主题的2023年爽爽贵阳避暑季文化旅游推介会在江西南昌举行。

7月

7月14日，自7月1日暑运启动以来，贵阳机场日累计接送旅客114.78万人次，日均旅客达6.38万人次。

7月19日，以"光影话风华·文化照未来"为主题的2023海龙屯国际影像文化周将在贵州省遵义市汇川区海龙屯开幕。

7月23日，贵旅旅行精心打造暑期研学之旅，"龙腾中华·多彩贵州号"专列满载800余名粤港澳台青少年顺利抵达贵州省贵阳市。

7月26日，贵州省文化和旅游厅驻上海招商联络处落户携程集团，标志着双方在共同推进贵州省文旅产业高质量发展方面迈出了实质性的一步。

以"到贵州避暑·让生活更爽"为主题的2023多彩贵州文化旅游推介会在江西南昌举行。

7月29日，"2023年全国县域旅游综合实力百强县"名单发布，贵州省占10席。

7月30日，贵州省文化寻迹之旅暨"阳明·问道十二境"游学线路首发团，开团仪式在贵州省贵阳市修文县阳明文化园举行。

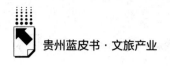

8月

8月4日，"2023多彩贵州文旅推介演出"在西安拉开幕。

8月22日，2023多彩贵州·第十六届中国原生态国际摄影大展在贵州省遵义市绥阳县双河洞景区开幕。

8月24日，2023年贵州省上半年旅游数据统计，旅游人数为3.1亿人，同比增长15.80%，旅游收入3400.93亿元，同比增长26.20%。

2023多彩贵州文化旅游推广暨招商会（杭州站）在杭州市浙江大酒店举办。

8月26日，2023多彩贵州文化艺术节在贵州省贵阳市拉开帷幕。

9月

9月1日，2023中国特色旅游商品大赛颁奖典礼在天津举行，贵州省获得4金12银6铜的佳绩。

9月8日，2023多彩贵州文创旅游商品设计赛、非遗旅游商品定制设计赛将在贵州省贵阳市非物质文化遗产博览馆举行，会期共2天。

9月9日，第十二届酒博会在贵州省贵阳市举办，会期共4天，本届酒博会期间将举办近20场商务活动，贵州省将推出5条酒旅融合旅游线路，全力推动贵州白酒和文化旅游资源相互整合、促进文旅消费。

9月15日，2023国际山地旅游暨户外运动大会将在贵州省黔西南州兴义市隆重举行，会期共2天，大会将以"文体旅融合·高品质生活"为主题，在"山地公园省"再掀山地旅游发展新热潮。

9月16日，全国文化和旅游系统人事人才工作会议在贵州省黔东南苗族侗族自治州召开。

9月21日，2023中国（南京）文化和科技融合成果展览交易会系列活动之一，"辉映红飘带·奋进新征程"贵州省秋冬季旅游推介暨"红飘带"项目宣传推广会在南京举行。

9月22日，2023年贵州省旅游餐饮技能大赛决赛在贵州省黔东南榕江县三宝侗寨启幕。

9月27日，"中国乡村旅游1号公路"全线启动仪式在贵州省雷山西江千户苗寨成功举行。

10月

10月4日，中央广播电视总台央视综合频道推出新媒体节目《非遗里的中国·贵州番外篇》，带领观众走入多彩贵州。

10月6日，贵州省中秋、国庆节日期间，全省消费金额420.48亿元，同比增长27.15%，消费人次5802.91万，同比增长25.34%。

10月12日，第一批交通运输与旅游融合发展典型案例公布，贵州省天空之桥"桥旅融合"服务区、"乡村旅游1号公路"侗乡旅游环线案例入选。

文化和旅游部公布2023年国家工业旅游示范基地名单，确定69家单位为国家工业旅游示范基地。其中，贵州省黔南州都匀东方记忆景区入选。

10月16日，《贵州省乡村旅游质量等级评定管理办法（试行）》印发实施。

11月

11月1日，文化和旅游部公示了国家级旅游休闲街区名单，其中，贵州2街区入选，分别是贵州省贵阳市花溪区青岩古镇南北明清街旅游休闲街区、贵州省黔南布依族苗族自治州荔波县荔波古镇旅游休闲街区。

文化和旅游部发布关于公布国家级非物质文化遗产代表性项目保护单位名单的公告，其中，2981家评估合格的保护单位中贵州124家合格，其他622家重新认定的保护单位中贵州有36家。

11月6日，贵州发布"一多两减三免"2023秋冬季游贵州大礼包。

11月10日，在上海和贵州两地文化旅游部门共同见证下，上海遵义号红色旅游包机首个航班顺利启程。同时，由两地联合打造的红色旅游融合十大精品线路正式发布。

全国首批"5G+智慧旅游"应用试点项目公示，贵州省"村超""村BA"

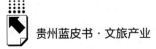

上榜。

11 月 16 日，第四届长三角国际文化产业博览会在国家会展中心（上海）举办，贵州省携 9 个市（州）共 30 余家企业组团参展，并举办多彩贵州冬季旅游暨"红飘带"项目宣传推介活动，会期 4 天。

11 月 17 日，2023 年贵州省民宿管家职业技能大赛决赛暨"多彩山居·醉美心宿"贵州十佳民宿路演评选活动在贵州省贵阳市职业技术学院举办。

11 月 22 日，以"万粉达人游贵州"为主题的网络传播活动在贵州省贵阳市启动。

2023 年贵州省智慧旅游典型案例名单公示。

贵州省前三季度，全省与旅游产业化相关的游览景区管理投资比上年同期增长 13.1%，健康养老服务投资增长 12.1%，生态保护和环境治理业投资增长 8.2%。

11 月 28 日，贵州省 4 个入选国家级非物质文化遗产生产性保护示范基地推荐名单，分别是贵州茅台酒股份有限公司、贵州丹寨宁航蜡染有限公司、贵州省松桃梵净山苗族文化旅游产品开发有限公司、丹寨县石桥黔山古法造纸专业合作社。

12 月

12 月 1 日，桂林市、赣州市、遵义市、延安市、丽水市、阿坝藏族羌族自治州、龙岩市、黔东南苗族侗族自治州等 8 个城市，在桂林结成重走长征路红色旅游城市联盟，并现场开展签约仪式。

贵州省委十三届三次全会决定，大力推动红色文化重点建设、阳明文化转化运用、民族文化传承弘扬、屯堡文化等历史文化研究，推广"四大文化工程"，擦亮多彩贵州文化名片，系统科学制定了"四大文化工程"的 128 项重点工作举措。

第十九届中美电影节和电视节颁奖典礼上，人文纪录片《这一站，贵州》获 2023 "最佳电视纪录片"一等奖；贵州乡村振兴题材电影《云上南山》获"中华文化国际传播力"奖；贵州京剧院新编历史京剧《阳明悟道》获第 31 届中国戏剧梅花奖；贵州省黔剧院新创大型红色题材交响黔剧《无字丰碑》

获国家艺术基金资助并在全国巡演。

12月8日，贵州省文化和旅游厅主办的2023年贵南高铁沿线城市及赤水市文旅住宿业招商洽谈会在贵州省贵阳市举行。

"2023年多彩贵州满意旅游痛客行"获奖名单出炉，拟评选出一等奖3名、二等奖28名、三等奖152名、参与奖411名。

12月11日，"2023中国旅游集团化发展论坛"在上海召开。会上，发布了2023中国旅游创业创新范例60佳。其中，贵阳市文化和旅游局联合马蜂窝推出的"旅行新玩法"成功入选政企合作创新范例。

12月13日，以"新文旅、新消费、新场景"为主题的"第四届T12中国西部文旅发展峰会暨2023中国西部文旅部评榜颁奖典礼"在重庆举行，贵州省荣获6个奖项。

贵州省体育局发布《省体育局关于授予2023年度贵州省体育旅游示范点的决定》，授予11个项目"贵州省体育旅游示范点"称号。与2022年度贵州省体育旅游示范点结合来看，贵州省已连续两年推出共计36个省级体育旅游示范点，其中，乡村振兴体育旅游示范点共有28个。

12月14日，2023贵州省优秀文旅推荐官、营销官、营销员评选活动在贵州省贵阳市启动。

12月15日，贵州省从年初开始，淄博烧烤、特种兵旅游、"村超"热等各种与旅游相关的短视频，频繁冲上热搜，线上"种草"线下引流的短视频注入文旅新玩，助力贵州旅游业发展，带动旅游消费。

以"村有界·创无边"第五届"农行杯"为主题的贵州省乡村旅游创客大赛决赛在贵州省荔波县举办。

12月16日，贵州省委宣传部、贵州省委党史研究室、贵州省文化和旅游厅联合主办，贵州日报当代融媒体集团承办的"致敬新时代 讲好新故事——首届贵州省爱国主义教育基地讲解员选拔活动"全省决赛在贵州省贵阳市举行，会期2天。

12月16日，"2023多彩贵州与越南文旅企业座谈会暨2023多彩贵州与越南旅商文化旅游推介会"在贵州省贵阳市举办。

12月18日，贵州文艺精品创作生产重点项目揭榜挂帅招商引资座谈会在北京召开。

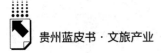

贵州省仁怀市入选"国家文化产业和旅游产业融合发展示范区建设单位"。

12 月 21 日，在贵州省贵阳市举行的 2023 多彩贵州文化艺术节闭幕暨多彩贵州歌唱大赛颁奖仪式上，新的一批贵州省文旅融合创新示范项目获授牌，共评选出 20 个示范项目和 10 个提名示范项目，10 位企业家代表上台领奖。

12 月 22 日，"多彩贵州文化旅游宣传推广活动"在贵州省贵阳市举行，会议邀请了贵州、北京各 30 余家旅行社参加，开拓 2024 京客入黔市场。

贵州旅游协会发布首批"示范性魅力贵州旅游风景道"自驾旅游线路的公告。

12 月 24 日，2023 年贵州省金山级、银山级民宿、五星级农家乐和甲级乡村旅游村寨拟确定名单公示。

12 月 25 日，2023 年贵州省冬季文旅探访活动在贵州省贵阳市启动。

2023 年文化和旅游部公示第三批国家级夜间文化和旅游消费集聚区名单。其中，贵州有三地拟入选，分别是贵阳市青云路步行街、遵义市乌江寨旅游度假区、黔西南布依族苗族自治州贞丰古城。

12 月 27 日，贵州省文化和旅游厅公布关于 2023 年乡村旅游质量等级评定结果的通知。

附录二
2024年贵州文旅产业大事记

1月

1月2日，2023年贵州省民宿管家职业技能大赛获奖名单公布。大赛共评选出"金牌管家"10名、"优秀管家"28名。

1月9日，2023中国美丽乡村休闲旅游行（冬季）精品景点线路。贵州有2条线路入选，分别是"贵州省遵义市汇川区、凤冈县黔北冬季休闲康养之旅"和"贵州省铜仁市石阡县乡村温泉养生休闲行"。

1月10日，全国旅游标准化技术委员会2023年全国甲级、乙级旅游民宿评定结果公示，贵州十二背后双河客栈入选全国甲级，贵州花都里化屋精品民宿、老榜河友笺房民宿入选全国乙级。

贵州省聚焦"9+2+2"特意性资源，精心编制了60个发展前景广阔、投资效益好的文化旅游招商引资项目。

贵州省委宣传部、贵州省委网信办、贵州省文旅厅共同举办的"机景联动·飞阅贵州"和冬游贵州旅游产品发布会暨探访活动启动仪式在"红飘带"（长征数字科技艺术馆）举行。

1月15日，大型长征文化沉浸式演艺剧目《伟大转折》在遵义首次试演。

1月18日，文化和旅游部"欢欢喜喜过大年"2024年春节主题文化和旅游活动工作部署，文化和旅游部科技教育司组织黑龙江省、贵州省等11省区举办"多彩研学游华夏——特色研学旅游主题日"活动，贵州分会场活动在贵阳市举行。

1月21日，由文化和旅游部、四川省人民政府主办的第十届中国京剧艺术节在成都闭幕，贵州京剧院创演的新编历史京剧《阳明悟道》于1月16日、

17 日晚亮相四川大剧院，并荣获本届艺术节优秀剧目。

1 月 22 日，贵港澳旅游联盟成立大会在贵阳举办。

1 月 24 日，文化和旅游部推出"乡村四时好风光——游购乡村 欢聚过年"全国乡村旅游精品线路 68 条。本期线路分为"多彩乡村""欢聚过年"两个部分。其中，贵州·黔南"品悠悠茶香赴冬日民族盛宴"之旅线路入选多彩乡村部分，贵州·六盘水"热'雪'沸腾彝族风情"之旅线路入选欢聚过年部分。

文化和旅游部发布关于全国甲级、乙级旅游民宿的公告。贵州 1 家符合全国甲级旅游民宿标准，2 家符合全国乙级旅游民宿标准。

1 月 25 日，文化和旅游部发布《关于公布第三批国家级夜间文化和旅游消费集聚区名单的通知》，公布第三批国家级夜间文化和旅游消费集聚区名单，共 102 处。其中，贵州三处入选，分别是：贵阳市青云路步行街、遵义市乌江寨旅游度假区、黔西南州贞丰古城。

1 月 26 日，"红火中国年·酱酒团圆夜"甲辰年新春嘉年华在贵阳市青云市集开幕。活动现场推介了中国酱香白酒核心产区（仁怀）15 款酒产品，发布酒旅惠民政策，2 家企业作推荐。

1 月 27 日，来自广州的"云顶欢歌·热雪沸腾"2024 年百万老广游贵州第一趟滑雪主题旅行团抵达贵阳，开启为期 5 天的旅行。

1 月 31 日，贵州省文化和旅游厅、贵州省教育厅、共青团贵州省委围绕红色、历史、生态、非遗、科普五大主题，联合发布了 10 条冬游贵州研学实践精品线路和多项优惠政策。

2月

2 月 2 日，文化和旅游部公共服务司联合文化和旅游部全国公共文化发展中心、中央广播电视总台视听新媒体中心举办 2024 年春节"村晚"示范展示活动。贵州三地《村火车上的村晚》《村超村晚》《桐梓"一起过年·当春节遇上村晚"》成功入选 2024 年全国春节"村晚"示范展示活动网络联动，2 月 2 日至 4 日，将通过国家公共文化云、央视频平台同步直播。

2 月 3 日，贵州省"十四五"文化和旅游发展规划重点项目《人文山水·

时光峰峦》跨越30万年时空，展出文物3503件（套），多彩贵州历史文化展正式开展，这是首次系统展示贵州30万年历史文化的通史展览。

2月5日，体育总局、文化和旅游部发布关于"2024年春节假期体育旅游精品线路"的公告，贵州黔南"穿越贵南之旅"体育旅游线路入选。

2023年贵州省高技术产业投资比上年增长11.9%，高于全省投资增速17.6个百分点，占全省投资比重为9.4%，这意味着贵州省科研创新能力持续增强，高技术产业持续成为投资新引擎。

2月19日，文化和旅游部发布关于第六批国家级非物质文化遗产代表性传承人推荐人选名单的公示，贵州41人拟入选。

2月22日，文化和旅游部、国家发展改革委、工业和信息化部发布关于公布第一批全国智慧旅游沉浸式体验新空间培育试点项目名单的通知，贵州黄果树夜游智慧旅游沉浸式体验新空间入选。

3月

3月6日，贵州省文化和旅游厅组织召开了"一码游贵州"升级改版恳谈会，旨在集思广益共同助力贵州文旅产业高质量发展。

3月9日，随着亚洲航空FD 790 1900/2235抵达贵阳龙洞堡国际机场，175名泰国客商即将开启他们的"多彩贵州"之旅，这也是贵州2024年迎来的首个泰国入境旅游团。

贵州省紧抓三大要素多管齐下持续推动文旅产业蓬勃发展，截至2023年底，贵阳各区（市、县）共举办路边音乐会102场，现场参与者达34万余人次，网络曝光量达2.2亿次，网络观看人数突破4500万人次，全市累计接待游客按可比口径同比增长80.2%，实现旅游综合收入按可比口径同比增长92.63%。

3月11日，根据《中华人民共和国文物保护法》《历史文化名城名镇名村保护条例》等有关规定，经省人民政府批准，同意将六盘水市六枝特区岩脚镇、铜仁市万山区万山镇、铜仁市德江县枫香溪镇、黔南自治州平塘县牙舟镇、黔南自治州三都自治县都江镇、黔南自治州瓮安县猴场镇等6个镇列为第四批省级历史文化名镇，将安顺市镇宁自治县宁西街道和睦村计王寨、黔南自治州惠水县好花红镇好花红村、黔西南自治州册亨县冗渡镇威旁村等 3 个村列为第二批省级历史文化名村。

根据《中华人民共和国文物保护法》《贵州省历史文化街区保护管理办法》等有关规定，经省人民政府核定，同意将贵阳市文昌阁街区、贵阳市甲秀楼街区、遵义市赤水市复兴场街区、毕节市织金县贯城河街区、铜仁市万山朱砂街区、黔南自治州都匀市龙昌街区、黔西南自治州兴义市街心花园街区、黔西南自治州兴义市老城街区、黔西南自治州贞丰县文昌宫街区等 9 个街区列为省级历史文化街区。

3 月 12 日，载有 162 名马来西亚游客的吉隆坡-贵阳-吉隆坡 OD608 航班降落在贵阳龙洞堡国际机场。该旅行团是中马两国互免签证后首个来黔旅游的马来西亚包机团，也标志着贵阳往返吉隆坡航线复航。

全国政协常委、全国工商联副主席、信德集团董事长、毕节市文化旅游形象大使何超琼一行到访毕节，打卡宝桢故里·洞天织金，先后来到织金·水乡、织金步行街、平远古镇等地。

3 月 19 日，贵州发布 2024 年贵州文旅"四免一多一减"优惠活动政策。本次"四免一多一减"优惠活动时间从 2024 年 3 月 19 日延续到 12 月 31 日，活动包含全省 A 级旅游景区门票减免、"一票多日使用制"优惠及高速公路通行费五折优惠等内容。活动范围面向全国省（区、市）和港澳台地区教师、警察、医护工作者、6 岁以下儿童、60 岁以上老年人、旅游法和国家有关政策规定的群体，全国在校中小学生、大学生人群，广东省及港澳台地区居民。

多彩公园省·湾区后花园——2024 多彩贵州文旅推介（广州）暨贵州旅游新产品交易会在广州举行，这也是今年贵州举行的首场省外文旅推介会和首次发布升级版《阅尽千山 开启无限》宣传片。

3 月 20 日，第八届黑松露奖颁奖盛典在江西庐山召开，盛典上公布了第八届黑松露盛典年度精品民宿榜 TOP100，贵州共 7 家民宿入围，分别是：匠庐·耕读第、七封信·序言轻奢 villa 观景酒店、三春里·孟度假酒店、荔波瑶池小七孔民宿、匠心一宅全景民宿、群山之心·梵净山、镇远山河事客栈，贵州省荣获奖项在全国名列前茅。

3 月 21 日，中央广播电视总台联合文化和旅游部推出的大型文化节目《非遗里的中国》节目组走进贵州展开录制。贵州是非遗大省，现有人类非遗代表性项目 3 项、国家级非遗代表性项目 99 项 159 处、省级非遗代表性项目 628 项 1025 处、市（州）级非遗代表性项目 2000 余项、县（市、区）级非遗代表性项目 5000 余项，节目录制所涉及的贵州非遗就有 40 多项。

2024 多彩贵州文旅招商推介（上海）暨贵州旅游新产品展示会在上海举行，旨在向上海和全国游客、企业家推介贵州文旅资源、产品及招商项目，诚邀广大游客到贵州"上春山"，旅游度假，共赏山水神韵，共品多彩人文；诚邀企业家朋友们与贵州携手合作，共谋文旅发展，助力贵州打造世界级旅游目的地，推进贵州文旅产业高质量发展。

3 月 29 日，根据《"十四五"非物质文化遗产保护规划》和文化和旅游部等十部门《关于推动传统工艺高质量传承发展的通知》的工作要求，在各地推荐的基础上，经过专家评审、实地考察和社会公示等程序，文化和旅游部认定 99 家企业和单位为"2023~2025 年国家级非物质文化遗产生产性保护示范基地"，贵州 4 家入选。

社会科学文献出版社

皮 书

智库成果出版与传播平台

❖ 皮书定义 ❖

皮书是对中国与世界发展状况和热点问题进行年度监测，以专业的角度、专家的视野和实证研究方法，针对某一领域或区域现状与发展态势展开分析和预测，具备前沿性、原创性、实证性、连续性、时效性等特点的公开出版物，由一系列权威研究报告组成。

❖ 皮书作者 ❖

皮书系列报告作者以国内外一流研究机构、知名高校等重点智库的研究人员为主，多为相关领域一流专家学者，他们的观点代表了当下学界对中国与世界的现实和未来最高水平的解读与分析。

❖ 皮书荣誉 ❖

皮书作为中国社会科学院基础理论研究与应用对策研究融合发展的代表性成果，不仅是哲学社会科学工作者服务中国特色社会主义现代化建设的重要成果，更是助力中国特色新型智库建设、构建中国特色哲学社会科学"三大体系"的重要平台。皮书系列先后被列入"十二五""十三五""十四五"时期国家重点出版物出版专项规划项目；自2013年起，重点皮书被列入中国社会科学院国家哲学社会科学创新工程项目。

皮书网

（网址：www.pishu.cn）

发布皮书研创资讯，传播皮书精彩内容
引领皮书出版潮流，打造皮书服务平台

栏目设置

◆ **关于皮书**
何谓皮书、皮书分类、皮书大事记、
皮书荣誉、皮书出版第一人、皮书编辑部

◆ **最新资讯**
通知公告、新闻动态、媒体聚焦、
网站专题、视频直播、下载专区

◆ **皮书研创**
皮书规范、皮书出版、
皮书研究、研创团队

◆ **皮书评奖评价**
指标体系、皮书评价、皮书评奖

所获荣誉

◆ 2008 年、2011 年、2014 年，皮书网均
在全国新闻出版业网站荣誉评选中获得
"最具商业价值网站"称号；
◆ 2012 年，获得"出版业网站百强"称号。

网库合一

2014年，皮书网与皮书数据库端口合
一，实现资源共享，搭建智库成果融合创
新平台。

皮书网

"皮书说"
微信公众号

权威报告·连续出版·独家资源

皮书数据库
ANNUAL REPORT(YEARBOOK) DATABASE

分析解读当下中国发展变迁的高端智库平台

所获荣誉

- 2022年，入选技术赋能"新闻+"推荐案例
- 2020年，入选全国新闻出版深度融合发展创新案例
- 2019年，入选国家新闻出版署数字出版精品遴选推荐计划
- 2016年，入选"十三五"国家重点电子出版物出版规划骨干工程
- 2013年，荣获"中国出版政府奖·网络出版物奖"提名奖

皮书数据库

"社科数托邦"
微信公众号

成为用户

　　登录网址www.pishu.com.cn访问皮书数据库网站或下载皮书数据库APP，通过手机号码验证或邮箱验证即可成为皮书数据库用户。

用户福利

- 已注册用户购书后可免费获赠100元皮书数据库充值卡。刮开充值卡涂层获取充值密码，登录并进入"会员中心"—"在线充值"—"充值卡充值"，充值成功即可购买和查看数据库内容。
- 用户福利最终解释权归社会科学文献出版社所有。

社会科学文献出版社 皮书系列
SOCIAL SCIENCES ACADEMIC PRESS (CHINA)
卡号：365492338715
密码：

数据库服务热线：010-59367265
数据库服务QQ：2475522410
数据库服务邮箱：database@ssap.cn
图书销售热线：010-59367070/7028
图书服务QQ：1265056568
图书服务邮箱：duzhe@ssap.cn

S 基本子库
UB DATABASE

中国社会发展数据库（下设 12 个专题子库）

紧扣人口、政治、外交、法律、教育、医疗卫生、资源环境等 12 个社会发展领域的前沿和热点，全面整合专业著作、智库报告、学术资讯、调研数据等类型资源，帮助用户追踪中国社会发展动态、研究社会发展战略与政策、了解社会热点问题、分析社会发展趋势。

中国经济发展数据库（下设 12 专题子库）

内容涵盖宏观经济、产业经济、工业经济、农业经济、财政金融、房地产经济、城市经济、商业贸易等 12 个重点经济领域，为把握经济运行态势、洞察经济发展规律、研判经济发展趋势、进行经济调控决策提供参考和依据。

中国行业发展数据库（下设 17 个专题子库）

以中国国民经济行业分类为依据，覆盖金融业、旅游业、交通运输业、能源矿产业、制造业等 100 多个行业，跟踪分析国民经济相关行业市场运行状况和政策导向，汇集行业发展前沿资讯，为投资、从业及各种经济决策提供理论支撑和实践指导。

中国区域发展数据库（下设 4 个专题子库）

对中国特定区域内的经济、社会、文化等领域现状与发展情况进行深度分析和预测，涉及省级行政区、城市群、城市、农村等不同维度，研究层级至县及县以下行政区，为学者研究地方经济社会宏观态势、经验模式、发展案例提供支撑，为地方政府决策提供参考。

中国文化传媒数据库（下设 18 个专题子库）

内容覆盖文化产业、新闻传播、电影娱乐、文学艺术、群众文化、图书情报等 18 个重点研究领域，聚焦文化传媒领域发展前沿、热点话题、行业实践，服务用户的教学科研、文化投资、企业规划等需要。

世界经济与国际关系数据库（下设 6 个专题子库）

整合世界经济、国际政治、世界文化与科技、全球性问题、国际组织与国际法、区域研究 6 大领域研究成果，对世界经济形势、国际形势进行连续性深度分析，对年度热点问题进行专题解读，为研判全球发展趋势提供事实和数据支持。

法律声明

"皮书系列"（含蓝皮书、绿皮书、黄皮书）之品牌由社会科学文献出版社最早使用并持续至今，现已被中国图书行业所熟知。"皮书系列"的相关商标已在国家商标管理部门商标局注册，包括但不限于 LOGO（ ）、皮书、Pishu、经济蓝皮书、社会蓝皮书等。"皮书系列"图书的注册商标专用权及封面设计、版式设计的著作权均为社会科学文献出版社所有。未经社会科学文献出版社书面授权许可，任何使用与"皮书系列"图书注册商标、封面设计、版式设计相同或者近似的文字、图形或其组合的行为均系侵权行为。

经作者授权，本书的专有出版权及信息网络传播权等为社会科学文献出版社享有。未经社会科学文献出版社书面授权许可，任何就本书内容的复制、发行或以数字形式进行网络传播的行为均系侵权行为。

社会科学文献出版社将通过法律途径追究上述侵权行为的法律责任，维护自身合法权益。

欢迎社会各界人士对侵犯社会科学文献出版社上述权利的侵权行为进行举报。电话：010-59367121，电子邮箱：fawubu@ssap.cn。

社会科学文献出版社